Kohlhammer

Fälle zum Europarecht

unter Berücksichtigung der Bezüge zum deutschen und internationalen Recht

herausgegeben von

PD Dr. Matthias Knauff, LL.M. Eur.
Universität Würzburg

unter Mitarbeit von

Dipl. jur. Florian Gonsior, Univ. Bayreuth
Dr. Dipl. sc. pol. Thomas Holzner, Univ. Bayreuth
PD Dr. Matthias Knauff, LL.M. Eur., Univ. Würzburg
Prof. Dr. Urs Kramer, Univ. Passau
PD Dr. Daniel Krausnick, Univ. Erlangen
Dr. Johannes Saurer, LL.M., Univ. Bayreuth
Dr. Meinhard Schröder, LMU München
PD Dr. Ferdinand Wollenschläger, LMU München

Verlag W. Kohlhammer

Umschlag: Gestaltungskonzept Peter Horlacher
Gesamtherstellung:
W. Kohlhammer Druckerei GmbH + Co. KG, Stuttgart
Printed in Germany

ISBN: 978-3-17-021672-3

Vorwort

Das Europarecht gewinnt in der Rechtspraxis immer mehr an Bedeutung. Dies schlägt sich zunehmend auch in der juristischen Ausbildung und Prüfung nieder. Die vorliegende Fallsammlung soll Studierenden sowohl im Pflichtfachbereich als auch im Schwerpunkt Europarecht die klausurmäßige Übung, Wiederholung und Vertiefung wichtiger europarechtlicher Fragestellungen einschließlich ihrer Verbindungen zum nationalen Recht und zum Völkerrecht ermöglichen. Die Fälle sind vielfach in universitären Examenskursen erprobt. Um einen möglichst hohen Lernerfolg zu erzielen, empfiehlt es sich, die Fälle zunächst eigenständig zu lösen und erst danach die Lösungsvorschläge durchzuarbeiten. Hinweise der Leser sind an die E-Mail-Adresse matthias.knauff@jura.uni-wuerzburg.de herzlich willkommen.

Würzburg, im November 2010 *Matthias Knauff*

Inhaltsverzeichnis

Allgemeines Literaturverzeichnis

Arndt/Fischer/Fetzer, Europarecht, 20. Aufl. 2010

Calliess/Ruffert (Hrsg.), EUV/EGV. Das Verfassungsrecht der Europäischen Union mit Europäischer Grundrechtecharta, 3. Aufl. 2007

Dörr/Lenz, Europäischer Verwaltungsrechtsschutz, 2006

Ehlers (Hrsg.), Europäische Grundrechte und Grundfreiheiten, 3. Aufl. 2009

Erichsen/Ehlers (Hrsg.), Allgemeines Verwaltungsrecht, 14. Aufl. 2010

Fehling/Kastner (Hrsg.), Verwaltungsrecht, 2. Aufl. 2010

Frenz, Handbuch Europarecht, Bd. 1: Europäische Grundfreiheiten, 2004; Bd. 2: Europäisches Kartellrecht, 2006; Bd. 3: Beihilfe- und Vergaberecht, 2007; Bd. 4: Europäische Grundrechte, 2009; Bd. 5: Wirkungen und Rechtsschutz, 2010

Geiger/Khan/Kotzur, EUV/AEUV, 5. Aufl. 2010

Grabitz/Hilf (Hrsg.), Das Recht der Europäischen Union, Losebl. Stand 10/2009

v. d. Groeben/Schwarze (Hrsg.), Vertrag über die Europäische Union und Vertrag zur Gründung der Europäischen Gemeinschaft, 4 Bde, 6. Aufl. 2003/2004

Hailbronner/Wilms (Hrsg.) Recht der Europäischen Union, Losebl. Stand 1/2010

Hakenberg, Europarecht, 5. Aufl. 2010

Haltern, Europarecht. Dogmatik im Kontext, 2. Aufl. 2007

Haratsch/Koenig/Pechstein, Europarecht, 7. Aufl. 2010

Herdegen, Europarecht, 12. Aufl. 2010

Herrmann, Examens-Repetitorium Europarecht/Staatsrecht III, 2. Aufl. 2009

Hobe, Europarecht, 5. Aufl. 2010

Hufen, Verwaltungsprozessrecht, 7. Aufl. 2008

Jarass, Charta der Grundrechte der Europäischen Union, 2010

Kopp/Schenke, VwGO, 16. Aufl. 2009

Lenz/Borchardt (Hrsg.), EU-Verträge. Kommentar nach dem Vertrag von Lissabon, 5. Aufl. 2010

Meyer (Hrsg.), Charta der Grundrechte der Europäischen Union, 3. Aufl. 2011

Oppermann/Classen/Nettesheim, Europarecht, 4. Aufl. 2009

Pache/Knauff (Hrsg.), Fallhandbuch Europäisches Wirtschaftsrecht. Lehr- und Studienbuch anhand der EuGH-Rechtsprechung unter Berücksichtigung des Vertrags von Lissabon, 2. Aufl. 2010

Pechstein, EU-/EG-Prozessrecht, 3. Aufl. 2007

Rengeling/Middeke/Gellermann (Hrsg.), Handbuch des Rechtsschutzes in der Europäischen Union, 2. Aufl. 2003

Schoch/Schmidt-Aßmann/Pietzner (Hrsg.), VwGO, Stand 11/2009

Schroeder, Grundkurs Europarecht, 2009

Schulze/Zuleeg/Kadelbach (Hrsg.), Europarecht. Handbuch für die deutsche Rechtspraxis, 2. Aufl. 2010

Schwarze (Hrsg.), EU-Kommentar, 2. Aufl. 2009

Schweitzer/Hummer/Obwexer, Europarecht. Das Recht der Europäischen Union, 2007

Sodan/Ziekow (Hrsg.), VwGO, 3. Aufl. 2010

Streinz (Hrsg.), EUV/EGV. Vertrag über die Europäische Union und Vertrag zur Gründung der Europäischen Gemeinschaft, 2003

Streinz, Europarecht, 8. Aufl. 2008

Streinz/Ohler/Herrmann, Der Vertrag von Lissabon zur Reform der Europäischen Union, 3. Aufl. 2010

Thiele, Europäisches Prozessrecht, 2007

Fall 1: Strenge Vorschriften für Bewachungsunternehmen in Belgien

Urs Kramer

Sachverhalt

Nach einem belgischen Gesetz vom 10.4.2005 über Bewachungs-, Sicherheitsunternehmen und interne Bewachungsdienste bedürfen die genannten Unternehmen einer vorherigen Genehmigung, die an folgende Voraussetzungen geknüpft ist:

- die Verpflichtung des Bewachungsunternehmens, eine Betriebsniederlassung in Belgien zu haben;
- die Verpflichtung der Personen, die mit der tatsächlichen Leitung des Unternehmens betraut sind oder in einem solchen Unternehmen oder für dessen Rechnung arbeiten oder bei dessen Tätigkeit eingesetzt werden, ihren Wohnsitz oder hilfsweise ihren gewöhnlichen Aufenthalt in Belgien zu nehmen; ausgenommen sind nur Bedienstete, die intern für administrative oder logistische Zwecke eingesetzt werden;
- die Verpflichtung eines in einem anderen Mitgliedstaat niedergelassenen Unternehmens, ungeachtet der von dem Unternehmen bereits für die Ausübung seiner Tätigkeit im Mitgliedstaat der Niederlassung erbrachten Nachweise und Sicherheiten eine Genehmigung einzuholen;
- die Verpflichtung für jede Person, die in Belgien eine Bewachungstätigkeit ausüben möchte, einen Ausweis nach diesem Gesetz zu beantragen.

Die Europäische Kommission bezweifelt die Vereinbarkeit dieses Gesetzes mit dem freien Dienstleistungsverkehr, der Niederlassungsfreiheit und der Freizügigkeit der Arbeitnehmer und erhebt nach ordnungsgemäßer Durchführung des Vorverfahrens eine Vertragsverletzungsklage gegen das Königreich Belgien. Die belgische Regierung beruft sich auf den besonderen Charakter des Sektors Private Sicherungsdienste und die Ausnahmebestimmungen der Art. 45 III, 51, 52 AEUV gegebenenfalls i.V. mit Art. 62 AEUV.

Prüfen Sie die Erfolgsaussichten der Klage!

Wesentliche Probleme

Vertragsverletzungsverfahren, Dienstleistungsfreiheit, Arbeitnehmerfreizügigkeit, sonstige Grundfreiheiten (Überblick), Zollunion, Europäische Kommission

Gliederung

A. Zulässigkeit

I. Rechtsweg zum EuGH
II. Beteiligtenfähigkeit
III. Klagegegenstand
IV. Klagebefugnis bzw. Klageberechtigung
V. Vorverfahren
VI. Rechtsschutzbedürfnis
VII. Zwischenergebnis

B. **Begründetheit der Klage**
  I. Verpflichtung, eine Niederlassung in Belgien zu haben
    1. Verstoß gegen Art. 56 AEUV
    2. Rechtfertigung des Verstoßes
      a) Rechtfertigungsgrund der öffentlichen Ordnung und Sicherheit (Art. 62, 52 AEUV)
      b) Grundsatz der Verhältnismäßigkeit
  II. Wohnsitzerfordernis für Mitarbeiter und Führungskräfte in Belgien
    1. Verstoß gegen Art. 45 AEUV
    2. Verstoß gegen Art. 49 AEUV
    3. Rechtfertigung der Verstöße
      a) Rechtfertigungsgrund der öffentlichen Ordnung (Art. 45 III, 52 AEUV)
      b) Grundsatz der Verhältnismäßigkeit
  III. Erfordernis der vorherigen Genehmigung oder Zulassung
    1. Verstoß gegen Art. 56 AEUV
    2. Rechtfertigung des Verstoßes
      a) Rechtfertigungsgrund der Gefahrenabwehr (zwingende Gründe des Allgemeininteresses)
      b) Grundsatz der Verhältnismäßigkeit
  IV. Ausweiserfordernis
    1. Verstoß gegen Art. 56 AEUV
    2. Rechtfertigung des Verstoßes
      a) Rechtfertigungsgrund der Gefahrenabwehr
      b) Grundsatz der Verhältnismäßigkeit
C. **Gesamtergebnis**

Lösung

Die Klage der Kommission hat Erfolg wenn sie zulässig[1] und begründet ist.

A. Zulässigkeit

I. Rechtsweg zum EuGH

Gemäß Art. 258 AEUV ist hier ein „Vertragsverletzungsverfahren“, also eine so genannte Aufsichtsklage der Kommission,[2] einschlägig, für deren Entscheidung der EuGH auch unter Berücksichtigung des Art. 256 AEUV zuständig ist.[3]

II. Beteiligtenfähigkeit

Die Beteiligtenfähigkeit der Kommission und des Königreiches Belgien als betroffener Mitgliedstaat folgt ebenfalls aus Art. 258 AEUV.

---

1 Mangels Anwendbarkeit der §§ 17, 17a GVG kann hier anders als im verwaltungsgerichtlichen Verfahren ohne Bedenken auf die von Verfahren beim BVerfG bekannte Terminologie „Zulässigkeit der Klage“ statt „Sachentscheidungsvoraussetzungen“ zurückgegriffen werden.

2 *Oppermann/Classen/Nettesheim*, Europarecht, § 14 Rn. 24.

3 Zur Abgrenzung der Zuständigkeit zwischen EuGH und EuG (Gericht für Entscheidungen im ersten Rechtszug) vgl. etwa *Haratsch/Koenig/Pechstein*, Europarecht, Rn. 299 ff., sowie Art. 256 AEUV: erstinstanzliche Zuständigkeit des EuG für bestimmte Verfahren.

III. Klagegegenstand

Klagegegenstand ist die Verletzung des AEU-Vertrages (hier der Art. 45, 49, 56 AEUV).

IV. Klagebefugnis bzw. Klageberechtigung

Die Klagebefugnis (auch: Klageberechtigung) der Kommission liegt bereits vor, wenn eine Vertragsverletzung behauptet wird, d. h. „nach Auffassung" der Kommission vorliegt.[4] Ob sie möglich erscheint (Möglichkeitstheorie im Verwaltungsprozess), bleibt dagegen unerheblich. In Betracht kommt hier eine Verletzung der Freizügigkeit der Arbeitnehmer nach Art. 45 AEUV, der Niederlassungsfreiheit gemäß Art. 49 AEUV und des freien Dienstleistungsverkehrs nach Art. 56 AEUV. Von deren Verletzung ist die Kommission vorliegend sogar überzeugt, womit ihre Klagebefugnis gegeben ist.

V. Vorverfahren

Ein ordnungsgemäßes Vorverfahren wurde durchgeführt.

Exkurs: Aus Art. 258 AEUV ergibt sich insoweit folgendes Verfahren: Zunächst ergeht ein Mahnschreiben an den jeweiligen Mitgliedstaat. Daraufhin erfolgt eine gegebenenfalls unbefriedigende Antwort des Staates, die in eine begründete Stellungnahme der Kommission mündet. Nach Ablauf der von der Kommission gesetzten (Handlungs-)Frist ohne eine die Kommission zufrieden stellende Reaktion des Mitgliedstaates ist eine Klageerhebung möglich.[5]

VI. Rechtsschutzbedürfnis

Das Vertragsverletzungsverfahren dient der objektiv-rechtlichen Kontrolle der mitgliedstaatlichen Einhaltung des Unionsrechts. Deshalb muss das Rechtsschutzbedürfnis nicht besonders nachgewiesen werden; ausreichend ist vielmehr, dass der betroffene Mitgliedstaat bis zum Ablauf der in der Stellungnahme der EU-Kommission gesetzten Abhilfefrist das beanstandete Verhalten nicht vollständig abgestellt hat.[6] Eine Beseitigung des Vertragsverstoßes nach Klageerhebung ist dagegen wohl nicht mehr zu berücksichtigen.[7]

VII. Zwischenergebnis

Die Klage der Kommission gegen das Königreich Belgien ist hier zulässig.

---

4 *Pechstein*, EU-/EG-Prozessrecht, Rn. 278.

5 *Streinz*, Europarecht, Rn. 579.

6 EuGH, U.v. 21.9.1978, Rs. 69/77, Slg. 1978, 1749 Rn. 7f. – *Kommission/Italien*; *Haratsch/Koenig/Pechstein*, Europarecht, Rn. 498.

7 *Streinz*, Europarecht, Rn. 581. Allerdings wurde das Problem der Erledigung nach Klageerhebung vom EuGH bislang nicht näher betrachtet; vgl. *Oppermann/Classen/Nettesheim*, Europarecht, § 14 Rn. 32; anders hingegen *Kotzur*, in: Geiger/Khan/Kotzur, EUV/AEUV, Art. 258 AEUV Rn. 19 f., wonach ein beklagter Mitgliedsstaat durch die Beseitigung der Verletzung nach Klageerhebung zumindest das Rechtsschutzbedürfnis der Kommission entfallen lassen kann.

B. Begründetheit der Klage

Die Klage ist begründet, wenn die von der Kommission geltend gemachte Verletzung des AEU-Vertrages durch den Mitgliedstaat Belgien festgestellt werden kann. Dazu bedarf es einer Überprüfung der Vereinbarkeit der einzelnen Regelungen des fraglichen belgischen Gesetzes mit den Grundfreiheiten des AEU-Vertrages.

Exkurs: Die Grundfreiheiten des AEU-Vertrages. Der AEU-Vertrag kennt **vier Grundfreiheiten**, die zu den internen Unionsmaßnahmen und -politiken des Vertrages zählen.[8] Das sind der freie Warenverkehr, der freie Personenverkehr, der freie Dienstleistungsverkehr und der freie Kapitalverkehr. Mit Hilfe dieser vier Grundfreiheiten wird der Binnenmarkt als ein „Raum ohne Binnengrenzen" als ein großes Ziel der EU (→Art. 3 III 1 EUV) verwirklicht, in dem alle Hindernisse für den freien Waren-, Personen-, Dienstleistungs- und Kapitalverkehr beseitigt sind (vgl. Art. 26 I, II AEUV). Alle Grundfreiheiten **wirken** heute **unmittelbar**, d. h., jeder begünstigte Bürger kann sich vor den nationalen Gerichten und gegenüber der Verwaltung auf sie berufen;[9] entgegenstehendes nationales Recht ist auf Grund des Anwendungsvorranges des Unionsrechts unanwendbar.[10]

- **Der freie Warenverkehr, Art. 28 ff., 34 ff. AEUV**

Die Errichtung des Gemeinsamen Marktes setzt vor allem den freien Handel mit Waren voraus. Aufgabe und Ziel des freien Warenverkehrs ist die Schaffung eines Wirtschaftsraumes, in dem Waren im Rahmen einer einheitlichen Wettbewerbsordnung frei zirkulieren können.[11] Zur Erreichung des freien Warenverkehrs sieht der AEU-Vertrag die Abschaffung der Zölle (so genannte Zollunion, Art. 28, 30 ff. AEUV) sowie aller mengenmäßigen Beschränkungen (Art. 34 ff. AEUV) im innergemeinschaftlichen Handelsverkehr vor.

Dabei umfasst die **Zollunion** als „Kernstück eines Gemeinsamen Marktes"[12] die Einführung eines gemeinsamen Zolltarifes gegenüber Drittländern sowie das Verbot, zwischen den Mitgliedstaaten Ein- und Ausfuhrzölle und Abgaben gleicher Wirkung zu erheben.[13]

Ergänzend zur Zollunion wird der freie Warenverkehr durch die **Beseitigung mengenmäßiger Ein- und Ausfuhrbeschränkungen und Maßnahmen gleicher Wirkung** gemäß Art. 34 ff. AEUV gewährleistet. Das ist notwendig, um zu verhindern, dass durch Beschränkungen im Warenverkehr die Wirkung von Zöllen auf Umwegen erreicht wird. Unter einer mengenmäßigen Beschränkung ist eine hoheitliche Maßnahme zu verstehen, welche die Ein- oder Ausfuhr einer Ware dem Wert oder der Menge nach kontingentiert.[14] Eine Maßnahme gleicher Wirkung ist – ausgehend vom Ziel der EU (s. oben) – nach der so genannten **„*Dassonville*-Formel"** des EuGH „jede Handelsregelung der Mitgliedstaaten, die geeignet ist, den innergemeinschaftlichen Handel unmittelbar oder mittelbar, tatsächlich oder potenziell zu behindern".[15] Diese Definition wird seit der so genannten **„*Keck*-Entscheidung"** des EuGH

8 Vgl. 3. Teil, Art. 26–197 AEUV.
9 *Ehlers*, in: ders., Europäische Grundrechte und Grundfreiheiten, § 7 Rn. 7 f.
10 *Haratsch/Koenig/Pechstein*, Europarecht, Rn. 777; *Arndt/Fischer/Fetzer*, Europarecht, Rn. 415.
11 *Hobe*, Europarecht, § 15 Rn. 59.
12 *Streinz*, Europarecht, Rn. 782.
13 *Haratsch/Koenig/Pechstein*, Europarecht, Rn. 800; *Streinz*, Europarecht, Rn. 843.
14 *Hobe*, Europarecht, Rn. 66.
15 EuGH, U.v. 11.7.1974, Rs. 8/74, Slg. 1974, 837 – *Dassonville*. Vgl. zur weiteren Differenzierung zwischen produkt- und vertriebsbezogenen Beschränkungen unten Fall 4 (mit geson-

allerdings insofern eingeschränkt, als nationale Maßnahmen, die bestimmte Verkaufsmodalitäten beschränken oder verbieten, „nicht geeignet sind, den Handel zwischen den Mitgliedstaaten [...] zu behindern, sofern diese Bestimmungen für alle betroffenen Wirtschaftsteilnehmer gelten, die ihre Tätigkeit im Inland ausüben, und sofern sie den Absatz der inländischen Erzeugnisse und der Erzeugnisse aus anderen Mitgliedstaaten rechtlich wie tatsächlich in der gleichen Weise berühren".[16] Beispiele für Verkaufsmodalitäten, die keine Maßnahmen gleicher Wirkung darstellen, sind das Verbot des Verkaufes zu Verlustpreisen, Werbebeschränkungen, Ladenschlussregelungen, Vorschriften über den Sonn- und Feiertagsverkauf.[17]

- **Der freie Personenverkehr, Art. 45 ff., 49 ff. AEUV**

Zu der in einem Gemeinsamen Markt erforderlichen Mobilität der Produktionsfaktoren gehört zum einen die Möglichkeit für die Unternehmer, innerhalb der Europäischen Union den unter Kostengesichtspunkten günstigsten Produktions- und Vertriebsstandort zu wählen, sowie die Möglichkeit für die Arbeitnehmer, sich den unter Einkommensgesichtspunkten attraktivsten Arbeitsort auszusuchen. Insofern gewährt die Grundfreiheit des Personenverkehrs (der Oberbegriff „freier Personenverkehr" ergibt sich aus Art. 26 II AEUV) umfassende Freizügigkeit für Unionsbürger im Zusammenhang mit wirtschaftlicher Tätigkeit, ergänzt durch soziale Rechte. Sie besteht aus zwei Elementen, der Freizügigkeit der Arbeitnehmer, Art. 45–48 AEUV, und der Niederlassungsfreiheit der Arbeitgeber bzw. Selbstständigen, Art. 49–55 AEUV.

Die **Freizügigkeit der Arbeitnehmer** beinhaltet einen Anspruch auf Inländergleichbehandlung aller Unionsbürger im Hinblick auf Beschäftigung, Entlohnung und sonstige Arbeitsbedingungen (Art. 45 II AEUV) sowie das Aufenthaltsrecht der Arbeitnehmer im Beschäftigungsstaat (Art. 45 III AEUV). Art. 45 AEUV soll den abhängig Beschäftigten die freie Wahl des Arbeitsplatzes im gesamten Unionsgebiet ermöglichen, wobei jedoch zwei Einschränkungen bestehen: Das Aufenthaltsrecht findet auf die Beschäftigung in der öffentlichen Verwaltung keine Anwendung (Art. 45 IV AEUV; so genannte Bereichsausnahme)[18] und kann aus Gründen der öffentlichen Ordnung, Sicherheit und Gesundheit beschränkt werden (Art. 45 III AEUV; Rechtfertigungsgründe).[19]

Die **Niederlassungsfreiheit** gewährt den Unionsbürgern die Möglichkeit, kontinuierlich und nicht diskriminiert am Wirtschaftsleben eines anderen Mitgliedstaates zum Zweck der selbstständigen Erwerbstätigkeit teilzunehmen.[20] Der Anwendungsbereich der Niederlassungsfreiheit wird allerdings gemäß Art. 51 AEUV für Tätigkeiten, die mit der Ausübung öffentlicher Gewalt verbunden sind (→Bereichsausnahme), begrenzt.[21] Darüber hinaus enthält Art. 52 AEUV einen Vorbehalt für Sonderregelungen in Rechts- und Verwaltungsvorschriften, die aus Gründen der öffentlichen Ordnung, Sicherheit oder Gesundheit gerechtfertigt sind (Rechtfertigungsgründe).[22]

---

dertem Exkurs); *Haratsch/Koenig/Pechstein*, Europarecht, Rn. 821; *Kotzur*, in: Geiger/Khan/Kotzur, EUV/AEUV, Art. 34 AEUV Rn. 8.

16 EuGH, U.v. 24.11.1993, verb. Rs. C-267/91 und C-268/91, Slg. 1993, I-6097 – *Keck und Mithouard*; *Haratsch/Koenig/Pechstein*, Europarecht, Rn. 825.

17 Weitere Beispiele nennt *Schroeder*, in: Streinz, EUV/EGV, Art. 28 EGV Rn. 45.

18 *Haratsch/Koenig/Pechstein*, Europarecht, Rn. 863.

19 *Haratsch/Koenig/Pechstein*, Europarecht, Rn. 886.

20 *Herdegen*, Europarecht, § 16 Rn. 22.

21 *Hakenberg*, Europarecht, Rn. 302; *Haratsch/Koenig/Pechstein*, Europarecht, Rn. 906.

22 *Hobe*, Europarecht, Rn. 185.

• **Die Dienstleistungsfreiheit, Art. 56 ff. AEUV**
Die Errichtung eines Gemeinsamen Marktes gilt auch für die grenzüberschreitende Erbringung von Dienstleistungen, die – wirtschaftlich gesehen – immer bedeutender werden.[23] Insofern gewährleistet die Dienstleistungsfreiheit **grenzüberschreitende Dienstleistungen** innerhalb des Unionsgebietes im Rahmen einer selbstständigen Erwerbstätigkeit.[24] Sie umfasst das Aufenthalts- und Einreiserecht zum Zweck und für die Dauer der Dienstleistung und das Recht auf Gleichbehandlung.[25] Im Unterschied zu den Personenverkehrsfreiheiten (s. oben) steht hier „die Mobilität des Produktes (Export und Import von *Leistungen*) und nicht des Produktionsfaktors *Arbeit*" im Vordergrund.[26] Was eine „Dienstleistung" i. S. des AEU-Vertrages ist, bestimmt (bzw. beschreibt) Art. 57 AEUV. Die Art. 56, 57 AEUV enthalten nicht nur ein Diskriminierungsverbot, sondern untersagen auch alle Beschränkungen des Dienstleistungsverkehrs, soweit sie nicht aus Gründen des Allgemeininteresses gerechtfertigt und verhältnismäßig sind (Art. 62 AEUV verweist insoweit auf die Bereichsausnahme nach Art. 51 AEUV und die Rechtfertigungsgründe nach Art. 52 AEUV).[27]

• **Die Freiheit des Kapitalverkehrs, Art. 63 I, 64 ff. AEUV**
Ziel der Kapitalverkehrsfreiheit ist die Sicherung der Investitionsfinanzierung im Unionsgebiet. Diese Grundfreiheit soll durch freie Zirkulation des verfügbaren Investitionskapitals eine kostenorientierte Standortverteilung der Produktion im Unionsgebiet ermöglichen.[28] Der Begriff „**Kapitalverkehr**" umfasst alle auf Geld (z. B. Wertpapiere, Kredite) oder Sachkapital (z. B. Rechte an Immobilien, Unternehmensbeteiligungen) bezogenen Transaktionen, die *nicht* direkt durch den Waren- und Dienstleistungsverkehr bedingt sind (das sind Arbeitsentgelte, Kaufpreiszahlungen etc., s. sogleich unten).[29] Nach Art. 63 I AEUV sind alle Beschränkungen des Kapitalverkehrs zwischen den Mitgliedstaaten sowie zwischen den Mitgliedstaaten und dritten Ländern verboten (das geht also über den Gemeinsamen Markt hinaus). Eine Beschränkung des Kapitalverkehrs ist dabei jede staatliche Maßnahme, die für die Kapitalein- oder -ausfuhr eine gegenüber dem inländischen Kapitalverkehr formell oder materiell abweichende Regelung vorsieht. Ausnahmen bestehen nach Art. 64 ff. AEUV. Ergänzend ist an dieser Stelle noch die **(Hilfs-)Freiheit des Zahlungsverkehrs, Art. 63 II, 64 ff. AEUV** zu erwähnen, welche die ungehinderte Bezahlung von Waren, Dienstleistungen und die Überweisung der Löhne für Angehörige der Mitgliedstaaten gewährleistet.[30]

I. Verpflichtung, eine Niederlassung in Belgien zu haben

1. Verstoß gegen Art. 56 AEUV

Die Regelung des belgischen Gesetzes beschränkt den freien Dienstleistungsverkehr, da sie Unternehmen aus anderen Mitgliedstaaten ohne einen solchen Sitz das Erbringen

23 *Haratsch/Koenig/Pechstein*, Europarecht, Rn. 939.
24 *Kotzur*, in: Geiger/Khan/Kotzur, EUV/AEUV, Art. 56 AEUV Rn. 1.
25 *Schroeder*, Grundkurs Europarecht, § 14 Rn. 148 f.
26 *Streinz*, Europarecht, Rn. 781.
27 *Herdegen*, Europarecht, § 17 Rn. 2.
28 *Kotzur*, in: Geiger/Khan/Kotzur, EUV/AEUV, Art. 63 AEUV Rn. 1.
29 *Kiemel*, in: von der Groeben/Schwarze, EUV/EGV I, Art. 56 EGV Rn. 1.
30 Nach *Haratsch/Koenig/Pechstein*, Europarecht, Rn. 995, ist das keine echte Grundfreiheit, sondern „eine unerlässliche Ergänzung des freien Waren-, Personen- und Dienstleistungsverkehrs"; ähnlich *Streinz*, Europarecht, Rn. 781: „Annexfreiheit".

von Dienstleistungen in Belgien unmöglich macht. Insoweit greift auch keine Bereichsausnahme nach Art. 62 i. V. mit Art. 51 AEUV, denn die Bewachungs- und Sicherheitsunternehmen üben keine Tätigkeit aus, die als solche eine unmittelbare und spezifische Teilnahme an der Ausübung öffentlicher Gewalt darstellt.[31]

2. Rechtfertigung des Verstoßes

a) Rechtfertigungsgrund der öffentlichen Ordnung und Sicherheit (Art. 62, 52 AEUV). Der Rechtfertigungsgrund der öffentlichen Ordnung und Sicherheit gemäß Art. 62 i. V. mit Art. 52 AEUV greift hier nicht ein, denn der im Unterschied zum deutschen Polizeirecht vorweg zu prüfende Begriff der „öffentlichen Ordnung" ist nach dem Ziel des AEUV (s. oben) eng auszulegen und setzt eine gegenwärtige, tatsächliche und hinreichend schwere Gefährdung voraus, die ein Grundinteresse der Gesellschaft berührt.[32] Das Recht der Mitgliedstaaten, den freien Verkehr von Personen und Dienstleistungen aus Gründen der öffentlichen Ordnung, Sicherheit und Gesundheit einzuschränken, bezweckt nämlich gerade nicht, ganze Wirtschaftsbereiche wie den der privaten Sicherheitsdienste von der Anwendung auszunehmen (begründet also keine faktische Bereichsausnahme), sondern soll den Mitgliedstaaten die Möglichkeit eröffnen, solchen Personen die Einreise oder den Aufenthalt in ihrem Staatsgebiet zu verwehren, deren Einreise oder Aufenthalt in diesem Gebiet für sich allein genommen eine Gefahr für die öffentliche Ordnung, Sicherheit oder Gesundheit darstellt.[33] Eine solche Gefährdung liegt hier aber nicht vor.

b) Grundsatz der Verhältnismäßigkeit. Im Übrigen steht das Erfordernis einer Niederlassung in Belgien außer Verhältnis zu dem verfolgten Zweck, weil die Zuverlässigkeit des Bewachungspersonals auch anderweitig zu kontrollieren, also die getroffene Maßnahme nicht erforderlich ist.

Exkurs:
Die Punkte a) und b) können auch zusammengefasst werden (so oft der EuGH). Als Anhaltspunkt mag insoweit dienen (auch nachfolgend), dass der Rechtfertigungsgrund als solcher umso leichter bejaht werden kann, je größer die drohende Gefahr ist (dazu etwa in den Beispielen am Ende des Falles zu den offensichtlichen Gefahren des Glücksspiels); bei weniger großen Gefahren ist hingegen gerade darauf zu achten, dass nicht vorschnell eine „faktische Bereichsausnahme" geschaffen wird (so beispielsweise hier durch ein generelles „Misstrauen" gegen die Sicherheitsbranche).

II. Wohnsitzerfordernis für Mitarbeiter und Führungskräfte in Belgien

1. Verstoß gegen Art. 45 AEUV

Ein Verstoß gegen Art. 45 AEUV ist insofern gegeben, als die betreffende Regelung die Freizügigkeit der Arbeitnehmer beschränkt, weil sie nur noch bei Erfüllung bestimmter Voraussetzungen auf belgischem Staatsgebiet tätig werden dürfen.

---

31 Das gilt dann auch entsprechend für die nachfolgenden Prüfungen.

32 *Haratsch/Koenig/Pechstein*, Europarecht, Rn. 928, mit weiteren Nachweisen zur Rechtsprechung. Nach deutschem Polizeirecht bedarf es damit etwa einer „gegenwärtigen konkreten und erheblichen Gefahr".

33 *Haratsch/Koenig/Pechstein*, Europarecht, Rn. 928.

2. Verstoß gegen Art. 49 AEUV

Darüber hinaus beschränkt das Wohnsitzerfordernis die in Art. 49 AEUV gewährte **Niederlassungsfreiheit** (als „Unternehmensleitung" i.S. des Art. 49 II AEUV a.E.).

3. Rechtfertigung der Verstöße

a) Rechtfertigungsgrund der öffentlichen Ordnung (Art. 45 III, 52 AEUV). Der Rechtfertigungsgrund der in Art. 45 III und 52 AEUV aufgeführten „öffentlichen Ordnung" ist tatbestandlich zwar wohl erfüllt (im Unterschied zu oben I. 2. a), geht es hier doch nicht um eine weitere „faktische Bereichsausnahme", sondern um die Abwehr potenziell „gefährlicher" Personen).

b) Grundsatz der Verhältnismäßigkeit. Er verfängt hier letztlich aber zumindest im Ergebnis wegen des Grundsatzes der Verhältnismäßigkeit nicht, da die Vergangenheit und das Verhalten des Personals auch durch Maßnahmen überprüft werden können, welche die Freizügigkeit weniger einschränken (nötigenfalls etwa auch durch die Zusammenarbeit der Behörden der Mitgliedstaaten). Zudem kann jedes in einem Mitgliedstaat niedergelassene Unternehmen unabhängig vom Wohnsitz seiner Führungskräfte kontrolliert und Sanktionen unterworfen werden.

III. Erfordernis der vorherigen Genehmigung oder Zulassung

1. Verstoß gegen Art. 56 AEUV

Dadurch, dass auch dieses Erfordernis die Dienstleistungsfreiheit einschränkt, ist ein Verstoß gegen Art. 56 AEUV zu bejahen.

2. Rechtfertigung des Verstoßes

a) Rechtfertigungsgrund der Gefahrenabwehr (zwingende Gründe des Allgemeininteresses). Der freie Dienstleistungsverkehr kann nach Art. 62, 52 AEUV nur durch Regelungen beschränkt werden, die durch zwingende Gründe des Allgemeininteresses mit dem in den Normen genannten Zweck gerechtfertigt sind. Vorliegend sind schon solche zwingende Gründe fraglich. Ähnlich wie bei I. 2. a) könnte man auch hier insoweit allenfalls wieder auf die Abwehr „gefährlicher" Personen abstellen.

b) Grundsatz der Verhältnismäßigkeit. Diese Gründe müssen zudem für alle im Hoheitsgebiet des Aufnahmemitgliedstaates tätigen Personen oder Unternehmen gelten, soweit dieses Interesse nicht durch Vorschriften geschützt ist, denen der Dienstleistende in dem Mitgliedstaat unterliegt, in dem er ansässig ist. Der Grundsatz der Verhältnismäßigkeit verbietet nämlich eine Doppelkontrolle neben der im „Sitzstaat".[34] Hier ist das belgische Gesetz jedoch genau deshalb unverhältnismäßig, denn es geht über das hinaus, was zur Erreichung des verfolgten Zweckes – das ist die Sicherstellung einer strikten Kontrolle der Tätigkeit – erforderlich ist.

IV. Ausweiserfordernis

1. Verstoß gegen Art. 56 AEUV

Ein Verstoß gegen Art. 56 AEUV ist zu bejahen, denn das Ausweiserfordernis beschränkt den freien Dienstleistungsverkehr insofern, als die damit verbundenen For-

34 *Oppermann/Classen/Nettesheim*, Europarecht, § 26 Rn. 19.

malitäten das Erbringen grenzüberschreitender Dienstleistungen verteuern können (sehr weiter „Schutzbereich").

Exkurs: Laut EuGH ist es unerheblich, dass die Ausweispflicht auch für die Belgier (Inländer) besteht, denn die Dienstleistungsfreiheit ist berührt (anders bei der Warenverkehrsfreiheit nach „*Dassonville* plus *Keck*" zu „Maßnahmen gleicher Wirkung"; s. oben im Exkurs).[35] Hier kommt es nur darauf an, ob die Dienstleistungsfreiheit betroffen ist (ja, denn Dienstleistungen werden erschwert), was auch bei für alle („Inländergleichbehandlung"; vgl. zur diesbezüglichen Diskriminierung noch Fall 5 mit gesondertem Exkurs) geltenden Vorgaben der Fall sein kann (nur ist in dieser Konstellation die Rechtfertigung der Maßnahme leichter möglich).

2. Rechtfertigung des Verstoßes

a) **Rechtfertigungsgrund der Gefahrenabwehr.** Die Beschränkung der Dienstleistungsfreiheit ist nur dann nach Art. 62, 52 AEUV zulässig, wenn sie dem dort näher spezifizierten Allgemeininteresse dient. Auch hier könnte ein solcher Rechtfertigungsgrund der Gefahrenabwehr mit dem Ziel der Identifizierbarkeit der Handelnden begründet werden.

b) **Grundsatz der Verhältnismäßigkeit.** Die Regelung muss aber auch noch zur Erreichung ihres Zweckes geeignet, erforderlich und angemessen sein. Nach der Richtlinie 73/148/EWG zur Aufhebung der Reise- und Aufenthaltsbeschränkungen für Staatsangehörige der Mitgliedstaaten innerhalb der Europäischen Union auf dem Gebiet der Niederlassung und des Dienstleistungsverkehrs muss jeder Dienstleistende, der sich vorübergehend zum Zweck der Erbringung einer Dienstleistung nach Belgien begibt, im Besitz eines gültigen Personalausweises oder Reisepasses sein. Insofern steht das Erfordernis zusätzlicher, vom belgischen Innenminister zu erteilender Ausweise außer Verhältnis zu der Notwendigkeit, die Feststellung der Identität der Betreffenden zu gewährleisten.

C. Gesamtergebnis

Die Klage der Kommission ist zulässig und begründet; deshalb hat sie auch Erfolg.

Rechtsprechungs- und Literaturhinweise

EuGH, U.v. 9.3.2000, Rs. C-355/98, Slg. 2000, I-1221 – *Kommission/Belgien*; dazu m. w. N. *Frotscher/Kramer*, Wirtschaftsverfassungs- und Wirtschaftsverwaltungsrecht, 2008, Rn. 149 ff.; EuGH, U.v. 31.5.2001, Rs. C-283/99, Slg. 2001, I-4363 – *Kommission/Italienische Republik*, für das Erfordernis der Beschäftigung von (ausschließlich!) „eigenen" Staatsangehörigen für private Sicherheitsdienste; EuGH, U.v. 13.7.2000, Rs. C-423/98, Slg. 2000, I-5965 – *Alfredo Albore*, für den Erwerb von Militärgelände nur durch Inländer; anders dagegen EuGH, U.v. 13.7.2004, Rs. C-429/02, Slg. 2004, I-6613 – *Bacardi France*, zum Verbot bestimmter Werbung bei internationalen Sportereignissen. Vgl. schließlich noch EuGH, U.v. 17.7.2008, Rs. C-94/07, Slg. 2008, I-5939 – *Raccanelli*, wonach die Freizügigkeit gemäß Art. 45 AEUV auch direkt im Privatrecht wirkt, also sozusagen unmittelbare Drittwirkung entfaltet.

---

35 *Schweitzer/Hummer/Obwexer*, Europarecht, Rn. 1514.

Fall 2: Fleischverpackung

Matthias Knauff

Sachverhalt

Die in Kitzingen (Bayern) ansässige A-GmbH vertreibt in Kunststofffolie eingeschweißte Fleischerzeugnisse, die sie teilweise aus Rumänien bezieht, an den Lebensmitteleinzelhandel, die dort zum losen Verkauf an Endverbraucher bestimmt sind. Sie gibt auf den Folien das Bruttogewicht an, nicht aber das Nettogewicht.

Am 3. März 2010 führte das Eichamt Würzburg in einem Würzburger Supermarkt eine Kontrolle durch und stellte fest, dass bei der Mehrzahl der von der A-GmbH gelieferten Packungen das gemessene Füllgewicht mehr als zulässig hinter dem auf der Packung angegebenen Gewicht zurückblieb. Mit Schreiben vom 26. Mai 2010 beanstandete das Bayerische Landesamt für Maß und Gewicht, dass die A-GmbH damit gegen § 25 der Fertigpackungsverordnung (FPackV) verstoßen habe, und leitete ein Bußgeldverfahren ein.

Die A-GmbH ist der Auffassung, dass die im Schreiben des in München ansässigen Bayerischen Landesamts für Maß und Gewicht vom 26. Mai 2010 genannten Packungen nicht den Anforderungen des § 25 FPackV unterliegen und möchte dies gerichtlich feststellen lassen. Es handele sich bei den Packungen nicht um Fertigpackungen im Sinne der Verordnung. Die Folie sei eine Umhüllung, die bei frischem Fleisch aus hygienerechtlichen Gründen vorgeschrieben sei und allein zu Transportzwecken diene. Sie werde vom Einzelhandel wieder entfernt; das Fleisch werde alsdann lose an Endverbraucher verkauft. Die Vorschriften des Eichgesetzes und der Fertigpackungsverordnung gälten nach ihrem Sinn und Zweck nur bei Abgabe an Endverbraucher. Der Einzelhandel bedürfe keines Schutzes, schon weil seine Belieferung durch den Großhandel nach internationalem Handelsbrauch auf der Basis des Bruttogewichts erfolge. Deshalb entspreche es internationaler Gepflogenheit, auf eingeschweißtem Fleisch das Brutto- und nicht das Nettogewicht anzugeben. Durch eine deutsche Vorschrift, die – allein oder zusätzlich – die Angabe des Nettogewichts verlange, werde der Handel zwischen den Mitgliedstaaten der Europäischen Union unzulässig eingeschränkt.

Hat die Klage der A-GmbH Aussicht auf Erfolg?

Eichgesetz (EichG)

§ 1 Zweck des Gesetzes

Zweck dieses Gesetzes ist es,

1. den Verbraucher beim Erwerb messbarer Güter und Dienstleistungen zu schützen und im Interesse eines lauteren Handelsverkehrs die Voraussetzungen für richtiges Messen im geschäftlichen Verkehr zu schaffen (...)

§ 6 Begriffsbestimmungen für Fertigpackungen

(1) Fertigpackungen im Sinne dieses Gesetzes sind Erzeugnisse in Verpackungen beliebiger Art, die in Abwesenheit des Käufers abgepackt und verschlossen werden, wobei die Menge des darin enthaltenen Erzeugnisses ohne Öffnen oder merkliche Änderung der Verpackung nicht verändert werden kann.

(2) Im Sinne dieses Gesetzes ist:
1. Füllmenge die Menge, die eine einzelne Fertigpackung enthält,
2. Nennfüllmenge die Menge, die die Fertigpackung enthalten soll,
3. Inverkehrbringen das Anbieten, Vorrätighalten zum Verkauf oder zur sonstigen Abgabe, Feilhalten und jedes Abgeben an andere.

§ 7 Anforderungen an Fertigpackungen

(1) Fertigpackungen dürfen nur hergestellt, in den Geltungsbereich dieses Gesetzes verbracht oder in den Verkehr gebracht werden, wenn die Nennfüllmenge angegeben ist und die Füllmenge den festgelegten Anforderungen entspricht.

(2) Fertigpackungen müssen so gestaltet und befüllt sein, dass sie keine größere Füllmenge vortäuschen, als in ihnen enthalten ist.

Fertigpackungsverordnung (FPackV)

§ 25 Minusabweichungen bei bestimmten Fertigpackungen ungleicher Nennfüllmenge

(1) Nach Gewicht gekennzeichnete Fertigpackungen ungleicher Nennfüllmenge dürfen erstmals gewerbsmäßig nur in den Verkehr gebracht werden, wenn die Minusabweichung von der Nennfüllmenge die in der nachstehenden Tabelle festgelegten Werte nicht überschreitet: (...)

§ 33a Ausnahmen

Die Vorschriften dieser Verordnung gelten nicht für (...)
2. Fertigpackungen, deren Menge nicht nach Gewicht, Volumen oder Länge zu kennzeichnen ist und die an Letztverbraucher abgegeben werden, die das Erzeugnis in ihrer selbständigen beruflichen oder gewerblichen Tätigkeit verwenden, (...)

Bayerisches Gesetz zur Ausführung der Verwaltungsgerichtsordnung (AGVwGO)

Art. 1

(2) Die bayerischen Verwaltungsgerichte haben ihren Sitz
1. in München für den Regierungsbezirk Oberbayern (...)

Art. 16

Vertretungsbehörde des Freistaates Bayern vor den Gerichten der Verwaltungsgerichtsbarkeit ist in den Fällen des § 45 VwGO die Ausgangsbehörde und in den übrigen Fällen die Landesanwaltschaft Bayern, soweit die Vertretung nicht auf eine andere Behörde oder Stelle übertragen ist. Das Nähere regelt die Staatsregierung durch Rechtsverordnung. (...)

Verordnung über die Landesanwaltschaft Bayern (LABV)

§ 3 Vertretung des Freistaates Bayern

(1) Die Vertretung des Freistaates Bayern in verwaltungsgerichtlichen Verfahren bestimmt sich nach den folgenden Absätzen, wenn
1. die Klage oder ein sonstiger Antrag gegen den Freistaat Bayern gerichtet ist, (...)

(2) In Verfahren vor den Verwaltungsgerichten obliegt die Vertretung der Ausgangsbehörde.

(...)

Bayerische Eich- und Beschusswesen-Organisationsverordnung (BayEichOrgV)

§ 1

Das Bayerische Landesamt für Maß und Gewicht in München ist Eichaufsichtsbehörde in Bayern und dem Bayerischen Staatsministerium für Wirtschaft, Verkehr und Technologie unmittelbar nachgeordnet.

Wesentliche Probleme

Feststellungsklage, Warenverkehrsfreiheit, europarechtskonforme Auslegung

Gliederung

A. Sachurteilsvoraussetzungen
- I. Verwaltungsrechtsweg, § 40 I VwGO
- II. Statthafte Klageart
  - 1. Rechtsverhältnis
  - 2. Subsidiarität, § 43 II 1 VwGO
- III. Klagebefugnis, § 42 II VwGO analog
- IV. Beteiligten- und Prozessfähigkeit
- V. Feststellungsinteresse
- VI. Sonstige Sachurteilsvoraussetzungen und Ergebnis

B. Begründetheit
- I. Passivlegitimation
- II. Nichtbestehen der Kennzeichnungsverpflichtung
  - 1. Tatbestandliche Voraussetzungen
    - a) Fleischpackungen = Fertigpackungen?
    - b) Fleischpackungen = reine Transportverpackung?
    - c) Geltung von § 7 EichG i. V. m. § 25 FPackV nur bei Abgabe an Endverbraucher?
  - 2. Rechtsfolge
  - 3. Europarechtlich gebotene Korrektur des Auslegungsergebnisses?
    - a) Schutzbereich des Art. 34 AEUV
    - b) Eingriff
    - c) Rechtfertigung
      - aa) Art. 36 AEUV
      - bb) Zwingende Gründe des Allgemeininteresses
      - cc) Verhältnismäßigkeit
    - d) Rechtsfolge

C. Ergebnis

Lösung

A. Sachurteilsvoraussetzungen

Die Klage der A-GmbH hat Aussicht auf Erfolg, wenn die Sachurteilsvoraussetzungen gegeben sind und sie begründet ist.

I. Verwaltungsrechtsweg, § 40 I VwGO

Fraglich ist die Einschlägigkeit des Verwaltungsrechtswegs. Mangels aufdrängender Sonderzuweisung richtet sich dies nach § 40 I VwGO. Es müsste sich mithin um eine öffentlich-rechtliche Streitigkeit nichtverfassungsrechtlicher Art handeln, die nicht einem anderen Rechtsweg zur Entscheidung zugewiesen ist (abdrängende Sonderzuweisung).

Eine Streitigkeit ist öffentlich-rechtlich, wenn die streitentscheidenden Normen als solche des Öffentlichen Rechts zu qualifizieren sind. Vorliegend sind eichrechtliche Normen (EichG, FPackV) für die Beurteilung maßgeblich. Es handelt sich dabei um besonderes Ordnungsrecht, dessen Qualifikation als Öffentliches Recht nach allen einschlägigen Abgrenzungsheorien[1] außer Frage steht.[2]

Mangels doppelter Verfassungsunmittelbarkeit[3] handelt es sich nicht um eine verfassungsrechtliche Streitigkeit. Eine anderweitige Rechtswegzuweisung besteht nicht. Insbesondere steht vorliegend kein Vorgehen gegen einen (noch nicht ergangenen) Bußgeldbescheid in Frage, wofür gemäß §§ 68, 108 OWiG der ordentliche Rechtsweg einschlägig wäre.

II. Statthafte Klageart

Die Statthaftigkeit der Klage richtet sich nach dem klägerischen Begehren, vgl. § 88 VwGO. Vorliegend begehrt die A-GmbH die Feststellung, dass sie keiner Pflicht zur Kennzeichnung der von ihr vertriebenen Packungen mit dem Nettogewicht des Fleisches unterliege. Die Verfolgung dieses Begehrens kann im Wege der Feststellungsklage gemäß § 43 VwGO erfolgen, sofern es sich dabei um ein feststellungsfähiges Rechtsverhältnis handelt und die Feststellungsklage nicht als subsidiär zurücktritt.

1. Rechtsverhältnis

Fraglich ist, ob es sich bei der Verpflichtung der A-GmbH zur Kennzeichung der Fleischpackungen mit dem Nettogewicht des Inhalts um ein Rechtsverhältnis i. S. v. § 43 I VwGO handelt. Ein Rechtsverhältnis ist jede rechtliche Beziehung zwischen Personen oder zwischen Personen und Sachen.[4] Vorliegend steht die aus der FPackV folgende Kennzeichnungspflicht der Fleischpackungen mit dem Nettogewicht in Frage. Dabei handelt es sich nicht um eine (mit der Feststellungsklage nicht zu klärende) abstrakte Frage der Normauslegung. Vielmehr steht gerade die konkrete Verpflichtung der A-GmbH zur Kennzeichnung der Fleischpackungen mit dem Nettogewicht in Frage, deren Nichtbestehen Gegenstand des Feststellungsbegehrens ist. Dies genügt für die Bejahung eines feststellungsfähigen Rechtsverhältnisses.

---

1 Zu modifizierter Subjektstheorie, Interessentheorie und Subordinationstheorie und ihrer geringe Problemlösungskapazität im Überblick *Hufen*, Verwaltungsprozessrecht, § 11 Rn. 14 ff.; *Unruh*, in: Fehling/Kastner, Verwaltungsrecht, § 40 VwGO Rn. 102 ff.

2 Ein Eingehen auf die Warenverkehrsfreiheit, Art. 34 AEUV (siehe dazu unten B. II. 3. a), ist an dieser Stelle nicht erforderlich.

3 Zu den Voraussetzungen (Streit von Verfassungsorganen um Rechte und Pflichten aus der Verfassung) *Reimer*, in: Posser/Wolff, BeckOK VwGO, Stand 7/2010, § 40 Rn. 90 ff.; zu alternativen Abgrenzungskriterien *Unruh*, in: Fehling/Kastner, Verwaltungsrecht, § 40 VwGO Rn. 164 ff.

4 *Pietzcker*, in: Schoch/Schmidt-Aßmann/Pietzner, VwGO, § 43 Rn. 5; *Sodan*, in: Sodan/Ziekow, VwGO, § 43 Rn. 7

Zudem ist anerkannt, dass schon die Drohung mit der Durchführung eines Bußgeldverfahrens ein öffentliches Rechtsverhältnis zwischen den Beteiligten bezüglich der zugrunde liegenden Problematik begründet.[5] Vorliegend hat das Bayerische Landesamt für Maß und Gewicht bereits ein Bußgeldverfahren gegen die A-GmbH eingeleitet, so dass eine hinreichende Konkretisierung der in Frage stehenden (möglichen) Pflichten der A-GmbH außer Frage steht.

2. Subsidiarität, § 43 II 1 VwGO

Gemäß § 43 II 1 VwGO ist die Feststellungsklage subsidiär gegenüber Leistungs- und Gestaltungsklagen. Vorliegend kommt eine Anfechtung der Beanstandung des Landesamts gemäß Art. 42 I Alt. 1 VwGO nicht in Betracht. Mangels Anordnung konkreter Rechtsfolgen handelt es sich dabei nicht um einen Verwaltungsakt i. S. v. Art. 35 S. 1 BayVwVfG. Auch ist der Erlass eines Verwaltungsakts mit einer Anordnung der anderweitigen Kennzeichnung gegenüber der A-GmbH nicht absehbar, so dass ein Abwarten mit dem Ziel einer späteren Anfechtungsklage nicht in Betracht kommt.[6] Schließlich hat die A-GmbH mangels spezialgesetzlicher Regelung keinen Anspruch auf den Erlass eines entsprechenden feststellenden Verwaltungsakts, den sie mit der Verpflichtungsklage durchsetzen könnte. Folglich steht § 43 II 1 VwGO der Statthaftigkeit der Feststellungsklage nicht entgegen.

III. Klagebefugnis, § 42 II VwGO analog

Die A-GmbH müsste klagebefugt sein, § 42 II VwGO analog. Die Vorschrift greift nach h. M. in analoger Anwendung auch bei der Feststellungsklage ein, um Popularklagen zu verhindern.[7] Somit muss die A-GmbH geltend machen, in ihren Rechten verletzt zu sein. Als möglicherweise durch die Kennzeichnungspflicht verletzte Rechte kommen vorliegend Art. 12 I GG und Art. 34 AEUV in Betracht. Es erscheint nicht völlig ausgeschlossen, dass diese Pflicht die – auch bei juristischen Personen grundrechtlich geschützte, Art. 19 III GG – Berufsausübungsfreiheit der A-GmbH tangiert. Gleiches gilt im Hinblick auf eine Nutzung der Warenverkehrsfreiheit, die ebenfalls über eine subjektiv-rechtliche Dimension verfügt[8] und die A-GmbH (potentiell) berechtigt.

IV. Beteiligten- und Prozessfähigkeit

Die Beteiligtenfähigkeit der A-GmbH folgt aus § 61 Nr. 1 Alt. 2 VwGO i. V. m. § 13 I GmbHG. Sie ist nach § 62 III VwGO prozessfähig und wird gemäß § 35 I GmbHG durch ihren Geschäftsführer vertreten.

Mangels einer dahingehenden Anordnung im bayerischen Landesrecht ist nicht das Landesamt nach § 61 Nr. 3 VwGO, sondern der Freistaat Bayern gemäß § 61 Nr. 1 Alt. 2 VwGO beteiligtenfähig. Seine Prozessfähigkeit ergibt sich aus § 62 III VwGO i. V. m. Art. 16 S. 1 AGVwGO, § 3 II LABV, so dass seine gerichtliche Vertretung durch das Landesamt als Ausgangsbehörde erfolgt.

5 Ausführlich *Sodan*, in: Sodan/Ziekow, VwGO, § 43 Rn. 85 ff.
6 Vgl. *Pietzcker*, in: Schoch/Schmidt-Aßmann/Pietzner, VwGO, § 43 Rn. 50.
7 *Terhechte*, in: Fehling/Kastner, Verwaltungsrecht, § 43 VwGO Rn. 54; zur Kritik umfassend *Sodan*, in: Sodan/Ziekow, VwGO, § 42 Rn. 374.
8 EuGH, U.v. 5.2.1963, Rs. 26/62, Slg. 1963, 1 (25) – *van Gend en Loos*; siehe auch *Pache/Streit*, in: Pache/Knauff, Fallhandbuch Europäisches Wirtschaftsrecht, § 3 Rn. 7.

V. Feststellungsinteresse

§ 43 I VwGO setzt des Weiteren ein berechtigtes Interesse des Klägers an der baldigen Feststellung voraus. Dies ist gegeben, wenn aufgrund vernünftiger Erwägungen der Sachlage ein gerechtfertigtes Interesse rechtlicher, wirtschaftlicher oder ideeller Art gegeben ist. Der Kläger muss mithin ein schutzwürdiges, auf gewichtigen Gründen basierendes Interesse an einer gerichtlichen Entscheidung zum in Frage stehenden Zeitpunkt haben.[9]

Die A-GmbH beabsichtigt, ihre Verpackungen weiterhin mit Bruttogewichtsangabe an den Lebensmitteleinzelhandel abzugeben. Das Landesamt hält dies für rechtswidrig und beabsichtigt, mit einem Bußgeldverfahren hiergegen vorzugehen. Die Klärung dieser streitigen Rechtfrage ist im Ordnungswidrigkeitenverfahren nicht in gleicher Weise möglich und der A-GmbH in Anbetracht des damit einhergehenden rechtlichen und wirtschaftlichen Risikos nicht zuzumuten[10]. Nach h. M. begründet bereits die Drohung mit einem Bußgeldverfahren das Feststellungsinteresse i. S. v. § 43 I VwGO, da der Bürger damit „gefügig" gemacht werden soll.[11] Vorliegend wurde das Bußgeldverfahren bereits eingeleitet, so dass das berechtigte Interesse der A-GmbH an der gerichtlichen Feststellung gegeben ist.

VI. Sonstige Sachurteilsvoraussetzungen und Ergebnis

Die A-GmbH kann ihr Rechtsschutzziel nicht auf einem einfacheren Wege als durch die Erhebung der Klage erreichen, so dass ihr allgemeines Rechtsschutzbedürfnis zu bejahen ist. Die Klage ist entsprechend den formalen Anforderungen der §§ 81 f. VwGO beim VG München zu erheben, dessen sachliche und örtliche Zuständigkeit aus § 45, § 52 Nr. 5 VwGO i. V. m. Art. 1 II Nr. 1 AGVwGO i. V. m. § 11 EichO, § 1 BayEichOrgV folgt. Die Sachurteilsvoraussetzungen der Feststellungsklage liegen somit vor.

B. Begründetheit

Die Feststellungsklage ist begründet, wenn sie gegen den richtigen Beklagten gerichtet ist und eine Verpflichtung der A-GmbH zur Angabe des Nettogewichts auf den Fleischpackungen nicht besteht.

I. Passivlegitimation

Passivlegitimiert, also materiell verpflichtet,[12] ist der Rechtsträger der handelnden Behörde.[13] Rechtsträger des Landesamtes ist der Freistaat Bayern, vgl. § 1 BayEichOrgV, gegen den daher die Klage zur richten ist.

9 *Hufen*, Verwaltungsprozessrecht, § 18 Rn. 12 ff.
10 *Terhechte*, in: Fehling/Kastner, Verwaltungsrecht, § 43 VwGO Rn. 58.
11 OVG Münster, U.v. 31.1.1996, 13 A 6644/95, NVwZ-RR 1997, 264; *Kopp/Schenke*, VwGO, § 43 Rn. 23.
12 *Brenner*, in: Sodan/Ziekow, VwGO, § 78 Rn. 2 f.
13 Bei der Feststellungsklage erfolgt kein Rückgriff auf § 78 I Nr. 1 VwGO, *Meissner*, in: Schoch/Schmidt-Aßmann/Pietzner, VwGO, § 78 Rn. 21; *Rozek*, JuS 2007, 601 (603 f.).

II. Nichtbestehen der Kennzeichnungsverpflichtung

Fraglich ist, ob die Auffassung der A-GmbH, dass sie zur Kennzeichnung der Fleischverpackungen mit dem Nettogewicht nicht verpflichtet sei, zutrifft. Rechtsgrundlage für eine solche Kennzeichnungspflicht könnte aber § 7 EichG i. V. m. § 25 FPackV sein.

1. Tatbestandliche Voraussetzungen

Zu prüfen ist daher, ob die tatbestandlichen Voraussetzungen des § 7 EichG i. V. m. § 25 FPackV gegeben sind. Danach ist die Angabe der Nennfüllmenge (nur) bei Fertigpackungen erforderlich. Entscheidend ist mithin, ob es sich bei den Fleischpackungen um derartige Fertigpackungen handelt.

a) **Fleischpackungen = Fertigpackungen?** § 6 I EichG definiert Fertigpackungen als „Erzeugnisse in Verpackungen beliebiger Art, die in Abwesenheit des Käufers abgepackt und verschlossen werden, wobei die Menge des darin enthaltenen Erzeugnisses ohne Öffnen oder merkliche Änderung der Verpackung nicht verändert werden kann" Die von der A-GmbH vertriebenen Fleischerzeugnisse werden – sei es von dieser selbst oder ihren Zulieferbetrieben – verpackt, wenn deren Käufer, die Kunden der A-GmbH, nicht anwesend sind. Die Folienverpackung umschließt die Fleischerzeugnisse vollständig und lässt infolge des Verschweißens keine Entnahme der Produkte zu, ohne dass sie zumindest beschädigt würde. Somit werden die Anforderungen der Legaldefinition im Hinblick auf die Fleischpackungen der A-GmbH erfüllt.

b) **Fleischpackungen = reine Transportverpackung?** Es ist jedoch anerkannt, dass ein wörtliches Verständnis des § 6 I EichG dem Regelungszweck des Gesetzes nicht gerecht wird. Vielmehr sind von Fertigpackungen im Sinne der Vorschrift reine Transportverpackungen zu unterscheiden. Dabei handelt es sich um Verpackungen, die ausschließlich dazu dienen, den Transport der Ware zu erleichtern oder die Ware während des Transports gegen Verlust und Beschädigung zu schützen. Derartige Transportverpackungen unterfallen § 6 I EichG nicht, da sie keinen Bezug zu seinen Schutzzwecken, insbesondere dem Verbraucherschutz, vgl. § 1 Nr. 1 EichG, aufweisen.[14]

Handelte es sich bei den Fleichpackungen der A-GmbH um eine reine Transportverpackung, griffen die auf Fertigpackungen bezogenen Kennzeichnungspflichten des EichG für diese nicht ein. Es ist daher zu fragen, welche Zwecke vorliegend mit dem Einschweißen des Fleisches verfolgt werden. Dieses dient fraglos Transportzwecken. Darin beschränkt sich der Zweck der Verpackung allerdings nicht, da gerade bei leicht verderblichen Waren wie Fleischprodukten das Einschweißen auch der Wahrung hygienischer Zustände dient. Dies gilt sowohl beim Transport als auch nach dessen Abschluss während der vorübergehenden Lagerung bei den Abnehmern der A-GmbH vor dem losen Verkauf der Ware. Infolge dessen handelt es sich bei den Fleischpackungen der A-GmbH nicht um reine Transportverpackungen.[15] Nur für solche ist jedoch anerkannt, dass es sich nicht um Fertigpackungen im Sinne von § 6 I EichG handelt.

c) **Geltung von § 7 EichG i. V. m. § 25 FPackV nur bei Abgabe an Endverbraucher?** Denkbar erscheint jedoch, dass die Kennzeichnungspflicht des § 7 EichG i. V. m. § 25 FPackV entfällt, wenn der Gesetzeszweck des EichG den Zwischenhandel nicht erfasst. Derartiges könnte aus der Bezugnahme auf den Verbraucherschutz in § 1 Nr. 1 EichG

14 BVerwG, U.v. 13.9.2007, 3 C 12/06, GewArch 2008, 83 Rn. 11; *Rathke*, in: Zipfel, Lebensmittelrecht, Losebl. Stand 3/2010, § 6 EichG Rn. 18.

15 BVerwG, U.v. 13.9.2007, 3 C 12/06, GewArch 2008, 83 Rn. 12.

als Gesetzeszweck folgen. § 13 BGB definiert den Verbraucher als „jede natürliche Person, die ein Rechtsgeschäft zu einem Zwecke abschließt, der weder ihrer gewerblichen noch ihrer selbständigen beruflichen Tätigkeit zugerechnet werden kann." Als Lebensmitteleinzelhändler unterfallen die Abnehmer der A-GmbH dieser Definition nicht. Allerdings folgt daraus nicht deren fehlende Verbrauchereigenschaft im Sinne des Eichrechts. Wie § 33a Nr. 2 FPackV verdeutlicht, liegt diesem ein eigenständiger Verbraucherbegriff zugrunde, da eine Unterscheidung zwischen Letzt- und sonstigen Verbrauchern andernfalls hinfällig wäre. Diesem eichrechtlichen Verbraucherbegriff unterfallen neben den vom engeren Verbraucherbegriff des § 13 BGB erfassten Endverbrauchern auch gewerbliche Käufer.[16] Infolge dieses im Hinblick auf den erfassten Personenkreis weiteren Schutzzwecks gemäß § 1 Nr. 1 EichG kann die Geltung der § 7 EichG i. V. m. § 25 FPackV für die vorliegende Konstellation nicht in Frage gestellt werden.

Dies gilt umso mehr, als § 1 Nr. 1 EichG die Lauterkeit des Handelsverkehrs als weiteren Gesetzeszweck benennt. Die Einzelhändler haben ein schützenswertes Interesse an der Lieferung verpackter Erzeugnisse unter zutreffender Angabe des Gewichts durch Großhändler. Dies gilt auch dann, wenn sie die Erzeugnisse auspacken und weiterverarbeiten oder lose an Endverbraucher abgeben. Die Schutzbedürftigkeit der gewerblichen Abnehmer wird von der Zwecksetzung des EichG als Instrument zur Sicherung der Lauterkeit des Handelsverkehrs normativ anerkannt, so dass auch aus diesem Grund eine Einschränkung der Geltung von § 7 EichG i. V. m. § 25 FPackV im Hinblick auf die Fleischpackungen der A-GmbH nicht in Betracht kommt.

2. Rechtsfolge

Folglich sind die Fleischpackungen der A-GmbH als Fertigpackungen im Sinne von § 6 I EichG zu qualifizieren. Konsequenz dessen ist die aus § 7 EichG i. V. m. § 25 FPackV folgende Notwendigkeit der Angabe der Nennfüllmenge auf der Packung. § 6 II Nr. 2 EichG definiert die Nennfüllmenge als „die Menge, die die Fertigpackung enthalten soll". Mithin ist die – bei der A-GmbH fehlende – Angabe des Nettogewichts des Packungsinhalts auf Fertigpackungen eichgesetzlich gefordert. Die von der A-GmbH in Zweifel gezogene Üblichkeit und Sinnhaftigkeit einer derartigen Kennzeichnung im Handelsverkehr ist für die rechtliche Bewertung unerheblich.[17] Somit ergibt die Auslegung der eichrechtlichen Normen eine Pflicht der A-GmbH, auf ihren Fleischpackungen das Nettogewicht der verpackten Fleischerzeugnisse anzugeben.

3. Europarechtlich gebotene Korrektur des Auslegungsergebnisses?

Die A-GmbH ist der Auffassung, dass durch die Ausgestaltung der Kennzeichnungspflicht der Packungen der Handel zwischen den Mitgliedstaaten der Europäischen Union unzulässig eingeschränkt werde. Zu prüfen ist daher, ob das vorstehend gefundene Auslegungsergebnis des nationalen Eichrechts vor dem Hintergrund der Vorgaben des Europarechts Bestand haben kann. Vorliegend fehlt es an – vorrangig zu prüfenden[18] – abschließenden sekundärrechtlichen Bestimmungen, so dass allein das unmittelbar anwendbare primäre Europarecht den heranzuziehenden Prüfungsmaßstab bildet.

---

16 BVerwG, U.v. 13.9.2007, 3 C 12/06, GewArch 2008, 83 Rn. 15f.
17 BVerwG, U.v. 13.9.2007, 3 C 12/06, GewArch 2008, 83 Rn. 15.
18 *Frenz*, Handbuch Europarecht I, Rn. 350ff.; siehe auch BVerwG, U.v. 13.9.2007, 3 C 12/06, GewArch 2008, 83 Rn. 18ff.

Vorliegend kommt eine Verletzung von Grundfreiheiten, insbesondere der Warenverkehrsfreiheit nach Art. 34 ff. AEUV in Betracht. Art. 34 AEUV verbietet mengenmäßige Ein- und Ausfuhrbeschränkungen und Maßnahmen gleicher Wirkung, sofern keine Rechtfertigung für derartige Maßnahmen gegeben ist.

a) **Schutzbereich des Art. 34 AEUV.** Zu prüfen ist zunächst die Eröffnung des Schutzbereichs der Warenverkehrsfreiheit. Als Unternehmen, das in einem Mitgliedstaat ansässig ist,[19] kann sich die A-GmbH auf Art. 34 AEUV berufen, wenn die sachlichen Voraussetzungen der Norm gegeben sind.

Bei den Fleischpackungen müsste es sich um eine Ware handeln. Waren sind alle Erzeugnisse, die einen Geldwert haben und Gegenstand von Handelsgeschäften sein können.[20] Als Handelsgut unterfallen die Fleischpackungen dem Warenbegriff.

Allerdings schützt Art. 34 AEUV ebenso wie die übrigen Grundfreiheiten nicht vor jeglichen Eingriffen in den Warenverkehr. Auf reine Inlandssachverhalte, also Konstellationen ohne einen Bezug zu mindestens zwei EU-Mitgliedstaaten, sind die Grundfreiheiten einschließlich der Warenverkehrsfreiheit nicht anwendbar.[21] Erforderlich ist stets ein grenzüberschreitender Bezug, wobei nach der Rechtsprechung des EuGH[22] jedoch keine hohen Anforderungen zu stellen sind. Danach genügt für das Eingreifen der Grundfreiheiten grundsätzlich bereits eine potentielle Grenzüberschreitung. Vorliegend ist ein Auslandsbezug des konkret zu beurteilenden Sachverhalt nicht unmittelbar ersichtlich. Allerdings ist der Fleischhandel in der EU nicht auf die einzelnen Mitgliedstaaten beschränkt. Dies gilt auch im Hinblick auf die A-GmbH, die ihre Waren zumindest teilweise aus Rumänien bezieht. Die Frage der Kennzeichnung von Fleischpackungen betrifft überdies nicht nur mitgliedstaatsinterne Lieferungen, so dass ein (potenziell) grenzüberschreitender Bezug gegeben und damit zugleich der Schutzbereich der Warenverkehrsfreiheit eröffnet ist.

b) **Eingriff.** Fraglich ist des Weiteren das Vorliegen eines Eingriffs. Eingriff ist jede Maßnahme der Mitgliedstaaten oder der EU[23], durch die der grundfreiheitliche Schutzbereich verkürzt wird, so dass eine Behinderung des Binnenmarktes erfolgt.[24] Das Europarecht stellt im Hinblick auf die Warenverkehrsfreiheit Ein- und Ausfuhrbeschränkungen (Art. 34 und Art. 35 AEUV) sowie Maßnahmen gleicher Wirkung gleich. Als mögliche Eingriffe kommen insoweit Diskriminierungen und Beschränkungen in Betracht. Vorliegend könnte die eichrechtliche Kennzeichnungspflicht einen Eingriff darstellen. Dabei handelt es sich (mangels Kontingentierung) nicht um eine explizite Ein- oder Ausfuhrbeschränkung. Zu prüfen ist daher die Qualifikation der Kennzeichnungspflicht als Maßnahme gleicher Wirkung.

Eine Maßnahme gleicher Wirkung ist jede Handelsbeeinträchtigung, die ähnliche Folgen wie eine Ein- oder Ausfuhrbeschränkung zeitigt. Nach der *Dassonville*-Formel des EuGH gilt „jede Handelsregelung, die geeignet ist, den innergemeinschaftlichen Han-

19 Zum persönlichen Schutzbereich der Warenverkehrsfreiheit siehe nur *Kingreen*, in: Calliess/Ruffert, EUV/EGV, Art. 28–30 Rn. 32 ff., 124.

20 EuGH, U.v. 9.7.1992, Rs. C-2/90, Slg. 1992, I-4431 Rn. 23 ff. – *Wallonische Abfälle*.

21 *Epiney*, in: Ehlers, Europäische Grundrechte und Grundfreiheiten, § 8 Rn. 14; *Röhl*, Jura 2006, 321 (323).

22 EuGH, U.v. 14.7.1988, Rs. 407/85, Slg. 1988, 4233 Rn. 25 – *3 Glocken;* U.v. 18.2.1987, Rs. 98/86, Slg. 1987, 809 Rn. 7 f. – *Mathot*.

23 *Lux*, in: Lenz/Borchardt, EU-Verträge, Art. 34 AEUV Rn. 11; *Epiney*, in: Ehlers, Europäische Grundrechte und Grundfreiheiten, § 8 Rn. 17 ff.

24 *Frenz*, Handbuch Europarecht I, Rn. 424 ff.; *Kingreen*, in: Calliess/Ruffert, EUV/EGV, Art. 28–30 Rn. 36.

del unmittelbar oder mittelbar, tatsächlich oder potentiell zu behindern“ als Beeinträchtigung.[25] Die aus § 7 EichG i. V. m. § 25 FPackV folgende Pflicht zur Angabe der Nennfüllmenge, also des Nettogewichts, bei vorverpacktem Fleisch auch dann, wenn das Erzeugnis nicht an End- oder Letztverbraucher abgegeben werden soll, kann die Einfuhr derartiger Erzeugnisse aus dem übrigen Unionsgebiet nach Deutschland in gleicher Weise wie eine mengenmäßige Einfuhrbeschränkung behindern, da es eine zusätzliche Voraussetzung an das Handelsgut aufstellt, die zumindest potentiell abschreckend wirken kann.[26]

Die Weite dieses Beeinträchtigungsbegriffs gilt jedoch nach der EuGH-Rechtsprechung nicht uneingeschränkt. Nach der *Keck*-Formel ist „die Anwendung nationaler Bestimmungen, die bestimmte Verkaufsmodalitäten beschränken oder verbieten, auf Erzeugnisse anderer Mitgliedstaaten nicht geeignet, den Handel zwischen den Mitgliedstaaten im Sinne des Urteils Dassonville (...) zu behindern, sofern diese Bestimmungen für alle betroffenen Wirtschaftsteilnehmer gelten, die ihre Tätigkeit im Inland ausüben, und sofern sie den Absatz der inländischen Erzeugnisse und der Erzeugnisse aus anderen Mitgliedstaaten rechtlich wie tatsächlich in der gleichen Weise berühren“[27]. Es ist mithin zwischen produkt- und vertriebsbezogenen Regelungen zu unterscheiden. Während produktbezogene Anforderungen auf Grundlage der *Dassonville*-Formel stets als Eingriff in den Schutzbereich der Warenverkehrsfreiheit zu qualifizieren sind,[28] gilt dies bei einem bloßen Vertriebsbezug nicht. Ein solcher ist gegeben, wenn nur (diskriminierungsfreie) Modalitäten des Verkaufs in Frage stehen.[29]

Entscheidend ist somit, ob die eichrechtliche Kennzeichnungspflicht eine produkt- oder vertriebsbezogene Regelung darstellt. Diese ist mangels an der Staatszugehörigkeit anknüpfender Differenzierungen diskriminierungsfrei, so dass ein Eingreifen der *Keck*-Formel nicht von vornherein ausgeschlossen ist. Für einen bloßen Vertriebsbezug spricht, dass die Kennzeichnung im Zusammenhang mit dem Verkauf der Ware steht und nicht deren Bestandteil bildet. Gleichwohl besteht eine unmittelbare Verbindung zwischen der Ware und ihrer Kennzeichnung, da diese die zentralen Eigenschaften der Ware zum Ausdruck bringt. Der EuGH nimmt daher in ständiger Rechtsprechung bei nationalen Kennzeichnungs- und Etikettierungsvorschriften deren Produktbezug an, da sie den grenzüberschreitenden Verkehr mit der Ware erschweren.[30] Auf Grundlage dessen sind die Einschränkungen der *Keck*-Formel im Hinblick auf die eichrechtlichen Kennzeichnungsvorschriften nicht einschlägig.[31] Diese sind daher als Handelsbeeinträchtigung und damit als Maßnahme gleicher Wirkung im Sinne von Art 34 AEUV zu qualifizieren, so dass sie zugleich einen Eingriff in den Schutzbereich der Warenverkehrsfreiheit bilden.

c) **Rechtfertigung.** Eine Rechtfertigung des Eingriffs in den Schutzbereich der Warenverkehrsfreiheit durch die eichrechtliche Kennzeichungspflicht kommt auf Grundlage

25 EuGH, U.v. 11.7.1974, Rs. 8/74, Slg. 1974, 837, 852 Rn. 5 – *Dassonville*; näher *Saurer*, in: Pache/Knauff, Fallhandbuch Europäisches Wirtschaftsrecht, § 4 Rn. 5.
26 BVerwG, U.v. 13.9.2007, 3 C 12/06, GewArch 2008, 83 Rn. 28.
27 EuGH, U.v. 24.11.1993, Rs. 267 und 268/93, Slg. 1994, I-6097 Rn. 16 – *Keck und Mithouard*.
28 Vgl. *Epiney*, in: Ehlers, Europäische Grundrechte und Grundfreiheiten, § 8 Rn. 36.
29 *Lux*, in: Lenz/Borchardt, EU-Verträge, Art. 34 AEUV Rn. 31.
30 EuGH, U.v. 11.10.1990, Rs- C-210–89, Slg. 1990, I-3697 Rn. 18. – *Kommission/Italien*; U.v. 9.2.1999, Rs. C-383/97, Slg. 1999, I-731, 760 Rn. 24 – *Van der Laan*.
31 Siehe im Überblick zur Qualifikation von Etikettierungsvorschriften *Lux*, in: Lenz/Borchardt, EU-Verträge, Art. 34 AEUV Rn. 29.

von Art. 36 AEUV oder durch den ungeschriebenen Rechtfertigungsgrund der zwingenden Gründe des Allgemeininteresses in Betracht.

aa) **Art. 36 AEUV.** Nach Art. 36 AEUV können Eingriffe in die Warenverkehrsfreiheit „aus Gründen der öffentlichen Sittlichkeit, Ordnung und Sicherheit, zum Schutze der Gesundheit und des Lebens von Menschen, Tieren oder Pflanzen, des nationalen Kulturguts von künstlerischem, geschichtlichem oder archäologischem Wert oder des gewerblichen und kommerziellen Eigentums gerechtfertigt" sein, sofern es sich nicht um willkürliche Diskriminierungen oder verschleierte Handelsbeeinträchtigungen handelt. Die Tatbestandsmerkmale der Norm sind aufgrund ihres Ausnahmecharakters eng auszulegen.[32]

Vorliegend erscheint in Anbetracht der Zwecke des EichG eine Rechtfertigung der Pflicht zur Angabe des Bruttogewichts auf den Fleischpackungen aus Gründen der öffentlichen Sicherheit oder Ordnung nicht von vornherein ausgeschlossen. Die Begriffe der Öffentlichen Sicherheit und Ordnung sind – wie alle europarechtlichen Rechtsbegriffe – autonom und ohne Rückgriff auf das Verständnis übereinstimmender nationaler Rechtsbegriffe auszulegen.[33] Die öffentliche Sicherheit im Sinne von Art. 36 AEUV ist betroffen, wenn die Existenz und Funktionsfähigkeit eines Mitgliedstaates in Frage stehen.[34] Die öffentliche Ordnung ist berührt, wenn ein Grundinteresse der Gesellschaft tatsächlich und hinreichend schwer gefährdet wird.[35] Die Pflicht zur Angabe des Nettogewichts (statt oder zusätzlich zum Bruttogewicht) auf Fleischpackungen innerhalb der Handelskette betrifft keinen der beiden Aspekte, sondern dient unmittelbar der Steigerung der Transparenz im Handelsverkehr und damit entsprechend der Zwecksetzung des § 1 Nr. 1 EichG dessen Lauterkeit und dem Verbraucherschutz. Ein zentrales Interesse des Staates oder der Gesellschaft steht demgegenüber nicht in Frage, so dass eine Rechtfertigung des Eingriffs in den Schutzbereich der Warenverkehrsfreiheit auf Grundlage von Art. 36 AEUV nicht in Betracht kommt.[36]

bb) Zwingende Gründe des Allgemeininteresses. Zusätzlich zu den Rechtfertigungsgründen des Art. 36 AEUV erkennt der EuGH in ständiger Rechtsprechung ungeschriebene Rechtfertigungsgründe für mittelbare Diskriminierungen und nichtdiskriminierende Beschränkungen der Warenverkehrsfreiheit und sonstigen Grundfreiheiten an.[37] Nach der *Cassis*-Formel müssen „Hemmnisse für den Binnenhandel der Gemeinschaft, die sich aus den Unterschieden der nationalen Regelungen über die Vermarktung ergeben, (...) hingenommen werden, soweit diese Bestimmungen notwendig sind, um zwingenden Erfordernissen gerecht zu werden, insbesondere den Erfordernissen einer wirksamen steuerlichen Kontrolle, des Schutzes der öffentlichen Gesundheit, der Lauterkeit des Handelsverkehrs und des Verbraucherschutzes"[38].

---

32 *Lux*, in: Lenz/Borchardt, EU-Verträge, Art. 36 AEUV Rn. 3.

33 Vgl. EuGH, U.v. 28.10.1982, Rs. 135/81, Slg. 1982, 3799 Rn. 10 – *Agences de voyages*.

34 *Kingreen*, in: Calliess/Ruffert, EUV/EGV, Art. 28–30 Rn. 197; *Thiele*, JA 2005, 621 (625).

35 EuGH, U.v. 14.10.2004, Rs. C-36/02, Slg. 2004, I-9609 Rn. 30 – *Omega*.

36 So aber – bei fehlender Abgrenzung zu den ungeschriebenen Rechtfertigungsgründen und unter insoweit unzutreffender Bezugnahme auf die *Cassis de Dijon*-Entscheidung – BVerwG, U.v. 13.9.2007, 3 C 12/06, GewArch 2008, 83 Rn. 28.

37 EuGH, U.v. 12.6.2003 – Rs. C-112/00, Slg. 2003, I-5659 – *Schmidberger*; U.v. 11.12.2003 – Rs. C-322/01, Slg. 2003, I-14887 – *Doc Morris*; *Saurer*, in: Pache/Knauff, Fallhandbuch Europäisches Wirtschaftsrecht, § 4, Rn. 9; *Epiney*, in: Ehlers, Europäische Grundrechte und Grundfreiheiten, § 8 Rn. 85.

38 EuGH, U.v. 20.2.1979, Rs. 120/78, Slg. 1979, 649 Rn. 8 – *Cassis de Dijon*; dazu *Saurer*, in: Pache/Knauff, Fallhandbuch Europäisches Wirtschaftsrecht, § 4 Rn. 6, 21 ff.

Die zu prüfende eichrechtliche Kennzeichnungspflicht gilt uneingeschränkt im Fleischhandel. Als unterschiedslos anwendbare Maßnahme ist sie einer Rechtfertigung aus zwingenden Gründen des Allgemeininteresses daher zugänglich. Zu prüfen ist, ob derartige Gründe vorliegen.

In Betracht kommt eine Rechtfertigung aus Gründen der Lauterkeit des Handelsverkehrs. Dabei handelt es sich um eine explizite Zielsetzung der Kennzeichnungspflicht, vgl. § 1 Nr. 1 EichG. Allerdings stellt sich insoweit das Problem, dass nach dem Vortrag der A-GmbH im internationalen Fleischhandel ein anderweitiger Handelsbrauch besteht. Einer Verifizierung bedarf es insoweit jedoch nicht, da Handelsbräuche sich als außerrechtliche Anforderungen nicht gegenüber rechtlichen Vorgaben durchzusetzen vermögen. Das etwaige Vorliegen eines internationalen Handelsbrauchs mit dem Inhalt, dass allein eine Warenkennzeichnung mit dem Bruttogewicht erforderlich sei, ist daher unerheblich. Zudem verfügt der mitgliedstaatliche Gesetzgeber bei der Ergreifung von Maßnahmen zum Schutz der Lauterkeit des Handelsverkehrs über einen weiten Einschätzungsspielraum. Insbesondere unterliegt er keiner Pflicht zur Differenzierung nach Branchen oder Handelsstufen.[39] Da die Begründung der eichrechtlichen Kennzeichnungspflicht mit der Lauterkeit des Handelsverkehrs nicht nur vorgeschoben ist, sondern die Kennzeichnung der normativen Zwecksetzung tatsächlich dient, ist der damit verbundene Eingriff in den Schutzbereich des Art. 34 AEUV aus einem anerkannten zwingenden Grund des Allgemeininteresses gerechtfertigt.

Nichts anderes gilt schließlich auch für eine Rechtfertigung aus Gründen des Verbraucherschutzes als weiterem zwingenden Grund des Allgemeininteresses. Auch dabei handelt es sich gemäß § 1 Nr. 1 EichG um eine eichrechtliche Zielsetzung, an deren Verfolgung der nationale Gesetzgeber europarechtlich nicht gehindert ist.

cc) **Verhältnismäßigkeit.** Die Pflicht zur Kennzeichnung der Fleischpackungen mit dem Nettogewicht müsste schließlich verhältnismäßig sein.[40] Mit dem Vorliegen zweier zwingender Gründe des Allgemeininteresses liegen legitime Zwecksetzungen vor. Die Kennzeichnungspflicht ist auch zu deren Erreichung geeignet. Fraglich ist aber ihre Erforderlichkeit. Mitgliedstaatliche Eingriffe dürfen danach nicht über das zur Zielerreichung notwendige Maß der Beschränkung der betroffenen Grundfreiheit hinausgehen. Es darf mithin kein milderes, gleich effektives Mittel existieren. Die Mitgliedstaaten verfügen diesbezüglich über eine gewisse Einschätzungsprärogative. Vorliegend ist ein weniger stark eingreifendes Mittel als die Kennzeichnungspflicht zur Erreichung der Ziele des Verbraucherschutzes und der Lauterkeit des Handelsverkehrs nicht ersichtlich. Die im nationalen Recht bei der Prüfung des Verhältnismäßigkeitsgrundsatzes sich an die Erforderlichkeitsprüfung anschließende Angemessenheitsprüfung spielt in der Rechtsprechung des EuGH keine zentrale Rolle.[41] Gleichwohl ist eine Güterabwägung auch bei der Prüfung von Eingriffen in Grundfreiheiten vorzunehmen. Vorliegend erfolgt keine übermäßige Belastung der A-GmbH durch die Notwendigkeit der Angabe des Nettogewichts. Insbesondere bewirkt die Kennzeichnungspflicht keinen Zwang zum Umpacken des Fleisches bei Grenzübertritt und keine unzumutbaren sonstigen Belastungen des grenzüberschreitenden Fleischhandels. Sie ist daher verhältnismäßig.[42]

39 BVerwG, U.v. 13.9.2007, 3 C 12/06, GewArch 2008, 83 Rn. 29.
40 Zur Prüfung des Verhältnismäßigkeitsgrundsatzes durch den EuGH bei mitgliedstaatlichen Eingriffen in Grundfreiheiten siehe *Frenz*, Handbuch Europarecht I, Rn. 523 ff.; speziell mit Bezug zur Warenverkehrsfreiheit *Epiney*, in: Ehlers, Europäische Grundrechte und Grundfreiheiten, § 8 Rn. 89 ff.
41 *Kingreen*, in: Calliess/Ruffert, EUV/EGV, Art. 28–30 Rn. 98.
42 BVerwG, U.v. 13.9.2007, 3 C 12/06, GewArch 2008, 83 Rn. 29.

d) **Rechtsfolge.** Da die eichrechtliche Kennzeichnungspflicht in den Schutzbereich der Warenverkehrsfreiheit zwar eingreift, dieser Eingriff jedoch gerechtfertigt ist, ist eine Korrektur des unter 2. gefundenen Auslegungsergebnisses europarechtlich nicht geboten.

C. Ergebnis

Die zulässige Feststellungsklage der A-GmbH ist daher unbegründet; sie unterliegt der Pflicht zur Kennzeichnung der Fleischpackungen mit dem Nettogewicht.

Rechtsprechungs- und Literaturhinweise

BVerwG, U.v. 13.9.2007, 3 C 12/06, GewArch 2008, 83

Epiney, § 8 Freiheit des Warenverkehrs, in: Ehlers, Europäische Grundrechte und Grundfreiheiten, 3. Aufl. 2009; *Röhl,* Die Warenverkehrsfreiheit (Art. 28 EGV), Jura 2006, 321; *Saurer,* § 4 Warenverkehrsfreiheit, in: Pache/Knauff, Fallhandbuch Europäisches Wirtschaftrecht, 2. Aufl. 2010; *Thiele,* Die Grundfreiheiten in der öffentlichrechtlichen Arbeit, JA 2005, 621

Fall 3: Sportwetten

Thomas Holzner

Sachverhalt

Teil 1

In Italien sind Fußballwetten grundsätzlich verboten. Der Staat behält sich jedoch vor, bestimmten Privaten die Durchführung von derartigen Sportwetten zu gestatten. Hierzu hat er mit Dekret Nr. 174/98 das Comitato Olimpico Nazionale Italiano (Italienisches Nationales Olympisches Komitee, im Folgenden: CONI) gegründet, dessen Aufgabe es ist, Sportwetten zu organisieren und zu überwachen. CONI hat zu diesem Zweck bestimmte Kontrollbefugnisse übertragen bekommen und nimmt Ausschreibungen für die Vergabe einer zur Veranstaltung derartiger Sportwetten benötigten Konzession vor. Die Anzahl der zu vergebenden Konzessionen ist limitiert und wird durch Art. 2 des Dekrets Nr. 174/98 geregelt. Dieser Artikel ordnet an, dass zur Gewährleistung der transparenten Eigentumsstruktur die Konzessionen an Konzessionäre, die Kapitalgesellschaften sind, nur dann vergeben werden dürfen, wenn die stimmberechtigten Anteile dieser Kapitalgesellschaften auf den Namen von natürlichen Personen, offenen Handelsgesellschaften oder Kommanditgesellschaften ausgestellt sind. Ziel dieser Vorgehensweise ist zum einen, die Staatseinnahmen durch die Konzessionsgebühren zu erhöhen sowie zum anderen, die Zahl der Anbieter und Veranstalter von Sportwetten zu begrenzen und sie zu kontrollieren.

Weiter regelt Art. 3 des Dekrets Nr. 174/98, dass die Betreiber zusätzlich einer polizeilichen Genehmigung bedürfen, die nach regelmäßigen Kontrollen der Geschäftsräume und Überwachung der Geschäftspraxis erteilt wird. Die polizeilichen Genehmigungen sind dabei an den Besitz einer Konzession nach Art. 2 gebunden, d.h. sie werden ausschließlich an Konzessionäre erteilt. Art. 4 des Dekrets Nr. 174/98 sieht die Möglichkeit der strafrechtlichen Sanktion durch Geldstrafe bis zu 80.000,– € gegen Betreiber ohne polizeiliche Genehmigung vor. Ziel dieser Regelungen ist es ebenfalls, Straftaten vorzubeugen und die Gelegenheit zum Glücksspiel zu vermindern.

Die A-AG mit Hauptsitz in Deutschland ist ein in Deutschland zugelassener Anbieter von Wetten auf Fußballergebnisse. Sie unterliegt den Kontrollen des deutschen Wettrechts und der deutschen Behörden im Hinblick auf die öffentliche Sicherheit und Ordnung. Nunmehr bietet sie in Italien die Vermittlung von Wetten an. Hierzu bedient sie sich unabhängiger Betreiber, die in Italien Vermittlerbüros betreiben, in denen Interessenten Datenübertragungsmöglichkeiten zur Verfügung gestellt werden, mit denen diese auf die Server der A-AG zugreifen können. Auf diese Weise werden den Interessenten aus dem Veranstaltungsprogramm der A-AG Vorschläge für Wetten offeriert sowie Angebote von diesen entgegengenommen, Wetteinsätze geleistet und Gewinne empfangen. In ganz Italien bestehen mindestens 100 derartiger Wettannahmestellen.

Die A-AG bemüht sich um eine Konzession, wird aber bei der Vergabe aufgrund der vorgegebenen Kriterien nicht berücksichtigt, da sie die vorgeschriebenen Voraussetzungen hinsichtlich einer transparenten Eigentumsstruktur der Konzessionäre deshalb nicht zu erfüllen vermag, weil sie zu einer Unternehmensgruppe gehört, deren Anteile auf reglementierten Märkten gehandelt werden.

B, ein Vertragspartner der A-AG und Betreiber eines Vermittlungsbüros, wurde ebenfalls bei der Konzessionsvergabe nicht berücksichtigt. Ein Antrag auf Erteilung der polizeilichen Genehmigung wurde abgelehnt.

Aufgrund der von B trotzdem betriebenen Wettstelle wird gegen ihn wegen Sammeln von Wetten ohne polizeiliche Genehmigung gem. Art. 4 des Dekrets Nr. 174/98 ein Strafverfahren eingeleitet.

Das erstinstanzliche italienische Strafgericht hat Zweifel, ob die Regelungen des Dekrets Nr. 174/98 mit europäischem Recht vereinbar sind. Es setzt daher die Verhandlung aus und legt dem EuGH folgende Frage vor: „Ist das Dekret Nr. 174/98 mit dem Gemeinschaftsrecht vereinbar?“

Teil 2

Weiter wird die Regelung der Sportwetten an den technischen Fortschritt angepasst. So regelt Art. 5 des Dekrets Nr. 174/98, dass CONI der ausschließliche Vertrieb von Sportwetten über das Internet erlaubt wird. Allen anderen Marktteilnehmern wird dies untersagt. Das Verbot ist bußgeldbewehrt. Begründet wird dieser Artikel mit der Bekämpfung und Vermeidung von Kriminalität sowie dem Schutz der Glücksspieler vor Betrug.

Die C-GmbH ist ein in Deutschland zugelassener Online-Spieleveranstalter, dessen Server in Deutschland steht. Die Bezahlung der Wetten erfolgt mit elektronischen Zahlungsmitteln. Die C-GmbH bietet ihre Dienste per Internet auch in Italien an. Niederlassungen in Italien bestehen nicht. Aufgrund ihrer Tätigkeit wird gegen die C-GmbH in Italien ein Bußgeld verhängt. Gegen diesen Bußgeldbescheid erhebt sie Klage.

Das italienische Gericht erster Instanz hat Zweifel, ob die Regelungen des Art. 5 des Dekrets Nr. 174/98 mit europäischem Recht vereinbar sind. Es setzt daher die Verhandlung aus und legt dem EuGH folgende Frage vor: „Ist das Gemeinschaftsrecht so auszulegen, dass es der Ausschließlichkeitsregelung zugunsten von CONI entgegensteht und die C-GmbH in ihren Grundfreiheiten behindert wird?“

Wie wird der EuGH über die Vorlagefragen entscheiden?

Wesentliche Probleme

Vorabentscheidungsverfahren, Art. 267 AEUV, Auslegung von Vorlagefragen, Niederlassungsfreiheit, Art. 49 AEUV, Dienstleistungsfreiheit, Art. 56 f. AEUV, Zahlungsverkehrsfreiheit, Art. 63 II AEUV, Verhältnis der Freiheiten zueinander, Rechtfertigung aufgrund zwingender Gründe des Allgemeininteresses

Gliederung

Teil 1

A. Zulässigkeit des Antrags nach Art. 267 AEUV
- I. Zuständigkeit
- II. Vorlageberechtigung
- III. Vorlagegegenstand
- IV. Entscheidungserheblichkeit (Vorlagebefugnis)

B. Sachentscheidung des EuGH
- I. Erfordernis der Konzessionen
  - 1. Niederlassungsfreiheit, Art. 49 AEUV
    - a) Anwendungsbereich
    - b) Gewährleistungsbereich
    - c) Vorliegen von Beschränkungen der Niederlassungsfreiheit
    - d) Rechtfertigung der Beschränkungen der Niederlassungsfreiheit
  - 2. Dienstleistungsfreiheit, Art. 56 f. AEUV
    - a) Anwendungsbereich
    - b) Gewährleistungsbereich
    - c) Vorliegen von Beschränkungen der Dienstleistungsfreiheit
    - d) Rechtfertigung der Beschränkungen der Dienstleistungsfreiheit
- II. Begrenzung der Ausschreibungen
  - 1. Niederlassungsfreiheit, Art. 49 AEUV
    - a) Anwendbarkeit
    - b) Gewährleistungsbereich
    - c) Vorliegen von Beschränkungen der Niederlassungsfreiheit
    - d) Rechtfertigung der Beschränkungen der Niederlassungsfreiheit
  - 2. Dienstleistungsfreiheit, Art. 56 f. AEUV
    - a) Anwendbarkeit
    - b) Gewährleistungsbereich
    - c) Vorliegen von Beschränkungen der Dienstleistungsfreiheit
    - d) Rechtfertigung der Beschränkungen der Dienstleistungsfreiheit
- III. Polizeiliche Genehmigungen
  - 1. Niederlassungsfreiheit, Art. 49 AEUV
    - a) Anwendbarkeit
    - b) Gewährleistungsbereich
    - c) Vorliegen von Beschränkungen der Niederlassungsfreiheit
    - d) Rechtfertigung der Beschränkungen der Niederlassungsfreiheit
  - 2. Dienstleistungsfreiheit, Art. 56 f. AEUV
    - a) Anwendbarkeit
    - b) Gewährleistungsbereich
    - c) Vorliegen von Beschränkungen der Dienstleistungsfreiheit
    - d) Rechtfertigung der Beschränkungen der Dienstleistungsfreiheit
- IV. Strafrechtliche Sanktionen
  - 1. Niederlassungsfreiheit, Art. 49 AEUV
    - a) Anwendbarkeit
    - b) Gewährleistungsbereich
    - c) Vorliegen von Beschränkungen der Niederlassungsfreiheit
    - d) Rechtfertigung der Beschränkungen der Niederlassungsfreiheit
  - 2. Dienstleistungsfreiheit, Art. 56 f. AEUV
    - a) Anwendbarkeit
    - b) Gewährleistungsbereich
    - c) Vorliegen von Beschränkungen der Dienstleistungsfreiheit
    - d) Rechtfertigung der Beschränkungen der Dienstleistungsfreiheit

Teil 2

A. Zulässigkeit des Antrags nach Art. 267 AEUV
- I. Zuständigkeit
- II. Vorlageberechtigung
- III. Vorlagegegenstand
- IV. Entscheidungserheblichkeit (Vorlagebefugnis)

B. Sachentscheidung des EuGH
I. Niederlassungsfreiheit, Art. 49 AEUV
II. Dienstleistungsfreiheit, Art. 56 AEUV
1. Anwendbarkeit und Gewährleistungsbereich
2. Vorliegen von Beschränkungen der Dienstleistungsfreiheit
3. Rechtfertigung der Beschränkungen der Dienstleistungsfreiheit
a) Ziel
b) Geeignetheit
c) Erforderlichkeit
III. Zahlungsverkehrsfreiheit, Art. 63 II AEUV

Lösung

Teil 1

A. Zulässigkeit des Antrags nach Art. 267 AEUV[1]

I. Zuständigkeit

Zuständig für die Entscheidung über Vorabentscheidungsverfahren nach Art. 267 AEUV ist der EuGH, da dieses Verfahren nicht nach Art. 256 I AEUV dem EuG in erster Instanz übertragen wird. Insbesondere wurde in der Satzung nicht von der in Art. 256 III AEUV vorgesehenen Möglichkeit, die Zuständigkeit des EuG in erster Instanz für bestimmte Sachgebiete zu begründen, Gebrauch gemacht.

II. Vorlageberechtigung

Vorlageberechtigt ist nach Art. 267 II AEUV jedes Gericht eines Mitgliedstaates. Da dieser Begriff jedoch unionsrechtlich zu interpretieren ist, kann er zum nationalen Begriff Differenzen aufweisen.[2] Daher hat der EuGH in seiner Rechtsprechung Kriterien entwickelt, um die Eigenschaft als Gericht bestimmen zu können. Danach ist ein Gericht ein ständiger Spruchkörper, der zu Entscheidungen in Rechtsstreitigkeiten berufen ist, der sachlich unabhängig in einem rechtsstaatlich geordneten streitigen Verfahren entscheidet und Entscheidungen, denen Bindungswirkung zukommt, nach Maßgabe des Rechts, nicht nach Billigkeit trifft.[3] Weiter muss der Spruchkörper in das innerstaatliche Rechtsschutzsystem eingebunden sein.[4] Das italienische Strafgericht erfüllt als staatliches Gericht diese Voraussetzungen.

---

1 Zum nationalen und europarechtlichen Hintergrund der Entscheidung vgl. die Zusammenfassung bei *Backu*, GewArch 2007, 225 ff.

2 EuGH, U.v. 30.6.1966, Rs. 61/65, Slg. 1966, 583, 601 f. – *Vaasen-Göbbels.*

3 EuGH, U.v. 30.6.1966, Rs. 61/65, Slg. 1966, 583, 601 f. – *Vaasen-Göbbels*; U.v. 6.10.1981, Rs. 246/80, Slg. 1981, 2311 Rn. 9 f. – *Broekmeulen*; U.v. 23.3.1982, Rs. 102/81, Slg. 1982, 1095 – *Nordsee.*

4 EuGH, U.v. 23.3.1982, Rs. 102/81, Slg. 1982, 1095 – *Nordsee.* Anders bei EuGH, U.v. 17.9.1997, Rs. C-54/66, Slg. 1997, I-4961 Rn. 22 ff. – *Dorsch Consult*, wonach auch der Vergabeüberwachungsausschuss des Bundes als vorlageberechtigt angesehen wurde. Vgl. zum Gerichtsbegriff auch *Ehricke*, in: Streinz, EUV/EGV, Art. 234 Rn. 26 ff.; *Gaitanides*, in: v.d. Groeben/Schwarze, EU-/EG-Vertrag, Art. 234 Rn. 40 ff.; *Wegener*, in: Callies/Ruffert, EUV/EGV, Art. 234 Rn. 16 ff.

III. Vorlagegegenstand

Die Vorlagefrage ist nur dann zulässig, wenn sie sich auf einen zulässigen Vorlagegegenstand i. S. v. Art. 267 AEUV bezieht. Insoweit können Gegenstand nach lit. a die Verträge sowie nach lit. b die Gültigkeit und Auslegung der Handlungen der Organe, Einrichtungen oder sonstigen Stellen der Union sein.

Nach der Fragestellung des vorlegenden Gerichts ist Gegenstand, über den der EuGH zu befinden hätte, jedoch das Dekret Nr. 174/98, mithin eine nationale Rechtsvorschrift. „[D]ie Auslegung der nationalen Vorschriften ist [jedoch] Sache der nationalen Gerichte und nicht des Gerichtshofs, und es obliegt diesem nicht, sich im Rahmen eines gemäß diesem Artikel eingeleiteten Verfahrens zur Vereinbarkeit von Vorschriften des innerstaatlichen Rechts mit denen des Gemeinschaftsrechts zu äußern."[5] Daher ist nationales Recht nicht vorlagefähig,[6] mithin die vorliegend gestellte Frage nach der Vereinbarkeit nationalen Rechts mit dem AEUV unzulässig.

Etwas anderes könnte dann gelten, wenn die Vorlagefrage des Gerichts der Auslegung zugänglich ist. In diesem Fall ist die Vorlagefrage nicht unzulässig, da der EuGH für sich in Anspruch nimmt, aus einer unzulässig gestellten Frage des nationalen Gerichts eine die Auslegung des Vertrags betreffende und daher zulässige Frage „herauszuschälen".[7] So ist „[d]er Gerichtshof [...] befugt, dem nationalen Gericht alle Hinweise zur Auslegung des Gemeinschaftsrechts zu geben, die es diesem ermöglichen, über die Frage der Vereinbarkeit nationaler Rechtsvorschriften mit dem Gemeinschaftsrecht zu entscheiden."[8]

Hinweis: Durch diese Möglichkeit kann sich der Gerichtshof über unkorrekte Anträge hinwegsetzen, um in der Sache zu entscheiden und das Gemeinschaftsrecht auszulegen.

Vorliegend kommt eine Umformulierung des Antrags dahingehend in Betracht, dass das Strafgericht wissen möchte, ob Gemeinschaftsrecht so auszulegen ist, dass es einer Regelung eines Mitgliedstaates entgegensteht, die jedem, der ohne die erforderliche Konzession die Tätigkeit zur Annahme von Wetten jeder Art betreibt, eine Geldstrafe bis zu 80.000,– € auferlegt.

In dieser Formulierung bezieht sich die Vorlagefrage insbesondere auf die Auslegung der Verträge, so dass ein zulässiger Vorlagegegenstand i. S. d. Art. 267 I lit. a AEUV vorliegt.

Hinweis: Zu dem Begriff „Vertrag" ist dabei das gesamte Primärrecht, auch das ungeschriebene, zu zählen.

---

5 EuGH, U.v. 6.3.2007, verb. Rs. C-338/04, C-359/04, C-360/04, Slg. 2007, I-1891 Rn. 36 – *Placanica u. a.*

6 EuGH, U.v. 15.7.1964, Rs. 6/64, Slg. 1964, 1251, 1268 – *Costa/ENEL.*

7 EuGH, U.v. 15.7.1964, Rs. 6/64, Slg. 1964, 1251, 1268 a.E. – *Costa/ENEL.*

8 EuGH, U.v. 8.9.2009, Rs. C-42/07 Rn. 37 – *Liga Portuguesa*; U.v. 6.3.2007, verb. Rs. C-338/04, C-359/04, C-360/04, Slg. 2007, I-1891 Rn. 36 – *Placanica u. a.*, unter Verweis auf EuGH, U.v. 30.11.1995, Rs. C-55/94, Slg. 1995, I-4165 Rn. 19 – *Gebhard*, und U.v. 19.9.2006, Rs. C-506/04, Slg. 2006, I-8613 Rn. 34 f. – *Wilson.*

IV. Entscheidungserheblichkeit (Vorlagebefugnis)

Als weitere Einschränkung des Vorlageverfahrens normiert Art. 267 II AEUV, dass das vorlegende Gericht die Beantwortung der Frage „zum Erlass seines Urteils für erforderlich" halten muss. Damit ist die Vorlagefrage nur zulässig, wenn sie auch im konkreten Rechtsstreit entscheidungserheblich ist. Dies ist dann der Fall, wenn sich durch die unterschiedliche Beantwortung der Frage der Urteilstenor ändern würde. Eine Auswirkung allein auf die Urteilsgründe ist nicht ausreichend.

Dabei ist jedoch zu beachten, dass diese Frage von der Anwendung nationalen Rechts auf den konkreten Einzelfall abhängt. Nach dem Wortlaut des Art. 267 II AEUV sowie auf Grund dessen, dass dem EuGH keine Kompetenz zukommt, nationales Recht anzuwenden oder den Einzelfall zu entscheiden, liegt es im alleinigen Ermessen des vorlegenden Gerichts, ob die Vorlagefrage entscheidungserheblich ist oder nicht. Ausreichend ist daher die bloße Behauptung des vorlegenden Gerichts, dass die Beantwortung der Frage entscheidungserheblich ist. Eine Nachprüfung ist dem EuGH grundsätzlich verwehrt.

Allerdings steht dem EuGH in drei Ausnahmefällen eine eigene Einschätzung zu, in der er nicht an diejenige des vorlegenden Gerichts gebunden ist. So kann der EuGH immer dann das Vorabentscheidungsverfahren ablehnen, wenn
- die Entscheidungserheblichkeit offensichtlich irrtümlich angenommen wurde, also zwischen Vorlagefrage und zu entscheidender Rechtsstreitigkeit offensichtlich kein Zusammenhang besteht,[9]
- das Verfahren, auf das sich die Vorlagefrage bezieht, bereits abgeschlossen ist,[10] oder
- es sich um eine offensichtlich fingierte Rechtsstreitigkeit handelt, die konstruiert wurde, um den EuGH mit der Vorlagefrage befassen zu können.[11]

Da vorliegend keine der Fallgruppen gegeben ist, bleibt die Einschätzung des vorlagebefugten Gerichts ausschlaggebend, nach der die Frage entscheidungserheblich ist.

Zwischenergebnis: Die Vorlage ist zulässig.

B. Sachentscheidung des EuGH

Als Gemeinschaftsrecht sind vorliegend die Grundfreiheiten und hierbei insbesondere die Niederlassungs- und Dienstleistungsfreiheit nach Art. 49 und 56 f. AEUV von Interesse. Art. 49 und 56 f. AEUV sind dann dahingehend auszulegen, dass sie einer Regelung eines Mitgliedstaates entgegenstehen, die jedem, der ohne die erforderliche Konzession sowie die hieran anknüpfende polizeiliche Genehmigung die Tätigkeit zur Annahme von Wetten jeder Art betreibt, eine Geldstrafe bis zu 80.000,– € auferlegt, wenn der Anwendungsbereich der Grundfreiheiten eröffnet ist, die nationale Rechtsvorschrift in deren Gewährleistungsbereich eingreift und dies nicht gerechtfertigt ist.

Im Folgenden sind daher (I.) die Konzessionierung nach Art. 2 des Dekrets Nr. 174/98, (II.) die Begrenzung der Ausschreibung nach Art. 2 des Dekrets Nr. 174/98, (III.) die

9 EuGH, B.v. 17.12.1968, Rs. 2/68, Slg. 1968, 653 – *Ufficio imposta di consume ISPRA*; U.v. 20.2.1973, Rs. 54/72, Slg. 1973, 193 – *FOR*; B.v. 26.1.1990, Rs. C-286/88, Slg. 1990, I-191 – *Faciola Angelo SpA*; U.v. 8.11.1990, Rs. C-231/89, Slg. 1990, I-4003 – *Gmurzynska-Bscher*; U.v. 10.7.1997, Rs. C-261/95, Slg. 1997, I-4025 – *Palmisani.*

10 EuGH, U.v. 21.4.1988, Rs. 338/85, Slg. 1988, 2041 – *Pardini.*

11 EuGH, U.v. 11.3.1980, Rs. 104/79, Slg. 1980, 745 – *Foglia/Novello I*; U.v. 16.12.1981, Rs. 244/80, Slg. 1981, 3045 – *Foglia/Novello II.*

polizeiliche Genehmigung gemäß Art. 3 des Dekrets Nr. 174/98, sowie (IV.) die Strafbewehrung gemäß Art. 4 des Dekrets Nr. 174/98 zu unterscheiden.

I. Erfordernis der Konzessionen

Die Art. 49 und 56f. AEUV könnten so auszulegen sein, dass sie Art. 2 des Dekrets Nr. 174/98 als einer nationalen Vorschrift, die eine Konzession für das Betreiben und Vermitteln von Glücksspielen vorsieht, entgegenstehen.

1. Niederlassungsfreiheit, Art. 49 AEUV

Die Niederlassungsfreiheit könnte so auszulegen sein, dass sie dem Erfordernis der Konzession entgegensteht.

a) **Anwendungsbereich. aa) Personeller Anwendungsbereich.** Die Niederlassungsfreiheit ist grundsätzlich nur auf Staatsangehörige der Mitgliedstaaten anwendbar. Allerdings gilt dies gemäß Art. 54 AEUV auch für Gesellschaften. Da die AG eine juristische Person des Privatrechts nach deutschem Recht ist und sie ihren Hauptsitz in Deutschland, mithin innerhalb der Gemeinschaft hat, gilt sie auch als Gesellschaft i. S. v. Art. 54 II AEUV. Daher ist der personelle Anwendungsbereich eröffnet.

bb) Räumlicher Anwendungsbereich. Weiterhin müsste die Niederlassung innerhalb des Gemeinschaftsgebiets erfolgen und grenzüberschreitenden Charakter haben. Da die A-AG ihren Hauptsitz in Deutschland hat, sie ihre Vermittleragenturen jedoch in Italien eröffnet hat, liegt ein grenzüberschreitender Sachverhalt zwischen zwei Mitgliedstaaten der Union vor.

cc) Sachlicher Anwendungsbereich. Als Niederlassung wird gemäß Art. 49 I 1, II AEUV die Aufnahme und Ausübung selbständiger Erwerbstätigkeiten sowie die Gründung und Leitung von Unternehmen, insbesondere von Gesellschaften im Sinne des Art. 54 II AEUV, nach den Bestimmungen des Aufnahmestaates verstanden.

Vorliegend geht die A-AG mit Sitz in einem Mitgliedstaat der Tätigkeit des Sammelns von Wetten durch Vermittlung einer Organisation von Agenturen mit Sitz in einem anderen Mitgliedstaat nach. Die Aufnahme und Ausübung von Sportwetten stellt eine selbstständige, da nicht abhängige, und wirtschaftliche Tätigkeit dar. Diese wird durch die Eröffnung von Vermittlungsagenturen auch dauerhaft betrieben. Daher handelt es sich bei diesen Vermittlungen um Niederlassungen der A-AG.

Da es sich bei den Vermittlungen jedoch nicht um die Hauptniederlassung der A-AG handelt, sondern lediglich um Zweigniederlassungen bzw. Agenturen, ist die sekundäre Niederlassungsfreiheit betroffen.

b) **Gewährleistungsbereich.** Art. 49 AEUV beinhaltet ein Diskriminierungs- und Beschränkungsverbot. Das bedeutet, dass neben den offenen und verdeckten Diskriminierungen auch Beschränkungen der grenzüberschreitenden Niederlassung erfasst sind.[12]

c) **Vorliegen von Beschränkungen der Niederlassungsfreiheit.** Weiterhin müsste die vom Gewährleistungsbereich umfasste Tätigkeit der Organisation von Sportwetten durch die staatliche Konzessionsvergabe beschränkt werden.

---

12 Dies ist zwar im Schrifttum umstritten, wird jedoch v. a. in der neueren Literatur weitgehend bejaht. Auch die Rspr. weitet den Verbotskreis vereinzelt aus, vgl. die Nachweise bei *Müller-Graff*, in: Streinz, EUV/EGV, Art. 43 Rn. 57.

Soweit eine Gesellschaft wie die A-AG mit Sitz in einem Mitgliedstaat der Tätigkeit des Sammelns von Wetten durch Vermittlung einer Organisation von Agenturen wie der des B mit Sitz in einem anderen Mitgliedstaat nachgeht, stellen die diesen Agenturen auferlegten Beschränkungen ihrer Tätigkeit in Form von Konzessionserfordernissen Hindernisse für die Niederlassungsfreiheit dar.[13] „Es lässt sich daher nicht ausschließen, dass die durch die italienische Regelung auferlegten Bedingungen für die Beteiligung an Ausschreibungen zur Vergabe dieser Konzessionen gleichfalls ein Hindernis für die Niederlassungsfreiheit darstellen."[14]

Da sich die Regelung nicht gegen Ausländer als solche richtet, sondern auch für Inländer Geltung beansprucht, ist Art. 49 AEUV in seiner Ausprägung als allgemeines Beschränkungsverbot betroffen.

d) **Rechtfertigung der Beschränkungen der Niederlassungsfreiheit.** Die Beschränkung der vom Gewährleistungsbereich umfassten Tätigkeit könnte gerechtfertigt sein, wenn die mit Art. 51 und 52 AEUV vorgesehenen Ausnahmetatbestände greifen oder die vom Gerichtshof entwickelte Rechtsprechung, nach der zwingende Gründe des Allgemeinwohls eine Ausnahme rechtfertigen, einschlägig ist.[15] „Es steht den Mitgliedstaaten in dieser Hinsicht zwar frei, die Ziele ihrer Politik auf dem Gebiet der Glücksspiele festzulegen und gegebenenfalls das angestrebte Schutzniveau genau zu bestimmen, jedoch müssen die von ihnen vorgeschriebenen Beschränkungen den sich aus der Rechtsprechung des Gerichtshofs ergebenden Anforderungen hinsichtlich ihrer Verhältnismäßigkeit genügen."[16] Der EuGH wendet bei seiner Rechtsprechung zur staatlichen Regulierung des Glücksspiels überwiegend die ungeschriebene Schranke an.[17] Insofern müssen die genannten Beschränkungen aus zwingenden Gründen des Allgemeininteresses gerechtfertigt sein, sie müssen geeignet sein, die Verwirklichung des mit ihnen verfolgten Ziels zu gewährleisten, und sie dürfen nicht über das hinausgehen, was zur Erreichung dieses Ziels erforderlich ist. Auf jeden Fall müssen sie in nichtdiskriminierender Weise angewandt werden.[18]

aa) **Ziel.** Dabei hat der Gerichtshof eine Reihe von zwingenden Gründen des Allgemeininteresses anerkannt, wie die Ziele des Verbraucherschutzes, der Betrugsvorbeugung und der Vermeidung von Anreizen für die Bürger zu überhöhten Ausgaben für das Spielen sowie der Verhütung von Störungen der sozialen Ordnung im Allgemeinen.[19] „In diesem Kontext können die sittlichen, religiösen oder kulturellen Besonderheiten

---

13 EuGH, U.v. 6.11.2003, Rs. C-243/01, Slg. 2003, I-13031 Rn. 46 – *Gambelli u.a.*

14 EuGH, U.v. 6.11.2003, Rs. C-243/01, Slg. 2003, I-13031 Rn. 49 – *Gambelli u.a.*; U.v. 6.3.2007, verb. Rs. C-338/04, C-359/04, C-360/04, Slg. 2007, I-1891 Rn. 42 – *Placanica u.a.*

15 Da die ungeschriebene Schranke nur für eine unterschiedslos wirkende Maßnahme greift, können vorliegend grundsätzlich beide Arten von Schranken zur Anwendung kommen, da die Regelung unterschiedslos für In- wie Ausländer wirkt, vgl. hierzu *Ehlers*, in: ders., Europäische Grundrechte und Grundfreiheiten, § 7 Rn. 102; *Frenz*, Handbuch Europarecht I, Rn. 464.

16 EuGH, U.v. 6.3.2007, verb. Rs. C-338/04, C-359/04, C-360/04, Slg. 2007, I-1891 Rn. 48 – *Placanica u.a.*

17 Vgl. z.B. EuGH, U.v. 21.9.1999, Rs. C-124/97, Slg. 1999, I-6067 Rn. 31 – *Läärä u.a.*; U.v. 21.10.1999, Rs. C-67/98, Slg. 1999, I-7304 Rn. 31 – *Zenatti*; U.v. 6.11.2003, Rs. C-243/01, Slg. 2003, I-13031 Rn. 65 ff. – *Gambelli u.a.*; U.v. 6.3.2007, verb. Rs. C-338/04, C-359/04, C-360/04, Slg. 2007, I-1891 Rn. 46 ff. – *Placanica u.a.*

18 EuGH, U.v. 6.11.2003, Rs. C-243/01, Slg. 2003, I-13031 Rn. 65 – *Gambelli u.a.*; U.v. 31.3.1993, Rs. C-19/92, Slg. 1993, I-1663 Rn. 32 – *Kraus*; U.v. 30.11.1995, Rs. C-55/94, Slg. 1995, I-4165 Rn. 37 – *Gebhard.*

19 EuGH, U.v. 24.3.1994, Rs. C-275/92, Slg. 1994, I-1039 Rn. 57 ff. – *Schindler*; U.v. 21.9.1999, Rs. C-124/97, Slg. 1999, I-6067 Rn. 32 f. – *Läärä u.a.*; U.v. 6.11.2003, Rs. C-243/01, Slg. 2003, I-13031 Rn. 67 – *Gambelli u.a.*; EuGH, U.v. 6.3.2007, verb. Rs. C-338/04, C-359/04, C-360/04, Slg. 2007, I-1891 Rn. 46 – *Placanica u.a.*

und die sittlich und finanziell schädlichen Folgen für den Einzelnen wie für die Gesellschaft, die mit Spielen und Wetten einhergehen, ein ausreichendes Ermessen der staatlichen Stellen rechtfertigen, festzulegen, welche Erfordernisse sich aus dem Schutz der Verbraucher und der Sozialordnung ergeben."[20] Dabei müssen die Beschränkungen den angegebenen Zielen dienen.[21]

Als Ziel der Konzessionierung und Strafbewehrung werden angegeben, die Gelegenheiten zum Spiel zu vermindern sowie Straftaten vorzubeugen.

Letztgenanntes Ziel scheidet jedoch schon aus dem Grunde aus, da ausweislich der Gesetzesbegründung zu Art. 2 des Dekrets Nr. 174/98 beabsichtigt ist, die Staatseinnahmen zu erhöhen. „Soweit nun aber die Behörden eines Mitgliedstaats die Verbraucher dazu anreizen und ermuntern, an Lotterien, Glücksspielen oder Wetten teilzunehmen, damit der Staatskasse daraus Einnahmen zufließen, können sich die Behörden dieses Staates nicht im Hinblick auf die Notwendigkeit, die Gelegenheiten zum Spiel zu vermindern, auf die öffentliche Sozialordnung berufen, um Maßnahmen wie die im Ausgangsverfahren in Rede stehenden zu rechtfertigen."[22] Aus diesem Grunde können die Vorschriften nicht damit gerechtfertigt werden, dass es dem italienischen Staat tatsächlich um die Beschränkung der Spielmöglichkeiten oder um die Eindämmung des Spielangebots geht.[23] Vielmehr geht es ihm um eine Expansion des Spielesektors.

Jedoch bleibt das Ziel, die Glücksspieltätigkeit in kontrollierbare Bahnen zu lenken, um so die Ausnutzung zu kriminellen oder betrügerischen Zwecken zu vermeiden. Dies stellt ein legitimes Ziel dar.

Hinweis: Zum vordringlichen Ziel der Bekämpfung der Spielsucht, wie sie in § 1 Nrn. 1–3 Glücksspiel-Staatsvertrag (GlüStV) von Deutschland verfolgt wird, bezieht der EuGH keine ausdrückliche Stellung. Lediglich im Rahmen der Geeignetheit stellt er darauf ab, dass die Gelegenheit zum Spiel wirklich vermindert wird.[24]

bb) Geeignetheit. Die staatlichen Regelungen müssen die Gelegenheit zum Spiel vermindern und die Tätigkeiten in diesem Bereich kohärent und systematisch begrenzen können.[25] Daher ist zur Erreichung des Ziels geeignet, was eine verlässliche und zugleich attraktive Alternative zur verbotenen Tätigkeit bereitstellt. Da mit der Ausweitung der erlaubten und geregelten Tätigkeit illegalen Spielen entgegengewirkt werden kann und zugleich die Möglichkeit besteht, den Umsatz im illegalen Glücksspielsektor zu verringern, ist das Konzessionssystem ein wirksamer Mechanismus, der die Kontrolle ermöglicht und betrügerischen Zwecken vorbeugen kann.[26]

---

20 EuGH, U.v. 6.11.2003, Rs. C-243/01, Slg. 2003, I-13031 Rn. 63 – *Gambelli u.a.*; U.v. 6.3.2007, verb. Rs. C-338/04, C-359/04, C-360/04, Slg. 2007, I-1891 Rn. 47 – *Placanica u.a.*

21 EuGH, U.v. 6.11.2003, Rs. C-243/01, Slg. 2003, I-13031 Rn. 63 – *Gambelli u.a.*; U.v. 21.10.1999, Rs. C-67/98, Slg. 1999, I-7304 Rn. 36 – *Zenatti.*

22 EuGH, U.v. 6.11.2003, Rs. C-243/01, Slg. 2003, I-13031 Rn. 69 – *Gambelli u.a.*; U.v. 6.3.2007, verb. Rs. C-338/04, C-359/04, C-360/04, Slg. 2007, I-1891 Rn. 53 – *Placanica u.a.*

23 Dies wurde nun auch für den deutschen Markt vom EuGH entschieden, vgl. EuGH, U.v. 8.9.2010, Rs. C-46/08 – *Carmen Media Group Ltd.*

24 Vgl. *Haltern*, NJW 2007, 1520, dazu sogleich mehr.

25 EuGH, U.v. 21.10.1999, Rs. C-67/98, Slg. 1999, I-7304 Rn. 35f. – *Zenatti*; U.v. 6.11.2003, Rs. C-243/01, Slg. 2003, I-13031 Rn. 62, 67 – *Gambelli u.a.* Vgl. hierzu auch *Horn*, JZ 2007, 736 (737); U.v. 6.3.2007, verb. Rs. C-338/04, C-359/04, C-360/04, Slg. 2007, I-1891 Rn. 53 – *Placanica u.a.*

26 EuGH, U.v. 6.3.2007, verb. Rs. C-338/04, C-359/04, C-360/04, Slg. 2007, I-1891 Rn. 57 – *Placanica u.a.*

Weiter fordert der EuGH für das Vorliegen der Kohärenz, dass die Vergabe „auf objektiven, nicht diskriminierenden und im Voraus bekannten Kriterien beruht, die der Ermessensausübung durch die nationalen Behörden Grenzen setzen, damit diese nicht willkürlich erfolgen kann. Zudem muss jedem, der von einer auf einem solchen Eingriff beruhenden einschränkenden Maßnahme betroffen ist, ein effektiver gerichtlicher Rechtsbehelf offenstehen."[27] Beide Kriterien sind vorliegend erfüllt.

cc) **Erforderlichkeit.** Ein gleich geeignetes, weniger in die Niederlassungsfreiheit eingreifenderes Mittel als eine Konzessionsvergabe ist nicht ersichtlich, so dass die Konzessionsvergabe auch erforderlich ist.

Insofern ist es „einem anderen Mitgliedstaat nicht verwehrt [...], die Möglichkeit für die Veranstaltung von Sportwetten in seinem Hoheitsgebiet vom Besitz einer von seinen eigenen Behörden erteilten Erlaubnis abhängig zu machen."[28]

Zwischenergebnis: Die Niederlassungsfreiheit steht der Konzessionsvergabe nach Art. 2 des Dekrets Nr. 174/98 nicht entgegen.

2. Dienstleistungsfreiheit, Art. 56f. AEUV

Die Dienstleistungsfreiheit könnte so auszulegen sein, dass sie dem Erfordernis der Konzession entgegensteht.

a) **Anwendungsbereich. aa) Personeller Anwendungsbereich.** Die Dienstleistungsfreiheit ist auf die A-AG als Gesellschaft, welche ihren Sitz in Deutschland hat, gemäß Art. 62, 54 AEUV anwendbar (s. o.)

bb) **Räumlicher Anwendungsbereich.** Nach Art. 56 I AEUV müssen Leistungserbringer und Leistungsempfänger in verschiedenen Mitgliedstaaten ansässig sein, also die Dienstleistung innerhalb des Gemeinschaftsgebiets erbracht werden und grenzüberschreitenden Charakter haben. Dies ist immer dann der Fall, wenn der Leistungserbringer Dienstleistungen in einem anderen Mitgliedstaat als demjenigen anbietet, in dem er niedergelassen ist.[29]

Vorliegend ist die A-AG in Deutschland niedergelassen und bietet ihre Dienstleistungen durch die Vermittler in Italien an. Dabei ist zum einen die Dienstleistung zu unterscheiden, die die A-AG durch die Vermittler vor Ort erbringt, also dem Angebot zu Wetten und das Entgegennehmen und Sammeln von Wettangeboten und Einsätzen. Dabei handelt es sich insoweit um einen grenzüberschreitenden Sachverhalt, als sich die A-AG durch ihre Vermittler nach Italien begibt, um diese Dienstleistungen anzubieten.

Zum anderen werden die gesammelten Wetten an die A-AG in Deutschland übermittelt, damit die Wetten erfolgen können. Insoweit überschreiten die Daten die Grenze, so dass auch diesbezüglich ein grenzüberschreitender Sachverhalt gegeben ist.

cc) **Sachlicher Anwendungsbereich.** Der Begriff der Dienstleistung wird in Art. 57 AEUV als Leistung, die in der Regel gegen Entgelt als selbständige erbracht wird und nicht bereits der Waren-, Kapitalverkehrsfreiheit oder der Freiheit der Freizügigkeit von Personen unterliegt, definiert. Da die A-AG erwerbswirtschaftlich anbietet, Sportwetten zu sammeln und auszutragen, wird eine Leistung gegen Entgelt erbracht: „Der

27 EuGH, U.v. 8.9.2010, Rs. C-46/08, Leitsatz 3, Rn. 55, 64, 112 – *Carmen Media Group Ltd.*
28 EuGH, U.v. 8.9.2010, verb. Rs. C-316/07, C-358/07 bis C-360/07, C-409/07, C-410/07, Leitsatz 2, Rn. 117 – *Marcus Stoß u.a.*
29 EuGH, U.v. 14.7.1994, Rs. C-379/92, Slg. 1994, I-3453 – *Peralta*; U.v. 5.10.1994, Rs. C-255/93, Slg. 1994, I-4949 – *Kommission/Frankreich*.

Gerichtshof hat bereits festgestellt, dass die Einfuhr von Werbematerial und Losen in einen Mitgliedstaat zu dem Zweck, die in diesem Staat wohnenden Personen an einer in einem anderen Mitgliedstaat veranstalteten Lotterie teilnehmen zu lassen, zu den ‚Dienstleistungen' gehört [...]. Entsprechend gehört eine Tätigkeit, die darin besteht, die Staatsangehörigen eines Mitgliedstaats an in einem anderen Mitgliedstaat veranstalteten Wetten teilnehmen zu lassen, auch dann zu den ‚Dienstleistungen' im Sinne des [Art. 57 AEUV], wenn es bei den Wetten um in dem erstgenannten Mitgliedstaat veranstaltete Sportereignisse geht."[30]

Weiter ist wieder zu differenzieren zwischen der Dienstleistung, die durch das Angebot von Wetten und dem Sammeln von Annahmen und Wetteinsätzen vor Ort in Italien erbracht wird, und dem Übermitteln der Daten an die A-AG in Deutschland, bei dem lediglich die gesammelten Einsätze und Daten die Grenze überschreiten. Insofern liegt im ersten Fall einer der positiven Dienstleistungsfreiheit vor, im Letzteren einer der sog. Korrespondenzdienstleistung.

„Außerdem umfasst der freie Dienstleistungsverkehr nicht nur die Freiheit des Leistungserbringers, Leistungsempfängern, die in einem anderen Mitgliedstaat als dem ansässig sind, in dessen Gebiet sich dieser Leistungserbringer befindet, Dienstleistungen anzubieten und zu erbringen, sondern auch die Freiheit, als Leistungsempfänger von einem Leistungserbringer mit Sitz in einem anderen Mitgliedstaat angebotene Dienstleistungen zu empfangen oder in Anspruch zu nehmen, ohne durch Beschränkungen beeinträchtigt zu werden."[31]

Aufgrund der angeordneten Subsidiarität durch die Negativdefinition liegt eine Dienstleistung jedoch dann nicht vor, wenn die Leistung in beweglichen Sachen verkörpert ist (dann Warenverkehrsfreiheit), in Sachkapital oder Rechten verkörpert ist (dann Kapitalverkehrsfreiheit), wenn sie in unselbständiger Tätigkeit erbracht wird (dann Arbeitnehmerfreizügigkeit) oder wenn sie aufgrund einer Niederlassung in dem Mitgliedstaat erbracht wird (dann Niederlassungsfreiheit).

Es muss sich daher bei der Dienstleistung um eine selbständige Tätigkeit handeln. Da die A-AG nicht weisungsgebunden sondern gewerblich agiert, handelt es sich um eine selbstständige Tätigkeit.

Problematisch ist jedoch, dass vorliegend schon die Niederlassungsfreiheit einschlägig ist, vgl. oben, womit die Dienstleistungsfreiheit der A-AG grundsätzlich subsidiär wäre. Ausgehend von der Differenzierung zwischen den in Italien vor Ort erbrachten Dienstleistungen und derjenigen der Übermittlung der Daten an die A-AG in Deutschland ist die Niederlassungsfreiheit nur im ersten Fall vorrangig. Denn das an Vermittler wie dem Beschuldigten B des Ausgangsverfahrens gerichtete Verbot, „die Erbringung von auf Sportereignisse bezogenen Wettdienstleistungen, die von einem Leistungserbringer organisiert werden, der wie die [A-AG] seinen Sitz in einem anderen Mitgliedstaat als dem hat, in dem die Vermittler ihre Tätigkeit ausüben, zu erleichtern, [stellt] eine Beschränkung der Dienstleistungsfreiheit dieses Leistungserbringers dar, und zwar auch dann, wenn die Vermittler in demselben Mitgliedstaat wie die Empfänger der Dienstleistungen ansässig sind."[32] Insofern wird also vom EuGH den Regelungen ein

30 EuGH, U.v. 6.11.2003, Rs. C-243/01, Slg. 2003, I-13031 Rn. 52 – *Gambelli u.a.*

31 EuGH, U.v. 6.11.2003, Rs. C-243/01, Slg. 2003, I-13031 Rn. 55 – *Gambelli u.a.*; U.v. 31.1.1984, Rs. 286/82 und 26/83, Slg. 1984, 377 Rn. 16 – *Luisi und Carbone*; U.v. 26.10.1999, Rs. C-294/97, Slg. 1999, I-7447 Rn. 33f. – *Eurowings Luftverkehr.*

32 EuGH, U.v. 6.3.2007, verb. Rs. C-338/04, C-359/04, C-360/04, Slg. 2007, I-1891 Rn. 36 – *Placanica u.a.*, unter Verweis auf EuGH, U.v. 30.11.1995, Rs. C-55/94, Slg. 1995, I-4165, Rn. 19 – *Gebhard.*

eigener, der Dienstleistungsfreiheit unterfallender Gehalt beigemessen, der durch die Niederlassungsfreiheit nicht abgedeckt wird, da die Dienstleistung nicht vollständig vor Ort erbracht wird – dann wäre die Niederlassungsfreiheit spezieller – sondern eben nur das Angebot und Sammeln der Sportwetten. Da diese jedoch an die A-AG übermittelt werden müssen, um eine Wette abzuschließen, bleibt ein Rest der Tätigkeit, der nicht durch die Niederlassungsfreiheit abgedeckt ist, sondern der Dienstleistungsfreiheit unterfällt. Aus diesem Grunde ist vorliegend neben der Niederlassungsfreiheit auch die Dienstleistungsfreiheit eröffnet.

Hinweis: Diese Auslegung des EuGH vermag jedoch nur bedingt zu überzeugen. Denn es ist nicht zu klären, welche Komponente der Dienstleistungsfreiheit betroffen ist. So könnte man davon ausgehen, dass nur die Dienstleistung die Grenze überschreitet, mithin eine Korrespondenzdienstleistung vorliegt. Dann vermag die Einordnung der Vermittlungen als Niederlassungen jedoch nicht mehr zu überzeugen. Geht man umgekehrt von der positiven Dienstleistungsfreiheit aus, wäre das grenzüberschreitende Moment schon durch die Niederlassung in Italien erfasst, so dass die Niederlassungsfreiheit wieder abschließend ist.

Bezüglich der vor Ort erbrachten Dienstleistung des Angebots und Sammelns von Wetten bleibt es jedoch bei dem Vorrang der Niederlassungsfreiheit, so dass diesbezüglich die Dienstleistungsfreiheit nicht einschlägig ist.

b) **Gewährleistungsbereich.** Gewährleistet wird der freie Dienstleistungsverkehr, wobei Art. 56 AEUV nicht bloß ein Diskriminierungs-, sondern auch ein allgemeines Beschränkungsverbot beinhaltet.[33]

c) **Vorliegen von Beschränkungen der Dienstleistungsfreiheit.** Durch die Notwendigkeit einer Konzession wird die Erbringung von auf Sportereignisse bezogenen Wettdienstleistungen begrenzt. Da sich die Regelung nicht gegen Ausländer als solche richtet, sondern auch für Inländer Geltung beansprucht, ist Art. 56 AEUV in seiner Ausprägung als allgemeines Beschränkungsverbot betroffen.

d) **Rechtfertigung der Beschränkungen der Dienstleistungsfreiheit.** Da nach Art. 62 i. V. m. 52 AEUV und der Rechtsprechung des EuGH dieselben Anforderungen an die Rechtfertigung zu stellen sind wie bei der Niederlassungsfreiheit, ist die Konzessionsvergabe aus den oben dargelegten Gründen ebenfalls gerechtfertigt.

Zwischenergebnis: Die Dienstleistungsfreiheit ist damit so auszulegen, dass sie dem Erfordernis einer Konzession nach Art. 2 des Dekrets Nr. 174/98 nicht entgegensteht.

Damit stehen Art. 49 und 56 f. AEUV der nationalen Vorschrift der Konzessionierung nach Art. 2 des Dekrets Nr. 174/98 nicht entgegen.

II. Begrenzung der Ausschreibungen

Die Art. 49 und 56 f. AEUV könnten so auszulegen sein, dass sie Art. 2 des Dekrets Nr. 174/98 als einer nationalen Vorschrift, die eine Begrenzung der Konzessionsvergabe für das Betreiben und Vermitteln von Glücksspielen vorsieht, entgegenstehen.

33 EuGH, U.v. 3.12.1974, Rs. 33/74, Slg. 1974, 1299 – *Van Binsbergen*.

1. Niederlassungsfreiheit, Art. 49 AEUV

Die Niederlassungsfreiheit könnte so auszulegen sein, dass sie der Begrenzung der Konzessionsvergabe entgegensteht.

a) **Anwendbarkeit.** Da die A-AG eine juristische Person des Privatrechts mit Hauptsitz in Deutschland ist, und sie Vermittleragenturen in Italien eröffnet hat, deren Ziel die dauerhafte Aufnahme und Ausübung von Sportwetten darstellt, ist der Anwendungsbereich der Niederlassungsfreiheit eröffnet.

b) **Gewährleistungsbereich.** Art. 49 AEUV beinhaltet ein Diskriminierungs- und Beschränkungsverbot, so dass neben den offenen und verdeckten Diskriminierungen auch Beschränkungen der grenzüberschreitenden Niederlassung erfasst sind.[34]

c) **Vorliegen von Beschränkungen der Niederlassungsfreiheit.** „Soweit nun das Fehlen ausländischer Wirtschaftsteilnehmer unter den Konzessionären auf dem Sektor der Wetten über Sportereignisse in Italien darauf zurückzuführen ist, dass die italienische Regelung für Ausschreibungen die Möglichkeit für Kapitalgesellschaften, die auf den reglementierten Märkten der anderen Mitgliedstaaten notiert sind, Konzessionen zu erhalten, praktisch ausschließt, stellt eine solche Regelung auf den ersten Blick eine Beschränkung der Niederlassungsfreiheit dar, und zwar auch dann, wenn diese Beschränkung unterschiedslos allen Kapitalgesellschaften mit Sitz in Italien oder in einem anderen Mitgliedstaat auferlegt ist, die ein Interesse an diesen Konzessionen haben könnten."[35] Art. 49 AEUV ist daher in seiner Ausprägung als allgemeines Beschränkungsverbot betroffen.

d) **Rechtfertigung der Beschränkungen der Niederlassungsfreiheit.** Hier sind dieselben Maßstäbe anzulegen wie oben.

aa) **Ziel.** Als Ziel dient erneut, die Einbeziehung von Unternehmen, die im Glücksspielsektor tätig sind, in kriminelle oder betrügerische Tätigkeiten zu unterbinden.[36]

bb) **Geeignetheit.** Da die Teilnahme lediglich von Unternehmen, bei denen die vorgeschriebenen Voraussetzungen hinsichtlich einer transparenten Eigentumsstruktur erfüllt sind, dazu beiträgt, diese Unternehmen einer stärkeren Kontrolle unterziehen zu können, ist die Regelung geeignet, um die Erreichung des Ziels zu fördern.

cc) **Erforderlichkeit.** Erforderlich ist die Regelung, wenn es kein gleich geeignetes, milderes Mittel zur Kontrolle der Unternehmen im Glücksspielsektor gibt. Jedoch ist z. B. die Einholung von Informationen über ihre Vertreter oder Hauptanteilseigner ebenfalls geeignet, Kontrolle über illegale Tätigkeiten der Unternehmen zu vermitteln, obgleich sie eine weniger einschneidende Maßnahme darstellt als der völlige Ausschluss.[37] Insofern ist der Ausschluss von Unternehmen, die Kapitalgesellschaften sind, deren stimmberechtigte Anteile nicht auf den Namen von natürlichen Personen, offenen Handelsgesellschaften oder Kommanditgesellschaften ausgestellt sind, von Konzessionsverga-

---

34 Dies ist zwar im Schrifttum umstritten, wird jedoch v. a. in der neueren Literatur weitgehend bejaht. Auch die Rspr. weitet den Verbotskreis vereinzelt aus, vgl. die Nachweise bei *Müller-Graff*, in: Streinz, EUV/EGV, Art. 43 Rn. 57.

35 EuGH, U.v. 6.11.2003, Rs. C-243/01, Slg. 2003, I-13031 Rn. 48 – *Gambelli u.a.*; U.v. 6.3.2007, verb. Rs. C-338/04, C-359/04, C-360/04, Slg. 2007, I-1891 Rn. 61 – *Placanica u. a.*

36 EuGH, U.v. 6.3.2007, verb. Rs. C-338/04, C-359/04, C-360/04, Slg. 2007, I-1891 Rn. 62 – *Placanica u. a.*

37 EuGH, U.v. 6.3.2007, verb. Rs. C-338/04, C-359/04, C-360/04, Slg. 2007, I-1891 Rn. 62 – *Placanica u. a.*

ben nicht erforderlich, um das angestrebte Ziel der Unterbindung von kriminellen oder betrügerischen Tätigkeiten zu erreichen.[38]

Zwischenergebnis: Die Niederlassungsfreiheit ist damit so auszulegen, dass sie der Begrenzung der Konzessionsvergabe nach Art. 2 des Dekrets Nr. 174/98 entgegensteht.

Hinweis: Als Folge hiervon ist „es Aufgabe des innerstaatlichen Rechts, Verfahrensmodalitäten vorzusehen, die den Schutz der den Wirtschaftsteilnehmern aus der unmittelbaren Wirkung des Gemeinschaftsrechts erwachsenden Rechte gewährleisten, wobei diese Modalitäten nicht weniger günstig ausgestaltet sein dürfen als für entsprechende Sachverhalte innerstaatlicher Art (Äquivalenzgrundsatz) und die Ausübung der durch die Gemeinschaftsrechtsordnung verliehenen Rechte nicht praktisch unmöglich machen oder übermäßig erschweren dürfen (Effektivitätsgrundsatz).[39] Sowohl eine Rücknahme und eine Neuverteilung der alten Konzessionen als auch die Ausschreibung einer angemessenen Anzahl neuer Konzessionen könnten in dieser Hinsicht eine angemessene Lösung sein."[40]

2. Dienstleistungsfreiheit, Art. 56 f. AEUV

Die Dienstleistungsfreiheit könnte so auszulegen sein, dass sie der Begrenzung der Konzessionsvergabe entgegensteht.

a) **Anwendbarkeit.** Die A-AG, die ihren Sitz in Deutschland hat, begibt sich zum einen durch ihre Vermittler nach Italien, um Dienstleistungen anzubieten, sog. positive Dienstleistungsfreiheit, zum anderen werden die gesammelten Wetten als Daten nach Deutschland übermittelt, sog. Korrespondenzdienstleistung. Beides geschieht in Ausübung selbstständiger Tätigkeit, wobei nur im ersten Fall die Niederlassungsfreiheit vorrangig ist, da im zweiten Fall die Dienstleistung nicht vollständig vor Ort erbracht wird, sondern nur das Angebot und Sammeln der Sportwetten. Da diese jedoch an A übermittelt werden, bleibt ein Teil der Tätigkeit, der nicht durch die Niederlassungsfreiheit abgedeckt ist, sondern der Dienstleistungsfreiheit unterfällt.

b) **Gewährleistungsbereich.** Gewährleistet wird der freie Dienstleistungsverkehr, wobei Art. 56 AEUV nicht bloß ein Diskriminierungs-, sondern auch ein allgemeines Beschränkungsverbot beinhaltet.[41]

c) **Vorliegen von Beschränkungen der Dienstleistungsfreiheit.** Durch die Beschränkung der Ausschreibung wird die Konzessionsvergabe auf Wettdienstleistungen, die auf Sportereignisse bezogen sind, begrenzt. Da sich die Regelung nicht gegen Ausländer als solche richtet, sondern auch für Inländer Geltung beansprucht, ist Art. 56 AEUV in seiner Ausprägung als allgemeines Beschränkungsverbot betroffen.

d) **Rechtfertigung der Beschränkungen der Dienstleistungsfreiheit.** Da nach Art. 62 i. V. m. 52 AEUV und der Rechtsprechung des EuGH dieselben Anforderungen an die Rechtfertigung zu stellen sind wie bei der Niederlassungsfreiheit, ist die Begrenzung der Konzessionsvergabe aus den oben dargelegten Gründen ebenfalls nicht gerechtfertigt.

38 So auch *Horn*, JZ 2007, 736 (737).

39 Vgl. EuGH, U.v. 20.9.2001, Rs. C-453/99, Slg. 2001, I-6297 Rn. 29 – *Courage und Crehan*; U.v. 19.9.2006, Rs. C-392/04 und C-422/04, Slg. 2006, I-8591 Rn. 57 – *i-21 Germany und Arcor.*

40 EuGH, U.v.6.3.2007, verb. Rs. C-338/04, C-359/04, C-360/04, Slg. 2007, I-1891 Rn. 63 – *Placanica u. a.*

41 EuGH, U.v. 3.12.1974, Rs. 33/74, Slg. 1974, 1299 – *Van Binsbergen.*

Zwischenergebnis: Die Dienstleistungsfreiheit ist damit so auszulegen, dass sie der Begrenzung der Konzessionsvergabe nach Art. 2 des Dekrets Nr. 174/98 entgegensteht.

Zwischenergebnis zu II.: Die Art. 49 und 56 f. AEUV sind daher dahin auszulegen, dass sie einer nationalen Regelung wie dem im Ausgangsverfahren fraglichen Art. 2 des Dekrets Nr. 174/98 entgegenstehen, die Wirtschaftsteilnehmer mit der Rechtsform von Kapitalgesellschaften, deren stimmberechtigte Anteile nicht auf den Namen von natürlichen Personen, offenen Handelsgesellschaften oder Kommanditgesellschaften ausgestellt sind, vom Glücksspielsektor ausschließt.

III. Polizeiliche Genehmigungen

Die Art. 49 und 56 f. AEUV könnten so auszulegen sein, dass sie Art. 3 des Dekrets Nr. 174/98 als einer nationalen Vorschrift, die eine polizeiliche Genehmigung gekoppelt an die Konzessionsvergabe für das Betreiben und Vermitteln von Glücksspielen vorsieht, entgegenstehen.

1. Niederlassungsfreiheit, Art. 49 AEUV

Die Niederlassungsfreiheit könnte so auszulegen sein, dass sie Art. 3 des Dekrets Nr. 174/98, der eine polizeiliche Genehmigung gekoppelt an die Konzessionsvergabe für das Betreiben und Vermitteln von Glücksspielen vorsieht, entgegensteht.

a) **Anwendbarkeit.** Die Niederlassungsfreiheit ist auf die A-AG, eine juristische Person des Privatrechts mit Hauptsitz in Deutschland, anwendbar, da sie Vermittleragenturen in Italien eröffnet hat, deren Ziel die dauerhafte Aufnahme und Ausübung von Sportwetten darstellt.

b) **Gewährleistungsbereich.** Art. 49 AEUV beinhaltet ein Diskriminierungs- und Beschränkungsverbot, so dass neben den offenen und verdeckten Diskriminierungen auch Beschränkungen der grenzüberschreitenden Niederlassung erfasst sind.[42]

c) **Vorliegen von Beschränkungen der Niederlassungsfreiheit.** Durch die Verweigerung der polizeilichen Genehmigung liegt eine Beschränkung der Niederlassungsfreiheit vor, und zwar auch dann, wenn diese Beschränkung unterschiedslos allen Kapitalgesellschaften mit Sitz in Italien oder in einem anderen Mitgliedstaat auferlegt ist, die ein Interesse an diesen Genehmigungen haben könnten.[43] Art. 49 AEUV ist daher erneut in seiner Ausprägung als allgemeines Beschränkungsverbot betroffen.

d) **Rechtfertigung der Beschränkungen der Niederlassungsfreiheit.** Hier sind dieselben Maßstäbe anzulegen wie oben.

aa) **Ziel.** Als Ziel dient erneut, die Einbeziehung von Unternehmen, die im Glücksspielsektor tätig sind, in kriminelle oder betrügerische Tätigkeiten zu unterbinden.[44]

bb) **Geeignetheit.** Hierzu sind die polizeiliche Genehmigung und die damit einhergehende Überwachung und Kontrolle der Geschäftsräume der Unternehmen auch geeignet, da diese dazu beitragen, kriminelle Tätigkeiten zu unterbinden.

---

42 Dies ist zwar im Schrifttum umstritten, wird jedoch v. a. in der neueren Literatur weitgehend bejaht. Auch die Rspr. weitet den Verbotskreis vereinzelt aus, vgl. die Nachweise bei *Müller-Graff*, in: Streinz, EUV/EGV, Art. 43 Rn. 57.

43 EuGH, U.v. 6.11.2003, Rs. C-243/01, Slg. 2003, I-13031 Rn. 48 – *Gambelli u. a.*; U.v. 6.3.2007, verb. Rs. C-338/04, C-359/04, C-360/04, Slg. 2007, I-1891 Rn. 61 – *Placanica u. a.*

44 EuGH, U.v. 6.3.2007, verb. Rs. C-338/04, C-359/04, C-360/04, Slg. 2007, I-1891 Rn. 65 – *Placanica u. a.*

cc) **Erforderlichkeit.** Grundsätzlich sind diese Maßnahmen auch erforderlich, da ein milderes Mittel, das gleich effektiv kriminelle, betrügerische Tätigkeiten vermeidet, nicht ersichtlich ist.

In diesem besonderen Fall allerdings fehlt es an der Erforderlichkeit, denn die polizeilichen Genehmigungen werden ausschließlich Konzessionsinhabern erteilt. B, der kein Konzessionsinhaber ist, wäre nicht im Stande gewesen, eine derartige Genehmigung zu erhalten.[45] Da der Ausschluss des B von der Konzessionsvergabe – welche die Voraussetzung für die polizeiliche Genehmigung darstellt – jedoch gemeinschaftsrechtswidrig ist, kann ihm das Fehlen einer solchen Konzession auch nicht gemeinschaftsrechtskonform zu einem Nachteil bei der Erteilung der polizeilichen Genehmigung gereichen. Mithin ist die Verknüpfung der Vergabe einer polizeilichen Genehmigung an eine gemeinschaftsrechtswidrig begrenzte Vergabe von Konzessionen selbst gemeinschaftsrechtswidrig.

Zwischenergebnis: Die Niederlassungsfreiheit ist damit so auszulegen, dass sie der Koppelung der polizeilichen Genehmigung an die gemeinschaftsrechtswidrig begrenzte Konzessionsvergabe nach Art. 3 des Dekrets Nr. 174/98 entgegensteht.

2. Dienstleistungsfreiheit, Art. 56 f. AEUV

a) **Anwendbarkeit.** Die Dienstleistungsfreiheit ist auf die A-AG, die ihren Sitz in Deutschland hat und sich zum einen durch ihre Vermittler nach Italien begibt, um Dienstleistungen anzubieten, sog. positive Dienstleistungsfreiheit, und an die zum anderen die gesammelten Wetten als Daten übermittelt werden, sog. Korrespondenzdienstleistung, grundsätzlich anwendbar. Allerdings ist im ersten Fall die Niederlassungsfreiheit vorrangig (vgl. oben).

b) **Gewährleistungsbereich.** Gewährleistet wird der freie Dienstleistungsverkehr, wobei Art. 56 AEUV nicht bloß ein Diskriminierungs-, sondern auch ein allgemeines Beschränkungsverbot beinhaltet.[46]

c) **Vorliegen von Beschränkungen der Dienstleistungsfreiheit.** Durch die Nichterteilung der polizeilichen Genehmigung liegt eine Beschränkung der Dienstleistungsfreiheit vor, da die Möglichkeit der Erbringung von auf Sportereignisse bezogene Wettdienstleistungen begrenzt wird. Insofern ist Art. 56 AEUV in seiner Ausprägung als allgemeines Beschränkungsverbot betroffen.

d) **Rechtfertigung der Beschränkungen der Dienstleistungsfreiheit.** Da nach Art. 62 i. V. m. 52 AEUV und der Rechtsprechung des EuGH dieselben Anforderungen an die Rechtfertigung zu stellen sind wie bei der Niederlassungsfreiheit, ist die Koppelung der polizeilichen Genehmigung an die gemeinschaftsrechtswidrig begrenzte Konzessionsvergabe nicht gerechtfertigt.

Zwischenergebnis: Art. 56 f. AEUV ist so auszulegen, dass er der polizeilichen Genehmigung nach Art. 3 des Dekrets Nr. 174/98 entgegensteht.

Die Art. 49 und 56 f. AEUV sind daher derart auszulegen, dass sie einer nationalen Regelung wie dem im Ausgangsverfahren fraglichen Art. 3 des Dekrets Nr. 174/98 entgegenstehen, die Wirtschaftsteilnehmer mit der Rechtsform von Kapitalgesellschaften, deren stimmberechtigte Anteile nicht auf den Namen von natürlichen Personen, offe-

45 EuGH, U.v. 6.3.2007, verb. Rs. C-338/04, C-359/04, C-360/04, Slg. 2007, I-1891 Rn. 66 – *Placanica u. a.*

46 EuGH, U.v. 3.12.1974, Rs. 33/74, Slg. 1974, 1299 – *Van Binsbergen.*

nen Handelsgesellschaften oder Kommanditgesellschaften ausgestellt sind, von der Erteilung der polizeilichen Genehmigung aufgrund des Fehlens einer gemeinschaftsrechtswidrigen Begrenzung der Konzessionsvergabe im Glücksspielsektor ausschließen.

IV. Strafrechtliche Sanktionen

Die Art. 49 und 56f. AEUV könnten so auszulegen sein, dass sie Art. 4 des Dekrets Nr. 174/98 als einer nationalen Vorschrift, die strafrechtliche Sanktionen für das Fehlen der an das Vorliegen einer Konzession für das Betreiben und Vermitteln von Glücksspielen gekoppelten polizeilichen Genehmigung vorsieht, entgegenstehen.

1. Niederlassungsfreiheit, Art. 49 AEUV

Die Niederlassungsfreiheit könnte so auszulegen sein, dass sie Art. 4 des Dekrets Nr. 174/98, der eine strafrechtliche Sanktion aufgrund des Fehlens einer polizeilichen Genehmigung vorsieht, entgegensteht.

a) **Anwendbarkeit.** Die A-AG ist eine juristische Person des Privatrechts mit Hauptsitz in Deutschland. Sie hat Vermittleragenturen in Italien eröffnet, deren Ziel die dauerhafte Aufnahme und Ausübung von Sportwetten darstellt, womit der Anwendungsbereich der Niederlassungsfreiheit eröffnet ist.

b) **Gewährleistungsbereich.** Neben den offenen und verdeckten Diskriminierungen sind auch Beschränkungen der grenzüberschreitenden Niederlassung erfasst, da Art. 49 AEUV ein Diskriminierungs- und Beschränkungsverbot beinhaltet.[47]

c) **Vorliegen von Beschränkungen der Niederlassungsfreiheit.** Zwar sind für das Strafrecht grundsätzlich die Mitgliedstaaten zuständig, trotzdem dürfen die Sanktionen nicht die unionsrechtlichen Grundfreiheiten begrenzen.[48] Durch die strafrechtliche Sanktionierung des Sammelns und Veranstaltens von Sportwetten ohne polizeiliche Genehmigung aufgrund der Nichtberücksichtigung bei der Konzessionsvergabe liegt eine Begrenzung der Niederlassungsfreiheit vor, die in ihrer Ausprägung als allgemeines Beschränkungsverbot betroffen ist.

d) **Rechtfertigung der Beschränkungen der Niederlassungsfreiheit.** Hier sind dieselben Maßstäbe anzulegen wie oben.

aa) **Ziel.** Als Ziel wird verfolgt, die Einbeziehung von Unternehmen, die im Glücksspielsektor tätig sind, in kriminelle oder betrügerische Tätigkeiten zu unterbinden.[49]

bb) **Geeignetheit.** Hierzu ist die strafrechtliche Sanktionierung des Betriebs von Sportwetten ohne polizeiliche Genehmigung und die damit einhergehende Überwachung und Kontrolle der Geschäftsräume der Unternehmen auch geeignet, da dies dazu beiträgt, kriminelle Tätigkeiten zu unterbinden.

---

47 Dies ist zwar im Schrifttum umstritten, wird jedoch v.a. in der neueren Literatur weitgehend bejaht. Auch die Rspr. weitet den Verbotskreis vereinzelt aus, vgl. die Nachweise bei *Müller-Graff*, in: Streinz, EUV/EGV, Art. 43 Rn. 57.

48 EuGH, U.v. 6.3.2007, verb. Rs. C-338/04, C-359/04, C-360/04, Slg. 2007, I-1891 Rn. 69 – *Placanica u.a.*

49 EuGH, U.v. 6.3.2007, verb. Rs. C-338/04, C-359/04, C-360/04, Slg. 2007, I-1891 Rn. 65 – *Placanica u.a.*

cc) Erforderlichkeit. Grundsätzlich sind diese Maßnahmen auch erforderlich, da kein milderes, zur Vermeidung krimineller, betrügerischer Tätigkeiten gleich effektives Mittel ersichtlich ist.

Allerdings mangelt es auch in diesem besonderen Fall an der Erforderlichkeit. So konnte B „offensichtlich die nach dem italienischen Recht erforderliche Konzession und polizeiliche Genehmigung nicht erhalten, weil die Italienische Republik unter Verstoß gegen das Gemeinschaftsrecht die Erteilung einer polizeilichen Genehmigung vom Besitz einer Konzession abhängig machte und es zum Zeitpunkt der letzten in den Ausgangsverfahren berücksichtigten Ausschreibung ablehnte," der A-AG Konzessionen zu gewähren.[50]

Denn die strafrechtliche Sanktionierung des Fehlens einer polizeilichen Genehmigung, die ihrerseits wieder aufgrund des Fehlens einer Konzession wegen einer gemeinschaftsrechtswidrigen Konzessionsvergabe erfolgt, ist selbst gemeinschaftsrechtswidrig, da dem B das Fehlen der Konzession und das damit zusammenhängende Fehlen der polizeilichen Genehmigung nicht zum Nachteil gereichen kann.[51]

Zwischenergebnis: Die Niederlassungsfreiheit ist damit so auszulegen, dass sie der strafrechtlichen Sanktionierung des Fehlens einer an die gemeinschaftsrechtswidrige Konzessionsvergabe gekoppelten polizeilichen Genehmigung nach Art. 4 des Dekrets Nr. 174/98 entgegensteht.

2. Dienstleistungsfreiheit, Art. 56 f. AEUV

a) Anwendbarkeit. Die Dienstleistungsfreiheit ist auf die A-AG, die ihren Sitz in Deutschland hat und sich zum einen durch ihre Vermittler nach Italien begibt, um Dienstleistungen anzubieten, sog. positive Dienstleistungsfreiheit, und an die zum anderen die gesammelten Wetten als Daten übermittelt werden, sog. Korrespondenzdienstleistung, grundsätzlich anwendbar. Allerdings ist im ersten Fall die Niederlassungsfreiheit vorrangig (vgl. oben).

b) Gewährleistungsbereich. Gewährleistet wird der freie Dienstleistungsverkehr, wobei Art. 56 AEUV nicht bloß ein Diskriminierungs-, sondern auch ein allgemeines Beschränkungsverbot beinhaltet.[52]

c) Vorliegen von Beschränkungen der Dienstleistungsfreiheit. Ein solch strafbewehrtes Verbot der Teilnahme an Wetten, die in anderen Mitgliedstaaten als dem organisiert werden, in dessen Gebiet der Wettende ansässig ist, stellt eine Beschränkung des freien Dienstleistungsverkehrs dar.[53]

Das Gleiche gilt für das an Vermittler wie den B gerichtete ebenfalls strafbewehrte Verbot, die Erbringung von Wettdienstleistungen bei Sportereignissen, die von einem Leistungserbringer organisiert werden, der wie die A-AG ihren Sitz in einem anderen Mitgliedstaat als dem hat, in dem diese Vermittler ihre Tätigkeit ausüben, zu erleichtern. Denn ein solches Verbot stellt eine Beschränkung des Rechts der A-AG auf freien

50 EuGH, U.v. 6.3.2007, verb. Rs. C-338/04, C-359/04, C-360/04, Slg. 2007, I-1891 Rn. 70 – *Placanica u.a.*
51 EuGH, U.v. 6.3.2007, verb. Rs. C-338/04, C-359/04, C-360/04, Slg. 2007, I-1891 Rn. 70 – *Placanica u.a.*
52 EuGH, U.v. 3.12.1974, Rs. 33/74, Slg. 1974, 1299 – *Van Binsbergen.*
53 EuGH, U.v. 6.11.2003, Rs. C-243/01, Slg. 2003, I-13031 Rn. 57 – *Gambelli u.a.*

Dienstleistungsverkehr dar, und zwar auch dann, wenn die Vermittler in demselben Mitgliedstaat ansässig sind wie die Empfänger dieser Dienstleistungen.[54]

d) **Rechtfertigung der Beschränkungen der Dienstleistungsfreiheit.** Da nach Art. 62 i.V.m. 52 AEUV und der Rechtsprechung des EuGH dieselben Anforderungen an die Rechtfertigung zu stellen sind wie bei der Niederlassungsfreiheit, ist die strafrechtliche Sanktion des Fehlens einer an die gemeinschaftsrechtswidrige Vergabe von Konzessionen gekoppelten polizeilichen Genehmigung ebenfalls nicht gerechtfertigt.

Zwischenergebnis: Die Dienstleistungsfreiheit ist damit so abzulegen, dass sie Art. 4 des Dekrets Nr. 174/98 entgegensteht.

Zwischenergebnis zu IV.: Die Art. 49 und 56f. AEUV sind daher so auszulegen, dass sie einer nationalen Regelung wie dem im Ausgangsverfahren fraglichen Art. 4 des Dekrets Nr. 174/98 entgegenstehen, die das an eine gemeinschaftsrechtswidrige Konzessionsvergabe gekoppelte Fehlen einer polizeilichen Genehmigung strafrechtlich sanktioniert.

Endergebnis: Auf die Vorlagefrage ist wie folgt zu antworten:
- Art. 49 und 56f. AEUV stehen einer nationalen Regelung, die den Betrieb von Glücksspielen unter einen Konzessionsvorbehalt stellt, nicht entgegen.
- Art. 49 und 56f. AEUV sind jedoch so auszulegen, dass sie einer nationalen Regelung wie Art. 2 des Dekrets Nr. 174/98 entgegenstehen, die Kapitalgesellschaften, deren stimmberechtigte Anteile nicht auf den Namen von natürlichen Personen, offenen Handelsgesellschaften oder Kommanditgesellschaften ausgestellt sind, von der Vergabe von Konzessionen und damit vom Glücksspielsektor ausschließt.[55]
- Art. 49 und 56f. AEUV sind dahingehend auszulegen, dass sie einer nationalen Regelung wie Art. 3 des Dekrets Nr. 174/98 entgegenstehen, die eine erforderliche polizeiliche Genehmigung für Betreiber von Glücksspielen an die Vergabe von Konzessionen, deren Begrenzung gegen Gemeinschaftsrecht verstößt, koppelt.
- Art. 49 und 56f. AEUV sind dahin auszulegen, dass sie einer nationalen Regelung wie Art. 4 des Dekrets Nr. 174/98 entgegenstehen, die strafrechtliche Sanktionen aufgrund des Fehlens einer polizeilichen Genehmigung für Betreiber von Glücksspielen verhängt, die an die Vergabe von Konzessionen, deren Begrenzung gegen Gemeinschaftsrecht verstößt, gekoppelt ist.[56]

Teil 2

A. Zulässigkeit des Antrags nach Art. 267 AEUV

I. Zuständigkeit

Zuständig für die Entscheidung über Vorabentscheidungsverfahren nach Art. 267 AEUV ist der EuGH, da dieses Verfahren nicht nach Art. 256 I AEUV dem EuG übertragen wird.

---

54 EuGH, U.v. 6.11.2003, Rs. C-243/01, Slg. 2003, I-13031 Rn. 58 – *Gambelli u.a.*

55 EuGH, U.v. 6.3.2007, verb. Rs. C-338/04, C-359/04, C-360/04, Slg. 2007, I-1891 Rn. 72 – *Placanica u.a.*

56 EuGH, U.v. 6.3.2007, verb. Rs. C-338/04, C-359/04, C-360/04, Slg. 2007, I-1891 Rn. 71f. – *Placanica u.a.*

II. Vorlageberechtigung

Vorlageberechtigt ist nach Art. 267 II AEUV jedes Gericht eines Mitgliedstaates. Das Strafgericht ist als staatliches Gericht ein Gericht in diesem Sinn (vgl. oben).

III. Vorlagegegenstand

Die Vorlagefrage ist nur dann zulässig, wenn sie sich auf einen zulässigen Vorlagegegenstand i. S. v. Art. 267 AEUV bezieht. Insoweit können Gegenstand der Auslegung des EuGH nach lit. a die Verträge sowie nach lit. b die Gültigkeit und Auslegung der Handlungen der Organe, Einrichtungen oder sonstigen Stellen der Union sein.

Nach der Fragestellung des vorlegenden Gerichts möchte dieses wissen, ob europäisches Recht, insbesondere die Grundfreiheiten der Art. 49, 56 f. und 63 II AEUV, so auszulegen sind, dass sie der Ausschließlichkeitsregelung zugunsten von CONI entgegenstehen. Insoweit liegt mit den Grundfreiheiten als Bestandteil des Vertragsrechts ein vom EuGH auslegungsfähiger Gegenstand vor.

Problematisch ist jedoch, dass das vorlegende Gericht weiter vom EuGH wissen möchte, ob C in seinen Grundfreiheiten behindert ist. Insoweit ist zu beachten, dass der EuGH im Vorlageverfahren nur generell-abstrakt über die Auslegung der in Art. 267 I AEUV genannten Gegenstände entscheidet. Eine konkrete Anwendung auf den Einzelfall ist ihm nicht gestattet. Dies ist allein Sache des nationalen Gerichts, das den Sachverhalt unter die vom EuGH gefundene Auslegung subsumieren muss. Insoweit liegt also durch den Zusatz „und so die C-GmbH in ihren Grundfreiheiten behindert“ eine unzulässige Fragestellung vor.

Der EuGH ist jedoch auch in dieser Situation befugt, die Vorlagefrage so auszulegen, dass er sie kompetenzgerecht beantworten kann. Insofern kann er dem nationalen Gericht alle Hinweise zur Auslegung des Gemeinschaftsrechts geben, damit dieses den konkreten Sachverhalt entscheiden kann.

Da vorliegend lediglich der Zusatz „und so die C-GmbH in ihren Grundfreiheiten behindern“ weggelassen werden muss, um einen auslegungsfähigen Gegenstand zu erhalten, ist es dem EuGH möglich, über den ersten Teil der Frage zu entscheiden.

Ein zulässiger Vorlagegegenstand liegt damit vor.

IV. Entscheidungserheblichkeit (Vorlagebefugnis)

Da die Vorlagefrage nicht offensichtlich entscheidungsirrelevant ist, ist der EuGH an die Einschätzung des vorlegenden Gerichts gebunden. Von Entscheidungserheblichkeit ist damit auszugehen.

Zwischenergebnis: Die Vorlagefrage ist zulässig.

B. Sachentscheidung des EuGH

Als Gemeinschaftsrecht sind vorliegend die Grundfreiheiten, und hierbei insbesondere die Niederlassungs-, Dienstleistungs- und Zahlungsverkehrsfreiheit, Art. 49, 56 f. und 63 II AEUV, von Interesse. Art. 49, 56 f. und 63 II AEUV wären dann dahingehend auszulegen, dass sie einer Regelung eines Mitgliedstaates entgegenstehen, die ein generelles Verbot des Betreibens von Sportwetten über Internet anordnet, wenn diese Regelung dem Anwendungsbereich der Dienstleistungs-, Niederlassungs- und Zahlungsverkehrsfreiheit unterfällt, sie in deren Gewährleistungsbereiche eingreift und dies nicht gerechtfertigt ist.

I. Niederlassungsfreiheit, Art. 49 AEUV

Die Niederlassungsfreiheit könnte so auszulegen sein, dass sie dem Verbot nach Art. 5 des Dekrets Nr. 174/98 entgegensteht.

Zur Anwendbarkeit der Niederlassungsfreiheit vgl. die Ausführungen oben. Dabei steht fest, dass die C-GmbH ihr Geschäft in Italien ausschließlich über das Internet betreibt, ohne im italienischen Hoheitsgebiet ansässige Vermittler einzuschalten und ohne eine Haupt- oder Zweitniederlassung in Italien errichtet zu haben. Auch hat C nicht die Absicht, sich in Italien niederzulassen. Folglich gibt es keinen Anhaltspunkt dafür, dass die Niederlassungsfreiheit hier anwendbar sein könnte.

II. Dienstleistungsfreiheit, Art. 56 f. AEUV

Die Dienstleistungsfreiheit könnte so auszulegen sein, dass sie dem Verbot nach Art. 5 des Dekrets Nr. 174/98 entgegensteht.

1. Anwendbarkeit und Gewährleistungsbereich[57]

Vgl. hierzu die Ausführungen oben. Insoweit bietet die C-GmbH über Internet eine Dienstleistung in Italien an.[58] Es handelt sich dabei um eine sog. Korrespondenzdienstleistung.

2. Vorliegen von Beschränkungen der Dienstleistungsfreiheit

Art. 56 AEUV „verlangt die Aufhebung jeder Beschränkung des freien Dienstleistungsverkehrs – selbst wenn sie unterschiedslos für inländische Dienstleistende wie für solche aus den anderen Mitgliedstaaten gilt –, sofern sie geeignet ist, die Tätigkeiten des Dienstleistenden, der in einem anderen Mitgliedstaat ansässig ist, in dem er rechtmäßig ähnliche Dienstleistungen erbringt, zu unterbinden, zu behindern oder weniger attraktiv zu machen."[59]

Der Gerichtshof hat entschieden, dass Art. 56 AEUV dahin auszulegen ist, „dass er Dienstleistungen erfasst, die ein Leistungserbringer potenziellen Leistungsempfängern, die in anderen Mitgliedstaaten ansässig sind, telefonisch anbietet und die er ohne Ortswechsel von dem Mitgliedstaat aus erbringt, in dem er ansässig ist."[60] Auf vorliegenden Fall übertragen bedeutet dies, dass Art. 56 AEUV Dienstleistungen eines Leistungserbringers wie der C-GmbH erfasst, die mit Sitz in einem Mitgliedstaat, hier Deutschland, in einem anderen Mitgliedstaat, hier der Italienischen Republik, ansässigen Leistungsempfängern anbietet, „so dass jede Beschränkung dieser Tätigkeiten eine Beschrän-

---

57 Der EuGH bestätigt dabei auch seine bisherige Rspr., nach der er Art. 56 AEUV auch als Beschränkungsverbot betrachtet, vgl. *Bresich/Klingenbrunner*, ZfRV 2009, 196 (198).

58 Dies stellt der EuGH in Abkehr zum Schlussantrag des Generalanwalts Yves Bot klar, der forderte, private Glücksspielangebote nur einem eingeschränkten Prüfungsmaßstab zu unterwerfen, vgl. Schlussanträge v. 14.10.2008, Rs. C-42/07 Rn. 245 bis 5, ZfWG 2008, 323.

59 EuGH, U.v. 8.9.2009, Rs. C-42/07, NJW 2009, 3221 Rn. 51 – *Liga Portuguesa*, unter Verweis auf U.v. 25.7.1991, Rs. C-76/90, Slg. 1991, I-4221 Rn. 12 – *Säger*; U.v. 3.10.2000, Rs. C-58/98, Slg. 2000, I-7919 Rn. 33 – *Corsten*.

60 U.v. 6.11.2003, Rs. C-243/01, Slg. 2003, I-13031 Rn. 53 – *Gambelli u.a.*, unter Verweis auf U.v. 10.5.1995, Rs. C-384/93, Slg. 1995, I-1141 Rn. 22 – *Alpine Investments*.

kung der freien Erbringung von Dienstleistungen durch einen solchen Leistungserbringer darstellt."[61] Daher stellt die Regelung eines Mitgliedstaats, „die es in anderen Mitgliedstaaten niedergelassenen Dienstleistungserbringern wie [der C-GmbH] untersagt, in seinem Hoheitsgebiet Dienstleistungen über das Internet anzubieten, [...] eine Beschränkung des in [Art. 56 AEUV] verbürgten freien Dienstleistungsverkehrs dar."[62]

Da die Dienstleistungsfreiheit auch zugunsten des Dienstleistungsempfängers gilt,[63] wird „[m]it einer solchen Regelung [...] außerdem die Freiheit der Einwohner des betreffenden Mitgliedstaats beschränkt, über das Internet Dienstleistungen in Anspruch zu nehmen, die in anderen Mitgliedstaaten angeboten werden."[64]

Somit beschränkt die in Rede stehende Regelung die in Art. 56 AEUV verbürgte Freiheit des Dienstleistungsverkehrs.

3. Rechtfertigung der Beschränkungen der Dienstleistungsfreiheit

Nach den oben bereits dargelegten Anforderungen müssen die Maßnahmen der Mitgliedstaaten, die in der Zielsetzung einer Regelung grundsätzlich frei sind, verhältnismäßig sein.

a) **Ziel.** Erklärtes Ziel der Monopolisierung des Glücksspiels im Internet ist es, Kriminalität zu bekämpfen und Glücksspieler vor Betrug zu schützen. Insofern handelt es sich um ein Ziel von allgemeinem Interesse.[65]

Hinweis: Die Bekämpfung von Suchtgefahren wird vom EuGH nicht einmal erwähnt, was zu dem Schluss veranlasst, dass er seine Argumentation auf den spezifisch vorliegenden Fall zuschneiden wollte, ohne weitere generellere Aussagen zu treffen. Insoweit wird also allein die im Originalfall portugiesische Regelung thematisiert.[66]

b) **Geeignetheit.** Da CONI einer engen Überwachung durch den Staat unterliegt, ist die Monopolisierung geeignet, denn sie vermag den Spielbetrieb in kontrollierte Bahnen zu lenken und damit die Gefahren von Betrug und anderen Straftaten der Anbieter, die mit dem Glücksspiel zusammenhängen, zu vermeiden und kann damit den Verbraucher schützen.[67]

c) **Erforderlichkeit.** Erforderlich ist die Maßnahme dann, wenn kein gleich geeignetes, milderes Mittel ersichtlich ist. Eine derartige Regelung wäre dann nicht erforderlich, wenn die Bekämpfung von durch Glücksspiel drohender Kriminalität bereits gewährleistet wird.

---

61 EuGH, U.v. 6.11.2003, Rs. C-243/01, Slg. 2003, I-13031 Rn. 54 – *Gambelli u.a.*
62 EuGH, U.v. 8.9.2009, Rs. C-42/07, NJW 2009, 3221 Rn. 52 – *Liga Portuguesa*, unter Verweis auf U.v. 6.11.2003, Rs. C-243/01, Slg. 2003, I-13031 Rn. 54 – *Gambelli u.a.*
63 EuGH, U.v. 8.9.2009, Rs. C-42/07, NJW 2009, 3221 Rn. 51 – *Liga Portuguesa*, unter Verweis auf U.v. 31.1.1984, Rs. 286/82 und 26/83, Slg. 1984, 377 Rn. 16 – *Luisi und Carbone.*
64 EuGH, U.v. 8.9.2009, Rs. C-42/07, NJW 2009, 3221 Rn. 53 – *Liga Portuguesa.*
65 EuGH, U.v. 8.9.2009, Rs. C-42/07, NJW 2009, 3221 Rn. 63, 66 – *Liga Portuguesa.*
66 *Winkelmüller*, EuZW 2009, 692 (693).
67 EuGH, U.v. 8.9.2009, Rs. C-42/07, NJW 2009, 3221 Rn. 64, 67 – *Liga Portuguesa.* A.A. hierzu *Mintas*, DVBl. 2009, 1373 (1374), die darauf abstellt, dass das über Internet angebotene Glücksspiel für die im Originalfall portugiesischen Spieler faktisch weiter verfügbar ist, mithin das Ziel, die Spieler vor Straftaten zu schützen, nicht erreicht wird.

Vorliegend könnte dies der Fall sein, da die C-GmbH bereits in Deutschland, wo sie niedergelassen ist, den rechtlichen Anforderungen und Kontrollen durch die zuständigen Behörden unterliegt und daher nach diesen Regelungen rechtmäßig über das Internet anbietet.

Allerdings ist der über das Internet angebotene Sektor der Glücksspiele in der Gemeinschaft nicht harmonisiert. Weiter bestehen grundsätzliche Schwierigkeiten, denen sich die Behörden des Sitzmitgliedstaats in einem solchen Fall bei der Beurteilung der Qualitäten und der Redlichkeit der Anbieter bei der Ausübung ihres Gewerbes gegenübersehen. Auch die Überwachung ist angesichts der begrenzten Kontrollmöglichkeiten von Anbietern im Internet nur bedingt geeignet, Kriminalität vollständig zu vermeiden. Denn der Anbieter ist für Kontrollbehörden, aber auch für Kunden nur eingeschränkt greifbar. Aus diesem Grunde darf ein Mitgliedstaat die Auffassung vertreten, dass diese Vorkehrungen nicht als hinreichende Garantie für den Schutz der nationalen Verbraucher vor den Gefahren des Betrugs und anderer Straftaten angesehen werden können.[68] Insoweit ist für Glücksspiele die Möglichkeit einer Territorialisierung des Marktes eröffnet.[69]

Hinweis: Der EuGH erteilt damit der transnationalen Geltung nationaler Genehmigungen im nicht-harmonisierten Bereich eine Absage, was einen faktischen Niederlassungszwang bedingt.[70]

Dies wird auch dadurch gestützt, dass – im Gegensatz zu Teil 1 – „Glücksspiele über das Internet, verglichen mit den herkömmlichen Glücksspielmärkten, wegen des fehlenden unmittelbaren Kontaktes zwischen dem Verbraucher und dem Anbieter anders geartete und größere Gefahren in sich [bergen], dass die Verbraucher eventuell von den Anbietern betrogen werden."[71] D.h. die Besonderheiten, die sich mit der Offerte über Internet verbinden, ermöglichen es dem Mitgliedstaat, eigene Schutzmaßnahmen zu ergreifen.[72]

„Zudem kann die Möglichkeit nicht ausgeschlossen werden, dass ein Wirtschaftsteilnehmer, der für manche der Sportwettbewerbe, auf die er Wetten annimmt, sowie für manche der daran beteiligten Mannschaften als Sponsor auftritt, eine Stellung innehat, die es ihm erlaubt, den Ausgang dieser Wettbewerbe unmittelbar oder mittelbar zu beeinflussen und so seine Gewinne zu erhöhen."[73]

Aus den vorstehenden Erwägungen ergibt sich, dass die Beschränkung in Anbetracht der Besonderheiten, die mit dem Anbieten von Glücksspielen über das Internet verbunden sind, durch das Ziel der Bekämpfung von Betrug und anderen Straftaten gerechtfertigt ist.[74]

---

68 EuGH, U.v. 8.9.2009, Rs. C-42/07, NJW 2009, 3221 Rn. 69 – *Liga Portuguesa.*

69 *Winkelmüller*, EuZW 2009, 692 (693).

70 Dies ist jedoch nicht neu, sondern entspricht seiner ständigen Rspr. seit dem U.v. 17.12.1981, Rs. 279/80, Slg. 1981, 3305 – *Webb*, und wurde auch dem U.v. 6.3.2007, Rs. C-338/04, C-359/04, C-360/04, Slg. 2007, I-1891 Rn. 57 – *Placanica u.a.* zu Grunde gelegt, vgl. *Winkelmüller*, EuZW 2009, 692 [693]; *Rietdorf*, GewArch 2009, 446 (447).

71 EuGH, U.v. 8.9.2009, Rs. C-42/07, NJW 2009, 3221 Rn. 70 – *Liga Portuguesa.*

72 Dabei stützt sich der EuGH auf bloße Vermutungen. Empirische Nachweise für diese für die Begründung seiner Entscheidung essentielle Überlegung bleibt er schuldig, so *Mintas*, DVBl. 2009, 1373 (1374).

73 EuGH, U.v. 8.9.2009, Rs. C-42/07, NJW 2009, 3221 Rn. 71 – *Liga Portuguesa.*

74 EuGH, U.v. 8.9.2009, Rs. C-42/07, NJW 2009, 3221 Rn. 72 – *Liga Portuguesa.*

Zwischenergebnis: Art. 56f. AEUV ist somit dahingehend auszulegen, dass er Regelungen eines Mitgliedstaates wie der des Art. 5 des Dekrets Nr. 174/98 nicht entgegensteht, nach denen Wirtschaftsteilnehmer, die in anderen Mitgliedstaaten niedergelassen sind, in denen sie rechtmäßig entsprechende Dienstleistungen erbringen, im Hoheitsgebiet des erstgenannten Mitgliedstaats keine Glücksspiele über das Internet anbieten dürfen.

III. Zahlungsverkehrsfreiheit, Art. 63 II AEUV

Die Freiheit des Zahlungsverkehrs gewährleistet als Hilfsfreiheit die ungehinderte Bezahlung von Waren und Dienstleistungen. Dabei ist Art. 63 II AEUV dann nicht anwendbar, wenn „die etwaigen beschränkenden Wirkungen der im Ausgangsverfahren in Rede stehenden nationalen Regelung auf den freien Kapital- und Zahlungsverkehr nur die unvermeidbare Folge der etwaigen Beschränkungen des freien Dienstleistungsverkehrs wären. Steht aber eine nationale Maßnahme gleichzeitig mit mehreren Grundfreiheiten im Zusammenhang, prüft der Gerichtshof sie grundsätzlich nur im Hinblick auf eine dieser Freiheiten, wenn sich herausstellt, dass unter den Umständen des Einzelfalls die anderen Freiheiten dieser ersten gegenüber völlig zweitrangig sind und ihr zugeordnet werden können.“[75]

Dies ist vorliegend der Fall, da das Anbieten von Sportwetten über Internet schwerpunktmäßig unter die Dienstleistungsfreiheit fällt. Die Zahlungsverkehrsfreiheit tritt damit als subsidiär zurück.

Endergebnis: Auf die Vorlagefrage ist zu antworten, dass Art. 56f. AEUV einer Regelung eines Mitgliedstaates wie Art. 5 des Dekrets Nr. 174/98 nicht entgegensteht, nach der Wirtschaftsteilnehmer, die in anderen Mitgliedstaaten niedergelassen sind, in denen sie rechtmäßig entsprechende Dienstleistungen erbringen, im Hoheitsgebiet des erstgenannten Mitgliedstaates keine Glücksspiele über das Internet anbieten dürfen.[76]

> **Exkurs:** Für das deutsche Internetglücksspielverbot können hieraus jedoch keine Rückschlüsse gezogen werden. Denn insbesondere aufgrund der Tatsache, dass das Gericht die Argumentation des BVerfG,[77] nach der sich das Sportwettenmonopol auf die Suchtbekämpfung stützen muss, keine Beachtung schenkte, wird allein die spezifische portugiesische Situation thematisiert. Weiter behandelt das Urteil nur die Veranstaltung von Internetwetten, ohne sich auch mit der Vermittlung derselben zu beschäftigen.[78]
>
> Für Deutschland hat der EuGH nunmehr entschieden, „dass eine nationale Regelung, die das Veranstalten und das Vermitteln von Glücksspielen im Internet untersagt, um übermäßige Ausgaben für das Spielen zu vermeiden, die Spielsucht zu bekämpfen und die Jugendlichen zu schützen, grundsätzlich als zur Verfolgung solcher legitimer Ziele geeignet angesehen werden kann“.[79] Dabei ist ein derartiges

75 EuGH, U.v. 8.9.2009, Rs. C-42/07, NJW 2009, 3221 Rn. 47 – *Liga Portuguesa*; U.v. 3.10.2006, Rs. C-452/04, Slg. 2006, I-9521 Rn. 34 – *Fidium Finanz*; U.v. 24.3.1994, Rs. C-275/92, Slg. 1994, I-1039 Rn. 22 – *Schindler*; U.v. 22.1.2002, Rs. C-390/99, Slg. 2002, I-607 Rn. 31 – *Canal Satélite Digital*; U.v. 25.3.2004, Rs. C-71/02, Slg. 2004, I-3025 Rn. 46 – *Karner*; U.v. 14.10.2004, Rs. C-36/02, Slg. 2004, I-9609 Rn. 26 – *Omega*; U.v. 26.5.2005, Rs. C-20/03, Slg. 2005, I-4133 Rn. 35 – *Burmanjer u.a.*

76 EuGH, U.v. 8.9.2009, Rs. C-42/07, NJW 2009, 3221 Rn. 73 – *Liga Portuguesa*.

77 U.v. 28.3.2006, 1 BvR 1054/01, BVerfGE 115, 276ff.

78 Vgl. dazu auch *Dörr*, DVBl. 2010, 69ff.; *Liesching*, MMR 2009, 826.

79 EuGH, U.v. 8.9.2010, Rs. C-46/08, Leitsatz 4, EuZW 2010, 759 Rn. 112 – *Carmen Media Group Ltd.*

Monopol dann verhältnismäßig, wenn „unter dem Aspekt des Ziels eines hohen Verbraucherschutzniveaus, die Errichtung des Monopols mit der Einführung eines normativen Rahmens einhergeht, der dafür sorgt, dass der Inhaber des Monopols tatsächlich in der Lage sein wird, ein solches Ziel mit einem Angebot, das nach Maßgabe dieses Ziels quantitativ bemessen und qualitativ ausgestaltet ist und einer strikten behördlichen Kontrolle unterliegt, in kohärenter und systematischer Weise zu verfolgen".[80] Hierzu steht jedoch in Widerspruch, „wenn die Werbemaßnahmen des Inhabers eines solchen Monopols für andere, ebenfalls von ihm angebotene Arten von Glücksspielen nicht auf das begrenzt bleiben, was erforderlich ist, um die Verbraucher zum Angebot des Monopolinhabers hinzulenken [...], sondern darauf abzielen, den Spieltrieb der Verbraucher zu fördern", oder die Behörden die Spieltätigkeit in Bezug auf andere Arten von Glücksspielen, die nicht unter das Monopol fallen und ein höheres Suchtpotenzial als die dem Monopol unterliegenden Spiele aufweisen, zur Gewinnmaximierung fördern.

Rechtsprechungs- und Literaturhinweise

EuGH, U.v. 6.11.2003, Rs. C-243/01, Slg. 2003, I-13031 – *Gambelli u.a.*; U.v. 6.3.2007, verb. Rs. C-338/04, C-359/04, C-360/04, Slg. 2007, I-1891 – *Placanica u.a.*; U.v. 8.9.2009, Rs. C-42/07, NJW 2009, 3221 – *Liga Portuguesa*; EuGH, U.v. 8.9.2010, C-46/08, EuZW 2010, 759 – *Carmen Media Group Ltd.*; U.v. 8.9.2010, verb. Rs. C-316/07, C-358/07 bis C-360/07, C-409/07, C-410/07, NVwZ 2010, 1409 – *Marcus Stoß u.a.*; BVerfG, U.v. 28.3.2006, 1 BvR 1054/01, BVerfGE 115, 276

Backu, Anmerkungen zur Entscheidung des EuGH vom 6.3.2007 in der Rechtssache Placanica u.a., GewArch 2007, 225; *Bresich/Klingenbrunner*, Internetglücksspiel auf dem Prüfstand, ZfRV 2009, 196; *Dörr*, Das Verbot gewerblicher Internetvermittlung von Lotto auf dem Prüfstand der EG-Grundfreiheiten, DVBl. 2010, 69; *Grünwald/Koch*, Nichts geht mehr? Sportwetten im Internet, MMR 2008, 771; *Haltern*, Anmerkung zu EuGH, Urteil vom 6. 3. 2007 – Placanica u.a., NJW 2007, 1520; *Horn*, Anmerkung zu EuGH, Urteil v. 6.3.2007 – Placanica u.a., JZ 2007, 736; *Kazemi/Leopold*, Internetglücksspiel ohne Grenzen, MMR 2004, 649; *Koenig/Ciszewski*, Das Online-Verbot der Veranstaltung und Vermittlung von Glücksspielen im Lichte der Dienstleistungsfreiheit, K & R 2007, 257; *Liesching*, Anmerkung zu EuGH, Urt. v. 8.9.2009 – Liga Portuguesa, MMR 2009, 826 f.; *Mintas*, Anmerkung zu EuGH, Urteil vom 8. September 2009, DVBl. 2009, 1373; *Rietdorf*, Anmerkung zu EuGH, Urt. v. 8.9.2009 – Liga Portuguesa, GewArch 2009, 446; *Winkelmüller*, Anmerkung zu EuGH, Urt. v. 8.9.2009 – Liga Portuguesa, EuZW 2009, 692

---

80 EuGH, U.v. 8.9.2010, Rs. C-316/07, C-358/07 bis C-360/07, C-409/07, C-410/07, Leitsatz 1b, NVwZ 2010, 1409 Rn. 117 – *Marcus Stoß u.a.;* Vorlageverfahren der VGe Gießen und Stuttgart – VG Gießen, B.v. 7.5.2007, 10 E 13/07, ZfWG 2007, 232; VG Stuttgart, B.v. 24.7.2007, 4 K 4435/06, GewArch 2007, 382; vgl. hierzu *Mintas*, DVBl. 2009, 1373 [1375]; *Rietdorf*, GewArch 2009, 446 (447 f.).

Fall 4: Kontaktlinsen übers Internet

Urs Kramer

Sachverhalt

Die große österreichische Drogeriemarktkette Steiner AG vertreibt bereits seit geraumer Zeit in Österreich Kontaktlinsen über das Internet. Über den Internetauftritt der Steiner AG können Kunden aus Österreich Kontaktlinsen bestellen, die dann zu ihnen nach Hause geliefert werden. Da dieser Service in Österreich ein Verkaufsschlager ist, entschließt sich die Geschäftsleitung der Steiner AG, diesen nunmehr auch auf Deutschland auszuweiten. Sie bietet daher über ihren Internetauftritt fortan auch für Kunden aus Deutschland Kontaktlinsen an. Bei der Bestellung von Kontaktlinsen erscheint ein Hinweisfeld mit der Aufforderung an die Kunden, sich einer regelmäßigen augenärztlichen Kontrolle zu unterziehen und sich vor dem erstmaligen Gebrauch mit der Handhabung und Pflege der Produkte vertraut zu machen.

Kurz nach Freischaltung der neuen Bestellmöglichkeiten auch für in Deutschland ansässige Kunden in ihrem Internetauftritt erreicht die Steiner AG der Bescheid eines deutschen Gewerbeaufsichtsamtes. Darin wird der Steiner AG untersagt, Kontaktlinsen über das Internet in Deutschland zu vertreiben. Nach deutschem Gewerberecht sei der Versandhandel mit Heilmitteln verboten. Da Kontaktlinsen Heilmittel in diesem Sinn seien, könne die Behörde insbesondere den Versandhandel über das Internet untersagen. Daraufhin entfernt die Steiner AG das Angebot für deutsche Nutzer aus ihrem Internetauftritt.

Dieser Vorgang wird sowohl der österreichischen Regierung als auch der Europäischen Kommission bekannt. In der Kommission wundert man sich über die deutsche Praxis, österreichische Unternehmen vom deutschen Markt auszuschließen, und leitet deshalb ein Vorverfahren nach Art. 258 AEUV ein.

Die deutsche Bundesregierung ist von diesem Vorgehen überrascht. Sie geht davon aus, dass das Verbot des Versandhandels mit Heilmitteln keine Beschränkung des Handels an sich sei. Es sei der Steiner AG nicht verwehrt, Kontaktlinsen in Deutschland zu vertreiben; sie müsse dafür lediglich ein Ladenlokal eröffnen. Eine Regelung der Vertriebswege sei aber keine Beschränkung des Handels in der Gemeinschaft. Unbeschadet dessen solle durch das Verbot des Versandhandels der persönliche Kontakt mit den Kunden gewährleistet werden. Sinn und Zweck der Regelung sei es, die Gesundheit der Verbraucher zu schützen. Der „unpersönliche“ Handel über das Internet könne einen Verbraucher dazu verleiten, ohne entsprechende augenärztliche Untersuchung für ihn unpassende Kontaktlinsen zu erwerben und damit seine Augen zu schädigen.

Die österreichische Regierung und die Kommission sehen ungeachtet dessen in dem Verbot des Versandhandels mit Kontaktlinsen eine Verletzung von Marktfreiheiten. Das Vorbringen der deutschen Bundesregierung, die Steiner AG könne eine Filiale in Deutschland eröffnen, liege neben der Sache, da die Steiner AG nicht über eine entsprechende Infrastruktur verfüge. Damit werde ihr der Zugang zum deutschen Markt im Ergebnis verwehrt. Anders als möglicherweise bei rezeptpflichtigen Arzneimitteln sei das deutsche Verbot für nicht verschreibungspflichtige Heilmittel wie Kontaktlinsen auch nicht zu rechtfertigen.

Nach ordnungsgemäß durchgeführtem und ergebnislos verlaufenem Vorverfahren erheben sowohl die Republik Österreich als auch die Kommission Klage zum EuGH.

1. Haben die zum EuGH erhobenen Klagen der Republik Österreich und der Kommission Aussicht auf Erfolg? Dabei ist zu unterstellen, dass das Sekundärrecht keine Regelungen bezüglich der im Sachverhalt angesprochenen Fragen enthält und dass die Angaben zum deutschen Gewerberecht zutreffend sind.
2. Angenommen, weder die Republik Österreich noch die Kommission wären gegen die Bundesrepublik Deutschland vorgegangen, sondern die Steiner AG hätte gegen den Bescheid des deutschen Gewerbeaufsichtsamtes in zulässiger Weise den deutschen Verwaltungsrechtsweg beschritten, wäre aber in der Revisionsinstanz erfolglos geblieben: Die Steiner AG wendet sich dann an die deutsche Rechtsanwältin Dr. Regine Ratsam und fragt, was sie nun noch unternehmen könne. Es könne doch nicht sein, dass von den deutschen Gerichten über unionsrechtliche Fragen trotz entsprechender Anträge durch die Steiner AG ohne jede Kontrolle durch den EuGH bzw. das EuG entschieden werde. Was wird Dr. Ratsam der Steiner AG raten?

Hinweis: Es ist davon auszugehen, dass Aktiengesellschaften nach österreichischem Recht den Aktiengesellschaften nach deutschem Recht entsprechen.

Wesentliche Probleme

Vertragsverletzungsverfahren, Warenverkehrsfreiheit, Staatshaftung (wegen Verstoßes gegen EU-Recht), Untätigkeitsklage, Vorabentscheidungsverfahren, Verfassungsbeschwerde

Gliederung

Frage 1

A. Zulässigkeit
- I. Zuständigkeit des EuGH
- II. Beteiligten-/Parteifähigkeit
  - 1. Parteifähigkeit der Kommission
  - 2. Parteifähigkeit der Republik Österreich
  - 3. Parteifähigkeit der Bundesrepublik Deutschland
- III. Klagegegenstand
- IV. Klagebefugnis bzw. Klageberechtigung
- V. Vorverfahren
- VI. Rechtsschutzbedürfnis
- VII. Zwischenergebnis

B. Begründetheit der Klagen
- I. Schutz-(Anwendungs-)bereich des Art. 34 AEUV
- II. Eingriff
- III. Rechtfertigung
  - 1. Schutz der Gesundheit nach Art. 36 AEUV
    - a) Geeignetheit
    - b) Erforderlichkeit
  - 2. Verbraucherschutz

C. Ergebnis

Frage 2
A. Direkte Klage gegen den deutschen Akt vor dem EuG(H)
B. Vorabentscheidungsverfahren
C. Mittelbare Erzwingung der Vorabentscheidung über die Verfassungsbeschwerde
D. Untätigkeitsklage gegen die Kommission
E. Schadenersatzansprüche nach nationalem Recht; unionsrechtlich begründeter Staatshaftungsanspruch
F. Ergebnis

Lösung

Frage 1

Die Klagen der Kommission und der Republik Österreich gegen die Bundesrepublik Deutschland vor dem EuGH haben Erfolg, wenn sie zulässig und begründet sind.

Hinweis: Es handelt sich um eine subjektive Klagehäufung (aktive Streitgenossenschaft, da mehrere Beteiligte auf der Klägerseite stehen),[1] die aber sinnvollerweise mangels erheblicher Unterschiede in einer einzigen Prüfung abgearbeitet werden sollte.

A. Zulässigkeit

Zunächst müsste ein Vorgehen gegen die Bundesrepublik Deutschland zulässig sein. In Betracht kommen hier Vertragsverletzungsverfahren nach Art. 258, 259 AEUV. Bei Erhebung der Klage durch die Kommission spricht man von einer Aufsichtsklage, bei Erhebung durch einen Mitgliedstaat von einer Staatenklage.

I. Zuständigkeit des EuGH

Der EuGH müsste für Vertragsverletzungsverfahren sachlich zuständig sein. Die Zuständigkeit des EuGH für die Aufsichtsklage ergibt sich aus Art. 258 II AEUV, für die Staatenklage aus Art. 259 I AEUV. Die Aufzählung der Aufgaben des EuG in Art. 256 AEUV steht dem mangels Einschlägigkeit der dort aufgeführten Verfahren nicht entgegen.

II. Beteiligten-/Parteifähigkeit

Alle Beteiligten müssten beteiligten- bzw. (vielleicht präziser) parteifähig sein.

1. Parteifähigkeit der Kommission

Für die Kommission als Klägerin folgt ihre aktive Parteifähigkeit beim Vertragsverletzungsverfahren (bei der Aufsichtsklage) aus Art. 258 II AEUV.

1 Zur Möglichkeit der subjektiven Klagehäufung auf Unionsebene siehe *Pechstein*, EU-/EG-Prozessrecht, Rn. 197 ff.

2. Parteifähigkeit der Republik Österreich

Für die Republik Österreich als klagender Mitgliedstaat ergibt sich die aktive Parteifähigkeit bei der Staatenklage aus Art. 259 I AEUV. Es besteht keine Subsidiarität gegenüber der Klage der Kommission nach Art. 258 AEUV; beide Verfahren stehen vielmehr gleichrangig nebeneinander.[2]

3. Parteifähigkeit der Bundesrepublik Deutschland

Die Bundesrepublik Deutschland als beklagter Mitgliedstaat ist jeweils nach Art. 258 bzw. 259 I AEUV passiv parteifähig.

III. Klagegegenstand

Gegenstand der Klage müsste die Feststellung der Verletzung des primären (EU-Vertrag, AEU-Vertrag) oder sekundären Unionsrechts (z. B. durch die „falsche" Umsetzung einer Richtlinie usw.) durch die Beklagte sein. In beiden Verfahren wird ein Verstoß gegen die Warenverkehrsfreiheit nach Art. 34 AEUV gerügt. Das ist eine Norm des primären Unionsrechts, so dass ein statthafter Klagegegenstand vorliegt.

IV. Klagebefugnis bzw. Klageberechtigung

Die Kommission und die Republik Österreich müssten klagebefugt sein. Die Klagebefugnis ist zu bejahen, wenn die Kläger vom Vorliegen einer Unionsrechtsverletzung in tatsächlicher und rechtlicher Hinsicht überzeugt sind. Die aus dem Verwaltungsrecht bekannte „Möglichkeitstheorie" gilt hier nicht; eine subjektive Betroffenheit ist ebenfalls nicht erforderlich.[3] Die Kommission sowie die Republik Österreich behaupten eine Verletzung der Warenverkehrsfreiheit gemäß Art. 34 AEUV. Diese Behauptung reicht zur Klagebefugnis aus.

V. Vorverfahren

Aus Art. 258, 259 AEUV ergibt sich jeweils das Erfordernis für ein Vorverfahren,[4] das hier ordnungsgemäß, aber erfolglos durchgeführt wurde.

Hinweis: Außer den Fristen in Art. 258, 259 AEUV für das Vorverfahren gibt es hier keine Klagefristen etc.[5]

VI. Rechtsschutzbedürfnis

Die Vertragsverletzungsverfahren dienen der objektiv-rechtlichen Kontrolle der mitgliedstaatlichen Einhaltung des Unionsrechts, so dass die Klage im Regelfall das Rechtsschutzbedürfnis indiziert, wenn das gerügte Verhalten nicht zuvor ausgeräumt

2 So auch *Pechstein*, EU-/EG-Prozessrecht, Rn. 250; *Kotzur*, in: Geiger/Khan/Kotzur, EUV/AEUV, Art. 259 AEUV Rn. 2.
3 Vgl. hierzu z. B. EuGH, U.v. 5.10.1989, Rs. 290/87, Slg. 1989, 3083 Rn. 11 – *Kommission/Niederlande*. Deshalb ist der Begriff „Klageberechtigung" durchaus passender.
4 Ausführlich zum Vorverfahren siehe *Kotzur*, in: Geiger/Khan/Kotzur, EUV/AEUV, Art. 258 AEUV Rn. 6 ff., sowie oben der Exkurs zu Fall 1.
5 So auch *Herrmann*, Examens-Repetitorium Europarecht/Staatsrecht III, Rn. 267.

wurde.[6] Im vorliegenden Fall bestehen keine Bedenken bezüglich des Rechtsschutzbedürfnisses.

VII. Zwischenergebnis

Die Klagen der Kommission und der Republik Österreich gegen die Bundesrepublik Deutschland sind mithin zulässig.

B. Begründetheit der Klagen

Beide Klagen nach Art. 258 und 259 I AEUV sind begründet, wenn das Verhalten der Bundesrepublik Deutschland tatsächlich gegen primäres oder sekundäres Unionsrecht verstößt. Hier könnte Art. 34 AEUV verletzt worden sein.[7] Dazu müsste in nicht gerechtfertigter Weise in die hier anwendbare Warenverkehrsfreiheit eingegriffen worden sein.[8]

I. Schutz-(Anwendungs-)bereich des Art. 34 AEUV

Der Schutz-(Anwendungs-)bereich des Art. 34 AEUV müsste eröffnet sein. Das ist der Fall, wenn es sich um eine mitgliedstaatliche Maßnahme handelt, die einen grenzüberschreitenden Bezug aufweist und für die es kein unionsrechtliches Spezialgesetz gibt. Wegen des grenzüberschreitenden Sachverhaltes mit Bezug zur Warenverkehrsfreiheit – eine österreichische Firma will in Deutschland mit Kontaktlinsen als Waren handeln – ist der Schutzbereich berührt. Ein die Grundfreiheiten verdrängendes spezielles Sekundärrecht der EU zu diesem Punkt gibt es laut Bearbeitervermerk gerade nicht.

II. Eingriff

Fraglich ist, ob das von einer Behörde der Bundesrepublik Deutschland ausgesprochene Verbot des Versandhandels mit Kontaktlinsen einen Eingriff in Art. 34 AEUV darstellt. Zu denken ist insoweit nicht an eine mengenmäßige Einfuhrbeschränkung, wohl aber an eine Maßnahme gleicher Wirkung.

Nach der Rechtsprechung des EuGH zählt dazu „jede Handelsregelung der Mitgliedstaaten, die geeignet ist, den innergemeinschaftlichen Handel unmittelbar oder mittelbar, tatsächlich oder potenziell zu behindern",[9] wobei diese Definition seit der so genannten *Keck*-Entscheidung des EuGH insofern eingeschränkt wird, als nationale Maßnahmen, die bestimmte Verkaufsmodalitäten beschränken oder verbieten, „nicht geeignet sind, den Handel zwischen den Mitgliedstaaten [...] zu behindern, sofern diese Bestimmungen für alle betroffenen Wirtschaftsteilnehmer gelten, die ihre Tätigkeit im Inland ausüben, und sofern sie den Absatz der inländischen Erzeugnisse und der Erzeugnisse aus anderen Mitgliedstaaten rechtlich wie tatsächlich in der gleichen Weise

6 Zu diesem Sonderproblem bereits oben in Fall 1 mit Fn. 7.
7 Eine Verletzung von Art. 56 AEUV erscheint demgegenüber eher fern liegend, da es nicht primär um die Dienstleistung „Internethandel", sondern um die Ware „Kontaktlinsen" und deren freie Handelbarkeit geht. Vgl. insoweit auch die in Art. 57 I AEUV anklingende Subsidiarität der Dienstleistungsfreiheit.
8 Ausführlich zur Warenverkehrsfreiheit *Herdegen*, Europarecht, § 15 Rn. 1 ff.
9 EuGH, U.v. 11.7.1974, Rs. 8/74, Slg. 1974, 837 – *Dassonville*. Zum Folgenden auch schon oben in Fall 1.

berühren".[10] Beispiele für solche Verkaufsmodalitäten, die keine Maßnahmen gleicher Wirkung darstellen, sind das Verbot des Verkaufes zu Verlustpreisen, Werbebeschränkungen, Ladenschlussregelungen oder Vorschriften über den Sonn- und Feiertagsverkauf.

Exkurs: „*Dassonville*" und „*Keck*". Mit der *Dassonville*-Formel hat der EuGH drei Kriterien für die Charakterisierung einer Maßnahme als Maßnahme gleicher Wirkung herausgearbeitet:

1. Es muss keine tatsächliche Behinderung des Handels vorliegen; vielmehr reicht es aus, dass die Maßnahme grundsätzlich dazu geeignet ist, den Handel zu behindern.
2. Die potenzielle Möglichkeit der Handelsbeeinträchtigung kann unabhängig von dem Zweck der Maßnahme zu bejahen sein; ob die Maßnahme zu dem Zweck ergangen ist, den Handel zu beeinträchtigen, ist unerheblich.
3. Es muss sich um Maßnahmen handeln, die in adäquater Weise eine Handelsbeschränkung verursachen; derartige Wirkungen dürfen nicht unwahrscheinlich oder bloße Nebenwirkungen zulässiger Maßnahmen sein.

In der *Keck*-Entscheidung schränkte der EuGH den durch die *Dassonville*-Formel sehr weiten Anwendungsbereich der Warenverkehrsfreiheit ein, indem er das Kriterium der Produkt- und Vertriebsgezogenheit einführte:

Für produktbezogene Beschränkungen gilt die *Dassonville*-Formel weiterhin in vollem Umfang.

Für vertriebsbezogene Beschränkungen verlangt der EuGH dagegen zusätzlich, dass die nationalen Regelungen über Verkaufsmodalitäten geeignet sein müssen, den Marktzugang für Erzeugnisse aus einem anderen Mitgliedstaat zu versperren oder stärker als für inländische Erzeugnisse zu behindern. Als Maßnahme gleicher Wirkung ist eine Regelung, die eine vertriebsbezogene Beschränkung darstellt, damit nur dann zu qualifizieren, wenn die Diskriminierung darin besteht, dass der Marktzugang für eingeführte ausländische Produkte versperrt oder stärker behindert wird als für einheimische Produkte.

Hier könnte man darauf abstellen, dass es sich beim Verbot des Versandhandels mit Kontaktlinsen (es geht nicht um deren Verkauf überhaupt!) um eine solche bloße Verkaufsmodalität handelt, da nur der Vertriebsweg und nicht das Produkt beschränkt werden (so die Faustformel für „*Keck*": produkt- oder vertriebsbezogen?). Dabei ist jedoch zu beachten, dass das Verbot des Versandhandels ausländische Unternehmen (wie hier die Steiner AG) ohne Sitz in der Bundesrepublik Deutschland ungleich härter trifft – und faktisch für sie den Zugang zum deutschen Markt wenn schon nicht ganz verhindert, so doch zumindest deutlich erschwert – als deutsche Unternehmen, denen immer noch der Vertrieb über die Ladenlokale bleibt (also handelt es sich um eine versteckte Diskriminierung), so dass die „*Keck*-Ausnahmen" eng auszulegen oder einzuschränken sind.[11] Danach verbietet Art. 34 AEUV auch Handelsregelungen zu bloßen Verkaufsmodalitäten als „Maßnahmen gleicher Wirkung", wenn sie zwar für alle Marktteilnehmer gelten, dabei jedoch den Absatz inländischer und ausländischer Produkte rechtlich und/oder tatsächlich in unterschiedlicher Weise betreffen können. Hierbei lässt der EuGH dann schon die Möglichkeit der fehlenden Neutralität ausreichen.

10 EuGH, U.v. 24.11.1993, verb. Rs. C-267/91 und C-268/91, Slg. 1993, I-6097 – *Keck und Mithouard.*
11 EuGH, U.v. 11.12.2003, Rs. C-322/01, Slg. 2003, I-14887 – *Doc Morris.*

Exkurs: Damit weicht der EuGH seine eigene „*Keck*-Rechtsprechung" wieder deutlich auf und macht die Warenverkehrsfreiheit doch schon fast zu einer Art „Unternehmerfreiheit" (zuvor kam es bei Art. 34 AEUV anders als bei Art. 56 AEUV auf den Marktzugang ausländischer Händler nicht an; vorliegend wird ja auch nicht die freie Verkäuflichkeit der Ware, sondern eben der Marktzugang reglementiert).

Im vorliegenden Fall hat die Steiner AG außerhalb des Internets keine „Infrastruktur" zum Verkauf in Deutschland, so dass ihr durch das von der deutschen Behörde ausgesprochene Verbot des Versandhandels der Zugang zum deutschen Markt faktisch verwehrt und damit der Absatz von Kontaktlinsen tatsächlich unterschiedlich gegenüber der deutschen Konkurrenz geregelt wird. Art. 34 AEUV wird mithin verletzt (eine a. A. ist vertretbar; dann aber bitte „hilfsgutachtlich" weiterprüfen!).

Exkurs: Bei Art. 34 AEUV gibt es im Unterschied zu den anderen Marktfreiheiten keine Bereichsausnahme (vgl. etwa Art. 45 IV, 51 AEUV).

III. Rechtfertigung

Dieser Eingriff könnte aber gerechtfertigt sein. Der EuGH erkennt dabei neben den geschriebenen Rechtfertigungsgründen des Art. 36 AEUV auch noch ungeschriebene an, wenn eine (beachte zudem: unterschiedslos geltende, also nicht diskriminierende) staatliche Maßnahme aus zwingenden Gründen geboten erscheint.[12]

Exkurs: „*Cassis de Dijon*". Die ungeschriebenen Rechtfertigungsgründe, die einer rechtswidrigen Verletzung der Warenverkehrsfreiheit entgegenstehen können, wurden vom EuGH in der „*Cassis de Dijon*-Entscheidung" entwickelt.

Demnach sind Hemmnisse für den Handel zwischen den Mitgliedstaaten, die sich aus Unterschieden der nationalen Regelungen über die Vermarktung der betroffenen Produkte ergeben, grundsätzlich hinzunehmen, sofern diese Regelungen notwendig sind, um zwingenden Erfordernissen gerecht zu werden. Der EuGH hat insbesondere eine wirksame steuerliche Kontrolle, den Schutz der öffentlichen Gesundheit (dazu aber auch noch unten im Kontext des Art. 36 AEUV) sowie die Lauterkeit des Handelsverkehrs und den Verbraucherschutz als zwingende Erfordernisse angesehen.

Seit dieser Entscheidung ist die Möglichkeit der Rechtfertigung der Verletzung der Warenverkehrsfreiheit durch ungeschriebene Gründe anerkannt. Strittig ist allerdings die dogmatische Einordnung der „*Cassis de Dijon*-Formel" und damit die Prüfungsreihenfolge der geschriebenen und ungeschriebenen Rechtfertigungsgründe. Einerseits wird vertreten, dass es sich um eine immanente Schranke des Art. 34 AEUV handele. Danach würde eine entsprechende Maßnahme den Tatbestand des Eingriffes in die Warenverkehrsfreiheit schon gar nicht erfüllen, und die ungeschriebenen Rechtfertigungsgründe wären vor Art. 36 AEUV zu prüfen.[13] Andererseits wird die Formel als zusätzlicher Rechtfertigungsgrund gesehen. Damit wäre ein Eingriff in den Schutzbereich der Warenverkehrsfreiheit anzunehmen, aber die Maßnahme gerechtfertigt, so dass dieser Punkt hinter Art. 36 AEUV zu prüfen wäre.[14] Für die erste Sichtweise spricht, dass die zwingenden Erfordernisse als negative Tat-

12 EuGH, U.v. 20.2.1979, Rs. 120/78, Slg. 1979, 649 – *Cassis de Dijon*.
13 *Herdegen*, Europarecht, § 15 Rn. 14ff.
14 *Haltern*, Europarecht, Rn. 1602.

bestandsvoraussetzungen aufgefasst werden können, weil sie schon das Vorliegen der Maßnahme gleicher Wirkung ausschließen sollen. Für die zweite Position lässt sich dagegen anführen, dass der EuGH eine strenge Verhältnismäßigkeitsprüfung durchführt (als eine Abwägung zwischen dem zwingenden Erfordernis und der Warenverkehrsfreiheit), entsprechend der üblichen Vorgehensweise bei Rechtfertigungsgründen. Zudem spricht der EuGH selber von Rechtfertigungsgründen.[15] Daher erscheint die zweite Sichtweise vorzugswürdig, und die ungeschriebenen Gründe werden nach den geschriebenen Rechtfertigungsgründen aus Art. 36 AEUV geprüft.

1. Schutz der Gesundheit nach Art. 36 AEUV

Die Maßnahme der Bundesrepublik Deutschland müsste hier einen legitimen Zweck verfolgen. Der Schutz der Gesundheit nach Art. 36 AEUV[16] stellt auch bei Kontaktlinsen, deren unsachgemäße Anwendung ohne Beratung zu einer Schädigung der Augen führen kann, ein legitimes Ziel dar. Die darauf gestützte Maßnahme muss aber außerdem auch noch verhältnismäßig sein.

a) **Geeignetheit.** An der Eignung des Verbotes des Versandhandels mit Kontaktlinsen zur Erreichung dieses Zieles bestehen keine Zweifel, werden doch die sonst zu befürchtenden Fehlanwendungen reduziert.

b) **Erforderlichkeit.** Fraglich ist jedoch die Erforderlichkeit. Eine Maßnahme ist nur dann erforderlich, wenn kein milderes, ebenso effektives Mittel zur Verfügung steht. Der EuGH hat insoweit etwa zwischen verschreibungspflichtigen (weil gefährlichen) und nicht verschreibungspflichtigen Medikamenten unterschieden und bei Letzteren das Gefahrenpotenzial und damit die Überwachungsbedürftigkeit als so gering erachtet, dass ein Versandhandelsverbot nicht erforderlich (oder jedenfalls nicht angemessen) sei.[17] Überträgt man das auf den hiesigen Fall, lässt sich erwägen, dass eine Beratung durch den Optiker zwar bestimmte Fehler vermeiden, sie letztlich im täglichen Gebrauch aber auch nicht verhindern kann, zumal im Laden etwa der Hinweis „ich kann das schon" nicht wirklich verifiziert und andererseits auch der Internetkunde gewarnt bzw. instruiert werden kann. In Hinblick hierauf wäre beispielsweise die Verpflichtung der Internethändler, eine Art „Gebrauchsanweisung" auf ihrer Homepage zur Verfügung zu stellen, gegenüber dem kompletten Verbot ein milderes Mittel, das die Gesundheit ebenso effektiv schützt. Die Maßnahme der Bundesrepublik Deutschland war damit im Ergebnis nicht erforderlich (eine a. A. ist vertretbar).

---

15 So z. B. EuGH, U.v. 15.12.1993, Rs. C-415/93, Slg. 1995, I-4921 Rn. 105 ff. und 121 ff. – *Bosman*; U.v. 26.6.1997, Rs. C-368/95, Slg. 1997, I-3689 Rn. 18 – *Vereinigte Familiapress Zeitungsverlags- und -vertriebs GmbH*; U.v. 9.7.1997, verb. Rs. C-34/95, C-35/95 und C-36/95, Slg. 1997, I-3848 Rn. 46 – *De Agostini*.

16 Zahlreiche Beispiele zum Schutz der Gesundheit finden sich bei *Kotzur*, in: Geiger/Khan/Kotzur, EUV/AEUV, Art. 36 AEUV Rn. 8.

17 Wenn die Arzneimittel auf dem nationalen Markt zugelassen und nicht verschreibungspflichtig sind, darf der Versand von diesen Mitteln auch nicht verboten werden; vgl. EuGH, U.v. 11.12.2003, Rs. C-322/01, Slg. 2003, I-14887 – *Doc Morris*.

2. Verbraucherschutz

Nachdem eine Rechtfertigung des Eingriffes durch den Gesundheitsschutz mangels Erforderlichkeit scheitert, kann man noch auf die ungeschriebenen Rechtfertigungsgründe des EuGH zurückgreifen (dazu schon oben). Zu diesen könnte auch der Verbraucherschutz[18] gezählt werden. Nicht unter den Verbraucherschutz fällt der Schutz der Gesundheit (hierzu schon oben im Kontext des Art. 36 AEUV); dazu gehören hingegen korrekte Informationen auch über Gefahren. Wären diese für den Verbraucher nicht zugänglich, könnte der Eingriff gerechtfertigt sein. Jedoch befinden sich auf der Homepage der Steiner AG Warnhinweise, die problemlos eingesehen werden können. So ist es dem mündigen Verbraucher durchaus möglich, seine Interessen selbst zu wahren. Ein Eingriff zu Gunsten des Verbraucherschutzes ist daher gar nicht notwendig, womit der Verbraucherschutz ein Verkehrsverbot auch nicht rechtfertigen kann. Mithin kommt eine Rechtfertigung auch aus ungeschriebenen Gründen nicht in Betracht (eine a. A. ist wiederum mit entsprechender Begründung vertretbar).

C. Ergebnis

Insgesamt ist der Eingriff in Art. 34 AEUV demnach nicht zu rechtfertigen, so dass die Klagen der Kommission und der Republik Österreich nicht nur zulässig, sondern auch begründet sind. Sie haben damit Erfolg (eine a. A. ist – wie oben aufgezeigt – bezüglich der Begründetheit allerdings vertretbar).

Frage 2

Frau Rechtsanwältin Dr. Regine Ratsam (R) wird alle in Betracht zu ziehenden Rechtsbehelfe prüfen und dann diejenigen der Steiner AG vorschlagen, die auf Grund ihrer Zulässigkeit und Begründetheit Aussicht auf Erfolg bieten.

Hinweis: Die offene Fragestellung bezieht sich sowohl auf Rechtsbehelfe, um noch das primäre Ziel zu erreichen, als auch auf Sekundäransprüche wegen Verletzung des Unionsrechts.

A. Direkte Klage gegen den deutschen Akt vor dem EuG(H)

Eine direkte Klagemöglichkeit gegen Rechtsakte der Mitgliedstaaten (hier des BVerwG) vor dem EuG bzw. vor dem EuGH gibt es auch bei Berührung des Unionsrechts – selbst der dortigen Grundrechte – im Unterschied zur Situation bei Rechtsakten der Unionsorgane (dort, aber auch nur dort, greift die Nichtigkeitsklage nach Art. 263 IV AEUV[19]) nicht.[20]

18 Zum Verbraucherschutz als zwingendem Erfordernis des Handelsverkehrs siehe *Oppermann/Classen/Nettesheim*, Europarecht, § 23 Rn. 46.

19 Zur Vertiefung der Nichtigkeitsklage *Streinz*, Europarecht, Rn. 585 ff.

20 Natürlichen und juristischen Personen steht kein Vertragsverletzungsverfahren gegen Rechtsakte der Mitgliedsstaaten zu; vgl. *Pechstein*, EU-/EG-Prozessrecht, Rn. 244; *Kotzur*, in: Geiger/Khan/Kotzur, EUV/AEUV, Art. 258 AEUV Rn. 3.

B. Vorabentscheidungsverfahren

Im Verfahren vor den deutschen Verwaltungsgerichten bestand bei Entscheidungserheblichkeit (die ist vorliegend zu bejahen) für das VG und das OVG/den VGH die Möglichkeit bzw. für das BVerwG sogar die Pflicht zur Vorlage der unionsrechtlichen Rechtsfrage – das ist hier die nach der Vereinbarkeit des Vertriebsverbotes für Kontaktlinsen über das Internet mit Art. 34 AEUV – an den EuGH (vgl. Art. 267 II, III AEUV). Kommt das letztinstanzlich entscheidende (Fach-)Gericht dieser Pflicht allerdings nicht nach, kann die Vorlage trotzdem nicht unmittelbar erzwungen, also von den Prozessparteien nicht selbst ein Verfahren beim EuGH eingeleitet werden.[21]

C. Mittelbare Erzwingung der Vorabentscheidung über die Verfassungsbeschwerde

Auch wenn Art. 267 III AEUV kein unmittelbares subjektives Recht auf eine Vorabentscheidung des EuGH begründet, so kann die willkürliche (d.h. unberechtigte) Nichteinhaltung dieser bestehenden Pflicht durch das fachgerichtliche Urteil als Beschwerdegegenstand nach h.M. als Verletzung des grundrechtsgleichen Rechts auf den gesetzlichen Richter[22] – zu dem angesichts des Anwendungsvorranges des Art. 267 III AEUV eben auch der EuGH zählt – aus Art. 101 I 2 GG per Verfassungsbeschwerde nach Art. 93 I Nr. 4a GG, §§ 13 Nr. 8a, 90 ff. BVerfGG gerügt und so letztlich doch eine Vorabentscheidung durch den EuGH erzwungen werden.

Exkurs: Ein Abstellen auf das deutsche Grundrecht der Berufsfreiheit aus Art. 12 I GG ist demgegenüber eher abwegig, zumal sich die österreichische Steiner AG auch unter Heranziehung des Art. 19 III GG nach einer immer noch recht starken Meinung in der Literatur nicht auf dieses Grundrecht berufen kann und der dann allenfalls denkbare Eingriff in Art. 2 I GG (ebenso wie in den in Art. 12 I GG, wenn man EU-Ausländer mit einer stark im Vordringen befindlichen Auffassung wie Deutsche behandelt) durch Art. 101 I 2 GG kraft Spezialität verdrängt (der Eingriff erfolgt gerade durch das Unterlassen der nach Art. 101 I 2 GG nötigen Vorlage) wird – oder: der Aufbau wird dadurch unnötig verkompliziert, wenn man dann Art. 101 I 2 GG als Schranken-Schranke des BVerwG-Urteils, das ein Teil der verfassungsmäßigen Ordnung und damit taugliche Schranke des Art. 2 I GG (bzw. des Art. 12 I GG) sein könnte, prüft.

Bei Begründetheit der Verfassungsbeschwerde im Hinblick auf Art. 101 I 2 GG hebt das BVerfG das letztinstanzliche fachgerichtliche Urteil – hier das des BVerwG – auf und verweist den Rechtsstreit an das Fachgericht zurück, das dann den EuGH nach Art. 267 III AEUV beteiligt; vgl. § 95 II BVerfGG.

D. Untätigkeitsklage gegen die Kommission

Schließlich stellt die Nichtvorlage des Rechtsstreites durch das dazu nach Art. 267 III AEUV verpflichtete Fachgericht letzter Instanz eine Verletzung der Pflicht der Mitgliedstaaten zur Unionstreue nach Art. 4 III EUV dar, die in Vertragsverletzungsver-

21 Ausschließlich Gerichte der Mitgliedsstaaten sind zur Vorlage berechtigt; vgl. *Kotzur*, in: Geiger/Khan/Kotzur, EUV/AEUV, Art. 267 Rn. 12 f.

22 *Kotzur*, in: Geiger/Khan/Kotzur, EUV/AEUV, Art. 268 Rn. 43 ff.

fahren nach Art. 258, 259 AEUV von den dort Beteiligtenfähigen gerügt werden könnte. Mangels „Drittschutzes" dieser Vorschriften kann die Steiner AG aber weder selbst ein solches Verfahren einleiten (dazu schon oben D. und E.) noch direkt ein diesbezügliches Tätigwerden der dazu berechtigten Kommission erzwingen. Denkbar wäre insoweit jedoch eine Untätigkeitsklage[23] der Steiner AG gegen die Kommission nach Art. 265 III AEUV, wenn die Kommission ihrer Aufgabe zur Rüge des trotz Notwendigkeit unterbliebenen Vorabentscheidungsverfahrens nicht nachgekommen ist und damit ihre aus dem Wortlaut des Art. 258 I AEUV („so gibt sie") ableitbare Pflicht verletzt hat. Dem steht jedoch entgegen, dass der Wortlaut des Art. 258 II AEUV, vor allem aber der Sinn des Vertragsverletzungsverfahren (die Kommission ist – neben den Mitgliedstaaten als Vertragspartnern – die Hüterin der Verträge mit eigenem Ermessen bei der Ausübung dieses Amtes) gegen eine solche *einklagbare* Rechtsposition Dritter sprechen.[24] Hinzu kommt auch noch, dass selbst ein Erfolg der Steiner AG in einem solchen Verfahren die Rechtskraft des letztinstanzlichen fachgerichtlichen Urteils nicht mehr berühren würde (beachte die Unabhängigkeit der deutschen Justiz nach Art. 97 I GG!), so dass es in jedem Fall bei der dann schon bestandskräftigen Gewerbeuntersagung bliebe.

E. Schadenersatzansprüche nach nationalem Recht; unionsrechtlich begründeter Staatshaftungsanspruch

Schadenersatzansprüche gegen den Rechtsträger der Gewerbeaufsicht nach nationalem Recht kommen angesichts der rechtskräftigen letztinstanzlichen Entscheidung des BVerwG nicht mehr in Betracht.

Zu denken ist aber an einen unionsrechtlich begründeten, auf die so genannte *Francovich*-Rechtsprechung[25] gestützten Staatshaftungsanspruch, der vor den nationalen Gerichten geltend zu machen ist und auch bei einem durch das letztinstanzlich entscheidende nationale Gericht begangenen Verstoß gegen das Unionsrecht – hier gegen Art. 267 III AEUV i.V. mit Art. 34 AEUV als subjektives Recht der Steiner AG – besteht.[26]

Exkurs: Der unionsrechtlich begründete Staatshaftungsanspruch. Bei „*Francovich*" ging es um einen Fall, in dem ein Mitgliedstaat es versäumt hatte, eine begünstigende Richtlinie innerhalb der gesetzten Frist umzusetzen, woraus dem Kläger ein Schaden entstand. Es war auch nicht möglich, ausnahmsweise eine unmittelbare Anwendbarkeit der Richtlinie zu bejahen, da diese zu unbestimmt war. Der EuGH entwickelte hier das Institut des ungeschriebenen Entschädigungsanspruches wegen Verstoßes gegen das Unionsrecht und stellte dafür folgende inhaltliche Anforderungen auf:
- Eine Richtlinie wird fehlerhaft oder nicht umgesetzt,
- die verletzte Rechtsnorm bezweckt, dem Einzelnen Rechte zu verleihen,
- der Verstoß ist hinreichend qualifiziert, und
- die Nichtumsetzung ist kausal für einen Schaden.

23 Zu den Voraussetzungen der Untätigkeitsklage *Streinz*, Europarecht, Rn. 613 ff.
24 Ebenso EuGH, U.v. 14.2.1989, Rs. C-247/87, Slg. 1989, 291 – *Star Fruit Company SA*; *Kotzur*, in: Geiger/Khan/Kotzur, EUV/AEUV, Art. 258 Rn. 8 f.
25 EuGH, U.v. 19.11.1991, Rs. C-6/90, Slg. 1991, 5357 – *Francovich*.
26 Vgl. dazu EuGH, U.v. 30.9.2003, Rs. C-224/01, Slg. 2003, I-10239 – *Köbler*.

Als Begründung führt der EuGH das Prinzip der Unionstreue aus Art. 4 III EUV an, weil es für die Durchsetzung des Unionsrechts hinderlich sei, wenn ein Mitgliedstaat eine Richtlinie nicht umsetze. Zudem sei es ein Grundsatz des Unionsrechts, dass die Mitgliedstaaten zum Ersatz der Schäden verpflichtet sind, die dem Einzelnen durch Verstöße gegen das Unionsrecht entstehen, die diesen Staaten zuzurechnen sind. Umstritten ist allerdings, in welchem Verhältnis der nationale zu diesem unionsrechtlichen Amtshaftungsanspruch steht und ob seine Grundlage eine Modifikation des Art. 34 GG i. V. mit § 839 BGB oder eine ungeschriebene ist. Hierzu werden beide Positionen vertreten.

F. Ergebnis

Im Ergebnis wird R der Steiner AG zunächst zu einer Verfassungsbeschwerde wegen Verletzung des Art. 101 I 2 GG raten. Bei einem Misserfolg könnte dann noch eine Schadenersatzklage aus Staatshaftung wegen Verletzung des Unionsrechts gegen die Bundesrepublik Deutschland angestrengt werden. Bei einer „Abstützung" dieses Anspruches auf (den gegebenenfalls unionsrechtlich modifizierten) Art. 34 GG i. V. mit § 839 BGB muss insoweit allerdings der Eintritt der Verjährung des Anspruches nach § 852 BGB durch seine rechtzeitige Geltendmachung verhindert werden.

Rechtsprechungs- und Literaturhinweise

EuGH, U.v. 11.12.2003, Rs. C-322/01, Slg. 2003, I-14887 – *Doc Morris*; EuGH, U.v. 11.7.1974, Rs. 8/74, Slg. 1974, 837 – *Dassonville*; EuGH, U.v. 24.11.1993, verb. Rs. C-267/91 u. C-268/91, Slg. 1993, I-6097 – *Keck und Mithouard*; EuGH, U.v. 20.02.1979, Rs. 120/78, Slg. 1979, 649 – *Cassis de Dijon*

Fall 5: Doppelt gezahlt hält besser

Urs Kramer

Sachverhalt

In Bayern wird durch Gesetz geregelt, dass der Preis für den Zutritt zu staatlichen Theatern für deutsche Staatsangehörige bis zu 16 Jahren nicht mehr als 50 Prozent des normalen Eintrittspreises betragen darf. Deutsche und ausländische Kinder unter 12 Jahren erhalten generell kostenlosen Eintritt.

Der im österreichischen Schärding wohnende österreichische Staatsbürger und Handwerker Oskar Obermayer (O) möchte bei einem Theaterbesuch im benachbarten Passau für seine 14-jährige Tochter Tamara (T) diese Ermäßigung in Anspruch nehmen, was ihm jedoch versagt wird. T verklagt daraufhin, vertreten durch ihre Eltern, die Stadt Passau vor dem zuständigen Verwaltungsgericht (VG) Regensburg. Sie ist der Ansicht, dass dieses Verhalten Staatsangehörige anderer Mitgliedstaaten benachteilige und damit gegen Art. 56 AEUV und Art. 18 AEUV verstoße. Daraufhin wird von der Stadt Passau geltend gemacht, dass die Einräumung der Vorteile für deutsche Staatsangehörige als Gegenleistung für die Zahlung von Steuern zu verstehen sei. Schließlich würden die Theater zum Großteil von Steuergeldern unterhalten. Außerdem diene das Gesetz auch dazu, das Interesse der Jugendlichen an Kunst und Kultur zu fördern. Der AEUV als reines „Wirtschaftsabkommen" sei nicht anwendbar. Ein Verstoß gegen Unionsrecht liege damit nicht vor.

Die mit dem Verfahren befasste Kammer des VG Regensburg hegt hingegen ebenfalls Zweifel an der Rechtmäßigkeit der bayerischen Regelung. Sie setzt daher das Verfahren aus und legt die Frage dem EuGH zur Vorabentscheidung vor.

1.) Wie wird der EuGH entscheiden?
2.) Abwandlung: Wie ist der Fall zu beurteilen, wenn die bayerische Regelung, bei Beibehaltung des kostenlosen Zutrittes für in- und ausländische Kinder unter 12 Jahren den ermäßigten Eintritt allein Personen gewährt, die im betreffenden Landkreis wohnhaft und nicht älter als 16 Jahre sind?
3.) Wie ist im Hinblick auf obige Ergebnisse Art. 21 I 1 der Bayerischen Gemeindeordnung (BayGO) zu beurteilen, der folgendermaßen lautet: „Alle Gemeindeangehörigen sind nach den bestehenden allgemeinen Vorschriften berechtigt, die öffentlichen Einrichtungen der Gemeinde zu benutzen."?
4.) Trotz dieser „unfreundlichen Aufnahme" im Nachbarland lässt sich O in der Folgezeit nach Erfüllung aller diesbezüglichen Vorgaben mit seinem Handwerksbetrieb in Passau rechtmäßig als Handwerksmeister nieder. Muss er es hinnehmen, dass er gegen seinen Willen zwangsweise Mitglied der Passauer Handwerkskammer wird und Beiträge zahlt?

Bearbeitervermerk: Die Angaben sind als zutreffend anzusehen. Es ist zu unterstellen, dass die Finanzierung der Theater nicht ausschließlich an Steuergelder des jeweiligen Landkreises gebunden ist. Der Einsatz der Gelder erfolgt auch gebietsübergreifend. Bei der Frage 4 ist lediglich auf eine Beurteilung nach dem Europäischen Unionsrecht abzustellen.

Wesentliche Probleme

Vorabentscheidungsverfahren, Dienstleistungsfreiheit, Bereichsausnahmen, (versteckte) Diskriminierung, Einheimischenprivileg, Inländerdiskriminierung, Niederlassungsfreiheit, Zwangsmitgliedschaft

Gliederung

Frage 1
A. Zulässigkeit des Vorabentscheidungsverfahrens
- I. Zuständigkeit des EuGH
- II. Vorlageberechtigung
- III. Tauglicher Vorlagegegenstand
- IV. Vorlagebefugnis
- V. Vorlagefrage
- VI. Form und Frist
- VII. Zwischenergebnis

B. Begründetheit
- I. Verstoß gegen Art. 56 AEUV
  - 1. Anwendbarkeit
  - 2. Schutz- bzw. Anwendungsbereich
    - a) Dienstleistung
    - b) Aktive und passive Dienstleistungsfreiheit
    - c) Bereichsausnahmen
  - 3. Eingriff
  - 4. Rechtfertigung
    - a) Geschriebene Rechtfertigungsgründe
    - b) Ungeschriebene Rechtfertigungsgründe
- II. Verstoß gegen Art. 18 AEUV

C. Ergebnis

Frage 2
A. Anwendbarkeit; Schutz- bzw. Anwendungsbereich
B. Eingriff
C. Ungeschriebene Rechtfertigungsgründe
D. Ergebnis

Frage 3
A. Verstoß gegen Art. 34 AEUV
B. Verstoß gegen Art. 56 AEUV
- I. Eingriff in den Schutzbereich
- II. Rechtfertigung

C. Verstoß gegen Art. 18 AEUV
D. Ergebnis

Frage 4
A. Eröffnung der Schutzbereiche der Art. 49, 56 AEUV
B. Eingriff in Form einer unterschiedslosen Maßnahme
C. Rechtfertigung
- I. Zwingende Gründe des Allgemeininteresses
- II. Grundsatz der Verhältnismäßigkeit

D. Ergebnis

Lösung

Frage 1

In Betracht kommt ein Vorabentscheidungsverfahren gemäß Art. 267 AEUV. Dieses hat Erfolg, wenn es zulässig und begründet ist.

A. Zulässigkeit des Vorabentscheidungsverfahrens

I. Zuständigkeit des EuGH

Der EuGH müsste für das Vorabentscheidungsverfahren zuständig sein. Die sachliche und funktionelle Zuständigkeit des EuGH ergibt sich aus Art. 267 I i. V. mit Art. 256 III AEUV, da für diesen Fall eine besondere sachliche Zuweisung an das EuG in der Satzung des EuGH (noch) nicht erfolgt ist.

II. Vorlageberechtigung

Das handelnde Gericht müsste vorlageberechtigt sein. Das sind nach Art. 267 AEUV mitgliedstaatliche Gerichte.[1] Der EuGH legt dabei einen weiten Gerichtsbegriff zu Grunde, stellt aber folgende Voraussetzungen auf: Die vorlegende Stelle muss eine unabhängige, durch Gesetz eingerichtete Instanz sein, die im Rahmen einer obligatorischen Zuständigkeit Rechtsstreitigkeiten bzw. Streitigkeiten über die Anwendung von Rechtsnormen bindend entscheidet.[2] Diese Kriterien treffen auf das VG Regensburg zu. Das VG hat dabei nach Art. 267 II AEUV ein Vorlagerecht, aber keine Vorlagepflicht (vgl. insoweit Art. 267 III AEUV), da es sich nicht um ein letztinstanzliches Gericht handelt.

Exkurs: Von dieser gegenüber Art. 100 I GG wegen des Normzweckes (dazu unten) weiteren Definition werden etwa auch die auf gesetzlicher Grundlage beruhenden deutschen Schiedsgerichte[3] und Vergabekammern[4] erfasst.

III. Tauglicher Vorlagegegenstand

Die vom VG Regensburg gestellte Frage müsste einen tauglichen Vorlagegegenstand darstellen. Die Vorlagefrage darf gemäß Art. 267 I AEUV nur a) die Auslegung der Verträge oder b) die Gültigkeit und die Auslegung der Handlungen der Organe, Einrichtungen oder sonstigen Stellen der Union betreffen. Die Frage des VG Regensburg bezieht sich auf die Vereinbarkeit der Regelung über ermäßigte Eintrittspreise für bayerische Theater mit Art. 56 und Art. 18 AEUV und stellt daher einen nach Art. 267 I lit. a) AEUV tauglichen Vorlagegegenstand dar.

1 Da es sich dabei um einen unionsrechtlichen Begriff handelt, darf nicht einfach die Definition des nationalen Rechts übernommen werden.
2 Dazu m. w. N. *Streinz*, Europarecht, Rn. 631.
3 EuGH, U.v. 23.3.1982, Rs. 102/81, Slg. 1982, 1095 – *Nordsee/Mond.*
4 EuGH, U.v. 17.9.1997, Rs. C-54/96, Slg. 1997, I-4961 – *Dorsch Consult/Bundesbaugesellschaft Berlin.*

IV. Vorlagebefugnis

Das VG müsste zur Vorlage befugt sein. Das ist der Fall, wenn Zweifel an der Auslegung des Unionsrechts bestehen und die Entscheidungserheblichkeit[5] zu bejahen ist. Das deutsche Gericht äußert hier entsprechende Zweifel an der Auslegung des Unionsrechts. Die Beantwortung dieser Frage ist auch erheblich für die Entscheidung des Ausgangsrechtsstreites.

Exkurs: Dieses nach dem Normzweck wieder weit gefasste Merkmal dient nur der Verhinderung von Missbrauchsfällen. Auch insoweit gilt damit ein gegenüber Art. 100 I GG „großzügigerer" Maßstab.

V. Vorlagefrage

Die Vorlagefrage muss bei Auslegungsvorlagen abstrakt formuliert sein – hier etwa folgendermaßen: „Ist Art. 56 AEUV dahin auszulegen, dass er einer mitgliedstaatlichen Regelung entgegensteht, nach welcher der Preis für den Zutritt zu staatlichen Theatern für Staatsangehörige des Mitgliedstaates bis zu 16 Jahren nicht mehr als 50 Prozent des normalen Eintrittspreises betragen darf?"[6]

VI. Form und Frist

Die gebotene Form der Vorlage richtet sich nach Art. 23 EuGH-Satzung i.V. mit Art. 103 ff. VerfO EuGH. Eine Frist besteht nicht.

Exkurs: Letzteres folgt wiederum aus dem Normzweck des Art. 267 AEUV bzw. aus der Funktion des Vorabentscheidungsverfahrens, die Auslegung von Unionsrecht zu dessen größter Wirksamkeit letztlich beim EuGH zu „monopolisieren", was das Streben nach Rechtssicherheit überwiegt. Hinzu kommt als weiterer Grund, dass viele unionsrechtliche Fragen erst irgendwann in einem konkreten Rechtsstreit aufgeworfen werden.

VII. Zwischenergebnis

Die Vorlagefrage/Vorabentscheidung ist damit insgesamt zulässig.

B. Begründetheit

Das Vorabentscheidungsverfahren ist begründet (oder: der EuGH wird obige Vorlagefrage bejahen), wenn das einschlägige bayerische Gesetz mit dem Unionsrecht unvereinbar ist.

5 Der EuGH führt dabei jedoch nur eine negative Evidenzkontrolle durch; dazu mit Beispielen *Streinz*, Europarecht, Rn. 635.

6 Da der EuGH nur über die Auslegung von Unionsrecht entscheidet, wäre die Vorlagefrage, ob eine Norm des nationalen Rechts mit dem Unionsrecht (un-)vereinbar ist, an sich unzulässig. Der EuGH formuliert solche Fragen allerdings regelmäßig um; vgl. *Streinz*, Europarecht, Rn. 633.

I. Verstoß gegen Art. 56 AEUV

Hier kommt zunächst ein Verstoß gegen die Dienstleistungsfreiheit nach Art. 56 AEUV in Betracht, der einen nicht gerechtfertigten Eingriff in dessen Schutzbereich voraussetzt.

1. Anwendbarkeit

Zunächst müsste Art. 56 AEUV allerdings überhaupt anwendbar sein. Das ist der Fall, wenn es sich um eine mitgliedstaatliche Maßnahme handelt, die einen grenzüberschreitenden Bezug aufweist, und es insoweit kein unionsrechtliches Spezialgesetz in Form von Sekundärrecht gibt. Ein grenzüberschreitender Bezug ist hier gegeben. Es existieren ferner keine speziellen Regelungen des Unionsrechts. Art. 56 AEUV ist überdies wie alle Grundfreiheiten unmittelbar anwendbar.

2. Schutz- bzw. Anwendungsbereich

Der Schutz- bzw. Anwendungsbereich der Dienstleitungsfreiheit müsste eröffnet sein. Voraussetzung hierfür ist das Vorliegen einer Dienstleistung, die von der in Art. 56 AEUV normierten Freiheit gedeckt wird und nicht ausnahmsweise davon ausgeschlossen ist.

a) **Dienstleistung.** Eine Dienstleistung i. S. des Art. 56 AEUV ist jede selbstständige, zeitlich begrenzte und in der Regel gegen Entgelt erbrachte Leistung unkörperlicher Natur (vgl. Art. 57 II AEUV).[7] Als eine (Dienst-)Leistung unkörperlicher Natur ist auch das Ermöglichen des Zuganges zu den Theatern zu verstehen. Problematisch erscheint hier insofern aber zunächst das Merkmal der Entgeltlichkeit: Es setzt voraus, dass der Leistungserbringer mit seiner Leistung einen Erwerbszweck verfolgt und am Wirtschaftsleben teilnimmt.[8] Bei einem Theater handelt es sich jedoch mehr um eine kulturelle als um eine wirtschaftliche Einrichtung. Nach der Rechtsprechung des EuGH fallen aber nur solche Tätigkeiten aus dem Anwendungsbereich dieser Grundfreiheit heraus, bei denen der Bezug zum Wirtschaftsleben nicht mehr erkennbar ist (z. B. kirchliche oder karitative Aktivitäten).[9] Das Betreiben eines Theaters verfolgt hingegen zumindest sekundär einen wirtschaftlichen Zweck, so dass das Merkmal der Entgeltlichkeit zu bejahen ist.

b) **Aktive und passive Dienstleistungsfreiheit.** Ein weiteres Problem ist, dass es vorliegend nicht um die (typische) Konstellation geht, in der sich der Dienstleistungserbringer, der sich auf die Dienstleistungsfreiheit beruft, in den Mitgliedstaat des Dienstleistungsempfängers begibt (aktive Dienstleistungsfreiheit). Hier kommt nämlich zum einen der Dienstleistungsempfänger in den Mitgliedstaat des Dienstleistungserbringers. Zum anderen geht es um den Schutz der Empfänger und nicht um den der Erbringer der Dienstleistung. Diese Konstellation widerspricht jedoch nicht dem Anwendungsbereich der Art. 56 f. AEUV, da die Dienstleistungsfreiheit auch die Freiheit des Dienstleistungsempfängers schützt, sich in einen anderen Mitgliedstaat zu begeben, um unter den

7 Ausführlich zum Anwendungsbereich der Dienstleistungsfreiheit *Herdegen*, Europarecht, § 17 Rn. 1 ff.

8 Vgl. EuGH, U.v. 12.12.1974, Rs. 36/74, Slg. 1974, 1405 – *Walrave und Koch*, wonach auch sportliche Betätigungen erfasst sein können.

9 Aber auch im kirchlichen Bereich ist ein wirtschaftlicher Bezug denkbar, etwa wenn eine Religionsgemeinschaft zur Einnahmeerzielung ein Gewerbe betreibt; vgl. nur EuGH, U.v. 5.10.1988, Rs. 196/87, Slg. 1988, 6159 – *Steymann*.

gleichen Bedingungen wie die Staatsangehörigen dieses Mitgliedstaates Dienstleistungen in Anspruch zu nehmen (passive Dienstleistungsfreiheit).[10]

c) **Bereichsausnahmen.** Die Anwendbarkeit der Dienstleistungsfreiheit im vorliegenden Fall wird auch nicht durch die Bereichsausnahmen des Art. 62 i.V. mit Art. 51 AEUV ausgeschlossen, denn der Betrieb eines Theaters ist keine Ausübung öffentlicher Gewalt.[11]

3. Eingriff

Die bayerische Regelung müsste weiterhin eine verbotene Maßnahme i.S. des Art. 56 I AEUV und damit einen Eingriff in die Dienstleistungsfreiheit darstellen. Erfasst werden davon primär Diskriminierungen auf Grund der Staatsangehörigkeit. Hier wird in Bezug auf den ermäßigten Eintrittspreis ausdrücklich an die Aus- bzw. Inländereigenschaft angeknüpft: Ausländer, die älter als 12 Jahre und jünger als 16 Jahre sind, erhalten keinen ermäßigten Zutritt zu den staatlichen Theatern, während er gleichaltrigen Inländern gewährt wird. Dadurch werden EU-Ausländer schlechter gestellt als Inländer. Eine verbotene Beschränkung und ein Eingriff in Art. 56 AEUV in Form einer so genannten offenen Diskriminierung liegen damit vor.

4. Rechtfertigung

Dieser Eingriff könnte jedoch gerechtfertigt sein.

a) **Geschriebene Rechtfertigungsgründe.** Hier greift aber keiner der geschriebenen Rechtfertigungsgründe des Art. 62 i.V mit Art. 52 AEUV ein, denn die Ungleichbehandlung der EU-Ausländer erfolgt nicht aus Gründen der öffentlichen Ordnung, Sicherheit oder Gesundheit. Insbesondere ist die von der Stadt Passau vorgebrachte Erwägung, die Kohärenz des Steuersystems zu wahren, insoweit nicht einschlägig.

b) **Ungeschriebene Rechtfertigungsgründe.** Es könnten jedoch ungeschriebene Rechtfertigungsgründe einschlägig sein (vgl. dazu auch schon Fall 4). In Betracht kommen hier zwingende Gründe des Allgemeininteresses der Europäischen Union. Die Anwendbarkeit des ungeschriebenen Rechtfertigungsgrundes der „zwingenden Gründe des Allgemeininteresses der Union“ auf eine offene Diskriminierung ist allerdings umstritten: Die Grundfreiheiten, die ursprünglich als reine „Diskriminierungsverbote“ konzipiert waren, wurden vom EuGH allmählich zu „Beschränkungsverboten“ ausgeweitet. Dieser Ausweitung des Anwendungsbereiches wurde dadurch Rechnung getragen, dass im Hinblick auf Beschränkungen neben den geschriebenen Rechtfertigungsgründen nach der „*Cassis-de-Dijon*“-Formel[12] auch die „zwingenden Gründe des Allgemeininteresses der Gemeinschaft“ als ungeschriebene Rechtfertigungsgründe[13] anerkannt wurden. Folglich erscheint es konsequent, diese ungeschriebenen Rechtfertigungsgründe nur auf die neuerdings vom Verbot erfassten Beschränkungen und nicht auch auf die dadurch von vornherein verbotenen offenen Diskriminierungen anzuwenden.

---

10 Auch Korrespondenzdienstleistungen und auslandsbedingte Dienstleistungen sind unter Art. 56 AEUV zu subsumieren; s. dazu mit Beispielen *Streinz*, Europarecht, Rn. 888.

11 Zur Anwendung dieser Bereichsausnahme ausführlich *Randelzhofer/Forsthoff*, in: Grabitz/Hilf, Das Recht der Europäischen Union, Art. 45 EGV Rn. 5ff.

12 EuGH, U.v. 20.2.1979, Rs. 120/78, Slg. 1979, 649 – *Cassis de Dijon*.

13 Vgl. dazu *Ruffert*, JuS 2009, 97 (102).

Hinweis: Die Ansicht, dass die „*Cassis-de-Dijon*"-Formel auch auf eine offene Diskriminierung anwendbar ist, ist mit entsprechender Begründung ebenfalls vertretbar. Dann ist zu prüfen, ob solche zwingenden Gründe vorliegend gegeben sind. Das ist aber mit Hinblick auf die nicht einschlägige Kohärenz des Steuersystems als Rechtfertigungsgrund (dazu unten Frage 2) zu verneinen.

Damit scheidet eine Rechtfertigung des bayerischen Gesetzes aus. Es verstößt daher gegen Art. 56 AEUV (und ist deshalb wegen des Anwendungsvorranges des Unionsrechts unanwendbar – nicht: nichtig).

II. Verstoß gegen Art. 18 AEUV

Weiterhin könnte ein Verstoß gegen Art. 18 AEUV vorliegen. Diese Vorschrift müsste dafür aber anwendbar sein. Die Grundfreiheiten als spezielle Diskriminierungsverbote sind jedoch nach h. M. als leges speciales zu Art. 18 AEUV als allgemeinem Diskriminierungsverbot anzusehen.[14] Hierfür spricht auch der Wortlaut des Art. 18 AEUV, nach dem die Norm nur „unbeschadet besonderer Bestimmungen dieses Vertrages" anwendbar sein soll.

Hinweis: Die Gegenauffassung, wonach der Art. 18 AEUV neben den Grundfreiheiten Anwendung findet, ist mit entsprechender Begründung ebenfalls vertretbar.

C. Ergebnis

Die Vorlagefrage ist demgemäß im Hinblick auf Art. 56 AEUV begründet (oder: der EuGH wird obige Vorlage bejahen); das Vorabentscheidungsverfahren hat also Erfolg.

Frage 2

Wieder ist ein Verstoß gegen Art. 56 AEUV zu prüfen.

A. Anwendbarkeit; Schutz- bzw. Anwendungsbereich

Zum diesbezüglich positiven Ergebnis siehe schon oben bei Frage 1.

B. Eingriff

Da nunmehr das bayerische Gesetz nicht mehr explizit auf die Staatsangehörigkeit abstellt, scheidet eine offene Diskriminierung aus. In Betracht kommt allerdings eine so genannte versteckte Diskriminierung. Sie setzt voraus, dass von einer staatlichen Regelung typischerweise EU-Ausländer betroffen sind.[15] Einerseits kann man hier darauf rekurrieren, dass auch deutsche Staatsbürger von den Vergünstigungen nicht profitie-

---

14 S. nur *Streinz*, Europarecht, Rn. 794. Anders nun aber offenbar EuGH, U. v. 20.1.2011, Rs. C-155/09 – *Kommission/Griechenland*. Zum Allgemeinen Diskrimierungsverbot auch *Rossi*, EuR 2000, 197 ff.

15 S. nur *Herrmann*, Examensrepetitorium Europarecht/Staatsrecht III, Rn. 151.

ren können, wenn sie nicht in dem betreffenden Landkreis ansässig sind, was gegen eine versteckte Diskriminierung spricht. Entscheidend ist aber, dass das Wohnsitzkriterium *in der Regel* zu einer Benachteiligung von EU-Ausländern führt, da in einem Staat zwar nicht ausschließlich, jedoch vorrangig Inländer ansässig sind.

Hinweis: Die hier in Rede stehende gesetzliche Regelung gilt in ganz Bayern und schließt damit eben gerade zumindest faktisch (und *typischerweise*) überall (EU-) Ausländer aus.

Folglich ist das Vorliegen einer versteckten Diskriminierung zu bejahen. Das wird auch nicht wieder dadurch beseitigt, dass sich das Wohnsitzerfordernis nur auf einen bestimmten Teil des bayerischen Hoheitsgebietes bezieht. Ein Eingriff liegt also vor.

C. Ungeschriebene Rechtfertigungsgründe

Dieser Eingriff könnte gerechtfertigt sein. Der EuGH wendet bei versteckten Diskriminierungen als ungeschriebenen Rechtfertigungsgrund den Tatbestand der „zwingenden Gründe des Allgemeininteresses" an (vgl. schon Fall 4 bezüglich der Warenverkehrsfreiheit). Als Aspekt dieses Allgemeininteresses lässt sich anführen, dass die Einräumung des ermäßigten Eintrittes als Gegenleistung für die Zahlung von Steuern zu verstehen ist, durch welche die staatlichen Theater zum Großteil unterhalten werden. Zwar wurde diese so genante Kohärenz des Steuersystems durch den EuGH grundsätzlich als möglicher Rechtfertigungsgrund anerkannt.[16] Erforderlich ist dafür aber ein unmittelbarer Zusammenhang zwischen der Besteuerung und der Einräumung eines besonderen Rechts. Vorliegend werden jedoch nicht ausschließlich Steuergelder der betreffenden Gebietskörperschaft für die Bewirtschaftung ihrer Theater eingesetzt (vgl. dazu den Bearbeitervermerk). Eine Rechtfertigung des Eingriffes mit diesem Argument scheidet daher aus.

Hinweis: Wer die Anwendbarkeit der Schranke der „zwingenden Gründe des Allgemeininteresses der Europäischen Union" bei versteckten Diskriminierungen generell verneint, sollte insoweit trotzdem noch weiterprüfen und subsumieren, da in einem Gutachten alle aufgeworfenen Rechtsfragen zu beantworten sind.

D. Ergebnis

Das bayerische Gesetz verstößt damit auch in dieser Fallgestaltung im Hinblick auf die Wohnsitzregelung gegen Art. 56 AEUV.

Frage 3

Zu untersuchen ist die Vereinbarkeit von Art. 21 I 1 BayGO mit Unionsrecht (bzw. mit dessen Anwendungsvorrang bei einem Verstoß, der dann aber im Unterschied zur Rechtslage bei der Nichtigkeit der Vorschrift nur zu Gunsten von Ausländern gälte).

16 EuGH, U.v. 28.1.1992, C-204/90, Slg. 1992, I-249 – *Bachmann*. Dazu *Wernsmann*, in: Schulze/Zuleeg/Kadelbach, Europarecht, § 30 Rn. 115 ff.

Die Norm enthält ein so genanntes Einwohnerprivileg, das dazu an den Grundfreiheiten zu messen ist.

A. Verstoß gegen Art. 34 AEUV

Der Schutzbereich des Art. 34 AEUV ist wegen der bloßen „Verkaufsmodalität", die für inländische wie ausländische Waren gleichermaßen gilt („*Keck*"-Rechtsprechung),[17] schon gar nicht eröffnet.

B. Verstoß gegen Art. 56 AEUV

In Betracht kommt jedoch ein Verstoß gegen Art. 56 AEUV.

I. Eingriff in den Schutzbereich

Durch Art. 21 I 1 BayGO müsste in den Schutzbereich des Art. 56 AEUV eingegriffen werden. Der Eingriff in den Schutzbereich der positiven (und wohl auch der negativen; dazu schon oben bei Frage 1 unter B.I. 2. b) Dienstleistungsfreiheit ist – etwa bei der Verweigerung eines Standplatzes für einen ausländischen Anbieter auf dem kommunalen Wochenmarkt unter Hinweis auf Art. 21 I 1 BayGO – gegeben. Insofern gilt hier auch nicht die spezielle Bereichsausnahme des Art. 106 II AEUV, da es sich insoweit meist schon um kein öffentliches oder privates Unternehmen, vor allem aber um keine Betrauung handelt.

II. Rechtfertigung

Zur Rechtfertigung kann wieder nicht auf die geschriebenen Rechtfertigungsgründe der Art. 62, 51 AEUV, wohl aber auf die ungeschriebenen nach der „*Cassis-de-Dijon*"-Formel[18] zurückgegriffen werden. Dabei kommt wie oben bei Frage 2 (dort unter C.) nicht das Prinzip der Kohärenz des Steuersystems zum Tragen, wohl aber der Erhalt der kommunalen Wirtschaftskraft, deren Förderung Ausdruck der kommunalen Selbstverwaltungsgarantie sein kann.[19] Wenn dabei zuletzt auch noch die abschließend zu prüfende Verhältnismäßigkeit (etwa durch einen nicht flächendeckenden Ausschluss von EU-ausländischen Anbietern bzw. durch entsprechende Ausweichmöglichkeiten oder durch die gegenüber nichtdeutschen Anbietern nicht prohibitiv hoch wirkenden Preisnachlässe für deren deutsche Konkurrenten) gewahrt wird, liegt im Ergebnis kein Verstoß gegen Art. 56 AEUV vor.

C. Verstoß gegen Art. 18 AEUV

Zur Unanwendbarkeit des Art. 18 AEUV neben Art. 56 AEUV bereits oben in Frage 1.

---

17 EuGH, U.v. 24.11.1993, verb. Rs. C-267/91 und C-268/91, Slg. 1993, I-6097 – *Keck und Mithouard*. Dazu ausführlich *Leible*, in: Grabitz/Hilf, Das Recht der Europäischen Union, Art. 28 EGV Rn. 28.

18 EuGH, U.v. 20.2.1979, Rs. 120/78, Slg. 1979, 649 – *Cassis de Dijon*. Vgl. dazu schon oben bei Frage 1 unter B.I. 4. b).

19 Offen gelassen von *Streinz*, JuS 2003, 604 (605).

D. Ergebnis

Art. 21 I 1 BayGO ist mit dem Europäischen Unionsrecht vereinbar.

Frage 4

Während eine Berufung des O auf die in Art. 15 EuGRC geschützte Berufs(ausübungs)freiheit daran scheitert, dass die Grundrechtscharta zwar nach Art. 6 EUV gleichrangig neben dem EU- und dem AEU-Vertrag steht, aber nur die Organe der Europäischen Union und nicht die des handelnden deutschen Mitgliedstaates bindet, kommt vorliegend ein Verstoß gegen die Niederlassungs- (Art. 49 AEUV) und die Dienstleistungsfreiheit (Art. 56 AEUV) des O in Frage. Je nach Sichtweise ist die eine oder andere Grundfreiheit vorrangig, oder beide stehen nebeneinander.[20]

Eine Verletzung dieser Grundfreiheiten setzt einen nicht gerechtfertigten Eingriff in ihren Schutzbereich voraus.

A. Eröffnung der Schutzbereiche der Art. 49, 56 AEUV

Zum Schutzbereich der Niederlassungsfreiheit gehört die Aufnahme und Ausübung selbstständiger Erwerbstätigkeiten sowie die Gründung und Leitung von Unternehmen (Art. 49 II AEUV). O ist als Handwerksmeister selbstständig tätig. Nach der gerade genannten Definition wird demgemäß von Art. 49 AEUV auch seine freie Standortwahl geschützt.

Dienstleistungen sind Leistungen, die in der Regel gegen Entgelt erbracht werden (Art. 57 I AEUV). Die handwerklichen Tätigkeiten des O sind in Art. 57 II AEUV sogar als Regelbeispiel aufgeführt. Es geht vorliegend um die aktive Dienstleistungsfreiheit, wobei der Dienstleistungserbringer (hier also O) die Grenze zum Mitgliedstaat des Dienstleistungsempfängers übertritt (vgl. insoweit auch schon oben bei Frage 1). Eine Bereichsausnahme nach Art. 51 bzw. 62, 51 AEUV greift nicht ein.

B. Eingriff in Form einer unterschiedslosen Maßnahme

Die Zwangsmitgliedschaft des O in der Passauer Handwerkskammer knüpft nicht, auch nicht mittelbar, an seine Staatsangehörigkeit an. Sie stellt daher weder eine direkte noch eine indirekte (versteckte) Diskriminierung dar (dazu schon oben die Fragen 1 und 2). Vielmehr handelt es sich um eine Beschränkung seiner betreffenden Grundfreiheiten durch eine unterschiedslose Maßnahme, durch die seine Niederlassung zur Ausübung einer selbstständigen Erwerbstätigkeit behindert oder weniger attraktiv (so genannte *Gebhard*-Formel[21]) bzw. die Dienstleistungserbringung unterbunden, behindert oder zumindest weniger attraktiv gemacht wird.[22] Es schränkt O deshalb in seiner Niederlassungs- und seiner Dienstleistungsfreiheit ein, wenn er seine Arbeitsleistung in

---

20 Zum Verhältnis von Niederlassungs- und Dienstleistungsfreiheit s. *Herdegen*, Europarecht, § 17 Rn. 1.

21 EuGH, U.v. 30.11.1995, Rs. C-55/94, Slg. 1995, I-4165 Rn. 37 – *Gebhard*.

22 EuGH, U.v. 25.7.1991, Rs. C-76/90, Slg. 1991, I-4221 Rn. 12 – *Säger*; U.v. 12.12.1996, Rs. C-3/95, Slg. 1996, I-6511 Rn. 25 – *Reisebüro Broede*.

Deutschland nicht erbringen darf, ohne Mitglied der örtlichen Handwerkskammer zu sein.

C. Rechtfertigung

Der Eingriff könnte jedoch gerechtfertigt sein.

I. Zwingende Gründe des Allgemeininteresses

Die geschriebenen Rechtfertigungsgründe nach Art. 52 I AEUV bzw. nach dieser Norm i.V. mit Art. 62 AEUV sind wegen ihrer Anknüpfung an Eingriffe in Form von Diskriminierungen nicht einschlägig. Unterschiedslose Maßnahmen wie hier sind demgegenüber – ungeschrieben – dann gerechtfertigt, wenn sie aus zwingenden Gründen des Allgemeininteresses erfolgen.[23] Wenn man auf den Zweck der Zwangsmitgliedschaft in der Handwerkskammer, die Erhaltung der Leistungsfähigkeit des in Deutschland ausgeübten Handwerkes bezüglich Qualitätskontrolle, Ausbildung und Interessenvertretung abhebt,[24] kann das bejaht werden.

II. Grundsatz der Verhältnismäßigkeit

Zu beachten ist dabei jedoch gleichsam als „Schranken-Schranke" noch der früher ungeschriebene, mittlerweile jedoch zumindest in Art. 5 IV EUV niedergelegte unionsrechtliche Grundsatz der Verhältnismäßigkeit. Die Zwangsmitgliedschaft muss also geeignet, erforderlich und angemessen sein, um das obige Ziel zu erreichen. Als geeignet erscheint sie jedenfalls. Erforderlich ist sie aber nur, wenn die Leistungsfähigkeit des (deutschen) Handwerkes nicht auch schon durch entsprechende – in diesem Fall von O – österreichische Vorschriften gewahrt wird.[25] Das könnte im Hinblick auf die Qualitätskontrolle zutreffen, wenn sich etwa Handwerker auch in Österreich einer Befähigungsprüfung unterziehen müssten. Jedoch kann jedenfalls insbesondere die Interessenvertretung von in Deutschland tätigen Handwerkern am besten von einer deutschen Institution durchgeführt werden. Sieht man dazu die eher geringe Belastung und den „Gegenwert", den der Betroffene für seine Zwangsmitgliedschaft in der Handwerkskammer erhält, so ist diese in der Summe im Hinblick auf das mit ihr verfolgte Ziel noch als angemessen zu bewerten.

D. Ergebnis

Insgesamt verletzt die deutsche Zwangsmitgliedschaft in der Handwerkskammer auch im Fall des O kein Unionsrecht.

---

23 EuGH, U.v. 30.11.1995, Rs. C-55/94, Slg. 1995, I-4165 Rn. 37 – *Gebhard*; U.v. 1.2.2001, Rs. C-108/96, Slg. 2001, I-837 Rn. 28 – *Mac Quen*.

24 Vgl. insoweit schon für die Vereinbarkeit der Kammerzwangsmitgliedschaft mit deutschem Verfassungsrecht, insbesondere mit Art. 12 I und 2 I GG, *Frotscher/Kramer*, Wirtschaftsverfassungs- und Wirtschaftsverwaltungsrecht, 2008, Rn. 605 ff.

25 Vgl. EuGH, U.v. 30.10.2000, Rs. C-58/98, Slg. 2000, I-7919 Rn. 35 – *Corsten*.

Exkurs: Das oft in diesem Kontext genannte Verbot der Inländerdiskriminierung (etwa wenn nur Deutsche Kammermitglieder sein müssten, weil sonst der AEU-Vertrag verletzt würde, oder – um ein anderes Beispiel zu bilden – bei dem nur für Deutsche geltenden partiellen Meisterzwang nach §§ 1 ff. Handwerksordnung oder auch bei einem rein nationalen Verbot von Sportwetten) spielt vor dem EuGH mangels grenzüberschreitenden Sachverhaltes regelmäßig keine Rolle. Es kann allenfalls im Kontext des Art. 3 I (und gegebenenfalls Art. 12 I) GG zuletzt vor dem Bundesverfassungsgericht als verletzt gerügt werden, ohne dass es allerdings auch dort – insbesondere wegen der „zwei Gesetzgeber" (die EU und die Bundesrepublik Deutschland) als sachlichem Unterscheidungsgrund – regelmäßig mit Erfolg angebracht werden könnte.[26]

Rechtsprechungs- und Literaturhinweise

EuGH, U.v. 16.1.2003, Rs. C-388/01, Slg. 2003, I-721 – *Kommission/Italienische Republik*; U.v. 19.1.1999, Rs. C-348/96, Slg. 1999, I-11 – *Donatella Calfa*; U.v. 26.11.2002, Rs. C-100/01, Slg. 2002, I-10981 – *Ministre de l'Intérieur/Aitor Oteiza Olazabal*; U. v. 29.4.2004, verb. Rs. C-482/01 u. C-493/01, Slg. 2004, I-5295 – *Orfanopoulos Olivieri/Land Baden-Württemberg*; U.v. 30.10.2000, Rs. C-58/98, Slg. 2000, I-7919 – *Corsten* (Eintragung in der Handwerksrolle); U.v. 5.3.2009, Rs. C-350/07, Slg. 2009, I-1513 – *Kattner Stahlbau-GmbH* (Zwangsmitgliedschaft in einer Berufsgenossenschaft, auch mit Blick auf die beihilfenrechtlichen Fragen bezüglich des Kammerbeitrages hinsichtlich Art. 101, 102, 106 AEUV); *Arndt/Fischer*, Europarecht – 20 Fälle mit Lösungen, 2008, S. 15 f., 110 ff. (Fall 12); *Streinz*, Europarecht, 2008, Rn. 578 (zum Vertragsverletzungsverfahren); *Roeßing*, Einheimischenprivilegierungen und EG-Recht, 2008; *Becker/Sichert*, Einführung in die kommunale Rechtsetzung am Beispiel gemeindlicher Benutzungssatzungen – 2. Teil. Satzungsinhalt und Satzungsverfahren, JuS 2000, 348, 350 f.; *Kirchberg*, Pflichtmitgliedschaften und Gemeinschaftsrecht, NJW 2009, 1313 (Beihilfenrechtliche Fragen bezüglich des Kammerbeitrages hinsichtlich Art. 101, 102, 106 AEUV)

26 Vgl. dazu *Bönsch*, Jura 2009, 91 ff.

Fall 6: Der österreichische Rechtsreferendar

Matthias Knauff

Sachverhalt

Der österreichische Staatsbürger Alois A. verliebte sich während eines Auslandssemesters an der Universität Passau in die Rechsreferendarin Sabine S., die nach ihrem herausragenden Zweiten Juristischen Staatsexamen eine Stelle als Richterin auf Probe am Amtsgericht im bayerischen Neustadt an der Aisch (Regierungsbezirk Mittelfranken) erhielt. Um die noch junge Beziehung nicht übermäßig zu strapazieren, siedelte A nach Abschluss seines Studiums der Rechtswissenschaften an der Universität Linz mit dem Titel eines „Magisters der Rechtswissenschaften (magister iuris)" ebenfalls nach Neustadt an der Aisch über. Er beabsichtigt nunmehr, seine juristische Ausbildung ebenda als deutscher Rechtsreferendar statt als österreichischer Gerichtspraktikant fortzusetzen, nachdem er sich über ein halbes Jahr durch Praktika, Lektüre von Fachliteratur, den Besuch von Vorlesungen an der nahe gelegenen Universität Erlangen und nicht zuletzt in Gesprächen mit S. mit den Eigenheiten des deutschen und bayerischen Rechts vertraut gemacht hat.

Zu seiner Überraschung lehnte das OLG Nürnberg seinen Antrag auf Zulassung zum juristischen Vorbereitungsdienst mit der Begründung ab, es fehle ihm an einer zentralen Zugangsvoraussetzung, da er das Erste Juristische Staatsexamen nicht abgelegt habe. Der Bescheid wurde A. am 11. März 2011 zugestellt.

A. ist empört. Es könne doch nicht von ihm erwartet werden, dass er auch noch das Erste Staatsexamen in Deutschland ablege. Dessen fachliche Anforderungen unterschieden sich kaum von denjenigen an seinen österreichischen Abschluss; die Rechtsmaterien seien durchaus vergleichbar. Im Übrigen habe er sich bereits mehrfach intensiv mit dem deutschen Recht beschäftigt. Die Ablehnung seines Antrags diskriminiere ihn und verstoße gegen europäisches Recht. A möchte daher gegen die Ablehnung seines Zulassungsantrags zum Rechtsreferendariat in Bayern vorgehen.

Was kann A. unternehmen?

Richtlinie 2005/36/EG über die Anerkennung von Berufsqualifikationen

Art. 1

Diese Richtlinie legt die Vorschriften fest, nach denen ein Mitgliedstaat, der den Zugang zu einem reglementierten Beruf oder dessen Ausübung in seinem Hoheitsgebiet an den Besitz bestimmter Berufsqualifikationen knüpft (im Folgenden „Aufnahmemitgliedstaat" genannt), für den Zugang zu diesem Beruf und dessen Ausübung die in einem oder mehreren anderen Mitgliedstaaten (im Folgenden „Herkunftsmitgliedstaat" genannt) erworbenen Berufsqualifikationen anerkennt, die ihren Inhaber berechtigen, dort denselben Beruf auszuüben.

Art. 2

(1) Diese Richtlinie gilt für alle Staatsangehörigen eines Mitgliedstaats, die als Selbstständige oder abhängig Beschäftigte, einschließlich der Angehörigen der freien Berufe, einen reglementierten Beruf in einem anderen Mitgliedstaat als dem, in dem sie ihre Berufsqualifikationen erworben haben, ausüben wollen.

Art. 3

(1) Für die Zwecke dieser Richtlinie gelten folgende Begriffsbestimmungen:

a) „reglementierter Beruf" ist eine berufliche Tätigkeit oder eine Gruppe beruflicher Tätigkeiten, bei der die Aufnahme oder Ausübung oder eine der Arten der Ausübung direkt oder indirekt durch Rechts- und Verwaltungsvorschriften an den Besitz bestimmter Berufsqualifikationen gebunden ist; eine Art der Ausübung ist insbesondere die Führung einer Berufsbezeichnung, die durch Rechts- oder Verwaltungsvorschriften auf Personen beschränkt ist, die über eine bestimmte Berufsqualifikation verfügen. (...)

e) „reglementierte Ausbildung" ist eine Ausbildung, die speziell auf die Ausübung eines bestimmten Berufes ausgerichtet ist und aus einem abgeschlossenen Ausbildungsgang oder mehreren abgeschlossenen Ausbildungsgängen besteht, der gegebenenfalls durch eine Berufsausbildung, durch ein Berufspraktikum oder durch Berufspraxis ergänzt wird

Art. 13

(1) Wird die Aufnahme oder Ausübung eines reglementierten Berufs in einem Aufnahmemitgliedstaat von dem Besitz bestimmter Berufsqualifikationen abhängig gemacht, so gestattet die zuständige Behörde dieses Mitgliedstaats den Antragstellern, die den Befähigungs- oder Ausbildungsnachweis besitzen, der in einem anderen Mitgliedstaat erforderlich ist, um in dessen Hoheitsgebiet die Erlaubnis zur Aufnahme und Ausübung dieses Berufs zu erhalten, die Aufnahme oder Ausübung dieses Berufs unter denselben Voraussetzungen wie Inländern. (...)

Art. 14

(1) Artikel 13 hindert den Aufnahmemitgliedstaat nicht daran, in einem der nachstehenden Fälle vom Antragsteller zu verlangen, dass er einen höchstens dreijährigen Anpassungslehrgang absolviert oder eine Eignungsprüfung ablegt: (...)

c) wenn der reglementierte Beruf im Aufnahmemitgliedstaat eine oder mehrere reglementierte berufliche Tätigkeiten umfasst, die im Herkunftsmitgliedstaat des Antragstellers nicht Bestandteil des entsprechenden reglementierten Berufs im Sinne des Artikels 4 Absatz 2 sind, und wenn dieser Unterschied in einer besonderen Ausbildung besteht, die im Aufnahmemitgliedstaat gefordert wird und sich auf Fächer bezieht, die sich wesentlich von denen unterscheiden, die von dem Befähigungs- oder Ausbildungsnachweis abgedeckt werden, den der Antragsteller vorlegt.

(2) Wenn der Aufnahmemitgliedstaat von der Möglichkeit nach Absatz 1 Gebrauch macht, muss er dem Antragsteller die Wahl zwischen dem Anpassungslehrgang und der Eignungsprüfung lassen. (...)

(4) Für die Zwecke der Anwendung des Absatzes 1 Buchstaben b und c sind unter „Fächer, die sich wesentlich unterscheiden", jene Fächer zu verstehen, deren Kenntnis eine wesentliche Voraussetzung für die Ausübung des Berufs ist und bei denen die bisherige Ausbildung des Migranten bedeutende Abweichungen hinsichtlich Dauer oder Inhalt gegenüber der im Aufnahmemitgliedstaat geforderten Ausbildung aufweist.

Gesetz über die Tätigkeit europäischer Rechtsanwälte in Deutschland (EuRAG)

§ 1 Persönlicher Anwendungsbereich

Dieses Gesetz regelt für Staatsangehörige der Mitgliedstaaten der Europäischen Union und der anderen Vertragsstaaten des Abkommens über den Europäischen Wirtschaftsraum, die berechtigt, sind, als Rechtsanwalt unter einer der in der Anlage zu dieser Vorschrift genannten Berufsbezeichnungen selbständig tätig zu sein (europäische Rechtsanwälte), die Berufsausübung und die Zulassung zur Rechtsanwaltschaft in Deutschland.

§ 16 Eignungsprüfung

(1) Ein Staatsangehöriger eines Mitgliedstaates der Europäischen Union oder eines anderen Vertragsstaates des Abkommens über den Europäischen Wirtschaftsraum, der eine Berufsausbildung abgeschlossen hat, die zum unmittelbaren Zugang zum Beruf eines europäischen Rechtsanwalts (§ 1) berechtigt, kann eine Eignungsprüfung ablegen, um zur Rechtsanwaltschaft zugelassen zu werden.

Anlage zu § 1

Rechtsanwaltsberufe in Mitgliedstaaten der Europäischen Union und anderen Vertragsstaaten des Abkommens über den Europäischen Wirtschaftsraum (...)
– in Österreich: Rechtsanwalt

Bayerisches Gesetz zur Sicherung des juristischen Vorbereitungsdienstes (SiGjurVD)

Art. 1 Juristischer Vorbereitungsdienst

Der juristische Vorbereitungsdienst nach § 5b des Deutschen Richtergesetzes wird in einem öffentlich-rechtlichen Ausbildungsverhältnis nach Maßgabe der Ausbildungs- und Prüfungsordnung für Juristen abgeleistet.

Art. 2 Öffentlich-rechtliches Ausbildungsverhältnis

(2) Für die Rechte und Pflichten der Rechtsreferendare sowie für die Beendigung des öffentlich-rechtlichen Ausbildungsverhältnisses sind die für Beamte auf Widerruf geltenden Bestimmungen mit Ausnahme des § 38 des Beamtenstatusgesetzes und der Art. 5, 96 und 105 des Bayerischen Beamtengesetzes entsprechend anzuwenden. Die Rechtsreferendare haben die Pflicht, sich mit voller Arbeitskraft der Ausbildung zu widmen. (...)

Bayerisches Gesetz zur Ausführung der Verwaltungsgerichtsordnung (AGVwGO)

Art. 1

(2) Die bayerischen Verwaltungsgerichte haben ihren Sitz (...)
4. in Ansbach für den Regierungsbezirk Mittelfranken, (...)

Art. 15

(1) Gegen einen nur an ihn gerichteten Verwaltungsakt kann der Betroffene (...)
5. in Angelegenheiten der Beamten mit Ausnahme des Disziplinarrechts, (...)
entweder Widerspruch einlegen oder unmittelbar Klage erheben; in den Angelegenheiten der Nr. 5 gilt Entsprechendes für Leistungs- und Feststellungsklagen. Richtet sich der Verwaltungsakt in diesen Bereichen an mehrere Betroffene, kann jeder von ihnen unmittelbar Klage erheben, wenn alle Betroffenen zustimmen. Wird unmittelbar Klage erhoben, bedarf es keiner Durchführung eines Vorverfahrens nach § 68 VwGO.

(2) Soweit in Abs. 1 nichts Abweichendes geregelt ist, entfällt das Vorverfahren nach § 68 VwGO.

(3) Die Abs. 1 und 2 gelten nur für Verfahren der Behörden des Freistaates Bayern, der Gemeinden und Gemeindeverbände und der sonstigen der Aufsicht des Freistaates Bayern unterstehenden juristischen Personen des öffentlichen Rechts. § 68 Abs. 1 Satz 2 Nrn. 1 und 2 VwGO sowie sonstige abweichende Regelungen in anderen Gesetzen und Rechtsverordnungen bleiben unberührt.

Ausbildungs- und Prüfungsordnung für Juristen (JAPO)

§ 16 Inhalt, Zweck und Bedeutung der Prüfung

(1) Die Erste Juristische Prüfung ist Hochschulabschlussprüfung und Einstellungsprüfung im Sinn des Bayerischen Beamtengesetzes. Sie hat Wettbewerbscharakter und soll feststellen, ob die Bewerber das Ziel des rechtswissenschaftlichen Studiums erreicht haben und für den Vorbereitungsdienst als Rechtsreferendare fachlich geeignet sind. Die Bewerber sollen in der Prüfung zeigen, dass sie das Recht mit Verständnis erfassen und anwenden können und über die hierzu erforderlichen Kenntnisse in den Prüfungsfächern verfügen.

(2) Themenwahl und Schwierigkeitsgrad der Ersten Juristischen Prüfung sollen einer Studiendauer von acht Semestern entsprechen. Überblick über das Recht, juristisches Verständnis und Fähigkeit zu methodischem Arbeiten sollen im Vordergrund von Aufgabenstellung und Leistungsbewertung stehen.

§ 46 Aufnahme in den Vorbereitungsdienst

(1) Wer die Erste Juristische Prüfung im Geltungsbereich des Deutschen Richtergesetzes bestanden hat, wird auf Antrag nach Maßgabe der folgenden Bestimmungen in den Vorbereitungsdienst aufgenommen.

(2) Die Bewerber werden mit der Aufnahme in den Vorbereitungsdienst durch Aushändigung einer Bestellungsurkunde in ein öffentlichrechtliches Ausbildungsverhältnis berufen. (...)

(4) Über die Aufnahme in den Vorbereitungsdienst entscheidet der Präsident des Oberlandesgerichts im Einvernehmen mit der Regierung von Oberbayern. Diese bestimmt zugleich den Regierungsbezirk, in dem die Ausbildung erfolgt. Ein Rechtsanspruch auf Aufnahme in den Vorbereitungsdienst in einem bestimmten Oberlandesgerichtsbezirk oder Regierungsbezirk besteht nicht. Im Rahmen der verfügbaren Ausbildungsplätze soll jedoch die Aufnahme unter Berücksichtigung der Ausbildungserfordernisse in dem Oberlandesgerichtsbezirk und Regierungsbezirk ermöglicht werden, mit dem die Bewerber durch längeren Familienwohnsitz oder sonstige engere Beziehungen verbunden sind.

§ 48 Dauer und Einteilung des Vorbereitungsdienstes

(2) Die Rechtsreferendare werden ausgebildet:
1. bei der Justiz
   a) fünf Monate bei einem Zivilgericht,
   b) drei Monate bei einem Strafgericht oder einer Staatsanwaltschaft,
2. bei der öffentlichen Verwaltung vier Monate bei einem Landratsamt, einer Gemeinde, die mindestens einen Beamten mit der Befähigung zum Richteramt beschäftigt, einer Regierung oder einem Bezirk,
3. neun Monate bei einer Rechtsanwaltskanzlei,
4. drei Monate nach ihrer Wahl bei einer der nach § 49 zugelassenen Stellen (Pflichtwahlpraktikum).

Wesentliche Probleme

Verpflichtungsklage, unmittelbare Anwendbarkeit von Richtlinien, Arbeitnehmerfreizügigkeit

Gliederung

A. **Sachurteilsvoraussetzungen**
   I. Verwaltungsrechtsweg
   II. Statthafte Verfahrensart
      1. (Verpflichtungs-)Widerspruch, §§ 68 ff. VwGO
      2. Verpflichtungsklage, § 42 I Alt. 2 VwGO
   III. Klagebefugnis, § 42 II VwGO
   IV. Sonstige Sachurteilsvoraussetzungen
   V. Ergebnis
B. **Begründetheit**
   I. Passivlegitimation, § 78 VwGO
   II. Anspruch
      1. § 46 I JAPO
      2. RL 2005/36/EG
      3. Art. 45 AEUV
         a) Schutzbereich
            aa) Sachlich
            bb) Persönlich
         b) Eingriff
         c) Rechtfertigung
            aa) Geschriebene Rechtfertigungsgründe
            bb) Zwingende Gründe des Allgemeininteresses
            cc) Verhältnismäßigkeit
         d) Ergebnis
      4. Spruchreife
C. **Ergebnis**

Lösung

A. Sachurteilsvoraussetzungen

I. Verwaltungsrechtsweg

Der Rechtsweg, auf dem A. gegen den Bescheid des OLG Nürnberg vorgehen kann, bestimmt sich nach der Natur des Streitgegenstands, vgl. § 40 I 1 VwGO, sofern nicht eine aufdrängende Sonderzuweisung zu einem spezifischen Gerichtszweig besteht. Dies könnte vorliegend im Hinblick auf § 54 I BeamtStG[1] der Fall sein. Danach ist für alle beamtenrechtlichen Streitigkeiten der Verwaltungsrechtsweg gegeben. Es ist daher zu prüfen, ob es sich um eine derartige Streitigkeit handelt.

Bei dem juristischen Vorbereitungsdienst, dessen Aufnahme A. begehrt, handelt es sich gemäß Art. 1 SiGjurVD, § 46 II 1 JAPO um ein öffentlich-rechtliches Ausbildungsverhältnis. Infolge der Verweisung des Art. 2 II SiGjurVD finden die darin genannten beamtenrechtlichen Vorschriften auf dieses Anwendung. § 54 I BeamtStG ist von den Ausnahmen nicht erfasst und somit grundsätzlich anwendbar.

Zu prüfen ist somit, ob die tatbestandlichen Voraussetzungen der Norm gegeben sind. Dies erscheint fraglich, da A. sich noch nicht im öffentlich-rechtlichen Ausbildungsverhältnis nach Art. 1 SiGjurVD befindet, sondern Aufnahme in dieses begehrt. § 54 I

1 Zur Problematik des Verhältnisses der Vorschrift zum weithin gleichlautenden § 126 BRRG *Terhechte*, NVwZ 2010, 996 ff.

BeamtStG setzt ungeachtet seines Wortlauts nicht voraus, dass die Begründung des Beamten- bzw. öffentlich-rechtlichen Ausbildungsverhältnisses bereits wirksam erfolgt ist.[2] Erforderlich ist jedoch, dass ein derartiges Verhältnis nach der Vorstellung der Beteiligten zumindest „im Raum steht".[3] Das einseitige Begehren der Aufnahme in ein solches Verhältnis genügt hierfür nicht. Infolge dessen kann § 54 I BeamtStG die Einschlägigkeit des Verwaltungsrechtswegs vorliegend nicht begründen.[4]

Mangels aufdrängender Sonderzuweisung richtet sich die Zulässigkeit des Verwaltungsrechtswegs nach § 40 I 1 VwGO. Die Aufnahme in den jurstischen Verbereitungsdienst ist – auch wenn dieser nicht als Beamtenverhältnis ausgestaltet ist – eine Entscheidung, die nach Maßgabe des SiGjurVD und der JAPO und somit nach öffentlich-rechtlichen Normen zu treffen ist. Eine diesbezügliche Streitigkeit ist daher ebenfalls öffentlich-rechtlicher Natur.[5] Mangels verfassungsrechtlichen Charakters und einer abdrängenden Sonderzuweisung ist der Verwaltungsrechtsweg daher nach § 40 I 1 VwGO eröffnet.

II. Statthafte Verfahrensart

Die statthafte Verfahrensart richtet sich nach dem klägerischen Begehren, vgl. § 88 VwGO. Vorliegend will A. die Zulassung zum Rechtsreferendariat erreichen. Dabei handelt es sich um einen Verwaltungsakt i. S. v. Art. 35 S. 1 BayVwVfG, so dass ein Widerspruch oder eine Verpflichtungsklage in Betracht kommen.

1. (Verpflichtungs-)Widerspruch, §§ 68 ff. VwGO

In Betracht kommt die Einlegung eines Verpflichtungswiderspruchs nach §§ 68 ff. VwGO. Mangels Einschlägigkeit des § 54 BeamtStG[6] greift die in dessen Absatz 2 vorgesehene obligatorische, jedoch unter dem Vorbehalt einer anderweitigen landesgesetzlichen Regelung stehende Durchführung eines Widerspruchsverfahrens vor Klageerhebung nicht ein. In Anbetracht dessen richtet sich die Statthaftigkeit eines Widerspruchsverfahrens nach den allgemeinen Vorschriften.

Gemäß Art. 15 II AGVwGO entfällt das Widerspruchsverfahren, so dass ein gleichwohl eingelegter Widerspruch unzulässig ist, sofern Art. 15 I AGVwGO keine anderweitige Regelung enthält. Diese Vorschrift sieht die fakultative Durchführung eines Widerspruchsverfahrens in den abschließend genannten Konstellationen vor. Vorliegend erscheint vor dem Hintergrund des Verweises auf die Anwendbarkeit der beamtenrechtlichen Vorschriften auf das öffentlich-rechtliche Ausbildungsverhältnis in Art. 2 SiGjurVD eine Qualifikation der Streitigkeit als „Angelegenheit der Beamten" [7] möglich. Allerdings trifft dies nicht zu. Das bloße Bemühen um den Eintritt in das Beamten- oder ein gleichgestelltes Verhältnis ist dem Anwendungsbereich des Art. 15 I Nr. 5

---

2 BVerwG, U.v. 8.4.1976, BVerwG 2 C 15.74, BVerwGE 50, 301 (304); siehe auch *Baßlberger*, in: Weiss/Niedermaier/Summer/Zängl, Beamtenrecht in Bayern, Losebl. Stand 6/2010, § 54 BeamtStG Rn. 6; *Reich*, BeamtStG, 2009, § 54 Rn. 3.

3 Entgegen der Grundtendenz in der Rechtsprechung ist eine nicht übermäßig extensive Auslegung der Vorschrift nach ihrem Sinn und Zweck geboten, vgl. *Ehlers* in: Schoch/Schmidt-Aßmann/Pietzner, VwGO, Art. 40 Rn. 43.

4 A.A. vertretbar, vgl. für den Fall der Einstellung eines Rechtsreferendars im öffentlich-rechtlichen Ausbildungsverhältnis anstelle eines gesetzlich vorgesehenen Beamtenverhältnisses auf Grundlage von § 126 I BRRG *Kingreen*, Jura 2001, 547 (548).

5 Vgl. *Unruh*, in: Fehling/Kastner, Verwaltungsrecht, § 40 VwGO Rn. 94 ff.

6 Siehe oben A.I.

7 Dazu im Überblick *Geiger*, BayVBl. 2008, 161 (164).

AGVwGO vorgelagert, da insoweit die Frage nach der Erlangung dieses Status in Frage steht, nicht aber die mit diesem verbundenen Rechte und Pflichten. In Anbetracht dessen ist ein Widerspruchsverfahren gemäß Art. 15 II AGVwGO vorliegend unstatthaft.

2. Verpflichtungsklage, § 42 I Alt. 2 VwGO

Zu prüfen ist daher die Statthaftigkeit einer Klage. Diesbezüglich kommt vorliegend eine Verpflichtungsklage nach § 42 I Alt. 2 VwGO in Betracht. Die von A. begehrte Zulassung zum juristischen Vorbereitungsdienst ist ein Verwaltungsakt i. S. v. Art. 35 S. 1 BayVwVfG,[8] dessen Erlass vom OLG Nürnberg abgelehnt wurde. Die Voraussetzungen des § 42 I Alt. 2 VwGO liegen somit vor, so dass eine Verpflichtungsklage statthaft ist.

III. Klagebefugnis, § 42 II VwGO

A. müsste klagebefugt sein. Dies ist nach § 42 II VwGO der Fall, wenn der Kläger geltend macht, durch den Verwaltungsakt in seinen Rechten verletzt zu sein, mithin die Möglichkeit einer Rechtsverletzung besteht[9]. Vorliegend ist mithin zu fragen, ob eine Verletzung subjektiver Rechte des A. durch die Ablehnung der Zulassung zum Vorbereitungsdienst möglich ist. In Betracht kommt eine Verletzung des § 46 I JAPO, von Gewährleistungen der Richtlinie 2005/36/EG sowie des Art. 45 AEUV. Es ist zumindest nicht ausgeschlossen, dass die Realisierung des Gehalts dieser Vorschriften dem A. durch die Zulassungsversagung unmöglich gemacht wird. Die (im Rahmen der Prüfung der Klagebefugnis nicht notwendig abschließend zu klärende) Frage, ob es sich dabei um dem A. zugewiesene subjektive Rechte handelt, ist zumindest hinsichtlich des Art. 45 AEUV eindeutig zu bejahen, so dass die Klagebefugnis des A. zweifelsfrei gegeben ist.

IV. Sonstige Sachurteilsvoraussetzungen

A. ist nach § 61 Nr. 1 Alt. 1 VwGO beteiligten- und nach § 62 I VwGO prozessfähig. Beteiligten- und Prozessfähigkeit des Freistaats Bayern folgen aus § 61 Nr. 1 Alt. 2, § 62 III VwGO. Ein Vorverfahren ist wegen Art. 15 II AGVwGO nicht durchzuführen (s. o.). Die Klage ist in der durch §§ 81 f. VwGO vorgeschriebenen Form gemäß § 74 I 2, II VwGO innerhalb eines Monats ab dem 11. März 2011 zu erheben, mithin nach § 57 VwGO i. V. m. § 222 I, II ZPO i. V. m. §§ 187 I, 188 II BGB spätestens am Montag, den 11. April 2011. A. verfügt auch über ein allgemeines Rechtsschutzbedürfnis. Ein einfacherer Weg zur Erreichung des Rechtsschutzziels als die Klageerhebung besteht nicht. Insbesondere hat A. zuvor einen entsprechenden Antrag gestellt. Für die Entscheidung über die Klage ist das VG Ansbach gemäß §§ 45, 52 Nr. 4 VwGO i. V. m. Art. 1 II Nr. 4 AGVwGO zuständig.

V. Ergebnis

Die Sachurteilsvoraussetzungen für die Verpflichtungsklage liegen vor.

---

8 *Kingreen*, Jura 2001, 547 (548).
9 *Hufen*, Verwaltungsprozessrecht, § 15 Rn. 16; *Sennekamp*, in: Fehling/Kastner, Verwaltungsrecht, § 42 VwGO Rn. 75.

B. Begründetheit

Die Verpflichtungsklage ist begründet, wenn sie gegen den richtigen Beklagten gerichtet ist, § 78 VwGO, und A. einen Anspruch auf Zulassung zum juristischen Vorbereitungsdienst bzw. sofern die Sache nicht spruchreif ist auf Neubescheidung hat, § 113 V VwGO.

I. Passivlegitimation, § 78 VwGO

Passivlegitimiert ist nach § 78 I Nr. 1 VwGO[10] der Rechtsträger der handelnden Behörde. Rechtsträger des OLG Nürnberg ist der Freistaat Bayern,[11] der somit der materiell richtige Beklagte ist.

II. Anspruch

Zu prüfen ist, ob A. einen Anspruch auf Zulassung zum juristischen Vorbereitungsdienst hat.

1. § 46 I JAPO

Ein solcher Anspruch könnte aus § 46 I JAPO folgen. In Anbetracht der objektiven Formulierung der Vorschrift („wird ... aufgenommen") stellt sich jedoch die Frage, ob es sich überhaupt um eine Norm handelt, die subjektive Rechte vermittelt. Diese Frage ist anhand der Schutznormlehre zu beantworten. Danach enthält eine Norm dann subjektive Rechte (ggf. für einen bestimmten Personenkreis), wenn sie neben öffentlichrechtlichen Interessen zumindest auch Interessen Einzelner schützt.[12] § 46 I JAPO öffnet den Zugang zum juristischen Vorbereitungsdienst nicht ausschließlich im öffentlichen Interesse an der Juristenausbildung, sondern auch, um Einzelnen den Zugang zu denjenigen juristischen Berufen zu ermöglichen, deren Voraussetzung die Ablegung des Assessorexamens ist, welches zwingend an das Rechtsreferendariat gebunden ist, vgl. § 5d III 1 DRiG. Folglich folgen aus § 46 I JAPO subjektiv-öffentliche Rechte. Gleiches folgt aus einem Gegenschluss aus § 46 IV 3 JAPO, der allein einen Rechtsanspruch hinsichtlich der örtlichen Zuweisung ausschließt.

Ein subjektives Recht auf Zulassung zum juristischen Vorbereitungsdienst verleiht § 46 I JAPO jedoch – im Rahmen der zur Vefügung stehenden Ausbildungskapazitäten[13] – nur, wenn die tatbestandlichen Voraussetzungen der Norm in der Person des Anspruchsstellers vorliegen. Daran fehlt es im Falle des A., da dieser im Geltungsbereich des Deutschen Richtergesetzes, mithin in der Bundesrepublik Deutschland, eine Erstes juristische Prüfung nicht abgelegt und somit auch nicht bestanden hat.

2. RL 2005/36/EG

Ein Anspruch des A. könnte mangels bundes- oder landesrechtlicher Regelungen hinsichtlich des Zugangs von EU-Ausländern zum Rechtsreferendariat aus den Bestim-

---

10 Zum Streit um die Qualifikation der Vorschrift als Regelung der Passivlegitimation oder der passiven Prozessführungsbefugnis *Brenner*, in: Sodan/Ziekow, VwGO, § 78 Rn. 2ff.; *Rozek*, JuS 2007, 601 (602f.).
11 Vgl. Art. 1 BayGerOrgG.
12 Ausführlich *Sodan*, in: Sodan/Ziekow, VwGO, § 42 Rn. 386ff.
13 Vgl. OVG Koblenz, B.v. 22.5.1998, 2 B 11064/98, Rn. 9ff. (juris); *Kingreen*, Jura 2001, 547 (553).

mungen der RL 2005/36/EG folgen. Zwar sind Richtlinien gemäß Art. 288 III AEUV nur hinsichtlich ihrer Ziele verbindlich, wenden sich an die Mitgliedstaaten und bedürfen daher der Umsetzung in nationales Recht. Ungeachtet dessen ist die Möglichkeit der unmittelbaren Anwendung von Richtlinien anerkannt. Voraussetzung hierfür ist, dass die Umsetzung der betreffenden Richtlinie nicht oder fehlerhaft erfolgt ist, sie dem Einzelnen Rechte einräumt und unbedingt ist.[14] Unabdingbar ist jedoch, dass die Richtlinie im konkreten Fall tatbestandlich eingreift.

Gemäß ihrer Art. 1, 2 I regelt und öffnet die RL 2005/36/EG den Zugang zu reglementierten Berufen. Es stellt sich daher die Frage, ob die Tätigkeit des Rechtsreferendars als reglementierter Beruf zu qualifizieren ist. Um einen solchen handelt es sich gemäß Art. 3 I lit. a RL 2005/36/EG bei „eine(r) berufliche(n) Tätigkeit ..., bei der die Aufnahme ... direkt oder indirekt durch Rechts- und Verwaltungsvorschriften an den Besitz bestimmter Berufsqualifikationen gebunden ist“. Die Voraussetzung des Bestehens der Ersten juristischen Staatsprüfung in § 46 I JAPO als Voraussetzung für die Aufnahme in den juristischen Vorbereitungsdienst ist eine rechtliche Anforderung an die berufliche Qualifikation der (künftigen) Rechtsreferendare. Fraglich ist aber, ob die Tätigkeit des Rechtsreferendars auch eine berufliche Tätigkeit i. S. d. RL 2005/36/EG ist. Die Richtlinie unterscheidet grundsätzlich zwischen Beruf und Ausbildung, vgl. Art. 3 I lit. a, e RL 2005/36/EG. Ihre Gewährleistungen gelten gemäß Art. 1 RL 2005/36/EG nur für Berufe. Rechtsreferenare üben – unter Anleitung und mit begrenzten Befugnissen – juristische Tätigkeiten aus, vgl. §§ 10, 142 III GVG. Hierfür erhalten sie bei der europarechtlich gebotenen wirtschaftlichen Betrachtung ein Entgelt. Dass Art. 3 SiGjurVD dieses als „Unterhaltsbeihilfe“ bezeichnet, ist unerheblich. Dies spricht für eine Qualifikation des Rechtsreferendariats als berufliche Tätigkeit i. S. v. Art. 3 I lit. a RL 2005/36/EG. Dagegen spricht jedoch, dass das Rechtsreferendariat den praktischen Teil der Berufsausbildung von Juristen in Deutschland bildet.[15] Die Ausgestaltung des juristischen Vorbereitungsdienstes mit wechselnden Ausbildungsstationen und begleitenden Lehrgängen, vgl. § 5b DRiG, zielt darauf ab, den Rechtsreferendaren die für das Bestehen der Zweiten Juristischen Staatsprüfung sowie für die daran anschließende juristische Praxis die notwendigen Kenntnisse zu vermitteln. Hierzu leisten auch die praktischen juristischen Tätigkeiten der Rechtsreferendare einen Beitrag, die daher vor allem in ihrem Ausbildungskontext zu sehen sind, vgl. auch vgl. Art. 2 II 2 BaySiGjurVD. Gegen eine Qualifikation des Rechtsreferendariats als berufliche Tätigkeit i. S. v. Art. 3 I lit. a RL 2005/36/EG spricht schließlich auch, dass gerade das Bestehen der den Vorbereitungsdienst abschließenden Zweite Juristische Staatsprüfung Voraussetzung für die Zulassung zu reglementierten juristischen Berufen wie demjenigen des Rechtsanwalts, § 4 BRAO i. V. m. § 5 I DRiG, ist. Die Idee „aufeinander aufbauender“ reglementierter Berufe ist der zwischen Ausbildung und Beruf differenzierenden RL 2005/36/EG jedoch fremd. Infolge dessen erfasst die RL 2005/36/EG den zu beurteilenden Sachverhalt tatbestandlich nicht.[16] Sie vermittelt dem A. daher auch keinen Zulassungsanspruch zum juristischen Vorbereitungsdienst.[17] Auf die Erfüllung der Voraussetzungen für die unmittelbare Anwendbarkeit durch die RL 2005/36/EG kommt es daher nicht an.

14 Umfassend dazu *Ruffert*, in: Calliess/Ruffert, EUV/EGV, Art. 249 Rn. 73 ff.
15 So explizit bereits EuGH, U.v. 7.12.2000, Rs. C-79/99, Slg. 2000, I-10997 Rn. 28 – *Schnorbus*; vgl. auch parallel für „praticante-patrocinante“ in Italien EuGH, U.v. 13.11.2003, Rs. C-313/01, Slg. 2003 I-13467 Rn. 51 f. – *Morgenbesser.*
16 Vgl. EuGH, U.v. 10.12.2009, Rs. C-345/08, EuZW 2010, 97 Rn. 23 – *Peśla.*
17 Vgl. VG Hannover, U.v. 7.7.2005, 2 A 4365, Rn. 21 (juris).

3. Art. 45 AEUV

Ein Anspruch des A. könnte schließlich aus Art. 45 AEUV folgen. Als Grundfreiheit ist Vorschrift unmittelbar anwendbar und kann dem A. ein subjektiv-öffentliches Recht verleihen.

a) **Schutzbereich.** Zu prüfen ist zunächst die Eröffnung des Schutzbereichs in sachlicher und persönlicher Hinsicht.

aa) **Sachlich.** Die Grundfreiheit des Art. 45 AEUV gewährleistet die Freizügigkeit der Arbeitnehmer, sofern nicht eine Bereichsausnahme eingreift. Nach Art. 45 III lit. a AEUV umfasst dies insbesondere das Recht, „sich um tatsächlich angebotene Stellen zu bewerben“. Wie alle Grundfreiheiten setzt die Anwendbarkeit des Art. 45 AEUV einen grenzüberschreitenden Sachverhalt voraus, also einen Bezug zu mehr als einem EU-Mitgliedsstaat.[18] A. begehrt als österreichischer Staatsbürger eine Anstellung in Deutschland, so dass dieser grenzüberschreitende Bezug vorliegend gegeben ist.

Fraglich ist aber, ob ein Rechtsreferendar als Arbeitnehmer zu qualifizieren ist. Arbeitnehmer i. S. v. Art. 45 AEUV ist, wer für einen anderen nach dessen Weisung Leistungen mit einem gewissen wirtschaftlichen Wert erbringt, für die er als Gegenleistung eine Vergütung erhält.[19] Der juristische Vorbereitungsdienst ist als Bestandteil der Juristenausbildung keine berufliche Tätigkeit im engeren Sinne, da das Ausbildungsziel in seinem Mittelpunkt steht, vgl. Art. 2 II 2 BaySiGjurVD.[20] Dementsprechend erfolgt die rechtspraktische Betätigung der Rechtsreferendare nicht eigenverantwortlich und Art. 3 SiGjurVD spricht nicht von einer Lohn- oder Gehaltszahlung, sondern von der Gewährung einer Unterhaltsbeihilfe. Diese stellt nach der gesetzlichen Konzeption – besonders deutlich in Ausbildungsabschnitten außerhalb des staatlichen Bereichs, vgl. Art. § 48 II JAPO – keine Gegenleistung für Tätigkeiten des Referendars dar. Diese Ausgestaltung durch das mitgliedstaatliche (Landes-)Recht kann für die Erfüllung des Arbeitnehmerbegriffs des Art. 45 AEUV jedoch nicht von Bedeutung sein: „weder die begrenzte Höhe der Vergütung noch die Herkunft der Mittel für diese Vergütung [kann] irgendeine Auswirkung auf die Arbeitnehmereigenschaft im Sinne des Gemeinschaftsrechts haben.“[21] Entscheidend ist allein, ob die Elemente der Arbeitnehmerdefinition gegeben sind. Rechtsreferendare nehmen rechtspraktische Tätigkeiten wahr und unterliegen dabei den Anordnungen ihrer Ausbilder. Mit der „Unterhaltsbehilfe“ erhalten sie eine finanzielle Leistung, die in unmittelbarem und untrennbarem Zusammenhang mit ihrer Tätigkeit steht und daher de facto als Gegenleistung für diese zu qualifizieren ist. Der juristische Vobereitungsdienst ist somit als tatsächliche Erwerbstätigkeit zu qualifizieren.[22]Auf Grundlage der weiten Auslegung des Arbeitnehmerbegriffs in Art. 45 AEUV sind Rechtsreferendare daher Arbeitnehmer im Sinne dieser Vor-

---

18 *Brechmann*, in: Calliess/Ruffert, EUV/EGV, Art. 39 EGV Rn. 46; *Scheuer/Werth*, in: Lenz/Borchardt, EU-Verträge, Art. 45 AEUV Rn. 4.

19 EuGH, U.v. 17.3.2005, Rs. C-109/04, Slg. 2005, I-2421 Rn. 12 – *Kranemann*; ausführlich *Becker*, in: Ehlers, Europäische Grundrechte und Grundfreiheiten, § 9 Rn. 4 ff.; *Frenz*, Handbuch Europarecht I, Rn. 1204 ff. Die Prüfung dieses Tatbestandsmerkmals kann auch dem perönlichen Schutzbereich zugeordnet werden, so *Brechmann*, in: Calliess/Ruffert, EUV/EGV, Art. 39 EGV Rn. 9 ff.; *Scheuer/Werth*, in: Lenz/Borchardt, EU-Verträge, Art. 45 AEUV Rn. 7; *Wollenschläger*, in: Pache/Knauff, Fallhandbuch Europäisches Wirtschaftsrecht, § 7 Rn. 11.

20 Siehe oben B.II.2.

21 EuGH, U.v. 17.3.2005, Rs. C-109/04, Slg. 2005, I-2421 Rn. 17 – *Kranemann*.

22 Parallel für Studienreferendare EuGH, U.v. 3.7.1986, Rs. 66/85, Slg. 1986, 2121 Rn. 18, 21 – *Lawrie-Blum*.

schrift.[23] Auf die sonstige Ausgestaltung und die Zwecke des juristischen Vorbereitungsdienstes kommt es daher nicht an.

Es erscheint jedoch nicht ausgeschlossen, dass der juristische Vorbereitungsdienst der Bereichsausnahme[24] für die „Beschäftigung in der öffentlichen Verwaltung" nach Art. 45 IV AEUV unterfällt mit der Folge, dass die Vorschriften über die Arbeitnehmerfreizügigkeit keine Anwendung fänden. Die Ausbildung von Rechtsreferendaren findet zumindest teilweise bei staatlichen Gerichten und Verwaltungsbehörden statt. Zudem handelt es sich bei dem juristischen Vorbereitungsdienst gemäß Art. 1 SiGjurVD um ein öffentlich-rechtliches Ausbildungsverhältnis. Auf Grundlage einer institutionellen Betrachtung ist eine „Beschäftigung in der öffentlichen Verwaltung" somit zu bejahen. Nach der EuGH-Rechtsprechung ist die Bereichsausnahme jedoch eng und funktional auszulegen.[25] Eine bloße Anstellung des Arbeitnehmers bei und seine Tätigkeit in staatlichen Stellen genügt nicht. Erforderlich ist vielmehr eine unmittelbare oder mittelbare Teilnahme an der Ausübung von Hoheitsgewalt und an Aufgaben, die auf die Wahrung der allgemeinen Belange des Staates gerichtet sind.[26] Daran fehlt es bei den unselbständigen Tätigkeiten von Rechtsreferendaren, die der Bereichsausnahme des Art. 45 IV AEUV somit nicht unterfallen.[27]

bb) Persönlich. A. begehrt als österreichischer Staatsbürger Zugang zum Rechtsreferendariat in Deutschland. Er ist somit als Wanderarbeitnehmer i. S. v. Art. 45 AEUV zu qualifizieren, so dass auch der persönliche Schutzbereich der Arbeitnehmerfreizügigkeit eröffnet ist.[28]

b) Eingriff. Als Eingriff ist jede Maßnahme eines Grundfreiheitenverpflichteten zu qualifizieren, die den Arbeitnehmer am Gebrach seiner Freizügigkeit hindert.[29] In den umfassenden Gewährleistungsgehalt des Art. 45 AEUV kann sowohl durch Diskriminierungen, welche an die Staatsangehörigkeit des Arbeitnehmers anknüpfen, oder durch anderweitige Beschränkungen, also sonstige Maßnahmen, welche die Grundfreiheitenverwirklichung weniger attraktiv machen, eingegriffen werden.[30] Vorliegend macht § 46 I JAPO als dem Mitgliedstaat Bundesrepublik Deutschland zuzurechnendes (bayerisches Landes-)Gesetz in seiner Anwendung durch das OLG Nürnberg dem A den Eintritt in das deutsche Rechtsreferendariat unmöglich. Die Erste juristische Staatsprüfung als Voraussetzung für den Zugang zum juristischen Vorbereitungsdienst wie auch dieser selbst sind nicht an die deutsche Staatsangehörigkeit der Kandidaten bzw. Bewerber geknüpft. Folglich handelt es sich um keine offen diskriminierende Maßnahme. § 46 I JAPO zwingt (bei der vom OLG Nürnberg zugrunde gelegten isolierten Betrachtung) ausländische Bewerber jedoch zur Ablegung der Ersten juristischen Staatsprüfung in Deutschland, wenn sie in den juristischen Vorbereitungsdienst aufgenommen werden wollen, selbst dann, wenn sie über einen funktional vergleichbaren Abschluss aus dem EU-Ausland verfügen. Diese zusätzliche Anforderung ist für ausländische Referendar-

---

23 EuGH, U.v. 17.3.2005, Rs. C-109/04, Slg. 2005, I-2421 Rn. 18 – *Kranemann*; vgl. auch EuGH, U.v. 13.11.2003, Rs. C-313/01, Slg. 2003 I-13467 Rn. 61 – *Morgenbesser.*

24 *Becker*, in: Ehlers, Europäische Grundrechte und Grundfreiheiten, § 9 Rn. 27; *Frenz*, Handbuch Europarecht I, Rn. 1338.

25 Siehe m. w. N. *Brechmann*, in: Calliess/Ruffert, EUV/EGV, Art. 39 EGV Rn. 100; *Scheuer/Werth*, in: Lenz/Borchardt, EU-Verträge, Art. 45 AEUV Rn. 83 f.

26 EuGH, U.v. 3.7.1986, Rs. 66/85, Slg. 1986, 2121 Rn. 27 – *Lawrie-Blum.*

27 EuGH, U.v. 10.12.2009, Rs. C-345/08, EuZW 2010, 97 Rn. 28 ff. – *Peśla*; *Kingreen*, Jura 2001, 547 (551 f.).

28 Vgl. *Frenz*, Handbuch Europarecht I, Rn. 1187.

29 Zum Gewährleistungsgehalt *Wollenschläger*, in: Pache/Knauff, Fallhandbuch Europäisches Wirtschaftsrecht, § 7 Rn. 31 ff.

30 *Brechmann*, in: Calliess/Ruffert, EUV/EGV, Art. 39 EGV Rn. 49 ff.

bewerber grundsätzlich schwerer als für inländische zu erfüllen und mindert die Attraktivität der Nutzung des Freizügigkeitsrechts des Art. 45 AEUV erheblich, so dass sie als mittelbare Diskriminierung[31] oder jedenfalls[32] eine Beschränkung[33] und damit ein Eingriff vorliegt.

c) **Rechtfertigung.** Eine Rechtfertigung von Eingriffen in den Schutzbereich des Art. 45 AEUV kann sowohl auf Grundlage geschriebener als auch ungeschriebener Rechtfertigungsgründe erfolgen, sofern die Verhältnismäßigkeit gewahrt ist.

aa) **Geschriebene Rechtfertigungsgründe.** Nach Art. 45 III AEUV können Eingriffe in den Schutzbereich der Arbeitnehmerfreizügigkeit aus Gründen der öffentlichen Ordnung, Sicherheit und Gesundheit gerechtfertigt werden (ordre-public-Vorbehalt). Eine Berufung auf die öffentliche Ordnung setzt eine schwere Gefährdung grundlegender Werte der aufnehmenden Gesellschaft durch den einreisenden Unionsbürger voraus. Die öffentliche Sicherheit umfasst die innere und äußere Sicherheit des Mitgliedstaates, deren Gefährdung durch einen einreisenden Unionsbürger nicht hinzunehmen ist. Der Vorbehalt der öffentlichen Gesundheit betrifft schließlich den Fall, dass die Volksgesundheit im betreffenden Mitgliedstaat durch die Einreise gefährdet wird.[34] Im Hinblick auf die vorliegend zu beurteilende Beschränkung liegt keiner dieser eng auszulegenden[35] Rechtfertigungsgründe vor.

bb) **Zwingende Gründe des Allgemeininteresses.** Zu fragen ist daher nach der Einschlägigkeit von ungeschriebenen Rechtfertigungsgründen. Ebenso wie bei den anderen Grundfreiheiten können nicht offen diskriminierende Eingriffe in den Schutzbereich der Arbeitnehmerfreizügigkeit, also mittelbare Diskriminierungen und Beschränkungen, durch zwingende Gründe des Allgemeininteresses gerechtfertigt werden.[36] Rein wirtschaftliche Motive oder praktische Schwierigkeiten kommen insoweit jedoch nicht in Betracht.[37] Vorliegend gibt es für deren Vorliegen jedoch keine Anhaltspunkte. Dass die Länder durch die Beschränkung des Zugangs zum Rechtsreferendariat mittels Regelungen wie § 46 I JAPO ihre Verpflichtungen zur Zahlung der Unterhaltsbeihilfe begrenzen können, steht zwar außer Frage, bildet jedoch nicht deren wesentlichen Hintergrund. Vielmehr dient das Erfordernis der erfolgreichen Ablegung der Ersten Juristischen Staatsprüfung in Deutschland als Zugangserfordernis zum Rechtsreferendariat der Qualitätssicherung in der Juristenausbildung, deren praktischer Teil gewisse theoretische Kenntnisse des deutschen Rechts voraussetzt, welche durch die Staatsprüfung nachgewiesen werden und welche die Prognose des Bestehens der berufsqualifizierenden Zweiten Juristischen Staatsprüfung erlauben.[38] Dieses Ziel steht in unmittelbarem Zusammenhang mit der Sicherung der Qualität des deutschen Rechtswesens und ist als

31 Für den Nachweis bestimmter beruflicher Qualifikationen *Becker*, in: Ehlers, Europäische Grundrechte und Grundfreiheiten, § 9 Rn. 39; dahingehend auch *Frenz*, Handbuch Europarecht I, Rn. 1420 ff., 1445 f, 1472 f.

32 Die Abgrenzung ist fließend. Der EuGH verzichtet regelmäßig auf eine eindeutige Qualifikation und zieht für die Bewertung übereinstimmende Maßstäbe heran, vgl. *Becker*, in: Ehlers, Europäische Grundrechte und Grundfreiheiten, § 9 Rn. 41 ff.

33 Vgl. EuGH, U.v. 17.3.2005, Rs. C-109/04, Slg. 2005, I-2421 Rn. 26 – *Kranemann*.

34 Siehe zu den Rechtfertigungsgründen *Becker*, in: Ehlers, Europäische Grundrechte und Grundfreiheiten, § 9 Rn. 48; *Frenz*, Handbuch Europarecht I, Rn. 1641 ff.

35 EuGH, U.v. 4.12.1974, Rs. 41/74, Slg. 1974, 1337 Rn. 8 – *van Duyn*.

36 EuGH, U.v. 15.12.1995, Rs. C-415/03, Slg. 1995, I-4921 Rn. 104 – *Bosman*; *Becker*, in: Ehlers, Europäische Grundrechte und Grundfreiheiten, § 9 Rn. 38, 50; *Frenz*, Handbuch Europarecht I, Rn. 1202, 1702 ff.; zu den Hintergründen der Einbeziehung mittelbarer Diskriminierungen *Thiele*, JA 2005, 621 (625 f.).

37 *Frenz*, Handbuch Europarecht I, Rn. 1699 ff.

38 Vgl. VGH Mannheim, B.v. 7.7.2005, 4 S 901/05, ZBR 2006, 259 (260).

zwingender Grund des Allgemeininteresses anzusehen, der die mit der Anforderung des Bestehens der Ersten Juristischen Staatsprüfung als Zugangsvoraussetzung für den juristischen Vorbereitungsdienst verbundene Beschränkung der Arbeitnehmerfreizügigkeit zu rechtfertigen geeignet ist.

cc) **Verhältnismäßigkeit.** Mitgliedstaatliche Eingriffe in Grundfreiheiten, die grundsätzlich einer Rechtfertigung zugänglich sind, sind am Maßstab der Verhältnismäßigkeit zu messen. Sie müssen mithin zur Zielerreichung geeignet, erforderlich und zudem angemessen sein.[39]

Eine Maßnahme ist geeignet, wenn sie zur Zielerrichtung beitragen kann. Vorliegend stellt die Anforderung des Bestehens der Ersten Juristischen Staatsprüfung als Zugangsvoraussetzung zum Rechtsreferendariat gemäß § 46 I JAPO grundlegende theoretische Kenntnisse des deutschen Rechts sicher, vgl. § 16 I 2 JAPO und ist daher als geeignetes Mittel zur Qualitätssicherung in der deutschen Juristenausbildung anzusehen.

Eine eingreifende Maßnahme ist erforderlich, wenn kein milderes, gleich effektives Mittel zur Zielerreichung besteht. Vorliegend stellt die Ablegung der Ersten Juristischen Staatsprüfung im Anschluss an ein Studium an einer deutschen juristischen Fakultät, vgl. § 5a I 2 DRiG, für Referendarbewerber aus anderen Mitgliedstaaten mit dortigem Studienabschluss einen erheblichen Aufwand dar. Eine etwaige alternative Anforderung müsste in gleicher Weise wie die Erste Juristische Staatsprüfung sicherstellen, dass Referendarbewerber über die notwendigen Kenntnisse des deutschen Rechts verfügen. In Betracht kommt diesbezüglich die Anerkennung solcher Leistungen, welche hinsichtlich Niveau und Inhalt mit der Ersten Juristischen Staatsprüfung identisch sind.[40] Ergänzend könnte die Ablegung einer Eignungsprüfung mit vergleichbaren Anforderungen wie die Erste Juristische Staatsprüfung hinzutreten, wie sie entsprechend für Rechtsanwälte in § 16 EuRAG vorgesehen ist.[41] Eine derartige – durch § 112a DRiG positivierte – Gestaltung stellt weniger weitgehende Anforderungen an Referendarbewerber aus dem EU-Ausland als § 46 I JAPO und beeinträchtigt Art. 45 AEUV somit weniger. Zugleich sichert sie die Qualität der juristischen Ausbildung in gleicher Weise. Folglich ist die vom OLG Nürnberg im Widerspruch zu § 112a DRiG statuierte Anforderung der vorherigen Ablegung der Ersten Juristischen Staatsprüfung als Voraussetzung für die Zulassung des A. zum juristischen Vorbereitungsdienst ein Eingriff in die Arbeitnehmerfreizügigkeit des Art. 45 AEUV, der nicht erforderlich ist.

d) **Ergebnis.** Die Versagung der Zulassung des A. zum juristischen Vorbereitungsdienst allein wegen der von ihm nicht abgelegten Ersten Juristischen Staatsprüfung ist mangels Erforderlichkeit unverhältnismäßig und daher nicht gerechtfertigt.

4. Spruchreife

Zu prüfen ist schließlich, ob die Sache spruchreif ist. Dies setzt voraus, dass sämtliche rechtlichen und tatsächlichen Fragestellungen geklärt sind, so dass eine abschließende Entscheidung des Rechtssteits erfolgen kann.[42] Vorliegend kann das Gericht auf

---

39 Der EuGH stellt die Erforderlichkeitsprüfung in den Mittelpunkt, vgl. zur Verhältnismäßigkeitsprüfung bei Grundfreiheiten *Kingreen*, in: Calliess/Ruffert, EUV/EGV, Art. 28–30 Rn. 88 ff.

40 Dazu EuGH, U.v. 10.12.2009, Rs. C-345/08, EuZW 2010, 97 Rn. 36 ff. – *Peśla.*

41 EuGH, U.v. 13.11.2003, Rs. C-313/01, Slg. 2003 I-13467 Rn. 66 ff. – *Morgenbesser*; grundlegend EuGH, U.v. 7.5.1991, Rs. C-340/89, Slg. 1991, I-2357 Rn. 19 – *Vlassopoulou.*

42 *Hufen*, Verwaltungsprozessrecht, § 26 Rn. 16; *Wolff*, in: Sodan/Ziekow, VwGO, § 113 Rn. 423 f.

Grundlage der vorliegenden Informationen nicht beurteilen, ob und in welchem Umfang A. tatsächlich über die erforderlichen Kenntnisse des deutschen Rechts verfügt. Diesbezüglich bedarf es weiterer fachlicher Ermittlungen, die aufgrund ihrer Kompliziertheit und Spezifizität von der Behörde vorzunehmen sind.[43]

Die Prüfung, ob dies der Fall ist, erfolgt gemäß § 112a DRiG durch eine Prüfung der Gleichwertigkeit des österreichischen Studienabschlusses des A. mit der Ersten Juristischen Staatsprüfung sowie durch eine Ergänzungsprüfung hinsichtlich der nicht als gleichwertig qualifizierten Aspekte. Diese Ergänzungsprüfung kann – mangels anderweitiger Regelung in der JAPO – auch mittels der Teilnahme an Prüfungsteilen der Ersten Juristischen Staatsprüfung erfolgen.[44] Diesbezüglich muss das OLG Nürnberg erneut entscheiden, da der Zulassungsantrag des A. zum juristischen Vorbereitungsdienst dahingehend ausgelegt werden kann und muss, dass A. die erforderlichen Maßnahmen begehrt, welcher es bedarf, um ihm den Zugang zum Rechtsreferendariat zu eröffnen.

C. Ergebnis

Eine Verpflichtungsklage des A. auf Zulassung zum juristischen Vorbereitungsdienst ist zulässig und (nur) im Rahmen ihrer eingeschränkten Spruchreife begründet. A. ist anzuraten, den Klageantrag auf Neubescheidung durch das OLG Nürnberg zu beschränken.

Rechtsprechungs- und Literaturhinweise

EuGH, U.v. 13.11.2003, Rs. C-313/01, Slg. 2003 I-13467 – *Morgenbesser*; U.v. 17.3.2005, Rs. C-109/04, Slg. 2005, I-2421 – *Kranemann*; U.v. 10.12.2009, Rs. C-345/08, EuZW 2010, 97 – *Peśla*

Becker, § 9 Arbeitnehmerfreizügigkeit, in: Ehlers, Europäsche Grundrechte und Grundfreiheiten, 3. Aufl. 2009; *Frenz*, Handbuch Europarecht I: Europäische Grundfreiheiten, 2004, Kap. 7; *Wollenschläger*, § 7 Arbeitnehmerfreizügigkeit, in: Pache/Knauff, Fallhandbuch Europäisches Wirtschaftrecht, 2. Aufl. 2010

---

43 Zur (hier überschrittenen) Reichweite der gerichtlichen Aufklärungspflicht *Emmenegger*, in: Fehling/Kastner, Verwaltungsrecht, § 113 VwGO Rn. 171 ff.

44 Zu fehlenden Notwendigkeit abgesenkter Anforderungen aus dem Europarecht EuGH, U.v. 10.12.2009, Rs. C-345/08, EuZW 2010, 97 Rn. 50 – *Peśla*; vgl. auch VG Hannover, U.v. 7.7.2005, 2 A 4365, Rn. 25 (juris).

Fall 7: Streit um das Einheimischenmodell*

Ferdinand Wollenschläger

Sachverhalt

Die oberbayerische kreisangehörige (Landkreis Miesbach) Gemeinde G mit 3.000 Einwohnern liegt in einer äußerst reizvollen Gegend und besitzt eine günstige Verkehrsanbindung an die Landeshauptstadt München. Wegen der angespannten Wohnungsmarktlage in der Landeshauptstadt verzeichnete G in den vergangenen Jahren einen stetigen Zuwachs an Ortsfremden. Diese haben einen Großteil der Grundstücke in G aufgekauft und durch ihre Nachfrage zu einer drastischen Erhöhung der Grundstückspreise beigetragen. Viele junge ortsansässige Familien mussten daher aus G abwandern, da sie sich die Grundstückspreise nicht mehr leisten konnten. G will dieser Entwicklung entgegenwirken und bezahlbaren Grund und Boden für einheimische Familien schaffen. Die Kommune beschließt daher, 15 in ihrem Bestand befindliche Grundstücke an seit mindestens 10 Jahren in G wohnhafte und bedürftige Familien zu veräußern.

Aufgrund zahlreicher Beschwerden von EU-Ausländern leitet die Europäische Kommission daraufhin ein Vertragsverletzungsverfahren gegen die Bundesrepublik Deutschland ein. Sowohl in ihrem ersten Mahnschreiben als auch in ihrer begründeten Stellungnahme rügt die Kommission eine unionsrechtswidrige Diskriminierung von EU-Ausländern. Den Zugang zu Grundstücken müsse der Markt regeln; keinesfalls dürften aber Ortsfremde vom Grunderwerb ausgeschlossen werden. Die Bundesrepublik Deutschland stellt sich demgegenüber auf dem Standpunkt, dass die oben erwähnten städtebaulichen Ziele zu entsprechenden Maßnahmen der Einheimischenförderung legitimieren. Daraufhin erhebt die Europäische Kommission Klage gegen die Bundesrepublik Deutschland beim EuGH mit dem Ziel, die Unionsrechtswidrigkeit des Einheimischenmodells festzustellen. In ihrem Schriftsatz trägt die Kommission – über die bislang gerügte Diskriminierung von EU-Ausländern hinausgehend – zudem vor, dass auch ein Verstoß gegen das unionsrechtliche Verbot der Altersdiskriminierung vorliege, da sich nur Personen, die das 45. Lebensjahr noch nicht erreicht haben, um Grundstücke bewerben dürfen. In ihrer Replik verwehrt sich die Bundesrepublik Deutschland dagegen, ständig mit neuen Vorwürfen konfrontiert zu werden; im Übrigen existiere – abgesehen von den hier nicht einschlägigen Anti-Diskriminierungsrichtlinien – kein entsprechendes Verbot.

1.) Hat die Klage der Europäischen Kommission Aussicht auf Erfolg?
2.) S, deutscher Staatsangehöriger, hat von 1997–2005 in G gewohnt und im Herbst 2005 seinen Wohnsitz – auch i. S. d. Vergabekriterien – nach Italien verlegt, wo er ein Studium an einer öffentlichen Hochschule absolvierte. Anfang 2010 hat er in München einen Arbeitsplatz gefunden und ist nach G zurückgekehrt. S möchte sich nun um eines der ausgeschriebenen Grundstücke bewerben, obgleich er das Kriterium des 10-jährigen Wohnsitzes in G zum maßgeblichen Stichtag nicht erfüllt. Letzteres hält er allerdings für irrelevant: In einem auf der Freizügigkeit seiner Bürger beruhenden Europa sei seine Nichtberücksichtigung nämlich unionsrechtswidrig. Ist dies zutreffend?

---

* Ich danke Herrn *Patrick Gasch* für seine Unterstützung bei der Erstellung des Falles. Vgl. umfassend zur Problematik *Huber/Wollenschläger,* Einheimischenmodelle, 2008.

Wesentliche Probleme

Vertragsverletzungsverfahren, Grundfreiheiten (Freiheiten des Personen- und Kapitalverkehrs), Unionsgrundrechte (Altersdiskriminierung), Unionsbürgerschaft

Gliederung

Frage 1

A. Zulässigkeit
- I. Zuständigkeit
- II. Klageberechtigung
- III. Klagegegner
- IV. Klagegegenstand
- V. Vorverfahren, Art. 258 bzw. 259 UA 2 ff. AEUV
  - 1. Notwendigkeit der Durchführung des Vorverfahrens
  - 2. Ablauf des Vorverfahrens
  - 3. Anforderungen an das Vorverfahren
- VI. Rechtsschutzinteresse
- VII. Form
- VIII. Zwischenergebnis

B. Begründetheit
- I. Freiheiten des Personenverkehrs
  - 1. Anwendbarkeit
    - a) Unmittelbare Anwendbarkeit
    - b) Keine Spezialregelungen im Unionsrecht
  - 2. Anwendungsbereich der Personenverkehrsfreiheiten
    - a) Persönlich
    - b) Sachlich
    - c) Grenzüberschreitender Sachverhalt
    - d) Bereichsausnahme
  - 3. Tatbestand
    - a) Gegenständliche Reichweite des Diskriminierungsverbots
    - b) Vorliegen einer Diskriminierung
  - 4. Rechtfertigung
  - 5. Zwischenergebnis
- II. Kapitalverkehrsfreiheit
- III. Zwischenergebnis

C. Gesamtergebnis

D. Hilfsgutachten: Altersdiskriminierung
- I. Das Verbot der Altersdiskriminierung als Unionsgrundrecht
  - 1. Herleitung der Unionsgrundrechte
  - 2. Anerkennung des Unionsgrundrechts „Verbot der Altersdiskriminierung“
- II. Persönlicher Anwendungsbereich der Unionsgrundrechte
  - 1. Bindung aufgrund der Durchführung von Sekundärrecht
  - 2. Bindung aufgrund der Beschränkung von Grundfreiheiten
- III. Verstoß gegen das Diskriminierungsverbot

Frage 2

A. Vereinbarkeit mit den Bestimmungen über die Freizügigkeit der Arbeitnehmer (Art. 45 ff. AEUV) bzw. über das Niederlassungsrecht Selbstständiger (Art. 49 ff. AEUV)

B. Vereinbarkeit mit der Dienstleistungsfreiheit (Art. 56 ff. AEUV)

C. Allgemeines Freizügigkeitsrecht (Art. 21 I AEUV)

- I. Anwendbarkeit des Art. 21 I AEUV
  1. Unmittelbare Anwendbarkeit des Art. 21 I AEUV
  2. Verhältnis zu den Marktfreiheiten
- II. Anwendungsbereich
  1. Persönlicher Anwendungsbereich
  2. Grenzüberschreitender Sachverhalt
- III. Gewährleistungsgehalt
  1. Fortbewegungs- und Aufenthaltsrecht
  2. Diskriminierungsverbot, Art. 21 i.V.m. 18 AEUV
  3. Beschränkungsverbot
     a) Mobilitätsschutz jenseits des Gebots der Inländerbehandlung
     b) Tatbestand
     c) Rechtfertigung

D. Ergebnis

Lösung

Frage 1

A. Zulässigkeit

I. Zuständigkeit

Auch für ein Tätigwerden des Europäischen Gerichtshofs gilt das Prinzip der begrenzten Einzelermächtigung (Art. 274 AEUV, Art. 5 II EUV); er ist für Entscheidungen im Vertragsverletzungsverfahren gemäß Art. 258 ff. AEUV zuständig (Verbandskompetenz der EU, Organkompetenz des Gerichtshofs). Innerhalb des Organs Gerichtshof der Europäischen Union ist der EuGH, und nicht das Gericht erster Instanz, gemäß Art. 256 I S. 1 AEUV e contrario zuständig.

II. Klageberechtigung

Das Vertragsverletzungsverfahren kann sowohl von der Europäischen Kommission (Art. 258 AEUV) als auch – und dies ist der seltenere Fall[1] – von einem Mitgliedstaat (Art. 259 AEUV) angestrengt werden. Hier hat die Europäische Kommission Klage erhoben.

III. Klagegegner

Die Klage ist gegen den Mitgliedstaat zu richten, dem die Vertragsverletzung anzulasten ist. Mitgliedstaat im Sinne der institutionellen Bestimmungen, wie denjenigen über die Zuständigkeit des EuGH, sind nur die Zentralstaaten, mithin die Vertragspartner der Gründungs-, Beitritts- bzw. Änderungsverträge, nicht aber regionale Untergliederun-

1 Für ein Beispiel: EuGH, U.v. 12.9.2006, Rs. C-145/04, Slg. 2006, I-7919 – *Spanien/Vereinigtes Königreich*.

gen (z. B. Länder oder Kommunen).[2] Vorliegend hat die Gemeinde G gehandelt. Ihr Verhalten ist aber der Bundesrepublik Deutschland zuzurechnen. Denn angesichts der Grundsätze der Unionstreue (Art. 4 III EUV) und der einheitlichen Anwendbarkeit und praktischen Wirksamkeit des Unionsrechts obliegt es den Mitgliedstaaten sicherzustellen, dass sich die staatlichen Organe bis hin zu den Kommunen unionsrechtskonform verhalten.[3] Das Verhalten der Gemeinde G ist damit der Bundesrepublik Deutschland zuzurechnen.

IV. Klagegegenstand

Klagegegenstand sind Maßnahmen eines Mitgliedstaats, hier: die Durchführung des Einheimischenmodells.

V. Vorverfahren, Art. 258 bzw. 259 UA 2 ff. AEUV

1. Notwendigkeit der Durchführung des Vorverfahrens

Die Klageerhebung setzt grundsätzlich die Durchführung eines Vorverfahrens gemäß Art. 258 bzw. 259 UAbs. 2 ff. AEUV voraus. In bestimmten Fällen gestattet der AEUV allerdings auch eine unmittelbare Anrufung des EuGH, namentlich:
- im Beihilfenrecht, Art. 108 II UAbs. 2 AEUV;
- bei Harmonisierungsmaßnahmen, Art. 114 IX AEUV;
- bei Maßnahmen zur Wahrung der nationalen Sicherheit bzw. bei Krisen, Art. 348 UAbs. 2 AEUV.

Ein derartiger Ausnahmefall liegt hier nicht vor, die Durchführung eines Vorverfahrens war mithin erforderlich.

Hinweis: Nach h. M. ist die Europäische Kommission – trotz des Wortlauts des Art. 258 UAbs. 1 AEUV und ihrer „Hüterrolle" (Art. 17 I EUV) – nicht zur Einleitung eines Vorverfahrens verpflichtet; dies steht vielmehr in ihrem Ermessen.[4] Die Anrufung des EuGH steht bereits nach dem Wortlaut des Art. 258 UAbs. 2 AEUV im Ermessen der Europäischen Kommission.

2. Ablauf des Vorverfahrens

Das Vorverfahren gliedert sich in zwei Phasen: Zunächst ist ein erstes Mahnschreiben (Art. 258 UAbs. 1 2. HS AEUV) an den betroffenen Mitgliedstaat mit einer Fristsetzung (über den Wortlaut hinaus) zu richten. Anschließend ergeht eine mit Gründen versehene Stellungnahme unter erneuter Fristsetzung (Art. 258 UAbs. 1 1. HS, UAbs. 2 AEUV).

---

2 Vgl. EuGH, U.v. 1.10.1997, Rs. C-180/97, Slg. 1997, I-5254 Rn. 6 – *Regione Toscana/Kommission*; ferner B.v. 21.3.1997, Rs. C-95/97, Slg. 1997, I-1787 – *Wallonische Region/Kommission*.

3 Vgl. EuGH, U.v. 16.1.2003, Rs. C-388/01, Slg. 2003, I-721 Rn. 27 – *Kommission/Italien*.

4 EuGH, U.v. 23.5.1990, Rs. C-72/90, Slg. 1990, I-2181 Rn. 13 – *Asia Motor France*; U.v. 22.4.2010, Rs. C-423/07, Rn. 78 – *Kommission/Spanien*; *Cremer*, in: Calliess/Ruffert, EUV/EGV, Art. 226 Rn. 40 ff.

3. Anforderungen an das Vorverfahren

Daraus, dass das Vorverfahren dem betroffenen Mitgliedstaat Gelegenheit geben soll, seinen unionsrechtlichen Verpflichtungen nachzukommen und sich gegen die Rügen der Kommission wirksam zu verteidigen, folgen bestimmte Anforderungen an das Vorverfahren, nämlich[5]

- „erstens, dass der Gegenstand einer Klage nach Artikel [258 AEUV] durch das dort vorgesehene Vorverfahren eingegrenzt wird und dass die mit Gründen versehene Stellungnahme und die Klage daher auf die gleichen Rügen gestützt sein müssen. Eine Rüge, die in dieser Stellungnahme nicht erhoben wurde, ist also im Verfahren vor dem Gerichtshof unzulässig".
- „Zweitens muss die mit Gründen versehene Stellungnahme eine zusammenhängende und ausführliche Darstellung der Gründe enthalten, aus denen die Kommission zu der Überzeugung gelangt ist, dass der betreffende Mitgliedstaat gegen eine seiner Verpflichtungen aus dem [AEUV] verstoßen" hat.

Hinweis: Im Mahnverfahren gelten weniger strenge Anforderungen, da die Mahnung zwangsläufig nur eine erste knappe Zusammenfassung der Rügen enthält.[6] Die Kommission kann daher ohne weiteres die im Mahnschreiben bereits in allgemeiner Form erhobenen Rügen erst in der mit Gründen versehen Stellungnahme näher ausführen.[7]

Im vorliegenden Fall hat die Europäische Kommission die Unionsrechtswidrigkeit der Altersdiskriminierung erst nach dem Abschluss des Vorverfahrens in ihrer Klageschrift gerügt. Diese Rüge ist entsprechend dem eben Ausgeführten unzulässig. Darstellungsmängel sind demgegenüber nicht ersichtlich.

VI. Rechtsschutzinteresse

Stellt der Mitgliedstaat seinen Vertragsverstoß nach Ablauf der Frist ein, die ihm in der mit Gründen versehenen Stellungnahme der Europäischen Kommission gesetzt wurde, stellt sich die Frage, ob damit das Rechtsschutzinteresse der Kommission entfällt. In einer neueren Entscheidung hat der EuGH dies unter Verweis auf seine ständige Rechtsprechung verneint.[8] Frühere Entscheidungen legen demgegenüber das Erfordernis eines besonderen Rechtsschutzinteresses in diesem Fall nahe, das etwa bei Wiederholungsgefahr, einer Rechtsfrage von grundlegender Bedeutung oder mit Blick auf eine Staatshaftung des Mitgliedstaats bejaht werden kann.[9]

VII. Form

Die erforderliche Form ergibt sich aus Art. 21 Satzung EuGH, Art. 37f. VerfO EuGH.

VIII. Zwischenergebnis

Die Klage der Europäischen Kommission ist nur bezüglich der Rüge einer Diskriminierung aus Gründen der Staatsangehörigkeit zulässig.

5 Siehe nur EuGH, U.v. 10.11.2005, Rs. C-29/04, Slg. 2005, I-9705 Rn. 25ff. – *Stadt Mödling*.
6 EuGH, U.v. 17.1.2008, Rs. 152/05, Slg. 2008, I-39 Rn. 15 – *Kommission/Deutschland*.
7 EuGH, U.v. 17.1.2008, Rs. 152/05, Slg. 2008, I-39 Rn. 15 – *Kommission/Deutschland*; ähnlich *Ehlers*, JURA 2007, 684 (686).
8 EuGH, U.v. 14.4.2005, Rs. C-519/03, Slg. 2005, I-3067 Rn. 19 – *Kommission/Luxemburg*.
9 Dazu *Cremer*, in: Calliess/Ruffert, EUV/EGV, Art. 226 Rn. 30f.; *Herrmann*, Examens-Repetitorium Europarecht/Staatsrecht III, Rn. 268.

B. Begründetheit

Die Klage ist begründet, wenn der beklagte Mitgliedstaat gegen eine Verpflichtung aus den Verträgen (AEUV, EUV) verstoßen hat (Art. 260 I AEUV). Anders als der Wortlaut von Art. 260 I AEUV dies nahe legen könnte, ist die nationale Maßnahme allerdings nicht nur auf ihre Vereinbarkeit mit dem Primärrecht, sondern auch mit dem Sekundärrecht hin zu überprüfen. Begründen lässt sich dies mit der primärrechtlich angeordneten Verbindlichkeit des Sekundärrechts (vgl. nur Art. 288 II–IV AEUV).

Hinweis: Maßgeblich für die Beurteilung der Vertragsverletzung ist die „Lage, in der sich der Mitgliedstaat bei Ablauf der Frist befand, die in der mit Gründen versehenen Stellungnahme gesetzt wurde".[10]

Fraglich ist, ob die Bundesrepublik Deutschland hinsichtlich des Erfordernisses eines 10-jährigen Wohnsitzes in der Gemeinde, um vom Einheimischenmodell zu profitieren, gegen die Freiheiten des Personen- und Kapitalverkehrs verstoßen hat.

I. Freiheiten des Personenverkehrs

1. Anwendbarkeit

a) Unmittelbare Anwendbarkeit. Die Arbeitnehmerfreizügigkeit (Art. 45 ff. AEUV), die Dienstleistungs- (Art. 56 f. AEUV) und die Niederlassungsfreiheit (Art. 49 ff. AEUV) sowie das allgemeine Freizügigkeitsrecht (Art. 21 AEUV) sind unmittelbar anwendbar.[11]

b) Keine Spezialregelungen im Unionsrecht. Spezialregelungen im Unionsrecht sind nicht ersichtlich.

2. Anwendungsbereich der Personenverkehrsfreiheiten

a) Persönlich.

aa) Verpflichteter. Mitglied der Europäischen Union ist ausschließlich die Bundesrepublik Deutschland, nicht aber auch deren regionale Untergliederungen, d. h. die Länder und Kommunen. Daraus folgt aber nicht, dass letztere nicht an das Unionsrecht gebunden wären. Zwar ist es den Mitgliedstaaten unbenommen, ihre Kompetenzen innerstaatlich nach Belieben zu verteilen; dies darf jedoch um der einheitlichen Anwendbarkeit und praktischen Wirksamkeit des Unionsrechts willen nicht dazu führen, dass staatliche Einrichtungen von unionsrechtlichen Verpflichtungen dispensiert würden.[12]

---

10 EuGH, U.v. 14.4.2005, Rs. C-519/03, Slg. 2005, I-3067 Rn. 18 – *Kommission/Luxemburg*; Rs. 152/05, Slg. 2008, I-39 Rn. 15 – *Kommission/Deutschland.*

11 Für die Arbeitnehmerfreizügigkeit: EuGH, U.v. 4.4.1974, Rs. 167/73, Slg. 1974, 359 Rn. 35 ff. – *Kommission/Frankreich*; U.v. 4.12.1974, Rs. 41/74, Slg. 1974, 1337 Rn. 4 ff. – *van Duyn*; für die Dienstleistungsfreiheit: U.v. 3.12.1974, Rs. 33/74, Slg. 1974, 1299 Rn. 18 ff. – *van Binsbergen*; für die Niederlassungsfreiheit: U.v. 21.6.1974, Rs. 2/74, Slg. 1974, 631 Rn. 3 ff. – *Reyners*; für das allgemeine Freizügigkeitsrecht: U.v. 17.9.2002, Rs. C-413/99, Slg. 2002, I-7091 Rn. 80 ff. – *Baumbast und R* (ausführlich zur Diskussion um dessen unmittelbare Anwendbarkeit *Wollenschläger*, Grundfreiheit ohne Markt, 2007, S. 126 ff.).

12 EuGH, U.v. 16.1.2003, Rs. C-388/01, Slg. 2003, I-721 Rn. 27 – *Kommission/Italien.*

Exkurs: Unbeschadet der ursprünglichen Stoßrichtung der Grundfreiheiten gegen mitgliedstaatliche Maßnahmen erachtet der EuGH auch Private für an die Arbeitnehmerfreizügigkeit gebunden.[13] Bejaht hat er dies zunächst für Kollektive wie Gewerkschaften oder Arbeitgeberverbände, da diesen eine bedeutsame Regelungsmacht im Arbeitsleben zukomme und ihre Ausklammerung die Arbeitnehmerfreizügigkeit damit in wichtigen Bereichen leerlaufen ließe (Rs. *Walrave* und Rs. *Bosman*).[14] In der Rs. *Angonese* hat der Gerichtshof mit entsprechender Argumentation auch Individualarbeitgeber an das Diskriminierungsverbot der Arbeitnehmerfreizügigkeit für gebunden erachtet.[15]

In der Rs. *Viking* (und auch in der Rs. *Laval*) hat der EuGH darüber hinaus betont, dass auch die Dienstleistungs- und die Niederlassungsfreiheit „nicht nur für Akte der staatlichen Behörden [gelten], sondern ... sich auch auf Regelwerke anderer Art, die die abhängige Erwerbstätigkeit, die selbständige Arbeit und die Erbringung von Dienstleistungen kollektiv regeln sollen", erstrecken. „Da die Arbeitsbedingungen in den verschiedenen Mitgliedstaaten teilweise durch Gesetze oder Verordnungen und teilweise durch Tarifverträge und sonstige Maßnahmen, die von Privatpersonen geschlossen bzw. vorgenommen werden, geregelt sind, bestünde [nämlich andernfalls] die Gefahr, dass eine Beschränkung der in den genannten Artikeln vorgesehenen Verbote auf Maßnahmen der öffentlichen Gewalt bei ihrer Anwendung zu Ungleichheiten führen würde".[16] Dementsprechend hat der EuGH Gewerkschaften, die Maßnahmen gegen Sozialdumping angedroht (*Viking*) bzw. ergriffen (*Laval*) hatten, für gebunden erachtet.

bb) Berechtigter. Die Personenverkehrsfreiheiten berechtigen ausschließlich Unionsbürger, mithin Angehörige der Mitgliedstaaten.

Hinweis: Auch der Arbeitgeber kann sich auf die Arbeitnehmerfreizügigkeit berufen. Denn letztere kann nur dann ihre „volle Wirkung entfalten, wenn die Arbeitgeber ein entsprechendes Recht darauf haben, Arbeitnehmer nach Maßgabe der Bestimmungen über die Freizügigkeit einstellen zu können."[17]

b) Sachlich. Die sachlich einschlägige Personenverkehrsfreiheit hängt vom Aufenthaltszweck des Grundstücksbewerbers im EU-Ausland ab.

---

13 Siehe auch *Wollenschläger*, in: Pache/Knauff, Fallhandbuch Europäisches Wirtschaftsrecht, § 7 Rn. 26ff.

14 EuGH, U.v. 12.12.1974, Rs. 36/74, Slg. 1974, 1405 – *Walrave*; U.v. 15.12.1995, Rs. C-415/93, Slg. 1995, I-4921 Rn. 82ff. – *Bosman*.

15 EuGH, U.v. 6.6.2000, Rs. C-281/98, Slg. 2000, I-4139 Rn. 29ff. – *Angonese*. Bekräftigt in U.v. 17.7.2008, Rs. C-94/07, Slg. 2008, I-5939 Rn. 40ff. – *Raccanelli* (dazu *Repasi*, EuZW 2008, 532). Kritisch zur Drittwirkung der Arbeitnehmerfreizügigkeit: *Streinz/Leible*, EuZW 2000, 459. Im Übrigen sind nach Art. 7 IV Verordnung (EWG) Nr. 1612/68 „[a]lle Bestimmungen in Tarif- oder Einzelarbeitsverträgen oder sonstigen Kollektivvereinbarungen betreffend Zugang zur Beschäftigung, Entlohnung und allen übrigen Arbeits- und Kündigungsbedingungen ... von Rechts wegen nichtig, soweit sie für Arbeitnehmer, die Staatsangehörige anderer Mitgliedstaaten sind, diskriminierende Bedingungen vorsehen oder zulassen."

16 EuGH, U.v. 11.12.2007, Rs. C-438/05, Slg. 2007, I-10779 Rn. 32ff., 57ff. – *Viking*; ferner U.v. 18.12.2007, Rs. C-341/05, Slg. 2007, I-11767 Rn. 98 – *Laval*.

17 EuGH, U.v. 17.5.1998, Rs. C-350/96, Slg. 1998, I-2521 Rn. 16ff. – *Clean Car Autoservice*; ferner *Wollenschläger*, in: Pache/Knauff, Fallhandbuch Europäisches Wirtschaftsrecht, § 7 Rn. 12.

Arbeitnehmer, mithin Personen, die „während einer bestimmten Zeit für einen anderen nach dessen Weisung Leistungen erbring[en], für die ... [sie] als Gegenleistung eine Vergütung erh[alten]“,[18] können sich auf die Arbeitnehmerfreizügigkeit (Art. 45 ff. AEUV) berufen. Das Tatbestandsmerkmal der Weisungsabhängigkeit grenzt den Arbeitnehmer vom Selbstständigen und damit die Arbeitnehmerfreizügigkeit von der Niederlassungs- und Dienstleistungsfreiheit ab.

Hinweis: Der Begriff des Arbeitnehmers ist – um der einheitlichen Anwendbarkeit des Unionsrechts willen – unionsrechtlich-autonom, d. h. nicht nach Kategorien des nationalen Recht auszulegen, und – da er die Reichweite einer Grundfreiheit bestimmt – weit zu verstehen.[19] Gleichwohl darf sich die ausgeübte Tätigkeit nicht als völlig untergeordnet und unwesentlich darstellen (der EuGH fordert eine „tatsächliche und echte Tätigkeit“).[20] Diese Grenze stellt aber keine hohen Hürden auf: So fielen beispielsweise Praktikanten[21] und Teilzeitbeschäftigte mit einer Wochenarbeitszeit von lediglich 10 Stunden[22] genauso unter den Arbeitnehmerbegriff wie Personen, die neben ihrem geringen Lohn auf lohnergänzende Sozialleistungen angewiesen sind[23]. Ob ein Promotionsstipendiat als Arbeitnehmer zu qualifizieren ist, hängt davon ab, ob er seine Tätigkeit nach Weisungen ausübt und ob er hierfür eine Vergütung erhält.[24]

Selbstständig Tätige können sich – je nachdem, ob sie in „stabiler und kontinuierlicher Weise“[25] oder nur vorübergehend (Art. 57 UAbs. 3 AEUV) am Wirtschaftsleben in Deutschland teilnehmen – auf die Niederlassungs- (Art. 49 ff. AEUV) bzw. (aktive) Dienstleistungsfreiheit (Art. 56 ff. AEUV) berufen.[26]

Denkbar erscheint des Weiteren, die (passive) Dienstleistungsfreiheit (Art. 56 ff. AEUV) mit Blick auf Personen, die sich vorübergehend zum Zweck der Entgegennahme von Dienstleistungen im Inland aufhalten, für einschlägig zu erachten.

Nichterwerbstätige, etwa Studierende an öffentlichen Hochschulen, können sich schließlich auf das im Kontext der Unionsbürgerschaft eingeführte allgemeine Freizügigkeitsrecht (Art. 21 I AEUV) berufen.

c) **Grenzüberschreitender Sachverhalt.** Die Personenverkehrsfreiheiten setzen das Vorliegen eines grenzüberschreitenden Elements voraus, mithin den Aufenthalt eines EU-Ausländers im Inland.

---

18 Siehe nur die Definition in EuGH, U.v. 3.7.1986, Rs. 66/85, Slg. 1986, 2121 Rn. 17 – *Lawrie-Blum*; U.v. 12.5.1998, Rs. C-85/96, Slg. 1998, I-2691 Rn. 32 – *Sala*; U.v. 6.11.2003, Rs. C-413/01, Slg. 2003, I-13187 Rn. 24 – *Ninni-Orasche*. Zum Begriff des Arbeitnehmers ferner *Wollenschläger*, in: Pache/Knauff, Fallhandbuch Europäisches Wirtschaftsrecht, § 7 Rn. 13 ff.

19 Vgl. hierzu EuGH, U.v. 23.3.1983, Rs. 53/81, Slg. 1982, 1035 Rn. 10 ff. – *Levin*.

20 EuGH, U.v. 17.7.2008, Rs. C-94/07, Slg. 2008, I-5939 Rn. 33 – *Raccanelli*.

21 EuGH, U.v. 26.2.1992, Rs. C-3/90, Slg. 1992, I-1071 Rn. 15 f. – *Bernini*.

22 EuGH, U.v. 14.12.1995, Rs. C-317/93, Slg. 1995, I-4625 Rn. 19 – *Nolte*.

23 EuGH, U.v. 14.12.1995, Rs. C-317/93, Slg. 1995, I-4625 Rn. 19 – *Nolte*.

24 EuGH, U.v. 17.7.2008, Rs. C-94/07, Slg. 2008, I-5939 Rn. 37 – *Raccanelli*.

25 So die Formel in EuGH, U.v. 13.11.1995, Rs. C-55/94, Slg. 1995, I-4165 Rn. 37 – *Gebhard*. Siehe auch U.v. 11.12.2007, Rs. C-438/05, Slg. 2007, I-10779 Rn. 70 – *Viking*: Niederlassungsbegriff umfasst „die tatsächliche Ausübung einer wirtschaftlichen Tätigkeit mittels einer festen Einrichtung in einem anderen Mitgliedstaat auf unbestimmte Zeit“.

26 Zur Abgrenzung von Niederlassungs- und Dienstleistungsfreiheit *Bröhmer*, in: Calliess/Ruffert, EUV/EGV, Art. 43 EG Rn. 12 ff.; *Kluth*, ibid., Art. 49, 50 Rn. 13; *Müller-Graff*, in: Streinz, EUV/EGV, Art. 49 Rn. 27.

Hinweis: Bei der Dienstleistungsfreiheit werden drei verschiedene Fallgruppen der Grenzüberschreitung unterschieden: Der Dienstleistungserbringer begibt sich zum Erbringen der Dienstleistung in einen anderen Mitgliedstaat (aktive Dienstleistungsfreiheit); der Dienstleistungsempfänger begibt sich zur Inanspruchnahme der Dienstleistung in einen anderen Mitgliedstaat (passive Dienstleistungsfreiheit); nur die Dienstleistung selbst überschreitet die Grenze (sog. Korrespondenzdienstleistungen).[27] Unter die ersten beiden Varianten fällt auch die Erbringung von Dienstleistungen durch einen Inländer an Inländer im EU-Ausland (z. B. Fremdenführer-Fälle).

d) Bereichsausnahme. Die Personenverkehrsfreiheiten finden keine Anwendung auf Tätigkeiten in der öffentlichen Verwaltung (Art. 45 IV AEUV) bzw. auf „Tätigkeiten, die in einem Mitgliedstaat dauernd oder zeitweise mit der Ausübung öffentlicher Gewalt verbunden sind" (Art. 51, ggf. i. V. m. Art. 62 AEUV). Hier liegt allerdings keine derartige Tätigkeit vor.

Hinweis: Als Ausnahme vom Grundprinzip der Freizügigkeit und der Nichtdiskriminierung ist die Bereichsausnahme eng auszulegen.[28] Es gelten für alle Personenverkehrsfreiheiten einheitliche Grundsätze. Dass Art. 45 IV AEUV von einer Beschäftigung in der öffentlichen Verwaltung spricht, darf – vor dem Hintergrund der unionsrechtlich-autonomen Begriffsbildung und des Gebots einer einheitlichen Anwendung des Unionsrechts – nicht dahin missverstanden werden, dass entscheidend die Zuordnung einer Tätigkeit zum öffentlichen Dienst im jeweiligen Mitgliedstaat wäre. Vielmehr ist die Bereichsausnahme – wie dies in Art. 51 AEUV besser zum Ausdruck kommt („Ausübung öffentlicher Gewalt") – nicht institutionell, sondern funktional zu verstehen. Fraglich ist mithin, ob die Tätigkeit „eine unmittelbare oder mittelbare Teilnahme an der Ausübung hoheitlicher Befugnisse und an der Wahrnehmung solcher Aufgaben mit sich bring[t], die auf die Wahrung der allgemeinen Belange des Staates oder anderer öffentlicher Körperschaften gerichtet sind und die deshalb ein Verhältnis besonderer Verbundenheit des jeweiligen Stelleninhabers zum Staat sowie die Gegenseitigkeit von Rechten und Pflichten voraussetzen, die dem Staatsangehörigkeitsband zugrunde liegen."[29] Erforderlich ist daher eine funktionale Betrachtung, die darauf abstellt, ob die Tätigkeit mit der Wahrnehmung von hoheitlichen Kernaufgaben des Staates verbunden ist.[30] Dies hat der EuGH etwa für Studienreferendare verneint.[31] Ein aktueller Streitfall ist der Staatsangehörigkeitsvorbehalt für den Zugang zum Beruf des Notars (§ 5 BNotO), weswegen die Europäische Kommission ein Vertragsverletzungsverfahren gegen Deutschland eingeleitet hat.[32]

3. Tatbestand

Die Personenverkehrsfreiheiten umfassen – neben dem Aufenthaltsrecht – ein Verbot der Diskriminierung von EU-Ausländern sowie ein Beschränkungsverbot. Einer

27 *Streinz*, Europarecht, Rn. 888.
28 EuGH, U.v. 3.7.1986, Rs. 66/85, Slg. 1986, 2121 Rn. 26 – *Lawrie-Blum*. Vgl. auch *Wollenschläger*, in: Pache/Knauff, Fallhandbuch Europäisches Wirtschaftsrecht, § 7 Rn. 20 ff.
29 EuGH, U.v. 3.7.1986, Rs. 66/85, Slg. 1986, 2121 Rn. 27 – *Lawrie-Blum*.
30 Grundlegend EuGH, U.v. 17.12.1980, Rs. 149/79, Slg. 1980, 3881 – *Kommission/Belgien I*.
31 EuGH, U.v. 3.7.1986, Rs. 66/85, Slg. 1986, 2121 – *Lawrie-Blum*.
32 EuGH, B.v. 16.9.2008, Rs. C-54/08 (Zusammenfassung der Klageschrift: ABl. C 107 vom 26.4.2008, S. 16; auch über Homepage des EuGH verfügbar). Dazu *Fuchs*, ZEuS 2008, 143; *Preuß*, GPR 2008, 2; *Schill*, NJW 2007, 2014.

Schlechterstellung von EU-Ausländern, die das Wohnsitzkriterium nicht erfüllen, könnte das Diskriminierungsverbot entgegenstehen. Fraglich ist allerdings, ob sich dieses überhaupt auf den Immobilienerwerb erstreckt (a) und ob eine Diskriminierung angenommen werden kann (b).

a) **Gegenständliche Reichweite des Diskriminierungsverbots.** Fraglich ist zunächst, ob sich die Diskriminierungsverbote der Personenverkehrsfreiheiten überhaupt auf den Zugang zu Immobilien erstrecken.

aa) **Arbeitnehmerfreizügigkeit (Art. 45 AEUV).** Das Diskriminierungsverbot der Arbeitnehmerfreizügigkeit verlangt die „Abschaffung jeder auf der Staatsangehörigkeit beruhenden unterschiedlichen Behandlung der Arbeitnehmer der Mitgliedstaaten in Bezug auf Beschäftigung, Entlohnung und sonstige Arbeitsbedingungen“ (Art. 45 II AEUV). Näher konkretisiert wird dieses Diskriminierungsverbot in der Verordnung (EWG) Nr. 1612/68, die in ihrem Art. 9 I einen Inländerbehandlungsanspruch hinsichtlich des Zugangs zum Immobilienmarkt enthält.

Damit ist die Bewerbung um ein Grundstück im Rahmen eines Einheimischenmodells vom Diskriminierungsverbot der Arbeitnehmerfreizügigkeit (Art. 45 II AEUV, Art. 9 I VO 1612/68) tatbestandlich erfasst.

Hinweis: Der EuGH geht auch hinsichtlich nicht im Sekundärrecht normierter Aspekte von einem weit über das Erwerbsleben hinausgehenden, nahezu umfassenden Diskriminierungsschutz aus. Dies unterstreicht namentlich die Einbeziehung von Aspekten des Privat- und Soziallebens, wie etwa der Zugang zu Freizeiteinrichtungen in Gestalt der Registrierung von Sportbooten.[33]

bb) **Niederlassungs- und Dienstleistungsfreiheit (Art. 49, 56 f. AEUV).** Das Niederlassungsrecht Selbstständiger gewährleistet nach dem Wortlaut des Art. 49 UAbs. 2 AEUV lediglich die Aufnahme und Ausübung selbstständiger Erwerbstätigkeiten sowie die Unternehmensgründung und -leitung nach den Bestimmungen, die auch für die Angehörigen des Aufnahmemitgliedstaates gelten. Dieses Diskriminierungsverbot versteht der EuGH jedoch tatbestandlich umfassend, d. h. über die Erwerbssphäre hinaus. Es erfasse nicht nur spezifisch die Berufstätigkeit regelnden Vorschriften, sondern auch solche, bei denen es „um die verschiedenen, für die Ausübung dieser Tätigkeiten nützlichen allgemeinen Befugnisse geht“.[34] Ausdrücklich erstreckt hat der EuGH das Diskriminierungsverbot auf immobilienbezogene Regelungen wie Immobilienerwerb, -nutzung und -verkauf sowie den Zugang zu Sozialwohnungen und Immobilienkrediten (vgl. auch Art. 50 II lit. e AEUV).[35]

---

33 EuGH, U.v. 7.3.1996, Rs. C-334/94, Slg. 1996, I-1307 Rn. 20 ff. – *Kommission/Frankreich*; U.v. 12.6.1997, Rs. C-151/96, Slg. 1997, I-3327 Rn. 13 ff. – *Kommission/Irland*. Näher *Wollenschläger*, Grundfreiheit ohne Markt, S. 34 ff.; *ders.*, ZEuS 2009, 1 (6 ff.); *ders.*, in: Pache/Knauff, Fallhandbuch Europäisches Wirtschaftsrecht, § 7 Rn. 40 ff.

34 EuGH, U.v. 30.5.1989, Rs. 305/87, Slg. 1989, 1461 Rn. 21 f. – *Kommission/Griechenland*; U.v. 14.1.1988, Rs. 63/86, Slg. 1988, 29 Rn. 14 ff. – *Kommission/Italien*. Siehe ferner U.v. 10.3.1993, Rs. C-111/91, Slg. 1993, I-817 Rn. 17 – *Kommission/Luxemburg*. Ausführlich dazu *Wollenschläger*, Grundfreiheit ohne Markt, S. 37 f.

35 EuGH, U.v. 30.5.1989. Rs. 305/87, Slg. 1989, 1461 Rn. 21 f. – *Kommission/Griechenland*; U.v. 14.1.1988, Rs. 63/86, Slg. 1988, 29 Rn. 14 ff. – *Kommission/Italien*. Vgl. auch Art. 50 II lit. e AEUV, wonach die Ermöglichung des Erwerbs und der Nutzung von Grundbesitz im Hoheitsgebiet eines Mitgliedstaats durch Angehörige eines anderen Mitgliedstaats der Verwirklichung der Niederlassungsfreiheit dient (dazu wiederum EuGH, U.v. 1.6.1999, Rs. C-302/97, Slg. 1999, I-3099 Rn. 22 – *Konle;* U.v. 25.1.2007, Rs. C-370/05, Slg. 2007, I-1129 Rn. 22 – *Festersen*).

Hinweis: Auch das Diskriminierungsverbot der Niederlassungsfreiheit versteht der EuGH – trotz seiner erwerbstätigkeitsbezogenen Formulierung – umfassend. Es „bezieht sich nicht nur auf besondere Vorschriften über die Ausübung beruflicher Tätigkeiten, es gilt auch ... für jede Beeinträchtigung der Ausübung selbständiger Tätigkeiten durch Angehörige anderer Mitgliedstaaten, die in einer unterschiedlichen Behandlung der Angehörigen anderer Mitgliedstaaten gegenüber Inländern besteht ...".[36]

Die Bewerbung um ein Grundstück im Rahmen eines Einheimischenmodells ist mithin vom Diskriminierungsverbot der Niederlassungsfreiheit erfasst.

Analog lässt sich für die Dienstleistungsfreiheit argumentieren.[37]

Hinweis: Auch deren Diskriminierungsverbot reicht über das Erwerbsleben hinaus. Der EuGH versteht es nicht streng dienstleistungsbezogen, sondern umfassend: So hat er etwa in der Rs. *Cowan* Leistungen nach dem Opferentschädigungsgesetz für den in der Pariser Metro überfallenen, gleichnamigen englischen Touristen (und damit Dienstleistungsempfänger) in den Diskriminierungsschutz einbezogen.[38]

cc) **Unionsbürgerliches Diskriminierungsverbot (Art. 21 i. V. m. 18 AEUV).** Seit Einführung des allgemeinen Freizügigkeitsrechts profitieren nunmehr auch nichterwerbstätige Unionsbürger im EU-Ausland von einem weit reichenden Inländerbehandlungsanspruch (Art. 21 i. V. m. 18 AEUV).

Sie befinden sich nämlich aufgrund ihres von Art. 21 I AEUV geschützten Aufenthalts im Anwendungsbereich des AEUV und können sich damit auf das in Art. 18 I AEUV verankerte allgemeine Diskriminierungsverbot berufen und Gleichbehandlung mit Inländern verlangen.[39]

Die Reichweite des unionsbürgerlichen Diskriminierungsverbots wird in der Literatur zwar mitunter restriktiv gefasst und dieses auf unmittelbar mit dem Aufenthaltsrecht zusammenhängende Aspekte beschränkt.[40] Vorliegend folgen hieraus aber keine Einschränkungen: Denn angesichts des engen Zusammenhangs von Immobilienerwerb und Aufenthalt müsste auch nach der engen Literaturmeinung die Bewerbung um ein Grundstück als vom unionsbürgerlichen Diskriminierungsverbot umfasst angesehen werden.

---

36 EuGH, U.v. 10.3.1993, Rs. C-111/91, Slg. 1993, I-817 Rn. 17 – *Kommission/Luxemburg*.
37 Vgl. EuGH, U.v. 14.1.1988, Rs. 63/86, Slg. 1988, 29 Rn. 20 – *Kommission/Italien*.
38 EuGH, U.v. 2.2.1989, Rs. C-186/87, Slg. 1989, 195 Rn. 17f. – *Cowan*.
39 EuGH, U.v. 12.5.1998, Rs. C-85/96, Slg. 1998, I-2691 – *Sala*; U.v. 24.11.1998, Rs. C-274/96, Slg. 1998, I-7637 – *Bickel und Franz*; U.v. 20.9.2001, Rs. C-184/99, Slg. 2001, I-6193 – *Grzelczyk*; U.v. 2.10.2003, Rs. C-148/02, Slg. 2003, I-11613 – *Avello*; U.v. 7.9.2004, Rs. C-456/02, Slg. 2004, I-7573 – *Trojani*; U.v. 15.3.2005, Rs. C-209/03, Slg. 2005, I-2119 – *Bidar*. Zum Sonderfall Arbeitsuchender siehe U.v. 23.3.2004, Rs. C-138/02, Slg. 2004, I-2703 – *Collins*, U.v. 15.9.2005, C-258/04, Slg. 2005, I-8275 – *Ioannidis*, und U.v. 4.6.2009, verb. Rs. C-22/08 und C-23/08, Slg. 2009, I-4585 – *Vatsouras und Koupatantze*.
40 Siehe nur *Bode*, EuZW 2005, 279 (280). Weitere Nachweise (und Kritik) bei *Wollenschläger*, Grundfreiheit ohne Markt, S. 229ff.; *ders.*, ZEuS 2009, 1 (32ff.).

Hinweis: Die enge Literaturmeinung entspricht freilich weder der Rechtsprechung des EuGH noch ist sie in der Sache überzeugend; dies schon deshalb, weil sie schwierige Abgrenzungsfragen aufwirft und auch der AEUV von einem weiten Konnexitätsverständnis ausgeht (vgl. Art. 21 II und 3 AEUV). Auszuklammern sind vielmehr nur eng mit der nationalen Staatsangehörigkeit verknüpfte Rechte; im Übrigen besteht ein tatbestandlich umfassender Inländerbehandlungsanspruch – wie dies auch bei den anderen Personenverkehrsfreiheiten der Fall ist.[41] In seiner Rechtsprechung einbezogen hat der EuGH bislang Sozialleistungen (für Sozialhilfe: Rs. *Grzelczyk* und *Trojani*; für Erziehungsgeld: Rs. *Sala*; für Studierenden gewährte Unterhaltsstipendien: Rs. *Bidar*; für Vergünstigungen für Behinderte [kostenlose Mautvignette]: Rs. *Gottwald*), aber auch das Recht zur Sprachwahl vor nationalen Gerichten und Behörden (Rs. *Bickel* und *Franz*) und das Namensrecht (Rs. *Avello*).[42]

In der RL 2004/38/EG hat der Unionsgesetzgeber die Rechtsprechung des EuGH nunmehr kodifiziert.[43] Deren Art. 24 I bestimmt: „Vorbehaltlich spezifischer und ausdrücklich im Vertrag und im abgeleiteten Recht vorgesehener Bestimmungen genießt jeder Unionsbürger, der sich aufgrund dieser Richtlinie im Hoheitsgebiet des Aufnahmemitgliedstaats aufhält, im Anwendungsbereich des Vertrags die gleiche Behandlung wie die Staatsangehörigen dieses Mitgliedstaats."

dd) Zwischenergebnis. Die Bewerbung um ein Grundstück im Rahmen eines Einheimischenmodells ist damit vom Tatbestand der Diskriminierungsverbote der Personenverkehrsfreiheiten erfasst.

b) Vorliegen einer Diskriminierung. Des Weiteren müsste eine Diskriminierung vorliegen. Die Personenverkehrsfreiheiten erstrecken sich nicht nur auf offene, sondern auch auf versteckte Diskriminierungen aufgrund der Staatsangehörigkeit. Offene Diskriminierungen knüpfen formal an das Merkmal der Staatsangehörigkeit an, verdeckte Diskriminierungen rekurrieren auf ein anderes Differenzierungskriterium, das jedoch im Ergebnis die Benachteiligung von EU-Ausländern bewirkt.

Da nach der (langjährigen) Ortsansässigkeit und nicht nach der Staatsangehörigkeit differenziert wird, kann nur eine verdeckte Diskriminierung vorliegen. Fraglich ist allerdings, ob eine solche in Betracht kommt, wenn die Regelung nicht nur EU-Ausländer, sondern auch an einem anderen Ort im Inland wohnende Inländer benachteiligt.[44]

Hierbei ist zu berücksichtigen, dass der Rechtsprechung des EuGH ein äußerst weites Diskriminierungskonzept zugrunde liegt. Zum einen „braucht nicht festgestellt zu werden, dass die in Rede stehende Vorschrift in der Praxis einen wesentlich größeren Anteil der Wanderarbeitnehmer betrifft. Es genügt die Feststellung, dass die betreffende Vorschrift geeignet ist, eine solche Wirkung hervorzurufen."[45] Zum anderen muss die nationale Maßnahme keine der Staatsangehörigkeit vergleichbare Ausschlusswirkung

---

41 Näher *Wollenschläger*, Grundfreiheit ohne Markt, S. 231 ff.; *ders.*, ZEuS 2009, 1 (32 ff.).

42 EuGH, U.v. 12.5.1998, Rs. C-85/96, Slg. 1998, I-2691 – *Sala*; U.v. 24.11.1998, Rs. C-274/96, Slg. 1998, I-7637 – *Bickel und Franz*; U.v. 20.9.2001, Rs. C-184/99, Slg. 2001, I-6193 – *Grzelczyk*; U.v. 2.10.2003, Rs. C-148/02, Slg. 2003, I-11613 – *Avello*; U.v. 7.9.2004, Rs. C-456/02, Slg. 2004, I-7573 – *Trojani*; U.v. 15.3.2005, Rs. C-209/03, Slg. 2005, I-2119 – *Bidar*; U.v. 1.10.2009, Rs. C-103/08 – *Gottwald*.

43 ABl. 2004 L 158/77; berichtigte Fassung in ABl. 2004 L 229/35.

44 Siehe zum Konzept der versteckten Diskriminierung auch *Wollenschläger*, NVwZ 2008, 506 (509 f.); *ders.*, in: Pache/Knauff, Fallhandbuch Europäisches Wirtschaftsrecht, § 7 Rn. 46 ff.

45 EuGH, U.v. 23.5.1996, Rs. C-237/94, Slg. 1996, I-2617 Rn. 21 – *O'Flynn*.

entfalten: Die Privilegierung eines kleinen Teils der Inländer bei gleichzeitiger Schlechterstellung von EU-Ausländern und eines Großteils der Inländer kann genügen. Dementsprechend hat der EuGH nicht nur das Erfordernis eines Wohnsitzes (*irgendwo*) im Inland,[46] sondern auch das eines Wohnsitzes an einem *bestimmten* Ort im Inland[47] als versteckte Diskriminierung qualifiziert. Rechtfertigen lässt sich dies damit, dass jedenfalls typischerweise Inländer bevorzugt werden, da Ortsansässige typischerweise Inländer sind.[48]

Damit ist eine versteckte Diskriminierung zu bejahen.

4. Rechtfertigung

Fraglich ist, ob die Diskriminierung einer Rechtfertigung zugänglich ist.

Während offene Diskriminierung nur mittels des geschriebenen Ordre-public-Vorbehalts (Art. 45 AEUV, Art. 52 I AEUV, ggf. i. V. m. Art. 62 AEUV) gerechtfertigt werden können, mithin aus Gründen der öffentlichen Ordnung, Sicherheit und Gesundheit,[49] ist der Spielraum bei versteckten Diskriminierungen weiter. Versteckte Diskriminierungen sind gerechtfertigt, wenn sie durch objektive, von der Staatsangehörigkeit der Betroffenen unabhängige Erwägungen gerechtfertigt sind und in einem angemessenen Verhältnis zu dem Zweck stehen, der mit den nationalen Rechtsvorschriften zulässigerweise verfolgt wird.[50]

Exkurs: Beschränkungsverbote. Nach der Rechtsprechung des EuGH und der h. Lit. umfassen alle Grundfreiheiten auch sog. „Beschränkungsverbote".

Die **Dienstleistungsfreiheit** umfasst nach h. M. und der Rechtsprechung des Gerichtshofs nicht nur ein Verbot der Diskriminierung ausländischer Dienstleistungsempfänger bzw. -erbringer gegenüber Inländern, sondern auch ein Beschränkungsverbot.[51] Dieses verlangt die „Aufhebung aller Beschränkungen ... – selbst wenn sie unterschiedslos für inländische Dienstleistende wie für solche aus anderen Mitgliedstaaten gelten –, sofern sie geeignet sind, die Tätigkeiten eines Dienstleistenden, der in einem anderen Mitgliedstaat ansässig ist und dort rechtmäßig ähnliche Dienstleistungen erbringt, zu unterbinden oder zu behindern".

Fraglich (und umstritten) ist, wann sich eine nationale Maßnahme als derartige Beschränkung darstellt. Es besteht Einigkeit, dass diese ausufernde Formel tatbestandlicher Korrektive bedarf. Jedenfalls zu fordern sind Auswirkungen auf den

46 EuGH, U.v. 29.4.1999, Rs. C-224/97, Slg. 1999, I-2517 Rn. 13 f. – *Ciola*; 15.3.2005, Rs. C-209/03, Slg. 2005, I-2119 Rn. 52 f. – *Bidar*.
47 EuGH, U.v. 6.6.2000, Rs. C-281/98, Slg. 2000, I-4139 Rn. 37 ff. – *Angonese*; U.v. 16.1.2003, Rs. C-388/01, Slg. 2003, I-721 Rn. 13 ff. – *Kommission/Italien*.
48 Siehe *Wollenschläger*, NVwZ 2008, 506 (509); *ders.*, in: Pache/Knauff, Fallhandbuch Europäisches Wirtschaftsrecht, § 7 Rn. 46 ff.
49 EuGH, U.v. 16.1.2003, Rs. C-388/01, Slg. 2003, I-721 Rn. 19 – *Kommission/Italien* (str.).
50 Vgl. statt vieler EuGH, U.v. 23.5.1996, Rs. C-237/94, Slg. 1996, I-2617 Rn. 19 – *O'Flynn*.
51 Siehe nur EuGH, U.v. 8.9.2005, verb. Rs. C-544 und C-545/03, Slg. 2005, I-7723 Rn. 29 – *Mobistar und Belgacom*; *Streinz*, Europarecht, Rn. 801, 804 ff. Umfassend zur Entwicklung der Grundfreiheiten von Diskriminierungs- zu Beschränkungsverboten: *Wollenschläger*, Grundfreiheit ohne Markt, S. 41 ff.; *ders.*, ZEuS 2009, 1 (11 ff.).

Marktzugang.[52] Ohne weiteres zu bejahen sind solche, wenn die nationale Regelung die Zulassung des Dienstleistenden betrifft, mithin das „Ob" der beruflichen Betätigung.[53] Hieraus folgt allerdings nicht, dass Regelungen des „Wie" der beruflichen Betätigung aus dem Tatbestand heraus fielen. Vielmehr ist bei Berufsausübungsregeln anhand des Gewichts ihrer Konsequenzen zu prüfen, ob sie auf den Marktzugang durchschlagen.[54] Dies liegt bei Werbeverboten nahe.[55] Bejaht hat der EuGH es auch hinsichtlich einer italienischen Regelung, die einen Kontrahierungszwang für Versicherungsunternehmen vorsah.[56] Demgegenüber verneinte der EuGH Marktzugangsbarrieren von hinreichendem Gewicht bei der Erhebung von moderaten Kommunalabgaben für die Dienstleistungserbringung.[57]

Hinweis: In der Rs. *Alpine Investments* hat der EuGH eine Anwendung der „*Keck*-Formel"[58] im Kontext der Dienstleistungsfreiheit mit dem Argument abgelehnt, dass die streitgegenständliche Maßnahme („cold calling", d.h. Verbot der telefonischen Kontaktaufnahme mit potentiellen Kunden ohne deren vorherige Zustimmung) den Marktzugang betraf.[59]

Einigkeit besteht auch insoweit, dass die Grundfreiheiten jenseits des Diskriminierungsverbots aufgrund der Staatsangehörigkeit jedenfalls sog. „materielle Diskriminierungen" erfassen, d.h. Regelungen, „die die Erbringung von Dienstleistungen zwischen Mitgliedstaaten gegenüber der Erbringung von Dienstleistungen erschwer[en],

52 EuGH, U.v. 28.4.2009, Rs. C-518/06, Slg. 2009, I-3491 Rn. 64 – *Kommission/Italien*; ferner U.v. 10.5.1995, Rs. C-384/93, Slg. 1995, I-1141 Rn. 37f. – *Alpine Investments*; *Streinz*, Europarecht, Rn. 809a; *Wollenschläger*, in: Pache/Knauff, Fallhandbuch Europäisches Wirtschaftsrecht, § 7 Rn. 56. Kritisch zum Konzept des Marktzugangs jüngst *Snell*, CML Rev. 47 (2010), 437.

53 EuGH, U.v. 28.4.2009, Rs. C-518/06, Slg. 2009, I-3491 Rn. 65 – *Kommission/Italien*.

54 EuGH, U.v. 28.4.2009, Rs. C-518/06, Slg. 2009, I-3491 Rn. 66ff. – *Kommission/Italien*.

55 Siehe etwa EuGH, U.v. 17.7.2008, Rs. C-500/06, Slg. 2009, I-3491 Rn. 29ff. – *Corporación Dermoestética*.

56 EuGH, U.v. 28.4.2009, Rs. C-518/06, Slg. 2008, I-5785 Rn. 66ff. – *Kommission/Italien*: „Diese Vorschrift stellt eine erhebliche Einmischung in die den Wirtschaftsteilnehmern grundsätzlich zustehende Vertragsfreiheit dar. In einem Bereich wie dem Versicherungssektor betrifft eine solche Maßnahme den Marktzugang der betroffenen Wirtschaftsteilnehmer, insbesondere wenn sie die Versicherungsunternehmen nicht nur dazu verpflichtet, alle Risiken zu übernehmen, die ihnen angeboten werden, sondern auch eine maßvolle Tarifgestaltung verlangt wird. Da er die Versicherungsunternehmen, die auf dem italienischen Markt tätig werden, verpflichtet, jeden möglichen Kunden aufzunehmen, kann dieser Kontrahierungszwang nämlich in Bezug auf Organisation und Investitionen bedeutende zusätzliche Belastungen für diese Unternehmen mit sich bringen. Damit sie auf dem italienischen Markt unter Bedingungen tätig werden können, die im Einklang mit dem italienischen Recht stehen, müssen diese Unternehmen ihre Geschäftspolitik und -strategie überdenken, u.a. indem sie ihr Angebot an Versicherungsleistungen erheblich erweitern. Da der Kontrahierungszwang für diese Unternehmen Anpassungen und Kosten von solchem Umfang nach sich zieht, wird der Zugang zum italienischen Markt durch diese Verpflichtung weniger attraktiv gemacht und verringert im Fall des Zugangs die Möglichkeit der betroffenen Unternehmen, ohne Weiteres mit den traditionell in Italien ansässigen Unternehmen wirksam in Wettbewerb zu treten ... Folglich beschränkt der Kontrahierungszwang ... den freien Dienstleistungsverkehr."

57 EuGH, U.v. 17.2.2005, Rs. C-134/03, Slg. 2005, I-1167 Rn. 38 – *Viacom*; U.v. 8.9.2005, verb. Rs. C-544 und C-545/03, Slg. 2005, I-7723 Rn. 31ff. – *Mobistar und Belgacom*; *Streinz*, Europarecht, Rn. 89.

58 Zu dieser Fall 1, S. 4f.; siehe auch *Saurer*, in: Pache/Knauff, Fallhandbuch Europäisches Wirtschaftsrecht, § 4 Rn. 7f.

59 EuGH, U.v. 10.5.1995, Rs. C-384/93, Slg. 1995, I-1141 Rn. 37f. – *Alpine Investments*.

die innerhalb eines einzigen Mitgliedstaats stattfindet".[60] Ein Beispiel für eine derartige Erschwerung (hier: Dienstleistungstätigkeit ausländischer Banken) wäre eine niederländische Regelung, nach der „die niederländischen Steuerbehörden, wenn eine Steuererhebung unterblieben ist oder in zu niedriger Höhe vorgenommen wurde, die Steuer, wenn es sich um Guthaben und Einkünfte in den Niederlanden handelt, innerhalb von fünf Jahren und, wenn es sich um ausländische Guthaben oder Einkünfte handelt, innerhalb von zwölf Jahren nachfordern dürfen."[61] Der EuGH fasst derartige Konstellationen regelmäßig unter das „Beschränkungsverbot".[62]

Tatbestandliche Beschränkungen sind nach der sog. „*Gebhard*-Formel" einer Rechtfertigung aus zwingenden Gründen des Allgemeininteresses zugänglich: „[N]ationale Maßnahmen, die die Ausübung der durch den Vertrag garantierten grundlegenden Freiheiten behindern oder weniger attraktiv machen können, [müssen] vier Voraussetzungen erfüllen ...: Sie müssen in nichtdiskriminierender Weise angewandt werden, sie müssen aus zwingenden Gründen des Allgemeininteresses gerechtfertigt sein, sie müssen geeignet sein, die Verwirklichung des mit ihnen verfolgten Zieles zu gewährleisten, und sie dürfen nicht über das hinausgehen, was zur Erreichung dieses Zieles erforderlich ist".[63]

Hinsichtlich der **Niederlassungsfreiheit** gilt das soeben zum Beschränkungsverbot der Dienstleistungsfreiheit Ausgeführte entsprechend, da der EuGH beide Gewährleistungen insoweit parallelisiert.[64]

Auch die **Arbeitnehmerfreizügigkeit** umfasst, wie der EuGH erstmals in der Rs. *Bosman* klargestellt hat, ein Beschränkungsverbot: „Bestimmungen, die einen Staatsangehörigen eines Mitgliedstaats daran hindern oder davon abhalten, sein Herkunftsland zu verlassen, um von seinem Recht auf Freizügigkeit Gebrauch zu machen, stellen ... Beeinträchtigungen dieser Freiheit dar".[65] In der Rs. *Graf* hat der Gerichtshof diese Formel tatbestandlich eingegrenzt: Die nationale Maßnahme muss den Zugang des Arbeitnehmers zum Arbeitsmarkt betreffen (Trennlinie jedoch nicht zwischen „ob" und „wie") und einen hinreichend engen Bezug zur Arbeitnehmerfreizügigkeit aufweisen (ungewisse und indirekte Konsequenzen ungenügend).[66]

60 Siehe nur EuGH, U.v. 8.9.2005, verb. Rs. C-544 und C-545/03, Slg. 2005, I-7723 Rn. 30 – *Mobistar und Belgacom*; U.v. 4.12.2008, Rs. C-330/07, Slg. 2008, I-9099 Rn. 24 ff. – *Jobra*; U.v. 11.6.2009, verb. Rs. C-155 und 157/08, Slg. 2009, I-9053 Rn. 32 – *X und E. H. A. Passenheim-van Schoot.*

61 Dazu U.v. 11.6.2009, verb. Rs. C-155 und 157/08, Slg. 2009, I-5093 – *X und E. H. A. Passenheim-van Schoot.*

62 Siehe nur EuGH, U.v. 11.6.2009, verb. Rs. C-155 und 157/08, Slg. 2009, I-5093 Rn. 40 – *X und E. H. A. Passenheim-van Schoot.*

63 EuGH, U.v. 30.11.1995, Rs. C-55/94, Slg. 1995, I-4165 Rn. 37 – *Gebhard*; ferner U.v. 28.4.2009, Rs. C-518/06, Slg. 2009, I-3491 Rn. 72 – *Kommission/Italien.*

64 Siehe EuGH, U.v. 28.4.2009, Rs. C-518/06 Rn. 61 ff. (insb. 62) – *Kommission/Italien.* Für jüngere Beispiele: EuGH, U.v. 19.5.2009, Rs. C-171/07 und C-172/07, Slg. 2009, I-4171 Rn. 22 ff. – *Apothekerkammer Saarland* (Fremdbesitzverbot hinsichtlich Apotheken; ein ähnlicher Sachverhalt lag dem U.v. 19.5.2009, Rs. C-531/06, Slg. 2009, I-4103 *Kommission/Italien*, zugrunde – siehe demgegenüber aber auch U.v. 21.4.2005, Rs. C-140/03, Slg. 2005, I-3177 Rn. 35 f. – *Kommission/Griechenland*).

65 EuGH, U.v. 15.12.1995, Rs. C-415/93, Slg. 1995, I-4921 – *Bosman.* Näher *Wollenschläger*, in: Pache/Knauff, Fallhandbuch Europäisches Wirtschaftsrecht, § 7 Rn. 51 ff.

66 EuGH, U.v. 12.1.2000, Rs. C-190/98, Slg. 2000, I-493 – *Graf.*

Fraglich ist, ob hier eine Rechtfertigung in Betracht kommt.

Ziel der Einheimischenmodelle ist es, eine Verdrängung der oftmals sozial schwächeren einheimischen Bevölkerung zu verhindern; ihnen liegt also sowohl eine sozialpolitische als auch eine städtebauliche Zielsetzung zugrunde. Diese Zielsetzung würde in Frage gestellt, wenn auch Ortsfremde in den Genuss von Einheimischenmodellen kämen; angesichts der geringen Belastungsintensität (Zuzug nicht gesperrt) ist die Einheimischenförderung auch nicht unangemessen. Eine Rechtfertigung ist somit möglich (a. A. vertretbar).[67] Dass bauplanerische Ziele eine Beschränkung der Grundfreiheiten rechtfertigen können, ist im Übrigen auch in der Rechtsprechung des EuGH anerkannt.[68]

Hinweis: Soziale Gesichtspunkte allein könnten das Einheimischenmodell nicht rechtfertigen, da auch Ortsfremde bedürftig sein können. Im Übrigen ist in der Rechtsprechung des EuGH anerkannt, dass Sozialleistungsansprüche Erwerbstätiger nicht von einer Wartefrist (= Mindestaufenthalt im Inland) anhängig gemacht werden können.[69] Anders die Rechtsprechung zum unionsbürgerlichen Diskriminierungsverbot (Art. 21 i. V. m. 18 AEUV): Hier werden zwar gewisse Wartefristen akzeptiert;[70] spätestens mit Erwerb des Daueraufenthaltsrechts nach regelmäßig fünfjährigem Aufenthalt sind aber alle Inländern gewährte Sozialleistungen auch nichterwerbstätigen EU-Ausländern zu gewähren.[71]

Zwischenergebnis: Das Wohnsitzerfordernis lässt sich rechtfertigen.

5. Zwischenergebnis

Eine Verletzung der Personenverkehrsfreiheiten scheidet aus.

II. Kapitalverkehrsfreiheit

Die Beschränkung der Möglichkeit für Ortsfremde, Grundstücke zu erwerben, könnte ferner die Kapitalverkehrsfreiheit (Art. 63 ff. AEUV) verletzen.[72]

Die Kapitalverkehrsfreiheit ist seit dem 1.1.1994 unmittelbar anwendbar.[73] Anders als die Personenverkehrsfreiheiten berechtigt sie auch Drittstaatsangehörige.[74]

Nach der Rechtsprechung des EuGH stellt der „Erwerb eines Grundstücks in einem Mitgliedstaat durch einen Gebietsfremden, aus welchen Gründen auch immer er erfolgt, … eine Immobilieninvestition dar, die in die Kategorie des Kapitalverkehrs zwi-

---

67 So auch *Huber/Wollenschläger*, Einheimischenmodelle, 2008, Rn. 97 ff. Von einer Europarechtswidrigkeit geht demgegenüber aus *Burgi*, JZ 1999, 873 (880 f.); zweifelnd *Kahl/Röder*, JuS 2001, 24 (28).

68 EuGH, U.v. 5.3.2002, Rs. C-515/99, Slg. 2002, I-2157 Rn. 34 – *Reisch u. a.*

69 Siehe nur EuGH, U.v. 27.3.1985, Rs. 249/83, Slg. 1985, 973 Rn. 23 ff. – *Hoeckx*, für Sozialhilfe. Näher dazu *Wollenschläger*, Grundfreiheit ohne Markt, S. 38 f., 253 f. Ein Mindestaufenthaltskriterium fordert dagegen *Hailbronner*, ZAR 1988, 3 (6).

70 Siehe nur EuGH, U.v. 15.3.2005, Rs. C-209/03, Slg. 2005, I-2119 Rn. 54 ff. – *Bidar*; Art. 24 II RL 2004/38/EG.

71 *Wollenschläger*, Grundfreiheit ohne Markt, S. 253 ff.; *ders.*, ZEuS 2009, 1 (35 ff.).

72 Näher zur Kapitalverkehrsfreiheit *Lippert*, Jura 2009, 342.

73 EuGH, U.v. 29.2.1996, verb. Rs. C-193, C-165 und C-250/94, Slg. 1995, I-4821 Rn. 40 ff. – *Sanz de Lera u. a.*; *Bröhmer*, in: Calliess/Ruffert, EUV/EGV, Art. 56 Rn. 3.

74 Näher dazu *Bröhmer*, in: Calliess/Ruffert, EUV/EGV, Art. 56 Rn. 5 ff. Restriktiv mit Blick auf den Gewährleistungsumfang der Kapitalverkehrsfreiheit für Sachverhalte mit Drittstaatsbezug jüngst EuGH, U.v. 18.12.2007, Rs. C-101/05, Slg. 2007, I-11531 Rn. 60 ff. – *A.*

schen den Mitgliedstaaten fällt."[75] Unerheblich ist demnach, ob der Ausländer eine Immobilie zu Wohnzwecken oder als Kapitalanlage erwirbt.[76] In beiden Fällen stellt sich jedoch die Frage der Abgrenzung der Kapitalverkehrsfreiheit zu den anderen Grundfreiheiten.[77]

Für den zuerst genannten Fall hat der EuGH das Konkurrenzverhältnis noch nicht ausdrücklich entschieden;[78] der Erwerb einer Immobilie zu Aufenthaltszwecken ist allerdings als Annex den Personenverkehrsfreiheiten zuzuordnen, wofür auch Art. 50 II lit. e AEUV spricht.[79] Im zweiten Fall muss eine Abgrenzung zur Niederlassungsfreiheit erfolgen, die nach der Rechtsprechung des Gerichtshofs dann zurücktritt, wenn „[k]eine dauernde Präsenz im Aufnahmemitgliedstaat sichergestellt ist und ... im Fall des Erwerbs und des Besitzes von Grundstücken deren Verwaltung nicht aktiv erfolgt".[80]

Hinsichtlich Immobilieninvestitionen von Ausländern kann die Kapitalverkehrsfreiheit mithin für einschlägig erachtet werden. Das Ortsansässigkeitserfordernis für den Erwerb stellt auch eine versteckte Diskriminierung von Ausländern dar (siehe oben, B.I.3.b). Es kann allerdings – wie ebenfalls oben ausgeführt (B.I.4) – gerechtfertigt werden (a. A. vertretbar).

Zwischenergebnis: Eine Verletzung der Kapitalverkehrsfreiheit scheidet aus.

III. Zwischenergebnis

Die Klage der Kommission ist damit unbegründet.

C. Gesamtergebnis

Die Klage hat keine Aussicht auf Erfolg, da sie teilweise unzulässig und im Übrigen unbegründet ist. Der EuGH wird damit keine Vertragsverletzung durch die Bundesrepublik Deutschland feststellen (Art. 260 I AEUV).

Hinweis: Bei Nichtbeachtung des – eine Vertragsverletzung feststellenden – Urteils bestünde die Möglichkeit, ein Zwangsgeld zu verhängen (Art. 260 II AEUV).

---

75 EuGH, U.v. 13.7.2000, Rs. C-423/98, Slg. 2000, I-5965 Rn. 14 – *Albore*; ferner U.v. 1.6.1999, Rs. C-302/97, Slg. 1999, I-3099 Rn. 22 – *Konle*; U.v. 5.3.2002, verb. Rs. C-515, C-519–524 und C-526–540/99, Slg. 2002, I-2157 Rn. 30 – *Reisch u. a.*; U.v. 25.1.2007, Rs. C-370/05, Slg. 2007, I-1135 Rn. 23 – *Festersen*.

76 Ebenso *Roeßing*, Einheimischenprivilegierungen und EG-Recht, 2008, S. 140 ff.

77 Allgemein zum Verhältnis der Kapitalverkehrsfreiheit zu den anderen Grundfreiheiten *Bröhmer*, in: Calliess/Ruffert, EUV/EGV, Art. 56 Rn. 14 ff.

78 Vgl. nur EuGH, U.v. 1.6.1999, Rs. C-302/97, Slg. 1999, I-3099 Rn. 22, 55 – *Konle*; U.v. 25.1.2007, Rs. C-370/05, Slg. 2007, I-1135 Rn. 21 ff., 47 – *Festersen*.

79 *Huber/Wollenschläger*, Einheimischenmodelle, Rn. 66 f.; *Streinz*, Europarecht, Rn. 897; *Wollenschläger*, NVwZ 2008, 506 (507 f.).

80 EuGH, U.v. 11.10.2007, Rs. C-451/05, Slg. 2007, I-8251 Rn. 62 ff. – *Elisa*; ferner U.v. 14.9.2006, Rs. C-386/04, Slg. 2006, I-8203 Rn. 16 ff. – *Stauffer*. Zum Konkurrenzproblem beim Beteiligungserwerb siehe etwa U.v. 13.3.2007, Rs. C-524/04, Slg. 2007, I-2107 Rn. 26 ff. – *Test Claimants in the Thin Cap Group Litigation*, sowie in der Literatur *Kingston*, CMLRev. 44 (2007), 1321 (1323 ff.); *Rust*, Die Hinzurechnungsbesteuerung, 2007, S. 124 ff.

D. Hilfsgutachten: Altersdiskriminierung

Die Höchstaltersgrenze könnte gegen das unionsgrundrechtliche Verbot der Altersdiskriminierung verstoßen.

I. Das Verbot der Altersdiskriminierung als Unionsgrundrecht

Das Verbot der Altersdiskriminierung stellt ein Unionsgrundrecht dar.

1. Herleitung der Unionsgrundrechte

Grundrechte haben in der Rechtsprechung des EuGH als ungeschriebene, allgemeine Rechtsgrundsätze des Gemeinschaftsrechts Anerkennung gefunden.[81] Diese speisen sich entsprechend den mit dem Vertrag von Maastricht im früheren Art. 6 II des EU-Vertrags kodifizierten Grundrechtserkenntnisquellen namentlich aus den Verfassungsüberlieferungen der Mitgliedstaaten und der EMRK. Diesen Herleitungszusammenhang der Unionsgrundrechte bekräftigt auch der Vertrag von Lissabon (vgl. Art. 6 III EUV); dessen Art. 6 I EUV ordnet aber gleichzeitig die Verbindlichkeit der Grundrechte-Charta im Rang des Primärrechts an. Mit Blick auf dieses Nebeneinander von geschriebenen und ungeschriebenen Unionsgrundrechten empfiehlt es sich, die Grundrechtsprüfung primär anhand der Charta-Grundrechte durchzuführen. Denn die Grundrechte-Charta bietet als geschriebene Rechtsquelle und namentlich mit ihren Schutzbereichs- und Schrankenbestimmungen sowie ihren komplexen Auslegungsregeln einen Ansatzpunkt für die Entwicklung einer stringenten Grundrechtsdogmatik.[82]

Hinweis: Von Bedeutung bleiben die allgemeinen Rechtsgrundsätze allerdings bei Lücken in der Charta sowie außerdem für Polen und das Vereinigte Königreich – angesichts deren „Opt-Out" im Protokoll Nr. 30 – als verbindlicher Grundrechtsstandard.[83]

2. Anerkennung des Unionsgrundrechts „Verbot der Altersdiskriminierung"

Ausdrücklich anerkannt hat der EuGH das Verbot der Altersdiskriminierung als Unionsgrundrecht in der Rs. *Mangold*.[84] Als Erkenntnisquellen heranziehen lässt sich Art. 19 AEUV. In Art. 21 I EuGRC ist nunmehr ein entsprechendes Unionsgrundrecht verankert.

II. Persönlicher Anwendungsbereich der Unionsgrundrechte

Die Unionsgrundrechte binden in erster Linie die Organe der Union (Art. 51 I 1 EuGRC). Die Mitgliedstaaten sind hingegen nur dann an die Unionsgrundrechte gebunden, wenn sie „im Anwendungsbereich des Unionsrechts" handeln (bisherige

---

81 Siehe aus der Anfangszeit: EuGH, U.v. 12.11.1969. Rs. 29/69, Slg. 1969, 419 Rn. 7 – *Stauder*; U.v. 17.12.1970, Rs. 11/70, Slg. 1970, 1125 Rn. 4 – *Internationale Handelsgesellschaft;* U.v. 14.5.1974, Rs. 4/73, Slg. 1974, 491 Rn. 13 – *Nold*.

82 Vgl. *Wollenschläger*, AöR 135 (2010), 363 (380).

83 Angesichts des primärrechtlichen Befunds zu weit geht aber die von *Frenz*, Handbuch Europarecht IV, Rn. 27, angenommene Funktionslosigkeit.

84 EuGH, U.v. 22.11.2005, Rs. C-144/04, Slg. 2005, I-9981 Rn. 74f. – *Mangold*.

Rechtsprechung des EuGH)[85] bzw. – gemäß Art. 51 I 1 EuGRC – Unionsrecht durchführen.

1. Bindung aufgrund der Durchführung von Sekundärrecht

Im Grundsatz unstrittig ist die Bindung der Mitgliedstaaten bei der Umsetzung und Durchführung von Sekundärrecht (Art. 51 I 1 GRC); hier stellt sich lediglich die Frage, ob eine generelle Bindung besteht oder diese nur die Umsetzung bzw. Durchführung zwingender Vorgaben, die den nationalen Stellen kein Gestaltungsspielraum lassen, erfasst[86].

Diese Fallgruppe scheidet allerdings vorliegend aus. Denn die Antidiskriminierungsrichtlinien greifen insoweit nicht: Die vorliegende Differenzierung betrifft nämlich weder das von der Richtlinie 2000/43/EG zur Anwendung des Gleichbehandlungsgrundsatzes ohne Unterschied der Rasse oder der ethnischen Herkunft[87] pönalisierte Differenzierungskriterium noch den auf das Arbeitsleben beschränkten sachlichen Anwendungsbereich der Richtlinie 2000/78/EG zur Festlegung eines allgemeinen Rahmens für die Verwirklichung der Gleichbehandlung in Beschäftigung und Beruf[88].

2. Bindung aufgrund der Beschränkung von Grundfreiheiten

Schon im Grundsatz umstritten – wiewohl vom EuGH (bislang, d. h. vor Inkrafttreten der Charta) bejaht – ist die Bindung nationaler Stellen bei einer Beschränkung der Grundfreiheiten (Unionsgrundrechte als „Schranken-Schranken“ der Grundfreiheiten).[89] Für sie spricht das Gebot einer einheitlichen Anwendung des Unionsrechts, gegen sie die wegen des weit reichenden Anwendungsbereichs des Unionsrechts hervorgerufenen Unitarisierungstendenzen.

Ob im Wortlaut des Art. 51 I 1 EuGRC („Durchführung des Unionsrechts“) eine Korrektur des in der Rechtsprechung des EuGH entwickelten weiten Verständnisses des Anwendungsbereichs der Unionsgrundrechte gesehen werden kann, ist umstritten.[90]

85 Siehe nur EuGH, U.v. 18.6.1991, Rs. C-260/89, Slg. 1991, I-2925 Rn. 42 ff. – *ERT*; U.v. 26.6.1997, Rs. C-368/95, Slg. 1997, I-3689 Rn. 24 – *Familiapress*.

86 Für ersteres: EuGH, U.v. 27.6.2006, Rs. C-540/03, Slg. 2006, I-5769 Rn. 104 f. – *EP/Rat*; ferner U.v. 13.7.1989, Rs. 5/88, Slg. 1989, 2609 Rn. 17 ff. – *Wachauf*; für letzteres: *Kingreen*, in: Calliess/Ruffert, EUV/EGV, Art. 51 GRCh Rn. 12. Siehe im zuletzt genannten Sinne auch BVerfG, B.v. 13.3.2007, 1 BvF 1/05, NVwZ 2007, 937 (938) – allerdings mit Blick auf die Anwendbarkeit nationaler Grundrechte: „Auch eine innerstaatliche Rechtsvorschrift, die eine Richtlinie in deutsches Recht umsetzt, wird insoweit nicht an den Grundrechten des Grundgesetzes gemessen, als das [Unions]recht keinen Umsetzungsspielraum lässt, sondern zwingende Vorgaben macht ... Gleiches gilt auch für den Fall einer an die Bundesrepublik Deutschland gerichteten Entscheidung nach Art. 249 IV EG [heute: Beschlüsse nach Art. 288 IV AEUV], beispielsweise im Falle eines Beihilferückforderungsverlangens der Kommission ...“. Näher *Wollenschläger*, AöR 2010, 363 (376 ff.).

87 ABl. 2000 L 180/22.

88 ABl. 2000 L 303/16.

89 Bejahend: EuGH, U.v. 18.6.1991, Rs. C-260/89, Slg. 1991, I-2925 Rn. 42 ff. – *ERT*; U.v. 26.6.1997, Rs. C-368/95, Slg. 1997, I-3689 Rn. 24 – *Familiapress*; *Scheuing*, EuR 2005, 162 (177 ff.). Ablehnend: *Huber*, Recht der Europäischen Integration, 2. Aufl. 2002, § 8 Rn. 59 ff.; *ders.*, EuR 2008, 190; *Kingreen*, in: Calliess/Ruffert, EUV/EGV, Art. 51 GRCh Rn. 16 f.

90 Für eine weite Auslegung *Calliess*, JZ 2009, 113 (115); *Grabenwarter*, EuGRZ 2004, 563 (564 f.). A. A. *Borowsky*, in: Meyer, Charta der Grundrechte der Europäischen Union, Art. 51 Rn. 29 f.; *Brosius-Gersdorf*, Bindung der Mitgliedstaaten an die Gemeinschaftsgrundrechte, 2005, S. 62, 68 ff. – anders aber als Entwicklungsperspektive, S. 74 ff. Offen gelassen von *Huber*, EuR 2008, 190 (197).

Hiergegen spricht, dass die gemäß Art. 6 I UAbs. 3 EUV und Art. 52 VII EuGRC bei der Auslegung gebührend zu berücksichtigenden Erläuterungen zur Grundrechte-Charta auf die bisherige Rechtsprechung des EuGH Bezug nehmen.[91] Zudem sind andere, gleichfalls verbindliche Sprachfassungen weniger deutlich.[92]

Erkennt man mit dem EuGH diese Fallgruppe an, so ließe sich eine Bindung der Gemeinde bei der Durchführung des Einheimischenmodells begründen: Denn letzteres ist insofern „im Anwendungsbereich des AEUV", als in dem Ortsansässigkeitskriterium eine mittelbare Diskriminierung zu sehen ist (dazu oben, B.).

Hinweis: In der Rs. *Bartsch* hat der EuGH klargestellt, dass das unionsgrundrechtliche Verbot der Diskriminierung aus Gründen des Alters die Mitgliedstaaten nur dann bindet, wenn die inkriminierte nationale Maßnahme einen entsprechenden unionsrechtlichen Bezug aufweist. Aus Art. 19 AEUV allein, der vielmehr Umsetzungsmaßnahmen auf EU-Ebene voraussetzt, folgt ein solcher nicht.[93]

III. Verstoß gegen das Diskriminierungsverbot

Hält man die Unionsgrundrechte für einschlägig, ist jedoch zu berücksichtigen, dass auch das unionsrechtliche Verbot der Altersdiskriminierung keine absolute Geltung beansprucht, sondern eine Rechtfertigung von Differenzierungen zulässt.[94] Mit Blick auf das angestrebte Ziel der Familienförderung ist eine solche zu bejahen (a. A. unter Verweis auf schematische Anwendung der Altersgrenze vertretbar).

Ergebnis: Ein Verstoß gegen das unionsgrundrechtliche Verbot der Altersdiskriminierung scheidet aus.

Frage 2

Fraglich ist, ob die Nichtberücksichtigung des S bei der Grundstücksvergabe aufgrund seiner den Vergabekriterien nicht entsprechenden Wohnsitzdauer gegen Unionsrecht verstößt.

---

91 Erläuterungen zu Art. 52 Abs. 3 der Charta der Grundrechte (2007/C 303/02), ABl. 2007 C 303/17 (32): „Was die Mitgliedstaaten betrifft, so ist der Rechtsprechung des Gerichtshofs eindeutig zu entnehmen, dass die Verpflichtung zur Einhaltung der im Rahmen der Union definierten Grundrechte für die Mitgliedstaaten nur dann gilt, wenn sie im Anwendungsbereich des Unionsrechts handeln (Urteil vom 13. Juli 1989, Rechtssache 5/88, Wachauf, Slg. 1989, 2609, Urteil vom 18. Juni 1991, Rechtssache C-260/89, ERT, Slg. 1991, I-2925, Urteil vom 18. Dezember 1997, Rechtssache C-309/96, Annibaldi, Slg. 1997, I-7493). Der Gerichtshof hat diese Rechtsprechung kürzlich wie folgt bestätigt: ‚Die Mitgliedstaaten müssen bei der Durchführung der gemeinschaftsrechtlichen Regelungen aber auch die Erfordernisse des Grundrechtschutzes in der Gemeinschaftsrechtsordnung beachten.' (Urteil vom 13. April 2000, Rechtssache C-292/97, Slg. 2000, I-2737, Randnr. 37)." Ebenso *Calliess*, JZ 2009, 113 (115); *Schmahl*, EuR Beih. 1/2008, 7 (12 Fn. 41). Ausführlich zur Genese *Brosius-Gersdorf*, Bindung der Mitgliedstaaten an die Gemeinschaftsgrundrechte, S. 47ff., unter Betonung von deren Offenheit.

92 Die französische Fassung spricht von „mettent en oeuvre le droit de l'Union", die italienische von „attuazione del diritto dell'Unione", die spanische von „apliquen el Derecho de la Unión".

93 EuGH, U.v. 23.9.2008, Rs. C-427/06, Slg. 2008, I-7245 Rn. 16ff. – *Bartsch*. In diesem Fall ging es um einen rein nationalen Sachverhalt.

94 Vgl. EuGH, U.v. 16.10.2007, Rs. C-411/05, Slg. 2007, I-8531 Rn. 52ff. – *Palacios de la Villa*; strenger noch U.v. 22.11.2005, Rs. C-144/04, Slg. 2005, I-9981 Rn. 58ff. – *Mangold*.

A. Vereinbarkeit mit den Bestimmungen über die Freizügigkeit der Arbeitnehmer (Art. 45 ff. AEUV) bzw. über das Niederlassungsrecht Selbstständiger (Art. 49 ff. AEUV)

S hat sich ausschließlich zu Studienzwecken nach Italien begeben und nicht, um dort eine (selbstständige oder unselbstständige) Erwerbstätigkeit auszuüben. Damit scheidet eine Berufung auf die Arbeitnehmerfreizügigkeit (Art. 45 ff. AEUV) oder das Niederlassungsrecht Selbstständiger (Art. 49 ff. AEUV) aus.

B. Vereinbarkeit mit der Dienstleistungsfreiheit (Art. 56 ff. AEUV)

S hat in Italien Bildungsdienstleistungen in Anspruch genommen. Fraglich ist daher, ob sich S auf die (passive) Dienstleistungsfreiheit (Art. 56 ff. AEUV) berufen kann.

Hierzu müsste sich das Bildungsangebot zunächst aber einmal als Dienstleistung i. S. d. Art. 56 f. AEUV darstellen. Gemäß Art. 57 UAbs. 1 AEUV sind „Dienstleistungen im Sinne dieses Vertrags ... Leistungen, die in der Regel gegen Entgelt erbracht werden, soweit sie nicht den Vorschriften über den freien Waren- und Kapitalverkehr und über die Freizügigkeit der Personen unterliegen".

Problematisch ist das Merkmal der Entgeltlichkeit. Mit dem Bildungsangebot an öffentlichen Hochschulen wird der Staat nämlich nicht unternehmerisch tätig, sondern verfolgt soziale, kulturelle und bildungspolitische Motive. An dieser Betrachtung ändert auch die etwaige Erhebung von Studiengebühren nichts, insbesondere, weil Hochschulen auch dann zu einem überwiegenden Teil aus dem Staatshaushalt finanziert werden.[95]

Auch eine Berufung auf die Dienstleistungsfreiheit (Art. 56 ff. AEUV) scheidet damit aus.

C. Allgemeines Freizügigkeitsrecht (Art. 21 I AEUV)

Die Versagung der Förderung des Auslandsstudiums könnte sich als Verletzung des mit dem Vertrag von Maastricht als Unionsbürgerrecht eingeführten allgemeinen Freizügigkeitsrechts darstellen. Gemäß Art. 21 I AEUV hat „[j]eder Unionsbürger ... das Recht, sich im Hoheitsgebiet der Mitgliedstaaten vorbehaltlich der in diesem Vertrag und in den Durchführungsvorschriften vorgesehenen Beschränkungen und Bedingungen frei zu bewegen und aufzuhalten."

I. Anwendbarkeit des Art. 21 I AEUV

1. Unmittelbare Anwendbarkeit des Art. 21 I AEUV

Namentlich aufgrund des Vorbehalts in Art. 21 I AEUV wurde seine unmittelbare Anwendbarkeit lange Zeit von Teilen der Literatur bestritten. In seinem Urteil in der Rs. *Baumbast und R* hat der EuGH jedoch klargestellt, dass Art. 21 I AEUV jedem Uni-

95 EuGH, U.v. 27.9.1988, Rs. 263/86, Slg. 1988, 5365 Rn. 14 ff. – *Humbel*; U.v. 7.12.1993, Rs. C-109/92, Slg. 1993, I-6447 Rn. 15 f. – *Wirth*. Dazu auch *Wollenschläger*, Grundfreiheit ohne Markt, S. 80 ff.

onsbürger unmittelbar ein Aufenthaltsrecht klar und präzise zuerkenne und damit unmittelbar anwendbar sei.[96]

2. Verhältnis zu den Marktfreiheiten

Der Gerichtshof und die herrschende Meinung im Schrifttum qualifizieren die Marktfreiheiten als *leges speciales* gegenüber Art. 21 I AEUV.[97] Der praktische Anwendungsbereich des allgemeinen Freizügigkeitsrechts beschränkt sich damit auf wirtschaftlich nicht aktive Personen bzw. Sachverhalte, in denen kein grenzüberschreitendes Moment wirtschaftlicher Art vorliegt.

Vorliegend scheidet eine Anwendung der Marktfreiheiten aus (siehe oben). Art. 21 I AEUV ist daher prinzipiell anwendbar.

II. Anwendungsbereich

1. Persönlicher Anwendungsbereich

Art. 21 I AEUV berechtigt Unionsbürger, d. h. die Angehörigen der Mitgliedstaaten (Art. 20 I 2 AEUV). Hierzu zählt S.

2. Grenzüberschreitender Sachverhalt

Das allgemeine Freizügigkeitsrecht setzt das Vorliegen eines grenzüberschreitenden Sachverhalts voraus. Dieser kann auch dann gegeben sein, wenn sich ein Inländer gegenüber seinem Heimatstaat auf die Grundfreiheiten beruft. Der transnationale Bezug besteht vorliegend im Aufenthalt des S im EU-Ausland.

III. Gewährleistungsgehalt

Das allgemeine Freizügigkeitsrecht umfasst einen den Personenverkehrsfreiheiten strukturell vergleichbaren Gewährleistungsgehalt und kann daher als „Grundfreiheit ohne Markt"[98] qualifiziert werden. Verbürgt sind mithin ein Fortbewegungs- und Aufenthaltsrecht (1.), ein Diskriminierungsverbot (2.) und ein Beschränkungsverbot (3.).

1. Fortbewegungs- und Aufenthaltsrecht

Art. 21 I AEUV räumt jedem Unionsbürger einmal ein Freizügigkeitsrecht zwischen den Mitgliedstaaten sowie ein Aufenthaltsrecht im Zielstaat ein. Die im Wortlaut angesprochenen Bedingungen und Beschränkungen konkretisiert derzeit die Freizügigkeitsrichtlinie 2004/38/EG.

---

96 EuGH, U.v. 17.9.2002, Rs. C-413/99, Slg. 2002, I-7091 Rn. 80 ff. – *Baumbast und R*. Ausführlich zur Diskussion um die unmittelbare Anwendbarkeit des Art. 21 I AEUV *Wollenschläger*, Grundfreiheit ohne Markt, S. 126 ff.; *ders.*, ZEuS 2009, 1 (24).

97 Vgl. nur EuGH, U.v. 26.11.2002, Rs. C-100/01, Slg. 2002, I-10981 Rn. 26 – *Olazabal*. Näher *Wollenschläger*, Grundfreiheit ohne Markt, S. 131 f.

98 Näher dazu *Wollenschläger*, Grundfreiheit ohne Markt, S. 126 ff.; *ders.*, ZEuS 2009, 1 (45 ff.).

Exkurs:[99] Zu diesen Bedingungen und Beschränkungen zählt neben den Aufenthaltsformalitäten (Vorlage von Personaldokumenten, Art. 4f. Richtlinie 2004/38/EG; Anmeldung, Art. 8 Richtlinie 2004/38/EG) zum einen die Befugnis, aufenthaltsbeschränkende Maßnahmen aus Gründen der öffentlichen Ordnung, Sicherheit oder Gesundheit unter Beachtung des Verhältnismäßigkeitsgrundsatzes zu ergreifen (Art. 27f. Richtlinie 2004/38/EG). Diese Befugnis betrifft allerdings nicht den Bestand des Aufenthaltsrechts, sondern gestattet lediglich, aufenthaltsbeendende Maßnahmen zu ergreifen.[100] Zudem nimmt der Ausweisungsschutz mit zunehmender Aufenthaltsdauer zu. Zum anderen ist das Aufenthaltsrecht Nichterwerbstätige von ökonomischen Aufenthaltsvoraussetzungen abhängig: Aufenthalte von einer Dauer bis zu 3 Monaten sind voraussetzungslos möglich (Art. 6 Richtlinie 2004/38/EG), allerdings besteht das Aufenthaltsrecht nur solange, wie der Unionsbürger Sozialhilfeleistungen des Aufnahmemitgliedstaates nicht unangemessen in Anspruch nimmt (Art. 14 I Richtlinie 2004/38/EG). Aufenthalte, deren Dauer drei Monate überschreitet, sind an ökonomische Bedingungen, nämlich das Vorhandensein ausreichender Existenzmittel und eines umfassenden Krankenversicherungsschutzes geknüpft (Art. 7 I lit. b und c Richtlinie 2004/38/EG). Erfüllt der nichterwerbstätige Unionsbürger diese nicht mehr, ist eine Ausweisung allerdings nur möglich, wenn sich diese als im Einzelfall nicht unverhältnismäßig darstellt: Gemäß Art. 14 III Richtlinie 2004/38/EG darf die Inanspruchnahme von Sozialhilfe nämlich nicht automatisch zu einer Ausweisung führen. Vielmehr ist – wie von der Rechtsprechung des EuGH zu den bisherigen Aufenthaltsrichtlinien vorgezeichnet – eine umfassende Abwägungsentscheidung zu treffen. Das mit der Richtlinie 2004/38/EG (Art. 16f.) neu eingeführte, regelmäßig nach fünfjährigem rechtmäßigem Aufenthalt erworbene Recht auf Daueraufenthalt kennt demgegenüber keine ökonomischen Kautelen mehr.

Die Garantie eines Freizügigkeits- und Aufenthaltsrechts führt hier nicht weiter, da der Aufenthalt des S in Italien nicht in Frage steht bzw. stand.

2. Diskriminierungsverbot, Art. 21 i.V.m. 18 AEUV

Neben dem Aufenthaltsrecht im Zielstaat gewährleistet Art. 21 I AEUV i.V.m. dem allgemeinen Diskriminierungsverbot (Art. 18 AEUV) einen weit reichenden Anspruch auf Inländerbehandlung ebenda (dazu bereits ausführlich oben, Frage 1, B.I.3.a.cc).[101]

Anhaltspunkte für eine Diskriminierung des S aufgrund seiner Staatsangehörigkeit sind nicht ersichtlich, insbesondere möchte er sich nicht in Italien um Inländern bzw. Ortsansässigen vorbehaltene Grundstücke bewerben. Auch Art. 21 I AEUV i.V.m. 18 I AEUV führt damit nicht weiter.

---

99 Exkurs nach *Wollenschläger*, Stichwort: Freizügigkeitsrecht, allgemeines, Aufenthaltsrecht, in: Lachmayer/Bauer (Hrsg.), Praxiswörterbuch Europarecht, 2008. Ausführlich zum Aufenthaltsrecht des Unionsbürgers *ders.*, Grundfreiheit ohne Markt, S. 126ff.; *ders.*, ZEuS 2009, 1 (23ff.).

100 EuGH, U.v. 8.4.1976, Rs. 48/75, Slg. 1976, 497 Rn. 28ff. – *Royer.*

101 Zum Inländerbehandlungsanspruch des Unionsbürgers *Wollenschläger*, Grundfreiheit ohne Markt, S. 197ff.; *ders.*, ZEuS 2009, 1 (30ff.).

3. Beschränkungsverbot

Der in der Rechtsprechung des EuGH entwickelte Gewährleistungsgehalt des Art. 21 I AEUV beschränkt sich nicht auf das Recht auf transnationale Mobilität sowie physische Präsenz im Zielstaat (oben 1.) einschließlich eines weit reichenden Anspruchs auf Inländerbehandlung (oben 2.). Vielmehr erfasst Art. 21 I AEUV auch sonstige Beschränkungen der transnationalen Mobilität, wobei – wie bei den Marktfreiheiten auch[102] – umstritten ist, welche Beschränkungen tatbestandlich erfasst sind.[103]

Gerechtfertigt ist diese weite Auslegung des Art. 21 I AEUV insbesondere mit Blick auf den Grundsatz der praktischen Wirksamkeit. Denn die Angehörigen der Mitgliedstaaten können auch durch andere Beeinträchtigungen als aufenthaltsbeschränkende Maßnahmen davon abgehalten werden, von ihrem Freizügigkeitsrecht Gebrauch zu machen. Im Übrigen erscheint eine parallele Auslegung zu den Marktfreiheiten geboten.[104]

Fraglich ist allerdings, wie weit Art. 21 I AEUV Mobilitätsschutz über das Gebot der Inländerbehandlung hinaus gewährt (a) und damit, ob die Nichtberücksichtigung des L tatbestandlich von Art. 21 I AEUV erfasst ist (b) und ggf. gerechtfertigt werden kann (c).

a) **Mobilitätsschutz jenseits des Gebots der Inländerbehandlung.** Wie bei den Marktfreiheiten auch kann nicht jedwede nationale Maßnahme tatbestandlich von Art. 21 I AEUV erfasst sein, die die Ausübung des Freizügigkeitsrechts behindern oder weniger attraktiv machen könnte. Andernfalls mutierte die Freizügigkeitsgarantie in ein – der allgemeinen Handlungsfreiheit des Grundgesetzes (Art. 2 I GG) vergleichbares – allgemeines Freiheitsrecht.

Was die nähere tatbestandliche Konturierung des Art. 21 I AEUV betrifft, so hat sich in der Rechtsprechung des EuGH die – da keine Diskriminierung aufgrund der Staatsangehörigkeit vorliegt – nur freiheitsrechtlich zu erklärende „Garantie der Gleichbehandlung bei Ausübung der Freizügigkeit" herausgebildet.[105] Diese verwehrt es den Mitgliedstaaten, Nachteile an das Gebrauchmachen vom Freizügigkeitsrecht zu knüpfen, die bei einem Verbleib im Inland nicht entstanden wären. Inwieweit Art. 21 I AEUV darüber hinaus Mobilitätshindernissen entgegensteht, ist in der Rechtsprechung des EuGH noch ungeklärt.[106] Um eine dem oben Gesagten widersprechende Ausuferung des Tatbestands zu verhindern, ist ein direkter oder hinreichend schwerer Eingriff in das Freizügigkeitsrecht durch die inkriminierte Maßnahme zu fordern.[107] In diesem

---

102 Dazu ausführlich der Exkurs oben, bei Frage 1, B.I.4.

103 Ausführlich zum freiheitsrechtlichen Gehalt des Art. 21 I AEUV *Wollenschläger*, Grundfreiheit ohne Markt, S. 281 ff.; *ders.*, ZEuS 2009, 1 (38 ff.).

104 Näher *Wollenschläger*, Grundfreiheit ohne Markt, S. 297 ff.; *ders.*, ZEuS 2009, 1 (41 ff.).

105 Siehe nur EuGH, U.v. 23.11.2000, Rs. C-135/99, Slg. 2000, I-10409 – *Elsen*; U.v. 11.7.2002, Rs. C-224/98, Slg. 2002, I-6191 – *D'Hoop*; U.v. 29.4.2004, Rs. C-224/02, Slg. 2004, I-5763 – *Pusa*; U.v. 12.7.2005, Rs. C-403/03, Slg. 2005, I-6421 – *Schempp*; U.v. 18.7.2006, Rs. C-406/04, Slg. 2006, I-6947 – *De Cuyper*; U.v. 26.10.2006, Rs. C-192/05, Slg. 2006, I-10451 – *Tas-Hagen*; U.v. 9.11.2006, Rs. C-520/04, Slg. 2006, I-10685 – *Turpeinen*; U.v. 23.10.2007, verb. Rs. C-11 und 12/06, Slg. 2007, I-9161 – *Morgan und Bucher*; U.v. 11.9.2007, Rs. C-76/05, Slg. 2007, I-6849 – *Schwarz*; U.v. 11.9.2007, Rs. C-318/05, Slg. 2007, I-6957 – *Kommission/Deutschland*; U.v. 17.1.2008, Rs. C-152/05, Slg. 2008, I-39 – *Kommission/Deutschland*.

106 Dazu EuGH, U.v. 21.9.1999, Rs. C-378/97, Slg. 1999, I-6207 – *Wijsenbeek*; U.v. 19.10. 2004, Rs. C-200/02, Slg. 2004, I-9925 – *Chen/Zhu*; siehe ferner GA Jacobs, in: EuGH, U.v. 27.4.2006, Rs. C-96/04, Slg. 2006, I-3561 Rn. 54 – *Standesamt Niebüll*.

107 Näher *Wollenschläger*, Grundfreiheit ohne Markt, S. 303 ff.; *ders.*, ZEuS 2009, 1 (41 ff.).

Sinne betonte der EuGH jüngst in der Rs. *Morgan und Bucher*, dass eine nationale Maßnahme nicht vom Tatbestand des allgemeinen Freizügigkeitsrechts erfasst ist, wenn diese „zu ungewiss[e] und zu unbedeutend[e]" Konsequenzen für das Freizügigkeitsrecht zeitigt.[108] Darüber hinaus hat der Gerichtshof in der Rs. *Grunkin und Paul* das Schwerekriterium anerkannt.[109]

b) **Tatbestand.** Fraglich ist, ob die Nichtberücksichtigung des S bei der Grundstücksvergabe aufgrund seiner den Vergabekriterien nicht entsprechenden Wohnsitzdauer tatbestandlich von Art. 21 I AEUV erfasst ist.

Die in der Rechtsprechung des EuGH etablierte „Garantie der Gleichbehandlung bei Ausübung der Freizügigkeit" verbietet den Mitgliedstaaten, Unionsbürger, die von ihrem Freizügigkeitsrecht Gebrauch gemacht haben, schlechter als im Inland verbliebene zu behandeln.

Zweifelsohne führt der Umzug des S ins Ausland, also das Gebrauchmachen vom allgemeinen Freizügigkeitsrecht, zu einem Nachteil in Gestalt der Nichtberücksichtigung gemäß den Vergabekriterien. Problematisch ist hier freilich, ob man wirklich von einer Diskriminierung *aufgrund* der Ausübung des Freizügigkeitsrechts und damit einer direkten Beeinträchtigung des Art. 21 I AEUV sprechen kann, da die Nichtanrechnung unabhängig davon erfolgt, ob der Einzelne seinen Wohnsitz an einen anderen Ort im Ausland oder im Inland verlegt.

Vergegenwärtigt man sich jedoch den freiheitsrechtlichen Hintergrund dieser Garantie, muss allein entscheidend sein, ob ein Nachteil an die Ausübung des Freizügigkeitsrechts geknüpft ist – unabhängig davon, ob dieser in einem inländischen Vergleichssachverhalt auch eintritt. Dies ist vorliegend der Fall, da der Umzug zur Nichtberücksichtigung führt; Art. 21 I AEUV ist tatbestandlich einschlägig.

Hinweis: Ohne Weiteres vertretbar ist hier freilich auch die gegenteilige Auffassung, mithin die Verneinung einer Beeinträchtigung mangels hinreichender Schwere bzw. Unmittelbarkeit des Eingriffs.

c) **Rechtfertigung.** Eine Beschränkung des Art. 21 I AEUV ist einer Rechtfertigung aus zwingenden Gründen des Allgemeininteresses zugänglich, mithin dann, „wenn sie auf objektiven, von der Staatsangehörigkeit der Betroffenen unabhängigen Erwägungen des Allgemeininteresses beruht, die in einem angemessenen Verhältnis zu dem mit dem nationalen Recht rechtmäßigerweise verfolgten Zweck stehen."[110]

In der Rechtsprechung des EuGH ist beim Zugang zu Sozialleistungen anerkannt, nach dem Grad der Verbundenheit mit der belasteten Solidargemeinschaft[111] und dem Zweck der begehrten Sozialleistung[112] zu differenzieren. Analog lässt sich hier argumentieren: Das Einheimischenmodell möchte die Verdrängung Einheimischer auf dem örtlichen Grundstücksmarkt und damit deren Wegzug verhindern. Die Verwirklichung dieses legitimen Ziels setzt voraus, dass nur Einheimische in den Genuss der Förderung

108 EuGH, U.v. 23.10.2007, verb. Rs. C-11/06 und C-12/06, Slg. 2007, I-9161 Rn. 32 – *Morgan und Bucher*. Ähnlich bereits U.v. 29.5.1997, Rs. C-299/95, Slg. 1997, I-2629 Rn. 16 – *Kremzow*.
109 EuGH, U.v. 14.5.2008, Rs. C-353/06, Slg. 2008, I-7639 Rn. 29 – *Grunkin und Paul*.
110 EuGH, U.v. 18.7.2006, Rs. C-406/04, Slg. 2006, I-6947 Rn. 40 – *De Cuyper*.
111 EuGH, U.v. 26.10.2006, Rs. C-192/05, Slg. 2006, I-10451 Rn. 34f. – *Tas-Hagen*.
112 EuGH, U.v. 11.7.2002, Rs. C-224/98, Slg. 2002, I-6191 Rn. 38 – *D'Hoop*.

kommen. Insoweit ist es nicht unverhältnismäßig, einen 10-jährigen Wohnsitz als Ausdruck der Einheimischeneigenschaft zu fordern (siehe dazu auch bereits oben, Frage 1, B.I.4.).

D. Ergebnis

Die Nichtberücksichtigung des ausländischen Wohnsitzes des S verstößt nicht gegen Unionsrecht.

Weiterführende Rechtsprechungs- und Literaturhinweise

1. Im Überblick zur Unionsbürgerschaft und Art. 21 I AEUV: *Wollenschläger*, Die Unionsbürgerschaft und ihre Dynamik für den Integrationsprozess jenseits des Marktes, ZEuS 2009, 1
2. Zur Problematik der Einheimischenmodelle: *Burgi*, Die Legitimität von Einheimischenprivilegierungen im globalen Dorf, JZ 1999, 873; *Kahl/Röder*, Subventionierung des örtlichen Gewerbes mittels Städtebaurecht?, JuS 2001, 24; monographisch: *Huber/Wollenschläger*, Einheimischenmodelle, 2008. Wichtige Rechtsprechung zum Einheimischenmodell: BVerwG U.v. 11.2.1993, 4 C 18.91, BVerwGE 92, 56 (Weilheimer Modell); BGH, U.v. 2.10.1998, V ZR 45/98, NJW 1999, 208; U.v. 29.11.2002, V ZR 105/02, NJW 2003, 888; U.v. 13.10.2006, V ZR 33/06, NJW-RR 2007, 962; U.v. 16.4.2010, V ZR 175/09, ZfIR 2010, 462

Fall 8: Nationale Flugzeugindustrie

Matthias Knauff

Sachverhalt

Der osteuropäische Staat X, der im Jahre 2005 der EU beitrat, beschloss in den 1990er Jahren nach der Widererlangung der politischen und wirtschaftlichen Eigenständigkeit, eine nationale Flugzeugindustrie aufzubauen. Infolge dessen schuf er das „Gesetz über die Gründung der X-Flugzeugwerke AG" (XFG). Dieses enthält einige Abweichungen vom allgemeinen, dem deutschen AktG nachgebildeten Aktienrecht, um einen angemessenen staatlichen Einfluss auf die X-Flugzeugwerke AG zu wahren, deren Anteile gleichwohl – und aufgrund der hohen Dividenden sehr erfolgreich – auf dem Kapitalmarkt gehandelt werden. Nach § 2 I XFG ist das Stimmrecht für den Fall, dass ein Aktionär einen darüber hinausgehenden Anteil am Grundkapital hält, auf den 1/5 des Grundkapitals entsprechenden beschränkt. Eine entsprechende Beschränkung enthält § 3 V XFG für die Stimmrechtsausübung in der Hauptversammlung. X und seine Provinz Y, in der das Flugzeugwerk errichtet wurde, werden durch § 4 I XFG berechtigt, je zwei Vertreter in den Aufsichtsrat zu entsenden, solange sie Aktien der X-Flugzeugwerke AG halten. § 4 III XFG erhöht die aktienrechtlich in bestimmten Fällen für die Beschlussfassung erforderliche Mehrheit von mindestens 3/4 des Grundkapitals auf eine 4/5 übersteigende Mehrheit. Die EU-Kommission ist der Ansicht, dass das XFG gegen Grundfreiheiten verstoße. Die Regierung von X hat ihr gegenüber bereits mehrfach erkennen lassen, dass sie diese rechtliche Bewertung in der Sache für unzutreffend hält und trägt zudem vor, dass die Regelungen auch dem Arbeitnehmerschutz und dem Schutz der Minderheitenaktionäre zu dienen bestimmt seien. Zahlreiche andere Mitgliedstaaten teilen ihre Auffassung. Außerdem weist sie darauf hin, dass das XFG vor dem Beitritt von X zur EU geschaffen wurde und die Grundfreiheiten daher für dessen Beurteilung keine Rolle spielen könnten.

1.) Trifft die Rechtsauffassung der Kommission zu?
2.) Was kann die Kommission unternehmen?

Fortsetzung

Es sei unterstellt, dass eine Verurteilung von X durch den EuGH wegen des XFG erfolgt ist. Daraufhin wird dieses dahingehend geändert, dass die Entsenderechte in den Aufsichtsrat sowie die Stimmrechtsbeschränkung entfallen. Die Kommission ist überzeugt, dass die Änderungen die gerichtlich festgestellte Europarechtswidrigkeit des Gesetzes nicht entfallen lassen und möchte daher erneut den EuGH mit der Sache befassen.

3.) Prüfen Sie die Voraussetzungen und Erfolgsaussichten dieser Klage!

Wesentliche Probleme

Zeitliche Anwendbarkeit des Europarechts, Kapitalverkehrsfreiheit, Vertragsverletzungsverfahren

Gliederung

Frage 1
A. Temporäre Anwendbarkeit des Europarechts
B. Schutzbereich der Kapitalverkehrsfreiheit
I. Sachlicher Schutzbereich
II. Persönlicher und räumlicher Schutzbereich
C. Beschränkung
D. Rechtfertigung
I. Geschriebene Rechtfertigungsgründe
II. Ungeschriebene Rechtfertigungsgründe
E. Ergebnis
Frage 2
A. Vorüberlegungen
B. Vertragsverletzungsverfahren
I. Klageberechtigung
II. Klagegegenstand
III. Klagebefugnis
IV. Vorverfahren
1. Einräumung der Gelegenheit zur Äußerung (Mahnschreiben)
2. Abgabe einer mit Gründen versehenen Stellungnahme
V. Klagefrist, -form und -gegner
VI. Rechtsschutzbedürfnis
VII. Zuständigkeit
C. Ergebnis
Frage 3
A. Vorüberlegungen
B. Zulässigkeit
I. Klageberechtigung
II. Klagegegenstand
III. Klagebefugnis
IV. Vorverfahren
V. Klagefrist, -form und -gegner
VI. Zuständigkeit
C. Begründetheit
D. Ergebnis

Lösung

Frage 1

Eine Europarechtswidrigkeit des XFG kann aus einem Verstoß gegen Primär- oder Sekundärrecht resultieren. Mangels einschlägiger Sekundärrechtsnormen bildet das Primärrecht in der vorliegenden Konstellation den maßgeblichen Prüfungsmaßstab. Nach Auffassung der Kommission verstößt das XFG gegen Grundfreiheiten. Konkret kommt ein Verstoß gegen die Kapitalverkehrsfreiheit, Art. 63 I AEUV in Betracht. Voraussetzung hierfür und daher vorrangig zu prüfen ist jedoch deren Anwendbarkeit in zeitlicher Hinsicht.

A. Temporäre Anwendbarkeit des Europarechts

Fraglich ist, ob eine Maßstabfunktion der Kapitalverkehrsfreiheit daran scheitert, dass das XFG vor dem Beitritt von X zur EU erlassen wurde. Zu diesem Zeitpunkt konnte ihr mangels Bindung von X an das Recht der EU keine Relevanz zukommen. Der danach erfolgte Beitritt stellt dies zwar nicht rückwirkend in Frage. Der Beitritt geht jedoch notwendig mit der vollständigen Anerkennung des aquis communitaire und damit mit einer uneingeschränkten Verbindlichkeit des Europarechts für den und im beitretenden Mitgliedstaat einher.[1] Als EU-Mitgliedstaat ist X unabhängig von den gemäß Art. 49 II EUV festgelegten Aufnahmebedingungen nach Art. 4 III EUV verpflichtet, seine gesamte Rechtsordnung an den Anforderungen des Europarechts auszurichten. Hierzu zählt auch die Beseitigung aller für deren Verwirklichung bestehenden Hindernisse rechtlicher und tatsächlicher Art. Anderes gilt nur, soweit dies ausnahmsweise europarechtlich vorgesehen ist.

Für mitgliedstaatliche Vorschriften über den Kapitalverkehr mit Drittstaaten enthält Art. 64 I AEUV eine Sonderregelung im Hinblick auf die zeitliche Anwendbarkeit des Art. 63 AEUV. Danach können Beschränkungen der in der Norm aufgeführten Erscheinungsformen des freien Kapitalverkehrs gegenüber Drittstaaten, die zu den darin genannten Zeitpunkten bestanden, von den Mitgliedstaaten beibehalten werden.[2] Das XFG ist seiner Zielrichtung nach jedoch nicht spezifisch auf eine Beschränkung des Kapitalverkehrs mit Drittstaaten gerichtet, so dass Art. 64 I AEUV schon aus diesem Grunde tatbestandlich nicht einschlägig ist.

Weitere mögliche Ausnahmebestimmungen bestehen nicht. Infolge dessen ist die Kapitalverkehrsfreiheit uneingeschränkt anwendbar und somit als Prüfungsmaßstab für das XFG heranzuziehen.

B. Schutzbereich der Kapitalverkehrsfreiheit

Zu prüfen ist zunächst, ob die vom XFG erfassten Vorgänge dem Schutzbereich des Art. 63 I AEUV unterfallen.

I. Sachlicher Schutzbereich

In sachlicher Hinsicht gewährleistet Art. 63 I AEUV einen umfassenden Schutz des freien Kapitalverkehrs. Problematisch ist insoweit das Fehlen einer Legaldefinition des abstrakten Begriffs „Kapitalverkehr". Die in Art. 64 I AEUV enthaltene Aufzählung gibt jedoch zu erkennen, dass jedenfalls Direktinvestitionen einschließlich Anlagen in Immobilien, mit der Niederlassung, der Erbringung von Finanzdienstleistungen oder der Zulassung von Wertpapieren zu den Kapitalmärkten im Zusammenhang stehende grenzüberschreitende finanzielle Transaktionen erfasst werden.[3] Der EuGH greift darüber hinaus zusätzlich auf Annex I der Richtlinie 88/361/EG[4] zurück,[5] die eine Vielzahl weiterer finanziell relevanter Tätigkeiten benennt. Im Ergebnis umfasst der sachliche Schutzbereich der Kapitalverkehrsfreiheit alle wert- i. S. v. finanzbezogenen grenzüber-

1 *Geiger*, in: ders./Khan/Kotzur, EUV/AEUV, Art. 49 EUV Rn. 24.
2 Näher *Knauff*, in: Pache/Knauff, Fallhandbuch Europäisches Wirtschaftsrecht, § 8 Rn. 17.
3 *Bröhmer*, in: Calliess/Ruffert, EUV/EGV, Art. 56 EGV Rn. 10.
4 ABl. 1988 L 178/5 (außer Kraft).
5 EuGH, U.v. 23.10.2007, Rs. C-112/05, Slg. 2007, I-8995 Rn. 18 – *VW-Gesetz*; U.v. 8.7.2010 Rs. C-171/08, NZG 2010, 983 Rn. 49 – *Kommission/Portugal*.

schreitenden Vorgänge, die nicht unter die Zahlungsverkehrsfreiheit nach Art. 63 II AEUV[6] fallen.[7] Darunter fällt Wesentlichen der grenzüberschreitend Transfer von Geld- oder Sachkapital primär zu Anlagezwecken.[8] Insbesondere werden „Investitionen jeder Art durch natürliche oder juristische Personen zur Schaffung oder Aufrechterhaltung dauerhafter und direkter Beziehungen zwischen denjenigen [erfasst], die die Mittel bereitstellen, und den Unternehmen, für die die Mittel zum Zweck einer wirtschaftlichen Tätigkeit bestimmt sind (...). Bei Beteiligungen an neuen oder bereits bestehenden Unternehmen setzt das Ziel der Schaffung oder Aufrechterhaltung dauerhafter Wirtschaftsbeziehungen (...) voraus, dass die Aktien ihrem Inhaber entweder nach den nationalen aktienrechtlichen Vorschriften oder aus anderen Gründen die Möglichkeit geben, sich effektiv an der Verwaltung dieser Gesellschaft oder an deren Kontrolle zu beteiligen."[9]

Die vom XFG geregelten Aspekte betreffen die Konsequenzen einer finanziellen Beteiligung an der X-Flugzeugwerke AG im Hinblick auf die Möglichkeit der Einflussnahme der Anleger auf die Unternehmenspolitik. Dabei handelt es sich um eine Kernfrage im Hinblick auf Investitionsentscheidungen. Der sachliche Schutzbereich der Kapitalverkehrsfreiheit ist daher eröffnet.

II. Persönlicher und räumlicher Schutzbereich

Die Kapitalverkehrsfreiheit verfügt über einen sehr umfassenden persönlichen und räumlichen Schutzbereich. Zwar werden reine Inlandssachverhalte wie bei allen Grundfreiheiten nicht erfasst. Allerdings werden neben Unionsbürgern i. S. v. Art. 9 S. 2 EUV auch Drittstaatsangehörige berechtigt.[10] Zudem schützt Art. 63 I AEUV nicht nur den zwischenmitgliedstaatlichen Kapitalverkehr, sondern auch denjenigen mit Drittstaaten.

Vorliegend sieht das XFG keine unterschiedlichen Regelungen im Hinblick auf Anleger- und Kapitalherkunft vor. Es erfasst daher auch Konstellationen einer grenzüberschreitenden Kapitalanlage. Der Schutzbereich des Art. 63 I AEUV ist daher auch in persönlicher und räumlicher Hinsicht eröffnet.

C. Beschränkung

Fraglich ist, ob das XFG in den Schutzbereich der Kapitalverkehrsfreiheit eingreift. Der Wortlaut von Art. 63 I AEUV verbietet explizit „alle Beschränkungen des Kapitalverkehrs". Jede (bloße) Beschränkung ist daher als Eingriff zu qualifizieren.[11]

Als Beschränkung ist grundsätzlich jede Maßnahme anzusehen, die die Inanspruchnahme der Grundfreiheit weniger attraktiv macht.[12] Umstritten ist, ob die *Keck*-Rechtsprechung des EuGH, wonach für alle Wirtschaftsteilnehmer geltende Vertriebsbedin-

---

6 Dieser unterfallen im Wesentlichen die Übertragung von Geld und geldwerten Mitteln als Gegenleistung für empfangene Waren oder Leistungen, *Ohler*, Europäische Kapital- und Zahlungsverkehrsfreiheit, 2002, Art. 56 EGV Rn. 313ff.
7 *Knauff*, in: Pache/Knauff, Fallhandbuch Europäisches Wirtschaftsrecht, § 8 Rn. 7.
8 *Schürmann*, in: Lenz/Borchardt, EU-Verträge, Art. 63 AEUV Rn. 3.
9 EuGH, U.v. 23.10.2007, Rs. C-112/05, Slg. 2007, I-8995 Rn. 18 – *VW-Gesetz*.
10 Vgl. *Knauff*, in: Pache/Knauff, Fallhandbuch Europäisches Wirtschaftsrecht, § 8 Rn. 8.
11 Vgl. EuGH, U.v. 4.6.2002, Rs. C-367/98, Slg. 2002, I-4731 Rn. 44 – *Kommission/Portugal*. Zur Reichweite des Beschränkungsverbots *Eilmansberger*, ÖBA 2001, 377ff.
12 *Trautwein*, JA 2008, 281 (284).

gungen keine Beschränkungen der Warenverkehrsfreiheit nach Art. 34 AEUV darstellen,[13] auf die Kapitalverkehrsfreiheit entsprechend Anwendung findet.[14] Vorliegend kann dies dahinstehen, da das XFG nicht die allgemeinen Rahmenbedingungen für Kapitalanlagen in X, sondern die spezifischen Folgen von Investitionen in die X-Flugzeugwerke AG betrifft. Nach dem EuGH sind auf Investitionen bezogene „nationale Maßnahmen als ‚Beschränkungen' i. S. v. [Art. 63 I AEUV] anzusehen (...), wenn sie geeignet sind, den Erwerb von Aktien der betreffenden Unternehmen zu verhindern oder zu beschränken oder aber Investoren anderer Mitgliedstaaten davon abzuhalten, in das Kapital dieser Unternehmen zu investieren."[15]

Zu prüfen ist somit, ob das XFG als mitgliedstaatliche Maßnahme mit beschränkender Wirkung auf den Kapitalverkehr zu qualifizieren ist. Als formelles Gesetz des EU-Mitgliedstaates X ist es diesem zuzurechnen. Fraglich sind jedoch dessen beschränkende Wirkungen. Dabei sind die einzelnen Regelungen gesondert in den Blick zu nehmen.

§ 2 I XFG begrenzt das Stimmrecht eines Aktionärs auf höchstens 1/5 der gesamten Stimmrechte. Dies gilt auch für den Fall, dass der betreffende Anteilsinhaber mehr als 1/5 des Grundkapitals der X-Flugzeugwerke AG hält. Hierin liegt keine Restriktion des Aktienerwerbs. Allerings ist eine solche Regelung „geeignet, Anleger aus anderen Mitgliedstaaten von Direktinvestitionen abzuhalten, da sie die Möglichkeit anderer Aktionäre einschränkt, sich an der Gesellschaft zu beteiligen, um dauerhafte und direkte Wirtschaftsbeziehungen mit ihr zu schaffen oder aufrechtzuerhalten, die es ihnen ermöglichen, sich effektiv an ihrer Verwaltung oder ihrer Kontrolle zu beteiligen."[16] Infolge dessen ist § 2 I XFG als Beschränkung der Kapitalverkehrsfreiheit zu qualifizieren. Entsprechendes gilt für § 3 V XFG, wonach die Stimmrechtsausübung in der Hauptversammlung in gleicher Weise begrenzt wird.

§ 4 I XFG berechtigt X und die Provinz Y zur Entsendung von je zwei Aufsichtsratsmitgliedern, solange sie Aktien der X-Flugzeugwerke AG halten. Auf die Höhe der Beteiligung kommt es nicht an. Infolge dessen können X und Y auch dann im Aufsichtsrat der X-Flugzeugwerke AG einen maßgeblichen Einfluss ausüben, wenn sie jeweils nur über eine einzige Aktie verfügen. Die Vorschrift „stellt damit ein Instrument bereit, das den öffentlichen Akteuren ermöglicht, einen Einfluss auszuüben, der über ihre Investitionen hinausgeht. Entsprechend kann der Einfluss der anderen Aktionäre hinter ihren eigenen Investitionen zurückbleiben."[17] Dies wirkt sich negativ auf die Attraktivität einer finanziellen Beteiligung an der X-Flugzeugwerke AG aus, so dass auch insoweit eine Beschränkung des freien Kapitalverkehrs gegeben ist.

§ 4 III XFG normiert schließlich für bestimmte Fälle eine Erhöhung der für eine Beschlussfassung erforderlichen Mehrheit von mindestens 3/4 auf über 4/5 des Grundkapitals. Damit ist zugleich die Schaffung einer Sperrminorität verbunden. Diese

---

13 EuGH, U.v. 24.11.1993, verb. Rs. C-267/91 und 268/91, Slg. 1993, I-6097 – *Keck und Mithouard*.

14 Dafür etwa *Schürmann*, in: Lenz/Borchardt, EU-Verträge, Art. 63 AEUV Rn. 24f.; vgl auch *Bröhmer*, in: Calliess/Ruffert, EUV/EGV, Art. 56 EGV Rn. 57; *Frenz*, Handbuch Europarecht I, Rn. 2799; wohl auch EuGH, U.v. 8.7.2010 Rs. C-171/08, NZG 2010, 983 Rn. 65 ff. – *Kommission/Portugal*; a.A. *v. Wilmowsky*, in: Ehlers, Europäische Grundrechte und Grundfreiheiten, § 12 Rn. 7; *Fischer*, ZEuS 2000, 391 (404).

15 EuGH, U.v. 23.10.2007, Rs. C-112/05, Slg. 2007, I-8995 Rn. 19 – *VW-Gesetz*; U.v. 6.12.2007, verb. Rs. C-463/04 und C-464/04, Slg. 2007, I-10419 Rn. 21 – *Federconsumatori*; zur „Goldene Aktien"-Rechtsprechung im Überblick *Knauff*, in: Pache/Knauff, Fallhandbuch Europäisches Wirtschaftsrecht, § 8 Rn. 24 ff.

16 EuGH, U.v. 23.10.2007, Rs. C-112/05, Slg. 2007, I-8995 Rn. 52 – *VW-Gesetz*.

17 EuGH, U.v. 23.10.2007, Rs. C-112/05, Slg. 2007, I-8995 Rn. 64 – *VW-Gesetz*.

kommt bei formaler Betrachtung zwar allen Aktionären, de facto aber in besonderer Weise X und Y entgegen. Es handelt sich daher um „ein Instrument (...), das den öffentlichen Akteuren ermöglicht, einen Einfluss auszuüben, der über ihre Investitionen hinausgeht. Entsprechend kann der Einfluss der anderen Aktionäre hinter ihren eigenen Investitionen zurückbleiben."[18] Auch dadurch wird die Attraktivität von Investitionen und damit zugleich die Kapitalverkehrsfreiheit beschränkt.

Die genannten Regelungen des XFG machen mithin sämtlich Direktinvestitionen in die X-Flugzeugwerke AG weniger attraktiv und sind daher als Beschränkungen der Kapitalverkehrsfreiheit zu qualifizieren. Dass dies in der Kapitalanlagepraxis keine Konsequenzen zeitigt, ist unerheblich. Der Nichtfeststellbarkeit tatsächlich beschränkender Auswirkungen auf Portfolio-Investitionen, also der bloßen Geldanlage ohne die Absicht der Einflussnahme auf die Geschäftspolitik eines Unternehmens, kommt für die rechtliche Bewertung der gesetzlichen Vorgaben keine Bedeutung zu.[19]

D. Rechtfertigung

Eine Beschränkung der Kapitalverkehrsfreiheit ist trotz ihres Verständnisses als Beschränkungsverbot nicht per se rechtswidrig. Ebenso wie bei den anderen Grundfreiheiten kommt eine Rechtfertigung von Eingriffen in den Schutzbereich in Betracht.

I. Geschriebene Rechtfertigungsgründe

Die Art. 64 ff. AEUV differenzieren bezüglich der Rechtfertigungsmöglichkeiten zwischen Beschränkungen des Kapitalverkehrs innerhalb der EU und mit Drittstaaten. Für Maßnahmen, die den innerunionalen Kapitalverkehr beschränken, gilt dabei nach Art. 65 AEUV ein deutlich strengerer Maßstab.[20] Dieser ist auch für die Bewertung von Maßnahmen heranzuziehen, die sich – wie das XFG – sowohl auf den Kapitalverkehr in der EU wie auch mit Drittstaaten auswirken.

Art. 65 I AEUV gestattet (die Beibehaltung) bestimmte(r) Beschränkungen des freien Kapitalverkehrs durch steuerrechtliche Vorschriften (lit. a)[21] sowie durch Regelungen, die „unerlässlich" sind, um den Mitgliedstaaten eine effektive Steuer- und Finanzaufsicht sowie eine wirksame Kriminalitätsbekämpfung zu ermöglichen.[22] Art. 65 II i. V. m. 51 f. AEUV ermöglicht weitere Beschränkungen im Interesse des Funktionierens des Staates und aus weiteren Gründen der öffentlichen Ordnung, Sicherheit und Gesundheit. In allen Fällen dürfen Maßnahmen gemäß Art. 65 III AEUV nicht der willkürlichen Diskriminierung oder einer verschleierten Beschränkung des freien Kapitalverkehrs dienen.

Das XFG weist keinen steuerrechtlichen Bezug auf. Auch dient es weder der Finanzaufsicht noch der Kriminalitätsbekämpfung. Das Funktionieren von X erfordert keine aktienrechtlichen Sonderregeln bei der X-Flugzeugwerke AG. Ernste Bedrohungen grundlegender Interessen des gesellschaftlichen Zusammenlebens und Gefahren für den Bestand und die Funktionsfähigkeit dieses Mitgliedstaats, also eine Gefährdung der

18 EuGH, U.v. 23.10.2007, Rs. C-112/05, Slg. 2007, I-8995 Rn. 50 – *VW-Gesetz*.
19 *Kilian*, NJW 2007, 3469 (3470).
20 *Trautwein*, JA 2008, 281 (284).
21 Die Vorschrift enthält ein Verschlechterungsverbot, *Bröhmer*, in: Calliess/Ruffert, EUV/EGV, Art. 58 EGV Rn. 2.
22 EuGH, U.v. 14.12.1995, verb. Rs. C-163/94, C-165/94 und C-250/94, Slg. 1995, I-4821 Rn. 22 – *Sanz de Lera*.

öffentlichen Ordnung und Sicherheit,[23] sind im Falle eines Verzichts auf die Vorgaben des XFG ebenfalls nicht erkennbar. Somit sind die in Art. 65 AEUV enthaltenen Rechtfertigungsgründe für mitgliedstaatliche Beschränkungen des (auch) innerunionalen Kapitalverkehrs tatbestandlich nicht einschlägig.

II. Ungeschriebene Rechtfertigungsgründe

Eine Rechtfertigung der Beschränkung der Kapitalverkehrsfreiheit ist jedoch im Falle der fehlenden Einschlägigkeit der Art. 64 ff. AEUV nicht ausgeschlossen. Ebenso wie bei den übrigen Grundfreiheiten ist die Zulässigkeit von Beschränkungen aus zwingenden Gründen des Allgemeininteresses anerkannt.[24] Voraussetzung hierfür ist, dass keine gerade diese Gründe berücksichtigende Harmonisierung auf europäischer Ebene erfolgt ist und die fragliche mitgliedstaatliche Regelung nichtdiskriminierend und verhältnismäßig ist.[25]

Die fraglichen Regelungen des XFG knüpfen weder direkt noch indirekt an die Statsangehörigkeit der Anleger an. Sie begründen daher keine offenen Diskriminierungen, so dass eine Rechtfertigung aufgrund zwingender Gründe des Allgemeininteresses nicht per se ausgeschlossen ist.

Zu prüfen ist daher, ob ein solcher Grund vorliegt. Der EuGH erkennt im Hinblick auf Beschränkungen der Kapitalverkehrsfreiheit in ständiger Rechtsprechung insbesondere die folgenden Gründe an:
- die Kohärenz der nationalen Steuersysteme,
- die ausgewogene Aufteilung der Steuerhoheit zwischen den Mitgliedstaaten,
- raumplanerische Ziele wie die Erhaltung einer dauerhaft ansässigen Bevölkerung und in einigen Gebieten einer vom Tourismus unabhängigen Wirtschaftstätigkeit, sowie
- landschaftspflegerische Zielsetzungen.

Die Anerkennung weiterer zwingender Gründe des Allgemeininteresses ist nicht ausgeschlossen. Deren Festlegung sowie diejenige des jeweiligen Schutzniveaus obliegt den Mitgliedstaaten.[26]

Das XFG verfolgt keinen der genannten Zwecke. Primär dient es der Aufrechterhaltung eines staatlichen Einflusses auf die X-Flugzeugwerke AG. Dabei handelt es sich nicht um europarechtlich schutzwürdige Ziele. Vielmehr stehen diese der Verwirklichung des Binnenmarktes als eines Systems, das den Wettbewerb vor Verfälschungen schützt, Art. 3 III 1 EUV i. V. m. Protokoll (Nr. 27) über den Binnenmarkt und den Wettbewerb, entgegen. Wie insbesondere auch der Funktionsbezug des Art. 106 II AEUV[27] verdeutlicht, rechtfertigt allein die staatliche Beteiligung und damit der Wille zur staatlichen Einflussnahme auf die Unternehmenspolitik – etwa wie vorliegend im Hinblick auf die Schaffung einer nationalen Flugzeugindustrie – keine Ausnahmen von den europarechtlichen Anforderungen. Folglich muss insoweit auch eine Qualifikation als zwingender Grund des Allgemeininteresses ausscheiden.

23 Vgl. *Ress/Ukrow*, in: Grabitz/Hilf, Das Recht der Europäischen Union, Art. 58 EGV Rn. 35.
24 *Trautwein*, JA 2008, 281 (285).
25 EuGH, U.v. 23.10.2007, Rs. C-112/05, Slg. 2007, I-8995 Rn. 72 – *VW-Gesetz*.
26 Siehe zu den anerkannten Gründen im Einzelnen *Ohler*, Europäische Kapital- und Zahlungsverkehrsfreiheit, Art. 58 EGV Rn. 19ff.
27 Dazu *Knauff*, in: Pache/Knauff, Fallhandbuch Europäisches Wirtschaftsrecht, § 13 Rn. 12ff.

Allerdings könnte eine derartige Rechtfertigung in Betracht kommen, wenn mit der erhöhten staatlichen Einflussnahme auf die X-Flugzeugwerke AG andere Aspekte gefördert werden, die als zwingende Gründe des Allgemeininteresses zu qualifizieren wären. X verweist vorliegend zum einen auf den Arbeitnehmerschutz. Zwar handelt es sich dabei grundsätzlich um einen derartigen Grund.[28] Allerdings ist nicht ersichtlich, wie durch die Regelungen des XFG ein Schutz von Arbeitnehmerinteressen vor divergierenden Vorstellungen von Großaktionären erfolgen sollte, da das Gesetz diesbezüglich keine Vorgaben enthält und es somit X und Y überlassen ist, ob sie von den Sonderregeln im Sinne der Arbeitnehmer Gebrauch machen. Gleiches gilt auch für den Schutz der Minderheitsaktionäre. Auch dabei kann es sich um einen zwingenden Grund des Allgemeininteresses handeln, der Beschränkungen der Kapitalverkehrsfreiheit zu rechtfertigen vermag. Allerdings kann „nicht ausgeschlossen werden, dass [die] öffentlichen Akteure ihre Stellung unter bestimmten, besonderen Umständen zur Wahrung von Allgemeininteressen nutzen, die möglicherweise den wirtschaftlichen Interessen der betreffenden Gesellschaft und damit den Interessen der anderen Aktionäre zuwiderlaufen."[29] Folglich scheidet auch insoweit eine Rechtfertigung aus.

E. Ergebnis

Das XFG nimmt eine mangels Rechtfertigung unzulässige Beschränkung des freien Kapitalverkehrs vor. Die Rechtsauffassung der Kommission trifft somit zu. Das XFG verstößt gegen Art. 63 I AEUV.

Frage 2

A. Vorüberlegungen

Der Kommission stehen politische und rechtliche Handlungsmöglichkeiten zur Verfügung, um ihren Aufgaben aus Art. 17 I EUV nachzukommen. Vorliegend ist sie der Ansicht, dass der EU-Mitgliedstaat X gegen seine europarechtlichen Verpflichtungen verstößt. In Betracht kommt daher die Einleitung eines Vertragsverletzungsverfahrens nach Art. 258 AEUV gegen X als juristische Maßnahme. Einer Pflicht hierzu unterliegt sie jedoch nicht. Vielmehr hat sie die Entscheidung über die Durchführung eines Vertragsverletzungsverfahrens nach pflichtgemäßem Ermessen zu treffen.[30] Ein alternatives Vorgehen auf politischem Wege, etwa durch informelle Einflussnahme auf X oder eine Gesetzgebungsinitiative nach Art. 17 II 1 EUV, Art. 289 I 1, 294 II AEUV mit dem Ziel einer sekundärrechtlichen Neuregelung, verspricht in Anbetracht der ablehnenden Position der Regierung von X sowie zahlreicher anderer Mitgliedstaaten kaum Erfolg. Will die Kommission ihre Auffassung durchsetzen, ist sie daher auf die Einleitung eines Verfahrens nach Art. 258 AEUV verwiesen. Dessen Zulässigkeitsvoraussetzungen sind daher aus der ex ante-Perspektive zu prüfen.

---

28 EuGH, U.v. 23.10.2007, Rs. C-112/05, Slg. 2007, I-8995 Rn. 74 – *VW-Gesetz*.
29 EuGH, U.v. 23.10.2007, Rs. C-112/05, Slg. 2007, I-8995 Rn. 79 – *VW-Gesetz*.
30 EuGH, U.v. 23.5.1990, Rs. C-72/90, Slg. 1990, S. I-2181, Rn. 13 – *Asia Motor France/Kommission*; *Pechstein*, EU-/EG- Prozessrecht, Rn. 249 f.; *Dörr/Lenz*, Europäischer Verwaltungsrechtsschutz, Rn. 66;

B. Vertragsverletzungsverfahren

I. Klageberechtigung

Das Vertragsverletzungsverfahren steht nur den in Art. 258 f. AEUV aufgeführten Klägern offen. Dabei handelt es sich um die Kommission, Art. 258 II AEUV, sowie um die Mitgliedstaaten, Art. 259 I AEUV. Folglich ist die Kommission als Kollegium[31] klageberechtigt.

II. Klagegegenstand

Gegenstand eines Vertragsverletzungsverfahrens kann jede mitgliedstaatliche Handlung sein. Ob diese normativer Natur ist oder einen sonstigen Charakter aufweist, ist unerheblich, wie der offene Wortlaut der Art. 258 I, 259 I AEUV zu erkennen gibt.[32] Vorliegend will sich die Kommission gegen das XFG wenden. Dieses wurde vom EU-Mitgliedstaat X als formelles Gesetz erlassen, so dass eine Zurechnung zu diesem unproblematisch gegeben ist.[33] Das XFG ist somit tauglicher Gegenstand eines Vertragsverletzungsverfahrens.

III. Klagebefugnis

Des Weiteren setzt die Zulässigkeit des Vertragsverletzungsverfahrens eine Klagebefugnis des Klägers voraus. Gemäß Art. 258 I AEUV muss „nach Auffassung der Kommission ein Mitgliedstaat gegen eine Verpflichtung aus den Verträgen verstoßen haben“. Erforderlich ist somit die Überzeugung der Kommission von der Vertragsverletzung durch den betroffenen Mitgliedstaat in tatsächlicher und rechtlicher Hinsicht. Die Geltendmachung einer Verletzung oder Betroffenheit der Kommission – bzw. bei einer Klage nach Art. 259 I AEUV des klagenden Mitgliedstaates – in eigenen Rechten oder Interessen ist dagegen nicht erforderlich.[34]

Vorliegend qualifiziert die Kommission das XFG als Verstoß gegen Grundfreiheiten. Allerdings bedarf es diesbezüglich einer näheren Konkretisierung. In Betracht kommt eine Verletzung der Kapitalverkehrsfreiheit, Art. 63 I AEUV. In Vorverfahren und Klageschrift ist dieser Vorwurf im Einzelnen darzulegen.

IV. Vorverfahren

Das Vertragsverletzungsverfahren setzt gemäß Art. 258 I AEUV stets die vorherige Durchführung eines Vorverfahrens[35] voraus. Dies gilt selbst dann, wenn aufgrund der spezifischen Umstände das Ziel des Vorverfahrens, dem Mitgliedstaat Gelegenheit zu

---

31 EuGH, U.v. 29.9.1998, Rs. C-191/95, Slg. 1998, I-5449 Rn. 33 ff. – *Deutschland/Kommission.*

32 Vgl. *Borchardt*, in: Lenz/Borchardt, EU-Verträge, Art. 258 AEUV Rn. 6; *Frenz*, Handbuch Europarecht V, Rn. 2547 f.

33 Zurechenbar kann nach der EuGH-Rechtsprechung sogar das Handeln Privater bei einer Vorwerfbarkeit bzw. Rückführbarkeit auf staatliches Handeln sein, zu Blockadefällen EuGH, U.v. 9.12.1997, Rs. C-265/95, Slg. 1997, I-6959 Rn. 29 ff. – *Französische Bauernproteste*; U.v. 12.6.2003, Rs. C-112/00, Slg. 2003, I-5659 Rn. 56 ff. – *Schmidberger*; zur Ausgabe von Vorzugsaktien EuGH, U.v. 8.7.2010 Rs. C-171/08, NZG 2010, 983 Rn. 51 – *Kommission/Portugal.*

34 *Pechstein*, EU-/EG- Prozessrecht, Rn. 278.

35 Zuvor wird grundsätzlich ein informelles Verfahren durchgeführt, *Borchardt*, in: Lenz/Borchardt, EU-Verträge, Art. 258 AEUV Rn. 15.

geben, sein Handeln zu überdenken und den Europarechtsverstoß abzustellen,[36] nicht zu erreichen ist.[37] Obwohl X vorliegend bereits zuvor mehrfach deutlich gemacht hat, dass er im XFG keinen Verstoß gegen europarechtliche Verpflichtungen zu erkennen vermag und er daher nicht zu einer Gesetzesänderung gewillt ist, muss die Kommission vor Klageerhebung ihm zunächst nach Art. 258 I AEUV Gelegenheit zur Äußerung geben und im Anschluss eine mit Gründen versehene Stellungnahme abgeben.

1. Einräumung der Gelegenheit zur Äußerung (Mahnschreiben)

Die Gelegenheit zur Äußerung bildet den ersten Teil des Vorverfahrens.[38] Zu diesem Zwecke richtet die Kommission ein sog. Mahnschreiben an den jeweiligen Mitgliedstaat. Dieses ist stets an dessen (Zentral-)Regierung zu adressieren,[39] voliegend also die Regierung von X.

Inhaltlich muss das Mahnschreiben die Mitteilung des Vorwurfs der Vertragsverletzung enthalten. Alle rechtlichen und tatsächlichen Erwägungen sind diesbezüglich in allgemeiner Form offen zu legen.[40] Vorliegend muss die Kommission mithin die Verstöße gegen Art. 56 I AEUV durch das XFG erläutern.[41] Hierbei sind die Vorwürfe im Einzelnen detailliert aufzuführen, da durch das Mahnschreiben zugleich der (spätere) Streitgegenstand des (gerichtlichen) Vertragsverletzungsverfahrens festgelegt wird.[42] Vertragsverletzungsvorwürfe, die nicht Gegenstand des Mahnschreibens waren, können im nachfolgenden gerichtlichen Verfahren nicht zulässig erhoben werden.

Des Weiteren muss das Mahnschreiben eine angemessene Fristsetzung für die mitgliedstaatliche Äußerung enthalten.[43] Als angemessen ist im Regelfall eine Frist von zwei Monaten anzusehen, wobei eine nachträgliche Verlängerung durch die Kommission möglich ist.[44] Trotz einer grundsätzlichen Mitwirkungspflicht bei der Sachverhaltsaufklärung unterliegt der betroffene Mitgliedstaat keiner Pflicht zur Äußerung zum Vorwurf der Vertragsverletzung.[45] Art. 258 I AEUV fordert allein, dass ihm die Möglichkeit hierzu eingeräumt wird.

2. Abgabe einer mit Gründen versehenen Stellungnahme

Sofern die Äußerungsfrist ohne ein für die Kommission befriedigendes Ergebnis, insbesondere ohne Beseitigung des beanstandeten Vertragsverstoßes, abläuft, gibt die Kommission nach Art. 258 I AEUV eine mit Gründen versehene Stellungnahme ab. Diese umfasst eine inhaltlich formalisierte Zusammenfassung des Sach- und Streitstandes.[46] Neue Rügen sind – entsprechend der Festlegung des Streitgegenstands durch das

---

36 *Karpenstein*, in: Grabitz/Hilf, Recht der EU, Art. 226 Rn. 1.
37 Vgl. *Gaitanides*, in: v.d. Groeben/Schwarze, EUV/EGV IV, Art. 226 EG Rn. 21.
38 Eine Ausnahme gilt nur im Falle des Art. 348 II AEUV.
39 *Cremer*, in: Calliess/Ruffert, EUV/EGV, Art. 226 EGV Rn. 6.
40 *Karpenstein*, in: Grabitz/Hilf, Recht der EU, Art. 226 Rn. 29; dabei sind allerdings keine überspannten Anforderungen zu stellen, siehe *Frenz*, Handbuch Europarecht V, Rn. 2556.
41 Vgl. oben Frage 1).
42 *Burgi*, in: Rengeling/Middeke/Gellermann, Handbuch des Rechtsschutzes in der Europäischen Union, § 6 Rn. 12; *Pechstein*, EU-/EG- Prozessrecht, Rn. 262f.; *Thiele*, Europäisches Prozessrecht, § 5 Rn. 19.
43 *Dörr/Lenz*, Europäischer Verwaltungsrechtsschutz, Rn. 66.
44 *Thiele*, Europäisches Prozessrecht, § 5 Rn. 20.
45 *Cremer*, in: Calliess/Ruffert, EUV/EGV, Art. 226 EGV Rn. 24.
46 *Frenz*, Handbuch Europarecht V, Rn. 2570f.; *Thiele*, Europäisches Prozessrecht, § 5 Rn. 22.

Mahnschreiben – unzulässig.[47] Darüber hinaus ist gemäß Art. 258 II AEUV erneut eine angemessene Frist zur Abstellung des Vertragsverstoßes festzulegen. Diese beträgt wiederum regelmäßig zwei Monate.[48]

V. Klagefrist, -form und -gegner

Für die Klage nach Art. 258 II AEUV ist keine Frist vorgesehen. Ihre zeitliche Grenze bildet allein die Verwirkung.[49] Allerdings darf sie nicht vor Ablauf der in der mit Gründen versehenen Stellungnahme festgelegten Frist erhoben werden.[50]

Die Form der Klage richtet sich nach Art. 21 I 2 EuGH-Satzung i. V. m. Art. 38 VerfOEuGH. In der Klageschrift ist der Streitgegenstand im Einzelnen darzustellen. Dabei kann zwar eine Einschränkung gegenüber dem Mahnschreiben und der mit Gründen versehenen Stellungnahme erfolgen, nicht aber eine Erweiterung.[51]

Die Klage ist gegen den Mitgliedstaat zu richten, dem die Vertragsverletzung vorgeworfen wird, vorliegend also gegen X.

VI. Rechtsschutzbedürfnis

Für die Klage nach Art. 258 II AEUV bedarf es grundsätzlich nicht der Geltendmachung eines Rechtsschutzbedürfnisses durch die Kommission.[52] Dieses entfällt nur dann, wenn der streitgegenständliche Vertragsverstoß bis zum Ablauf der Frist beseitigt wurde, die in der mit Gründen versehenen Stellungnahme enthaltenen ist. In diesem Falle ist das Ziel des Vertragsverletzungsverfahrens erreicht, so dass es seiner Durchführung nicht mehr bedarf.[53]

VII. Zuständigkeit

Die Entscheidung über die Klage der Kommission nach Art. 258 II AEUV obliegt dem EuGH mangels Begründung der Zuständigkeit des EuG, vgl. Art. 256 I AEUV.

C. Ergebnis

Die Kommission kann ihre Auffassung mittels Durchführung eines Vertragsverletzungsverfahrens gegen X durchsetzen.

---

47 *Borchardt*, in: Lenz/Borchardt, EU-Verträge, Art. 258 AEUV Rn. 18; *Karpenstein*, in: Grabitz/Hilf, Recht der EU, Art. 226 Rn. 40 ff.
48 *Cremer*, in: Calliess/Ruffert, EUV/EGV, Art. 226 EGV Rn. 24.
49 *Pechstein*, EU-/EG- Prozessrecht, Rn. 280; *Thiele*, Europäisches Prozessrecht, § 5 Rn. 33.
50 *Cremer*, in: Calliess/Ruffert, EUV/EGV, Art. 226 EGV Rn. 32.
51 EuGH, U.v. 29.4.2010, Rs. C-160/08, EuZW 2010, 543 Rn. 41 ff. – *Kommission/Deutschland* m. w. N.
52 Vgl. *Frenz*, Handbuch Europarecht V, Rn. 2607.
53 *Borchardt*, in: Lenz/Borchardt, EU-Verträge, Art. 258 AEUV Rn. 22; *Pechstein*, EU-/EG- Prozessrecht, Rn. 282; das bloße Anerkenntnis der Vertragsverletzung genügt nicht, *Karpenstein*, in: Grabitz/Hilf, Recht der EU, Art. 226 Rn. 54.

Frage 3

A. Vorüberlegungen

Es bedarf zunächst der Bestimmung des Ziels der neuen Klage der Kommission. Insoweit stellt sich die Frage, ob ihr Vorbringen als neue Beanstandung zu qualifizieren ist oder der Durchsetzung der Urteilswirkungen des gegen X ergangenen Urteils des EuGH im vorangegangenen Vertragsverletzungsverfahren dient. Im letztgenannten Falle wäre ein Verfahren nach Art. 260 II AEUV durchzuführen.[54] Andernfalls wäre ein neues Vertragsverletzungsverfahren erforderlich.

Vorliegend ist die Kommission der Auffassung, dass die Änderung des XFG durch X infolge des EuGH-Urteils unzureichend ist. In der Sache handelt es sich dabei nicht um einen neuen materiellen Vorwurf. Es handelt sich mithin um denselben Streitgegenstand. Folglich ist die Klage eine solche nach Art. 260 II AEUV, so dass deren Zulässigkeit und Begründetheit zu prüfen ist.

B. Zulässigkeit

I. Klageberechtigung

Die Klageberechtigung der Kommission folgt explizit aus Art. 260 II UAbs. 1 S. 1 AEUV. Die Klageberechtigung der Mitgliedstaaten gemäß Art. 260 II UAbs. 3 i. V. m. Art. 259 AEUV schließt ein alleiniges Vorgehen der Kommission nicht aus, sondern tritt ergänzend hinzu.

II. Klagegegenstand

Gegenstand einer Klage nach Art. 260 II AEUV ist die Nichtergreifung der Maßnahmen „die sich aus dem Urteil des Gerichtshofes ergeben", durch den verurteilten Mitgliedstaat. Insoweit stellt sich das Problem, dass der EuGH im Verfahren nach Art. 258 AEUV nur die Vertragsverletzung als solche feststellt, aber die zu ergreifenden Maßnahmen nicht konkretisiert.[55] Gleichwohl ist der verurteilte Mitgliedstaat nach Art. 260 I AEUV verpflichtet, die Vertragsverletzung zu beseitigen. Aus dieser Verpflichtung lassen sich die zu ergreifenden Maßnahmen ableiten.[56] Im Einzelnen ist zu prüfen, in welchem Umfang der verurteilte Mitgliedstaat der Entscheidung des EuGH nicht Rechnung getragen hat. Nur soweit dies nicht erfolgt ist, liegt ein tauglicher Klagegegenstand nach Art. 260 II AEUV vor.

Vorliegend wurde X im vorangegangenen Vertragsverletzungsverfahren wegen eines Verstoßes gegen Art. 63 I AEUV durch verschiedene Vorschriften des XFG verurteilt. Als Folge des Urteils wurden die §§ 2 I, 3 V, 4 I XFG geändert. Es ist nicht ersichtlich, dass dies unter Missachtung der EuGH-Entscheidung erfolgte. Keine Änderung erfuhr jedoch die Sperrminoritätsregelung nach § 4 III XFG. Insoweit hat X dem Urteil nicht Folge geleistet und die Vertragsverletzung nicht beseitigt. Mithin liegt (nur) insoweit ein tauglicher Klagegegenstand im Verfahren nach Art. 260 II AEUV vor.

---

54 Art. 260 II AEUV ist lex specialis zu Art. 258 II AEUV, *Gaitanides*, in: v.d. Groeben/Schwarze, EUV/EGV IV, Art. 228 EG Rn. 12.
55 Ausnahme: Art. 260 III AEUV.
56 Vgl. *Gaitanides*, in: v.d. Groeben/Schwarze, EUV/EGV IV, Art. 228 EG Rn. 4 ff.; *Pechstein*, EU-/EG- Prozessrecht, Rn. 298.

III. Klagebefugnis

Die Klagebefugnis der Kommission setzt gemäß Art. 260 II UAbs. 1 S. 1 AEUV deren Auffassung voraus, dass der verurteilte Mitgliedstaat die sich aus dem Urteil des EuGH ergebenden Maßnahmen nicht getroffen hat, mithin die notwendigen Handlungen zur vollumfänglichen Beseitigung der festgestellten Vertragsverletzung nicht ergriffen hat. Vorliegend ist die Kommission überzeugt, dass X das XFG nicht in dem durch Art. 260 I AEUV gebotenen Umfang geändert habe. Sie ist daher klagebefugt.

IV. Vorverfahren

Gemäß Art. 260 II UAbs. 1 S. 1 AEUV bedarf es auch in diesem Verfahren der Durchführung eines Vorverfahrens vor Klageerhebung. Dieses entspricht grundsätzlich dem Vorverfahren nach Art. 258 II AEUV,[57] wenngleich es der Abgabe einer mit Gründen versehenen Stellungnahme nicht bedarf.[58] Seinen Gegenstand bildet nunmehr aber die Nichtergreifung der zur Beseitigung der vom EuGH festgestellten Vertragsverletzung erforderlichen Maßnahmen.[59] Sein Zweck liegt darin, dem verurteilten Mitgliedstaat die Möglichkeit zu einem vertragstreuen Verhalten zu geben und ihm zugleich die möglichen finanziellen Folgen einer Perpetuierung des Europarechtsverstoßes vor Augen zu führen.[60] Dementsprechend fordert Art. 260 II UAbs. 1 S. 2 AEUV die Benennung des von der Kommission im konkreten Fall für angemessen gehaltenen Zwangsgelds oder Pauschalbetrags, welches im Falle einer (erneuten) Verurteilung gegen den Mitgliedstaat verhängt werden kann.

V. Klagefrist, -form und -gegner

Die Klage nach Art. 260 II AEUV ist nicht fristgebunden. Sie kann nach Abgabe der mit Gründen versehenen Stellungnahme bis zur Grenze der Verwirkung erhoben werden.

Die Form der Klage richtet sich nach Art. 21 I 2 EuGH-Satzung i. V. m. Art. 38 VerfOEuGH. Neben dem Feststellungsantrag muss die Kommission einen Antrag auf Verurteilung des beklagten Mitgliedstaates gemäß Art. 260 II UAbs. 2 S. 2 AEUV zur Sanktionierung durch die Verurteilung zur Zahlung eines angemessenen, in der Höhe bestimmten Pauschalbetrags oder[61] Zwangsgeldes stellen, will sie eine solche Verurteilung erreichen.[62]

Die Klage ist gegen den nach Art. 260 I AEUV verurteilten Mitgliedstaat zu richten, vorliegend also gegen X.

VI. Zuständigkeit

Der EuGH ist mangels Zuweisung an das EuG durch Art. 256 I AEUV für die Entscheidung der Streitigkeit zuständig.

---

57 Siehe dazu oben Frage 2 B.IV.
58 *Borchardt*, in: Lenz/Borchardt, EU-Verträge, Art. 258 AEUV Rn. 8.
59 Vgl. *Cremer*, in: Calliess/Ruffert, EUV/EGV, Art. 226 EGV Rn. 9.
60 Vgl. *Karpenstein/Karpenstein*, in: Grabitz/Hilf, Recht der EU, Art. 228 Rn. 29f.
61 Zulässig ist auch eine Verbindung von Pauschalbetrag und Zwangsgeld, EuGH, U.v. 12.7.2005, Rs. C-304/02, Slg. 2005, I-6263 Rn. 82ff. – *Kommission/Frankreich*; der Pauschalbetrag dient insoweit der Sanktionierung der Vertragsverletzung zwischend den Verurteilungen des betreffenden Mitgliedstaats nach Art. 260 I AEUV und Art. 260 II AEUV, das Zwangsgeld betrifft die daran anschließende Zeit bis zur Beseitigung der Vertragsverletzung, *Frenz*, Handbuch Europarecht V, Rn. 2644.
62 *Borchardt*, in: Lenz/Borchardt, EU-Verträge, Art. 258 AEUV Rn. 9.

C. Begründetheit

Die Klage nach Art. 260 II AEUV ist begründet, wenn X nicht alle erforderlichen Maßnahmen aus dem Urteil des EuGH im Vertragsverletzungsverfahren wegen des XFG ergriffen hat. Vorliegend ist eine Beseitigung der darin beanstandeten erhöhten Sperrminorität gemäß Art. 4 III XFG nicht erfolgt. Somit hat X nicht alle erforderlichen Maßnahmen ergriffen, die notwendig waren, um den vom EuGH festgestellten Europarechtsverstoß zu beseitigen. Eine erneute materielle Prüfung erfolgt aufgrund der eingetretenen Rechtskraft nicht.

Folglich wird der EuGH gemäß Art. 260 II UAbs. 2 AEUV feststellen, dass X seinem Urteil nicht nachgekommen ist. Zudem kann die Verurteilung von X zur Zahlung eines Pauschalbetrages oder Zwangsgelds erfolgen.[63] Bezüglich dessen Höhe besteht – anders als im Verfahren nach Art. 260 III AEUV – keinerlei Bindung an den Antrag der Kommission.[64]

D. Ergebnis

Die Klage der Kommission gegen X nach Art. 260 II AEUV ist zulässig und begründet

Rechtsprechungs- und Literaturhinweise

EuGH, U.v. 23.10.2007, Rs. C-112/05, Slg. 2007, I-8995 – *VW-Gesetz*

Burgi, § 6 Vertragsverletzungsverfahren, in: Rengeling/Middeke/Gellermann, Handbuch des Rechtsschutzes in der Europäischen Union, 2. Aufl. 2003; *Frenz*, Handbuch Europarecht I: Europäische Grundfreiheiten, 2004, Kap. 10; *ders.*, Handbuch Europarecht V: Wirkungen und Rechtsschutz, 2010, Kap. 15; *Kilian*, Vereinbarkeit des VW-Gesetzes mit Europarecht, NJW 2007, 3469; *Knauff*, § 8 Kapitalverkehrsfreiheit, in: Pache/Knauff, Fallhandbuch Europäisches Wirtschaftsrecht, 2. Aufl. 2010; *Pechstein*, EU-/EG-Prozessrecht, 3. Aufl. 2007, 5. Kap.; *Thiele*, Europäisches Prozessrecht, 2007, § 5; *Trautwein*, Die Kapitalverkehrsfreiheit gem. Art. 56 I EG, JA 2008, 281; *v. Wilmowsky*, § 12 Freiheit des Kapital- und Zahlungsverkehrs, in: Ehlers, Europäische Grundrechte und Grundfreiheiten, 3. Aufl. 2009

---

63 Zur Bemessung siehe *Borchardt*, in: Lenz/Borchardt, EU-Verträge, Art. 258 AEUV Rn. 18 ff.
64 *Borchardt*, in: Lenz/Borchardt, EU-Verträge, Art. 258 AEUV Rn. 13; *Frenz*, Handbuch Europarecht V, Rn. 2649.

Fall 9: Kein Moos für Moser

Daniel Krausnick

Sachverhalt

Markus Moser (M.) betreibt ein Busunternehmen mit 10 Mitarbeitern und Standorten in Erlangen und Cottbus. Seine Busse sind überwiegend als Schulbusse im Einsatz und werden ab und zu auch für Ausflugsfahrten (allerdings nur innerhalb Deutschlands) genutzt. Seit Ende 2007 ist die Auftragslage merklich schlechter geworden, gleichzeitig werden die Busse, die M. besitzt, immer reparaturanfälliger. M. sieht sich gezwungen, seinen Fuhrpark zu erneuern, seine Hausbank lehnt es jedoch ab, ihm einen weiteren Kredit zu gewähren. Deshalb wendet er sich an das Bayerische Wirtschaftsministerium, das ihm nach zähen Verhandlungen Ende März 2008 per Verwaltungsakt auf verfassungsmäßiger Rechtsgrundlage eine Unterstützung in Höhe von 120.000 € bewilligt. Der Kredit wird über die KMU-Förderbank AG – eine Aktiengesellschaft, deren Anteile sich zu 100 % in der Hand des Freistaats Bayern befinden und die vom Ministerium entsprechend angewiesen worden war – in Form eines zinslosen Darlehens auf fünf Jahre gewährt.

Der zuständige Beamte des Wirtschaftsministeriums, meldet den Vorgang nicht bei der EU-Kommission an, weil er annimmt, dass keine Anmeldepflicht bestünde. Die Kommission erfährt Ende Mai 2008 aber dennoch durch den Hinweis der Nemecek Citytours GmbH (N.), einem mit M. konkurrierenden Busunternehmen, dessen Muttergesellschaft in der Slowakei ansässig ist und dessen Busse ausschließlich für Ausflugsfahrten eingesetzt werden, von dem Fall. Sie leitet daraufhin das Verfahren gemäß Art. 108 II AEUV ein und gibt den Beteiligten Gelegenheit zur Stellungnahme. Am 28. Juni 2009 erlässt sie schließlich einen an die Bundesrepublik Deutschland gerichteten Bescheid, in dem sie die Aufhebung des Bewilligungsbescheids sowie die Rückabwicklung des Darlehens verlangt. Das Darlehen sei eine formell und materiell rechtswidrige Beihilfe i.S.d. Art. 107, 108 AEUV.

Das Ministerium stellt sich auf den Standpunkt, es läge zum einen deswegen keine EU-rechtswidrige Beihilfe vor, weil M. seine Busse nur innerhalb Deutschlands einsetze. Zum anderen erfolge die Förderung des M. hier nicht durch den Staat, sondern durch ein privatrechtlich organisiertes Unternehmen. Ferner dürfe nicht unberücksichtigt bleiben, dass M. mit seinen Schulbusfahrten Leistungen der Daseinsvorsorge erbringe. Eine Anmelde- oder gar Genehmigungspflicht bestünde deshalb in keinem Fall. Es kommt zu einem längeren Schriftwechsel in dessen Verlauf die Kommission schließlich damit droht, ein Vertragsverletzungsverfahren gegen die Bundesrepublik einzuleiten. Daraufhin erlässt das Bayerische Wirtschaftsministerium am 11. März 2011 zähneknirschend einen an M. gerichteten Bescheid, mit dem es den Bewilligungsbescheid mit ex tunc-Wirkung aufhebt und die vollständige Rückzahlung des Darlehens nebst Zinsen fordert. In der Begründung heißt es, man sei aus unionsrechtlichen Gründen verpflichtet, die Unterstützung des M. vollständig rückgängig zu machen.

M. war zwar im Juli 2008 von der Kommission angehört worden, hatte aber dennoch seine wiedergewonnene Liquidität Ende September 2008 für die Anschaffung zweier gebrauchter Busse genutzt. Von der Entscheidung vom 28. Juni 2009 erlangte er durch einen Fehler der mit der Weiterleitung beauftragten Poststelle keine Kenntnis. Als M. nun den Bescheid vom 11. März 2011 erhält, ist er entsetzt, weil er davon nichts geahnt hatte. Er wendet sich am 11. März 2011 an Rechtsanwalt Dr. Robert Ritter (R.) und bittet ihn, zu prüfen, ob eine Klage gegen den Rückforderungsbescheid oder gegen die Kommissionsentscheidung Aussicht auf Erfolg hat.

Das Gutachten des R. ist zu erstellen.

Abwandlung

M. erwähnt R. gegenüber, dass er mit N. noch weitere Probleme habe. Weil die Busse des M. als Schulbusse eingesetzt würden, er dafür aber nach der Konzeption des Personenbeförderungsgesetzes (PBefG) ermäßigte Entgelte berechnen müsse, erhalte er Ausgleichszahlungen nach § 45a PBefG. N. habe M. wegen dieser Ausgleichszahlungen bei der EU-Kommission angezeigt. Diese habe jedoch nach Durchführung eines Vorprüfungsverfahrens ausdrücklich schriftlich erklärt, dass hier keine Beihilfe i. S. d. Art. 107 I AEUV vorläge. M. macht sich jetzt Sorgen, dass N. in dieser Sache zum Europäischen Gerichtshof geht. R. beruhigt ihn und meint, in Luxemburg habe N. mit dieser Sache keine Chance.

Ist die Auskunft des R. zutreffend?

Verordnung (EG) Nr. 659/1999

Art. 1

Im Sinne dieser Verordnung bezeichnet der Ausdruck (…)

h) „Beteiligte" Mitgliedstaaten, Personen, Unternehmen oder Unternehmensvereinigungen, deren Interessen aufgrund der Gewährung einer Beihilfe beeinträchtigt sein können, insbesondere der Beihilfeempfänger, Wettbewerber und Berufsverbände.

Art. 2

(1) Soweit die Verordnungen nach Artikel 94 des Vertrags oder nach anderen einschlägigen Vertragsvorschriften nichts anderes vorsehen, teilen die Mitgliedstaaten der Kommission ihre Vorhaben zur Gewährung neuer Beihilfen rechtzeitig mit. Die Kommission unterrichtet den betreffenden Mitgliedstaat unverzüglich vom Eingang einer Anmeldung.

(2) Der betreffende Mitgliedstaat übermittelt der Kommission in seiner Anmeldung alle sachdienlichen Auskünfte, damit diese eine Entscheidung nach den Artikeln 4 und 7 erlassen kann (nachstehend „vollständige Anmeldung" genannt).

Art. 3

Anmeldungspflichtige Beihilfen nach Artikel 2 Absatz 1 dürfen nicht eingeführt werden, bevor die Kommission eine diesbezügliche Genehmigungsentscheidung erlassen hat oder die Beihilfe als genehmigt gilt.

Art. 4

(2) Gelangt die Kommission nach einer vorläufigen Prüfung zu dem Schluß, daß die angemeldete Maßnahme keine Beihilfe darstellt, so stellt sie dies durch Entscheidung fest.

Art. 6

(1) Die Entscheidung über die Eröffnung des förmlichen Prüfverfahrens enthält eine Zusammenfassung der wesentlichen Sach- und Rechtsfragen, eine vorläufige Würdigung des Beihilfecharakters der geplanten Maßnahme durch die Kommission und Ausführungen über ihre Bedenken hinsichtlich der Vereinbarkeit mit dem Gemeinsamen Markt. Der betreffende Mitgliedstaat und die anderen Beteiligten werden in dieser Entscheidung zu einer Stellungnahme innerhalb einer Frist von normalerweise höchstens einem Monat aufgefordert. In ordnungsgemäß begründeten Fällen kann die Kommission diese Frist verlängern.

Art. 7

(1) Das förmliche Prüfverfahren wird unbeschadet des Artikels 8 durch eine Entscheidung nach den Absätzen 2 bis 5 dieses Artikels abgeschlossen.

(2) Gelangt die Kommission zu dem Schluß, daß die angemeldete Maßnahme, gegebenenfalls nach entsprechenden Änderungen durch den betreffenden Mitgliedstaat, keine Beihilfe darstellt, so stellt sie dies durch Entscheidung fest.

(3) Stellt die Kommission fest, daß, gegebenenfalls nach Änderung durch den betreffenden Mitgliedstaat, die Bedenken hinsichtlich der Vereinbarkeit der angemeldeten Maßnahme mit dem Gemeinsamen Markt ausgeräumt sind, so entscheidet sie, daß die Beihilfe mit dem Gemeinsamen Markt vereinbar ist (nachstehend „Positiventscheidung" genannt). In der Entscheidung wird angeführt, welche Ausnahmevorschrift des Vertrags zur Anwendung gelangt ist.

(4) Die Kommission kann eine Positiventscheidung mit Bedingungen und Auflagen verbinden, die ihr ermöglichen, die Beihilfe für mit dem Gemeinsamen Markt vereinbar zu erklären bzw. die Befolgung ihrer Entscheidung zu überwachen (nachstehend „mit Bedingungen und Auflagen verbundene Entscheidung" genannt).

(5) Gelangt die Kommission zu dem Schluß, daß die angemeldete Beihilfe mit dem Gemeinsamen Markt unvereinbar ist, so entscheidet sie, daß diese Beihilfe nicht eingeführt werden darf (nachstehend „Negativentscheidung" genannt).

(6) Entscheidungen nach den Absätzen 2, 3, 4 und 5 werden erlassen, sobald die in Artikel 4 Absatz 4 genannten Bedenken ausgeräumt sind. Die Kommission bemüht sich darum, eine Entscheidung möglichst innerhalb von 18 Monaten nach Eröffnung des Prüfverfahrens zu erlassen. Diese Frist kann von der Kommission und dem betreffenden Mitgliedstaat einvernehmlich verlängert werden.

(6) Ist die Frist nach Absatz 6 abgelaufen, so erläßt die Kommission auf Wunsch des betreffenden Mitgliedstaats innerhalb von zwei Monaten auf der Grundlage der ihr zur Verfügung stehenden Informationen eine Entscheidung. Reichen die ihr vorgelegten Informationen nicht aus, um die Vereinbarkeit festzustellen, so erläßt die Kommission gegebenenfalls eine Negativentscheidung.

Art. 13

(1) Nach Prüfung einer etwaigen rechtswidrigen Beihilfe ergeht eine Entscheidung nach Artikel 4 Absätze 2, 3 oder 4. Bei Entscheidungen zur Eröffnung eines förmlichen Prüfverfahrens wird das Verfahren durch eine Entscheidung nach Artikel 7 abgeschlossen. Bei Nichtbefolgung der Anordnung zur Auskunftserteilung wird die Entscheidung auf der Grundlage der verfügbaren Informationen erlassen.

(2) Bei etwaigen rechtswidrigen Beihilfen ist die Kommission – unbeschadet des Artikels 11 Absatz 2 – nicht an die in Artikel 4 Absatz 5 und Artikel 7 Absätze 6 und 7 genannte Frist gebunden.

Art. 14

(1) In Negativentscheidungen hinsichtlich rechtswidriger Beihilfen entscheidet die Kommission, daß der betreffende Mitgliedstaat alle notwendigen Maßnahmen ergreift, um die Beihilfe vom Empfänger zurückzufordern (nachstehend „Rückforderungsentscheidung" genannt). Die Kommission verlangt nicht die Rückforderung der Beihilfe, wenn dies gegen einen allgemeinen Grundsatz des Gemeinschaftsrechts verstoßen würde.

(3) Unbeschadet einer Entscheidung des Gerichtshofes der Europäischen Gemeinschaften nach Artikel 185 des Vertrags erfolgt die Rückforderung unverzüglich und nach den Verfahren des betreffenden Mitgliedstaats, sofern hierdurch die sofortige und tatsächliche Vollstreckung der Kommissionsentscheidung ermöglicht wird. Zu diesem Zweck unternehmen die betreffenden Mitgliedstaaten im Fall eines Verfahrens vor nationalen Gerichten unbeschadet des Gemeinschaftsrechts alle in ihren jeweiligen Rechtsordnungen verfügbaren erforderlichen Schritte einschließlich vorläufiger Maßnahmen.

Art. 20

(1) Jeder Beteiligte kann nach der Entscheidung der Kommission zur Eröffnung des förmlichen Prüfverfahrens eine Stellungnahme nach Artikel 6 abgeben. Jeder Beteiligte, der eine solche Stellungnahme abgegeben hat, und jeder Empfänger einer Einzelbeihilfe erhält eine Kopie der von der Kommission gemäß Artikel 7 getroffenen Entscheidung.

Art. 26

(3) Die Kommission veröffentlicht im Amtsblatt der Europäischen Gemeinschaften ihre Entscheidungen nach Artikel 7.

Bayerisches Gesetz zur Ausführung der Verwaltungsgerichtsordnung (AGVwGO)

Art. 1

(2) Die bayerischen Verwaltungsgerichte haben ihren Sitz (...)
4. in Ansbach für den Regierungsbezirk Mittelfranken, (...)

Wesentliche Probleme

Nichtigkeitsklage, Anfechtungsklage, Begriff der Beihilfe, gerechtfertigte Beihilfen nach Art. 106 II, 107 II AEUV, Rückforderung von Beihilfen, Beihilfeverfahren, beihilfenrechtliche Konkurrentenklage, Altmark-Trans-Kriterien

Gliederung

Ausgangsfall

A. Nichtigkeitsklage gegen die Kommissionsentscheidung

I. Zulässigkeit
   1. Zuständigkeit
   2. Beteiligten-/Parteifähigkeit
   3. Antragsgegenstand
   4. Antragsbefugnis

5. Antragsfrist
6. Zwischenergebnis

II. Begründetheit
1. Formelle Rechtmäßigkeit der Entscheidung
2. Materielle Rechtmäßigkeit der Entscheidung
a) Begünstigung eines bestimmten Unternehmens
b) Staatliche Herkunft der Begünstigung
c) Wettbewerbsverfälschung
d) Handelsbeeinträchtigung
e) Rechtfertigung nach Art. 107 II lit. c AEUV
f) Rechtfertigung bzw. Tatbestandsausnahme nach Art. 106 II AEUV
3. Ergebnis

B. Anfechtungsklage gegen den Aufhebungsbescheid

I. Sachurteilsvoraussetzungen
1. Eröffnung des Verwaltungsrechtswegs
2. Statthafte Klageart
3. Klagebefugnis
4. Vorverfahren
5. Klagefrist
6. Zuständiges Gericht
7. Sonstige Sachurteilsvoraussetzungen
8. Zwischenergebnis

II. Objektive Klagehäufung

III. Begründetheit
1. Richtiger Beklagter
2. Rechtmäßigkeit der Aufhebung des Bewilligungsbescheids
a) Rechtsgrundlage
b) Formelle Rechtmäßigkeit
c) Materielle Rechtmäßigkeit
aa) Vertrauensschutz nach Art. 48 II BayVwVfG
bb) Rücknahmefrist nach Art. 48 IV BayVwVfG
cc) Ermessen
d) Zwischenergebnis
3. Rechtmäßigkeit der Rückforderung des Darlehens

IV. Ergebnis

Abwandlung

A. Zulässigkeit

I. Klagebefugnis
II. Sonstige Zulässigkeitsvoraussetzungen
III. Zwischenergebnis

B. Begründetheit

I. Formelle Rechtmäßigkeit der Kommissionsentscheidung
II. Materielle Rechtmäßigkeit der Kommissionsentscheidung
1. Inhalt des § 45a PBefG
2. Vereinbarkeit der Regelung in § 45a PBefG mit den Altmark-Trans-Kriterien

C. Ergebnis

Lösung

Ausgangsfall

A. Nichtigkeitsklage gegen die Kommissionsentscheidung

In Betracht kommt zunächst eine Nichtigkeitsklage gegen die Kommissionsentscheidung nach Art. 263 IV AEUV. Diese hätte Aussicht auf Erfolg, wenn sie zulässig und begründet wäre.

I. Zulässigkeit

1. Zuständigkeit

Die Zuständigkeit richtet sich nach Art. 256 I AEUV i. V. m. der Satzung des Gerichtshofs. Diese bestimmt, dass für Klagen nach Art. 263 AEUV grundsätzlich das EuG zuständig ist. Eine Ausnahme bilden nach Art. 51 der Satzung des Gerichtshofs Klagen der Mitgliedstaaten, der Gemeinschaftsorgane und der EZB. Hier liegt die Klage eines privaten Unternehmers, also keiner der genannten Ausnahmefälle vor, somit ist das EuG zuständig.

2. Beteiligten-/Parteifähigkeit

Nach Art. 263 IV AEUV können Nichtigkeitsklagen auch von natürlichen und juristischen Personen erhoben werden. M. als natürliche Person ist somit beteiligten- bzw. parteifähig.

3. Antragsgegenstand

Die Nichtigkeitsklage nach Art. 263 IV AEUV richtet sich gegen Handlungen der EU-Organe. Eine solche Handlung liegt hier in Form eines an die Bundesrepublik Deutschland gerichteten Beschlusses der Kommission i. S. d. Art. 108 II UAbs. 1, Art. 108 III, 288 IV AEUV vor[1].

4. Antragsbefugnis

M müsste antragsbefugt sein. Problematisch ist insoweit, dass der Beschluss der Kommission, wie in Art. 108 II UAbs. 1, III 2 AEUV vorgesehen, an die Bundesrepublik Deutschland als EU-Mitgliedsstaat und nicht etwa an M. gerichtet ist. Eine Antragsbefugnis des M. kann sich deshalb nicht aus Art. 263 IV 1. Var AEUV ergeben, weil danach nur der Adressat antragsbefugt ist. Fraglich ist jedoch, ob aus Art. 263 IV 2. Var. AEUV eine Antragsbefugnis des M. folgt. Dafür müsste M. durch den Beschluss unmittelbar und individuell betroffen sein.

---

1 Die Vorgängervorschrift Art. 230 IV EG eröffnete die Möglichkeit zur Individualnichtigkeitsklage grundsätzlich nur für Entscheidungen i. S. d. Art. 249 IV EG und „Scheinverordnungen", so dass näher untersucht werden musste, ob der angegriffene Rechtsakt tatsächlich Entscheidungs- oder Scheinverordnungscharakter hat (vgl. etwa *Pechstein*, EU-/EG-Prozessrecht, Rn. 362 ff.). Durch die weitere Fassung des Wortlauts in Art. 263 IV AEUV („Handlungen") werden unabhängig von ihrer Rechtsform alle Akte erfasst, die tatsächlich einen individuellen Adressaten haben (so i. E. auch *Haratsch/König/Pechstein*, Europarecht, Rn. 514 ff.). Im Rahmen der Prüfung des Antragsgegenstandes bedarf es deshalb, solange feststeht, dass ein individueller Adressat den Antrag stellt, keiner näheren Differenzierung.

Mit dem Beschluss wird allein über den beihilfenrechtlichen Einzelfall des M. entschieden. M. ist deshalb individuell betroffen. An der unmittelbaren Betroffenheit könnte man höchstens deswegen zweifeln, weil die von der Kommission in dem Beschluss geforderte Rückabwicklung der M. gewährten Unterstützung nicht schon durch den Kommissionsbeschluss selbst bewirkt wird. Es bedarf zur Rückabwicklung vielmehr – worauf auch Art. 14 III Verordnung (EG) Nr. 659/1999 hinweist – noch einer Umsetzungsmaßnahme nach deutschem Recht[2]. Es besteht somit keine unmittelbare Betroffenheit im formellen Sinne[3]. Wenn sich die Nichtigkeitsklage des M. als unbegründet erweisen sollte und der Beschluss der Kommission dadurch bestandskräftig würde, wäre damit jedoch verbindlich zulasten des M. festgestellt, dass das ihm gewährte Darlehen eine EU-rechtswidrige Beihilfe ist und dass die Bundesrepublik prinzipiell verpflichtet ist, diese Beihilfe rückabzuwickeln. Die zuständige deutsche Behörde wäre an die Entscheidung gebunden[4], dürfte die Unterstützungsmaßnahmen des M. also nicht mehr als rechtmäßig behandeln und die Rückabwicklung schon deshalb verweigern. Bereits dadurch wird der Rechtskreis des M. unmittelbar betroffen. Er ist somit antragsbefugt.

5. Antragsfrist

Nach Art. 263 VI AEUV ist die Nichtigkeitsklage binnen zwei Monaten zu erheben. Die Frist läuft ab der Bekanntgabe der Entscheidung, spätestens aber ab dem Zeitpunkt, zu dem der Kläger von der Entscheidung Kenntnis erlangt hat. M. wusste zwar, weil die Kommission ihn i. S. d. Art. 1 lit. h, 6 I 2 Verordnung (EG) Nr. 659/1999 am Verfahren beteiligt hatte, davon, dass die Kommission ein beihilfenrechtliches Prüfverfahren durchführt. Vom Ausgang dieses Verfahrens hat er nach Sachverhalt jedoch keine Kenntnis erlangt. Insbesondere hat er offenbar keine Kopie der Entscheidung erhalten, wie es Art. 20 I 2 Verordnung (EG) Nr. 659/1999 vorsieht. Es ist auch nicht ersichtlich, dass M. zwar von der Existenz, nicht aber vom Inhalt eines entsprechenden Kommissionsbeschlusses wusste[5]. Ebenso lässt der Sachverhalt offen, ob der Beschluss der Kommission wie dies in der Praxis üblich ist, im Amtsblatt oder zumindest auf der Website der Generaldirektion Wettbewerb veröffentlicht wurde[6]. Deshalb ist davon auszugehen, dass M. erst am 11. März 2011 von dem Kommissionsbeschluss erfahren hat, und die Zwei-Monats-Frist nach Art. 263 VI AEUV noch einhalten kann.

6. Zwischenergebnis

Eine Nichtigkeitsklage des M. nach Art. 263 IV AEUV wäre zulässig.

II. Begründetheit

Die Nichtigkeitsklage des M. wäre i. S. d. Art. 264 I AEUV begründet, wenn die Kommissionsentscheidung formell oder materiell rechtswidrig wäre:

---

2 Vgl. etwa EuGH, U.v. 20.3.1997, Rs. C-24/95, Slg. 1997, I-1591 Rn. 24 – *Alcan*; näher zum Verhältnis des nationalen Verwaltungsverfahrensrechts zum EU-Recht etwa *Haratsch/König/Pechstein*, Europarecht, Rn. 459 ff.

3 Dazu EuGH, U.v. 17.1.1985, Rs. 11/82, Slg. 1985, 207 Rn. 7 – *Piraiki-Patraiki.*

4 EuGH, U.v. 17.9.1980, Rs. 730/79, Slg. 1980, 2671 Rn. 5 – *Philip Morris.*

5 In diesem Fall hätte sich M. nach dem Inhalt erkundigen können und müssen. Er könnte sich dann jedenfalls nicht darauf berufen, dass er vom Inhalt des Beschlusses erst am 11. November 2010 Kenntnis erlangt hat (so auch *Pechstein*, EU-/EG-Prozessrecht, Rn. 440 m. w. N.).

6 Zu den Folgen für die Fristberechnung EuG, B.v. 21.11.2005, Rs. T-426/04, Rn. 48 ff. – *Tramarin.*

1. Formelle Rechtmäßigkeit der Entscheidung

Die Zuständigkeit der Kommission zum Erlass von Entscheidungen, mit denen die EU-Rechtswidrigkeit einer Beihilfe festgestellt und deren Rückabwicklung angeordnet wird (sog. Negativentscheidungen) ergibt sich aus Art. 108 II UAbs. 1 AEUV, Art. 7 V, 14 I Verordnung (EG) Nr. 659/1999. Verfahrensfehler sind nicht erkennbar, insbesondere wurde den Beteiligten i.S.d. Art. 1 lit. h, 6 I 2 Verordnung (EG) Nr. 659/1999 Gelegenheit zur Stellungnahme gegeben. Wie bereits dargelegt, wurde auch die notwendige Beschluss- bzw. Entscheidungsform i.S.d. Art. 108 II AEUV, Art. 7 I, 14 I Verordnung (EG) Nr. 659/1999 eingehalten. Somit ist die Entscheidung der Kommission formell rechtmäßig.

2. Materielle Rechtmäßigkeit der Entscheidung

Die Entscheidung ist materiell rechtmäßig, wenn es sich bei der Unterstützung des M. tatsächlich um eine i.S.d. Art. 107, 108 AEUV unzulässige Beihilfe gehandelt hat:

a) Begünstigung eines bestimmten Unternehmens. Art. 107 I AEUV setzt zunächst voraus, dass ein bestimmtes Unternehmen eine Begünstigung erhält. Der Begriff der Begünstigung ist hierbei weit zu verstehen als wirtschaftlicher Vorteil, den ein Unternehmen unter „normalen" Marktbedingungen bzw. von einem privaten Investor[7] nicht erhalten hätte.

Nach Sachverhalt hatte die Hausbank des M. ihm vor der Unterstützung durch das Wirtschaftsministerium ausdrücklich einen weiteren Kredit verweigert und M. hatte sich gerade deswegen an das Ministerium gewendet. Bereits dies deutet klar darauf hin, dass das von der KMU-Förderbank AG gewährte Darlehen eine Begünstigung darstellt.

Dieses Ergebnis ließe sich möglicherweise dann in Frage stellen, wenn die KMU-Förderbank AG als ein privater Investor anzusehen wäre, der die Förderung des M. nach Marktbedingungen gewährt hat. Bereits die Tatsache, dass das Darlehen zinslos gewährt wurde, spricht jedoch dagegen. Außerdem ist zu bedenken, dass die Bank, weil sie M. hier auf Anweisung des Ministeriums gefördert hat, über das Ob der Förderung nicht mehr frei bzw. aufgrund einer eigenen Einschätzung der wirtschaftlichen Lage des M. entscheiden konnte. Deshalb kann die Bank trotz ihrer privaten Rechtsform einem privaten Investor nicht gleichgestellt werden.

An einer Begünstigung des M. könnte man somit nur noch deshalb zweifeln, weil M. mit seinen Schulbusfahrten Leistungen der Daseinsvorsorge erbringt. Die M. gewährte Unterstützung steht jedoch mit den von ihm durchgeführten Schulbuseinsätzen in keinem unmittelbaren Zusammenhang und dient insbesondere nicht dazu, durch diese Einsätze verursachte höhere Kosten auszugleichen[8]. Die Förderung des M. erfolgt vielmehr allein, um ihm generell die Fortführung seines Unternehmens zu ermöglichen.

Da hier ausschließlich das Unternehmen des M. gefördert wird, ist auch die von Art. 107 I AEUV geforderte Selektivität der Begünstigung gegeben. Die Begünstigung eines bestimmten Unternehmens i.S.d. Art. 107 I AEUV liegt also vor.

7 Zur Bedeutung des sog. „private-investor-Tests" im Rahmen des Art. 107 I AEUV statt vieler *Jennert/Jordan*, in: Pache/Knauff, Fallhandbuch Europäisches Wirtschaftsrecht, § 11 Rn. 13ff.

8 Einen solchen unmittelbaren Zusammenhang zwischen staatlicher Förderung und Kosten der von einem Unternehmen erbrachten Leistungen der Daseinsvorsorge setzt auch die Altmark-Trans-Rechtsprechung des EuGH voraus (EuGH, U.v. 24.7.2003, Rs. C-280/00, Slg. 2003, I-7747 Rn. 83ff. – *Altmark Trans*).

b) Staatliche Herkunft der Begünstigung. Die Begünstigung eines Unternehmens ist nur dann eine Beihilfe i. S. d. Art. 107 I AEUV, wenn sie durch den Staat oder zumindest aus staatlichen Mitteln gewährt wird, letztlich also im konkreten Einzelfall dem Staat zurechenbar ist[9]. Im vorliegenden Fall könnte man an der staatlichen Herkunft des Darlehens zweifeln, weil beides nicht unmittelbar vom Wirtschaftsministerium, sondern durch die KMU-Förderbank AG gewährt wurde.

Wie bereits angedeutet, spricht die Rechtsform der KMU-Bank (Aktiengesellschaft) dafür, sie als nicht-staatliche Stelle einzuordnen. Die bloße Tatsache, dass der Staat 100 % der Anteile an der KMU-Bank AG hält, diese also ein öffentliches Unternehmen ist, spricht andererseits nicht schon per se dagegen die Bank als nicht-staatliche Stelle einzuordnen. Auch öffentliche Unternehmen können sich auf wirtschaftlichen Märkten u. U. ähnlich frei verhalten wie Privatunternehmen[10]. Auch Art. 106 I AEUV geht von der prinzipiellen Gleichrangigkeit von öffentlichen und privaten Unternehmen im Binnenmarkt aus.

Der Eindruck, dass es sich bei der KMU-Bank AG um eine nicht-staatliche Stelle handelt, wird jedoch letztlich dadurch entkräftet, dass die Bank hier auf Anweisung des Ministeriums tätig geworden ist. In derartigen Weisungs-Fällen bejaht die Rechtsprechung die staatliche Herkunft einer von einem öffentlichen Unternehmen gewährten Begünstigung[11]. Die staatliche Herkunft der Begünstigung ist daher hier letztlich zu bejahen.

c) Wettbewerbsverfälschung. Weiterhin setzt Art. 107 I AEUV voraus, dass die betreffende staatliche Begünstigung den Wettbewerb im Binnenmarkt verfälscht oder zumindest zu verfälschen droht. Eine solche Wettbewerbsverfälschung ist immer schon dann anzunehmen, wenn durch die Begünstigung die „normalen" Marktbedingungen zumindest potentiell verändert werden[12]. Im vorliegenden Fall erhält M. in Form des Darlehens einen Vorteil, der sein Wirtschaften auf dem Markt für Busunternehmen erleichtert. Die Tatsache, dass ihm seine Hausbank ursprünglich einen weiteren Kredit verweigert hatte, zeigt, dass er diesen Vorteil unter Marktbedingungen nicht erhalten hätte. Darauf, dass die Wettbewerbsverfälschung tatsächlich schon eingetreten ist, sich also die Marktposition eines Konkurrenten aufgrund der Begünstigung tatsächlich verschlechtert hat, kommt es nach dem Wortlaut des Art. 107 I AEUV („zu verfälschen droht") nicht an. Somit liegt eine Wettbewerbsverfälschung i. S. d. Art. 107 I AEUV hier vor.

d) Handelsbeeinträchtigung. Schließlich ist für das Vorliegen einer Beihilfe i. S. d. Art. 107 I AEUV erforderlich, dass der zwischenstaatliche Handel in der Gemeinschaft beeinträchtigt wird. Daran könnte man hier zweifeln, weil die Höhe des Darlehens mit 120.000 € relativ gering ist und das Unternehmen des M. am zwischenstaatlichen Handel prinzipiell nicht teilnimmt, weil es seine Fahrten nur innerhalb Deutschlands anbietet. Es ist allerdings nicht von vornherein ausgeschlossen, dass infolge des M. gewährten Darlehens und der damit verbundenen Stärkung seiner Marktposition ein Busunternehmen aus dem EU-Ausland daran gehindert wird, auch in Deutschland aktiv zu werden[13]. Dass diese Möglichkeit nicht nur hypothetischer Natur ist, zeigt

9 So u. a. auch *Jennert/Jordan*, in: Pache/Knauff, Fallhandbuch Europäisches Wirtschaftsrecht, § 11 Rn. 24.
10 Darauf stellt auch der EuGH ab (EuGH, U.v. 16.5.2002, Rs. C-482/99, Slg. 2002, I-4397 Rn. 52 – *Stardust Marine*).
11 So i. E. EuGH, U.v. 16.5.2002, Rs. C-482/99, Slg. 2002, I-4397 Rn. 51 ff. – *Stardust Marine*.
12 Vgl. *König/Kühling/Ritter*, EG-Beihilfenrecht, 2. Aufl. 2005, Rn. 176 m. w. N.
13 Hierzu EuGH, U.v. 24.7.2003, Rs. C-280/00, Slg. 2003, I-7747 Rn. 77 ff. – *Altmark Trans*.

gerade die Tatsache, dass mit N. hier bereits ein ursprünglich aus der Slowakei stammendes Unternehmen mit M. auf dessen Heimatmarkt in Wettbewerb steht. Was die Höhe der Beihilfe betrifft, so kann Art. 107 I AEUV seine volle Wirksamkeit nur dann entfalten, wenn das Beihilfenverbot weit ausgelegt wird, wenn also prinzipiell alle Beihilfen unabhängig von ihrer Art und ihrem Umfang erfasst sind[14]. Deshalb ist auch das Vorliegen einer Handelsbeeinträchtigung zu bejahen.

Exkurs: Angesichts der niedrigen Fördersumme von 120.000 € könnte die Beihilfe hier nach der Verordnung über „De-minimis"-Beihilfen (Verordnung [EG] Nr. 1998/2006) möglicherweise vom Anwendungsbereich des Art. 107 I AEUV ausgenommen sein. Dem könnte zunächst Art. 1 I lit. g Verordnung (EG) Nr. 1998/2006 entgegenstehen. Danach gilt die Verordnung nicht für Beihilfen für den Erwerb von Fahrzeugen für den Straßengütertransport an Unternehmen des gewerblichen Straßengütertransports. M. betreibt jedoch keinen Güter-, sondern Personentransport. Die Anwendbarkeit der Verordnung könnte somit nur nach Art. 1 I lit. h Verordnung (EG) Nr. 1998/2006 ausgeschlossen sein, wonach die Verordnung nicht für Beihilfen an Unternehmen in Schwierigkeiten gilt. Ob das Unternehmen des M. ein solches „Unternehmen in Schwierigkeiten" entsprechend der Definition in Art. 1 VII Verordnung (EG) Nr. 800/2008 ist, ist dem Sachverhalt nicht eindeutig zu entnehmen. Letztlich kann die Frage jedoch dahinstehen. Beihilfen an Unternehmen im Straßentransportsektor (zu diesen ist auch das Unternehmen des M. zu rechnen), sind nach Art. 2 II UAbs. 1 Verordnung (EG) Nr. 1998/2006 nur dann freigestellt, wenn ihr Gesamtbetrag in einem Zeitraum von drei Steuerjahren 100.000 € nicht übersteigt. Dieser Betrag ist hier überschritten. Aus Art. 2 II UAbs. 2 Verordnung (EG) Nr. 1998/2006 ergibt sich außerdem klar, dass die Beihilfe auch nicht in einzelne Teilsummen aufgeteilt werden darf, die dann jeweils als „De-minimis"-Beihilfen anzusehen wären. Somit ist das M. gewährte Darlehen hier nicht nach der Verordnung über „De-minimis"-Beihilfen von Art. 107 I AEUV ausgenommen

e) **Rechtfertigung nach Art. 107 II lit. c AEUV.** Eine Rechtfertigung der M. gewährten Begünstigung könnte sich hier allenfalls aus Art. 107 II lit. c AEUV ergeben. Der einzige Anhaltspunkt, der für eine solche Rechtfertigung spricht, ist jedoch, dass M. einen Unternehmensstandort in Cottbus hat. Dies allein kann für ein Eingreifen des Art. 107 II lit. c AEUV nicht ausreichen. Eine Rechtfertigung ist nach dem Wortlaut der Regelung vielmehr nur möglich, wenn die Beihilfe zum Ausgleich der durch die Teilung Deutschlands verursachten wirtschaftlichen Nachteile erforderlich ist. Dafür sind hier keine Anhaltspunkte ersichtlich. Eine Rechtfertigung scheidet also aus.

f) **Rechtfertigung bzw. Tatbestandsausnahme nach Art. 106 II AEUV.** Da M. aufgrund der Schulbusfahrten Leistungen der Daseinsvorsorge erbringt, könnte man noch daran denken, das ihm gewährte Darlehen nach Art. 106 II AEUV vom Beihilfenverbot auszunehmen. Nach dieser Regelung gelten die Wettbewerbsregeln (also auch Art. 107 I AEUV) für mit Dienstleistungen von allgemeinem wirtschaftlichen Interesse betraute Unternehmen nicht, soweit die Anwendung dieser Regeln die Erfüllung der den Unternehmen übertragenen Besonderen Aufgabe rechtlich oder tatsächlich verhindert. Ob Art. 106 II AEUV insoweit eine Tatbestandsausnahme von Art. 107 I AEUV oder einen weiteren Fall gerechtfertigter Beihilfen darstellt, ist strittig[15]. Das Problem kann hier allerdings dahinstehen, weil – wie bereits dargelegt – schon kein unmittelbarer Zusammenhang zwischen den von dem Unternehmen des M. durchgeführten Schulbusfahrten

14 So auch EuGH, U.v. 21.3.1990, Rs. C-142/87, Slg. 1990, I-959 Rn. 43 – *Tubemeuse*.
15 Vgl. hierzu etwa *Lübbig/Martín-Ehlers*, Beihilfenrecht der EU, 2. Aufl. 2009, Rn. 782ff.

und dem ihm gewährten Darlehen besteht. Art. 106 II AEUV ist deshalb hier nicht einschlägig.

3. Ergebnis

Nach alledem ist die Entscheidung der Kommission über die M. gewährte Begünstigung auch materiell rechtmäßig, dessen Klage nach Art. 263 IV AEUV also unbegründet.

B. Anfechtungsklage gegen den Aufhebungsbescheid

Gegen den Bescheid vom 11. März 2011 mit dem die Bewilligung des Darlehens aufgehoben und dessen Rückzahlung gefordert wird, kommt eine Klage zum zuständigen Verwaltungsgericht in Betracht.

I. Sachurteilsvoraussetzungen

1. Eröffnung des Verwaltungsrechtswegs

Zunächst müsste der Verwaltungsrechtsweg eröffnet sein. Mangels einer aufdrängenden Sonderzuweisung ist hierbei auf § 40 I 1 VwGO abzustellen, d.h. es müsste eine öffentlich-rechtliche Streitigkeit nicht-verfassungsrechtlicher Art vorliegen.

Ob eine öffentlich-rechtliche Streitigkeit vorliegt, hängt im Subventionsrecht davon ab, ob das Subventionsverhältnis öffentlich-rechtlich oder privatrechtlich ausgestaltet ist[16]. Eine öffentlich-rechtliche Ausgestaltung liegt jedenfalls dann vor, wenn die Behörde, die die Subvention gewährt, die „Auszahlung“ dieser Subvention – wie im vorliegenden Fall – zunächst durch einen Verwaltungsakt (Bewilligungsbescheid) bewilligt[17].

Streitentscheidende Normen für die Aufhebung dieses Bewilligungsbescheids sind Art. 48 ff. BayVwVfG[18]. Bei diesen handelt es sich um Normen, die auf der einen Seite des durch sie geregelten Rechtsverhältnisses nur Hoheitsträger berechtigen, nach der modifizierten Subjektstheorie also um öffentlich-rechtliche Normen. Eine öffentlich-rechtliche Streitigkeit liegt somit vor. Sie ist auch nicht-verfassungsrechtlicher Art, weil jedenfalls M. kein Verfassungsorgan ist.

Die in dem Bescheid vom 11. März 2011 angeordnete Rückzahlung des Darlehens soll die rechtliche Folge der Aufhebung des Bewilligungbescheids sein. Streitentscheidende Norm ist deshalb Art. 49a I 2 BayVwVfG, ebenfalls eine Norm, die nur Hoheitsträger berechtigt, also öffentlich-rechtlicher Natur ist.

Der Verwaltungsrechtsweg ist somit nach § 40 I 1 VwGO eröffnet.

16 Zu möglichen Ausgestaltungsvarianten vgl. etwa *Frotscher/Kramer*, Wirtschaftsverfassungs- und Wirtschaftsverwaltungsrecht, 5. Aufl. 2008, S. 322 ff.
17 Vgl. nur *Schöbener/Jahn*, Fälle zum Öffentlichen Wirtschaftsrecht, 2. Aufl. 2009, S. 47 f.
18 Die Normen des BayVwVfG sind im Wesentlichen wortlautidentisch mit dem Verwaltungsverfahrensgesetz des Bundes sowie mit dem Großteil der Verwaltungsverfahrensgesetze der anderen Bundesländer.

2. Statthafte Klageart

Sowohl die Aufhebung des Bewilligungsbescheids als auch die Rückzahlungsaufforderung sind als actus contrarii zur Subventionsgewährung hoheitliche Einzelfallmaßnahmen einer Behörde mit Außenwirkung, also Verwaltungsakte i. S. d. § 35 S. 1 VwVfG. Statthaft ist deshalb die Anfechtungsklage nach § 42 I 1. Var. VwGO.

3. Klagebefugnis

M ist Adressat des Aufhebungsbescheids und somit möglicherweise zumindest in seiner allgemeinen Handlungsfreiheit (Art. 2 I GG) verletzt. M. ist daher i. S. d. § 42 II VwGO klagebefugt.

4. Vorverfahren

Weil das Wirtschaftsministerium eine oberste Landesbehörde ist, entfällt hier das Vorverfahren gemäß § 68 I VwGO nach § 68 I 2 Nr. 1 VwGO[19].

5. Klagefrist

Die einmonatige Klagefrist nach Bekanntgabe des Aufhebungsbescheids (§ 74 I 2 VwGO) könnte von M. hier noch eingehalten werden.

6. Zuständiges Gericht

Nach § 45 VwGO ist das Verwaltungsgericht sachlich zuständig. Da die Anfechtungsklage des M. weder unter § 52 Nr. 1 VwGO, noch unter § 52 Nr. 4 VwGO fällt, der Zuständigkeitsbereich des Wirtschaftsministeriums aber mehrere Verwaltungsgerichtsbezirke umfasst, ist nach § 52 Nr. 3 S. 2 VwGO, Art. 1 II Nr. 4 AGVwGO das Verwaltungsgericht Ansbach örtlich zuständig.

7. Sonstige Sachurteilsvoraussetzungen

Es ist davon auszugehen, dass die sonstigen Sachurteilsvoraussetzungen vorliegen bzw. von M. eingehalten werden können.

8. Zwischenergebnis

Die Anfechtungsklage des M. ist zulässig.

II. Objektive Klagehäufung

M. richtet seine Anfechtungsklage hier gegen zwei miteinander in Zusammenhang stehende Verwaltungsakte ein- und derselben Behörde, für die dasselbe Gericht zuständig ist. Damit liegt i. S. d. § 44 VwGO eine objektive Klagehäufung vor.

---

19 In Bayern würde das Vorverfahren nach § 68 I 1 VwGO i. V. m. Art. 15 II AGVwGO ohnehin entfallen. Das Verhältnis beider Normen zueinander bedarf hier keiner Klärung.

III. Begründetheit

Die Klage des M. wäre begründet, wenn sie sich i. S. d. § 78 I VwGO gegen den richtigen Beklagten richten würde, der Aufhebungsbescheid zumindest teilweise rechtswidrig und M. dadurch in seinen Rechten verletzt wäre.

1. Richtiger Beklagter

Richtiger Beklagter ist hier nach § 78 I Nr. 1 VwGO der Rechtsträger der Behörde, die den Aufhebungsbescheid erlassen hat, also der Freistaat Bayern als Rechtsträger des Wirtschaftsministeriums.

2. Rechtmäßigkeit der Aufhebung des Bewilligungsbescheids

Die Aufhebung des Bewilligungsbescheids ist rechtmäßig, wenn sie auf einer ausreichenden Rechtsgrundlage beruht, formell und materiell rechtmäßig ist.

a) **Rechtsgrundlage.** Eine EU-rechtliche Rechtsgrundlage für die Aufhebung von gegen Art. 107, 108 AEUV verstoßende Beihilfen, die möglicherweise Anwendungsvorrang vor deutschem Recht genießen könnte, existiert nicht. Als Rechtsgrundlagen kommen deshalb nur Art. 48 und Art. 49 BayVwVfG in Betracht. Welche der Bestimmungen zur Anwendung kommt, hängt davon ab, ob der Bewilligungsbescheid rechtmäßig oder rechtswidrig war.

Dem Sachverhalt lässt sich nicht entnehmen, dass die finanzielle Unterstützung des M. unter Verstoß gegen Verfahrensregeln des BayVwVfG oder anderer Gesetze erfolgt ist. Ebenso basiert sie auf einer in verfassungsrechtlicher Hinsicht ausreichenden Rechtsgrundlage[20]. Die Rechtswidrigkeit des Bewilligungsbescheids lässt sich hier auch nicht mit dem Verweis auf eine bestandskräftige Kommissionsentscheidung begründen[21]. Da M. wie gezeigt, noch die – allerdings höchstwahrscheinlich erfolglose – Möglichkeit hat, eine Nichtigkeitsklage beim EuGH einzureichen, ist die Kommissionsentscheidung bisher noch nicht bestandskräftig. Wie dargelegt erfüllt das M. gewährte Darlehen jedoch den Tatbestand einer verbotenen Beihilfe i. S. d. Art. 107 I AEUV. Deshalb hätte es nach Art. 108 III 1 AEUV i. V. m. Art. 2 Verordnung (EG) Nr. 659/1999 bei der Kommission angemeldet werden müssen. Eine solche Anmeldung ist nicht erfolgt. Das Darlehen ist hier außerdem entgegen Art. 108 III 3 AEUV i. V. m. Art. 3 Verordnung (EG) Nr. 659/1999 bereits ausgezahlt worden. Der Bewilligungsbescheid beinhaltet also eine formell und materiell rechtswidrige Beihilfe[22] und ist somit (unions-)rechtswidrig. Ein-

---

20 Zu Fällen, in denen zweifelhaft sein kann, ob eine ausreichende Rechtsgrundlage vorliegt, etwa: *Schöbener/Jahn*, Fälle zum Öffentlichen Wirtschaftsrecht, S. 76 ff.; *Glaser/Klement*, Öffentliches Wirtschaftsrecht mit Regulierungsrecht, 2009, S. 124 ff.

21 Hierzu BVerwG, U.v. 17.2.1993, 11 C 47.92, BVerwGE 92, 81 (83).

22 Die einige Zeit umstrittene Frage, ob eine nicht angemeldete und deshalb formell unionsrechtswidrige Beihilfe schon deshalb nach Art. 14 I Verordnung (EG) Nr. 659/1999 zurückgefordert werden kann (dazu *Lübbig/Martín-Ehlers*, Beihilfenrecht der EU, Rn. 949 ff.), bedarf hier somit keiner näheren Erörterung. Die Frage ist mit der Rechtsprechung des EuGH (U.v. 14.2.1990, Rs. C-301/87, Slg. 1990, I-307 Rn. 9 ff. – *Boussac*), die der Kommission insoweit nur das Recht zuspricht, eine vorläufige Einstellung der Beihilfe zu verlangen, grundsätzlich zu verneinen. Ein Ausnahmefall, in dem gemäß Art. 11 II Verordnung (EG) Nr. 659/1999 die vorläufige Rückforderung einer allein formell rechtswidrigen Beihilfe zum dringend gebotenen Schutz eines Konkurrenten möglich ist, läge hier nicht vor.

schlägige Rechtsgrundlage für die Aufhebung des Bescheids ist also Art. 48 BayVwVfG[23].

b) **Formelle Rechtmäßigkeit.** Als Behörde, die den Bewilligungsbescheid erlassen hatte, war das Bayerische Wirtschaftsministerium nach der actus-contrarius-Theorie auch für dessen Aufhebung zuständig.

Der Sachverhalt („M. ist entsetzt") spricht dagegen, dass M. vor Erlass des Aufhebungsbescheides ordnungsgemäß i. S. d. Art. 28 I BayVwVfG angehört wurde. Weder dem nationalen Recht, noch dem EU-Recht ist jedoch ein Grund dafür zu entnehmen, dass die Anhörung hier von vornherein verzichtbar gewesen sein sollte. Insbesondere ist nicht erkennbar, dass das Gemeinschaftsinteresse als „öffentliches Interesse" i. S. d. Art. 28 II Nr. 1 oder III BayVwVfG einen Verzicht auf die Anhörung ermöglicht oder gar fordert. Die Anhörung kann hier allerdings bis zum Abschluss der letzten Tatsacheninstanz gemäß Art. 45 I Nr. 3, II BayVwVfG nachgeholt werden. Sollte das Wirtschaftsministerium die Anhörung nicht nachholen, wäre wohl Art. 46 BayVwVfG im Lichte des EU-Rechts dahingehend auszulegen, dass das Unterbleiben der Anhörung, weil eine eindeutig rechtswidrige Beihilfe vorlag, unbeachtlich ist.

Da auch davon auszugehen ist, dass der Rückforderungsbescheid i. S. d. Art. 39 I BayVwVfG ordnungsgemäß begründet wurde, ist er formell rechtmäßig.

c) **Materielle Rechtmäßigkeit.** Die Rücknahme des Bewilligungsbescheids nach Art. 48 I 2 BayVwVfG könnte deshalb materiell rechtswidrig sein, weil sie gegen eine der in Art. 48 II-IV BayVwVfG genannten Einschränkungen verstößt, oder, weil sie ermessensfehlerhaft verfügt wurde. Bei der Anwendung des BayVwVfG ist allerdings zu bedenken, dass hier grundsätzlich nur die Kommissionsentscheidung und damit mittelbar das unionsrechtliche Beihilfenverbot nach Art. 107, 108 AEUV vollzogen wird. Deshalb sind die in Art. 48 II-IV BayVwVfG genannten Einschränkungen soweit als möglich unionsrechtskonform auszulegen. Außerdem darf die Anwendung der Art. 48 II-IV BayVwVfG nicht dazu führen, dass die Durchsetzung des Beihilfenverbots praktisch unmöglich gemacht wird (Effektivitätsgebot) oder dass Verwaltungsverfahren mit Gemeinschaftsrechtsbezug strenger beurteilt werden als solche ohne diesen Bezug (Diskriminierungsverbot)[24].

aa) **Vertrauensschutz nach Art. 48 II BayVwVfG.** Fraglich ist zunächst, ob der Aufhebung des Bewilligungsbescheids entgegensteht, dass M. sich nach Art. 48 II 1 BayVwVfG auf Vertrauensschutz berufen kann.

Nach Ansicht des BVerwG ist dies von vornherein unmöglich, Art. 48 II BayVwVfG also gar nicht anwendbar, weil hier das Anmeldeverfahren nach Art. 108 III 1 AEUV nicht eingehalten wurde[25]. Dafür spricht, dass im Beihilfenrecht in erster Linie das Verfahren nach Art. 108 AEUV dazu da ist, schutzwürdigem Vertrauen des Beihilfeempfängers Rechnung zu tragen[26]. Insbesondere deswegen, weil der Vertrauensschutz auch ein allgemeiner Rechtsgrundsatz des EU-Rechts ist[27], erscheint die Ansicht, die eine

---

23 Daran würde sich auch dann nichts ändern, wenn man den Bewilligungsbescheid hier wegen eines eindeutigen Verstoßes gegen Art. 107, 108 AEUV für i. S. d. Art. 44 I BayVwVfG nichtig hielte, denn auch nichtige Verwaltungsakte können nach Art. 48 BayVwVfG aufgehoben werden (dazu etwa *Sachs*, in: Stelkens/Bonk/Sachs, VwVfG, 7. Aufl. 2008, § 48 Rn. 57).

24 Vgl. nur *König/Kühling/Ritter*, EG-Beihilfenrecht, Rn. 450 ff.

25 BVerwG, U.v. 23.4.1998, BVerwG 3 C 15.97, BVerwGE 106, 328 (336).

26 So auch EuGH, U.v. 20.3.1997, Rs. C-24/95, Slg. 1997, I-1591 Rn. 25 – *Alcan*.

27 Vgl. etwa EuG, U.v. 12.9.2007, Rs. T-348/03, Slg. 2007, II-101 Rn. 127, 142 – *Koniklijke Friesland Foods*.

Anwendbarkeit des Art. 48 II BayVWVfG hier vollständig ablehnt, jedoch als zu weitgehend[28]. Das Unionsinteresse kann auch dann im Wege der Auslegung angemessen berücksichtigt werden, wenn Art. 48 II BayVwVfG zur Anwendung kommt.

Der Bewilligungsbescheid ist unzweifelhaft ein begünstigender Verwaltungsakt, der für eine einmalige Geldleistung (das Darlehen) Voraussetzung ist und auf den deshalb die Vertrauensschutzregelungen nach Art. 48 I 2, II BayVwVfG Anwendung finden. M. hat außerdem hier die Darlehenssumme bereits ausgegeben, sein Vertrauen also betätigt. Deshalb ist es nach Art. 48 II 2 BayVwVfG sogar im Regelfall schutzwürdig[29].

Die Schutzwürdigkeit des Vertrauens des M. könnte allerdings nach Art. 48 II 3 VwVfG ausgeschlossen sein: M. hat den Bewilligungsbescheid nicht durch arglistige Täuschung, Drohung oder Bestechung erwirkt und auch die Angaben des M, auf die der Bescheid gestützt wurde waren offenbar weder unrichtig noch unvollständig. Art. 48 II 3 Nr. 1 und 2 BayVwVfG scheiden hier also aus. Somit könnte lediglich Art. 48 II 3 Nr. 3 BayVwVfG den Vertrauensschutz hier hindern. Danach kann sich derjenige, der die Rechtswidrigkeit des zurückzunehmenden Verwaltungsakts kannte oder infolge grober Fahrlässigkeit nicht kannte, nicht auf Vertrauensschutz berufen. Dass M. positiv wusste, dass der Bewilligungsbescheid rechtswidrig war, ist dem Sachverhalt nicht zu entnehmen. Für grob fahrlässige Unkenntnis des M. spricht allerdings, dass er davon wusste, dass die Kommission die ihm gewährte Unterstützung überprüft, er aber dennoch das Darlehen bereits vor einer abschließenden Entscheidung der Kommission ausgab. Dem Sachverhalt sind auch keine Anhaltspunkte dafür zu entnehmen, dass M. hier ausnahmsweise doch darauf vertrauene durfte, die Kommission werde keine ihm nachteilige Entscheidung mehr erlassen. M. kannte somit die Rechtswidrigkeit des Bewilligungsbescheids infolge grober Fahrlässigkeit nicht. Sein Vertrauen ist nach Art. 48 II 3 Nr. 3 BayVwVfG nicht schutzwürdig.

b) **Rücknahmefrist nach Art. 48 IV BayVwVfG.** Die Rücknahme des Bewilligungsbescheids könnte auch dann rechtswidrig sein, wenn die Rücknahmefrist nach Art. 48 IV BayVwVfG hier nicht eingehalten worden wäre.

Nach Art. 48 IV 1 BayVwVfG ist die Rücknahme nur innerhalb eines Jahres ab dem Zeitpunkt zulässig, ab dem die Behörde von Tatsachen Kenntnis erlangt, welche die Rücknahme rechtfertigen. Im vorliegenden Fall ist die Behörde zwar nicht über Tatsachen, sondern über die Rechtslage (Art. 107, 108 AEUV) in Unkenntnis. Seinem Sinn und Zweck nach (der von einem Verwaltungsakt Begünstigte soll über dessen Aufhebbarkeit nicht auf Dauer im Unklaren sein) ist Art. 48 IV 1 BayVwVfG jedoch auch auf solche Fälle anwendbar[30].

Für den Fristbeginn könnte auf den Beginn des Prüfungsverfahrens durch die Kommission abgestellt werden, denn ab diesem Zeitpunkt steht grundsätzlich fest, dass die Beihilfe formell rechtswidrig ist. Abgesehen von der Frage, ob die Beihilfe allein wegen ihrer formellen Rechtswidrigkeit aufgehoben werden könnte[31], würde ein so früher Fristbeginn aber stets dazu führen, dass die Frist des Art. 48 IV 1 BayVwVfG schon verstrichen wäre, wenn die Kommission innerhalb der von Art. 13, 7 VI Verordnung (EG) Nr. 659/1999 vorgesehenen 18-Monats-Frist eine Entscheidung trifft. Die Frist nach

28 So auch die h. Lit.; vgl. nur *Pache*, NVwZ 1994, 318 (322).
29 Zur Voraussetzung der Betätigung des Vertrauens für dessen Schutzwürdigkeit vgl. nur *Sachs*, in: Stelkens/Bonk/Sachs, VwVfG, § 48 Rn 36.
30 So u. a. auch *Krausnick*, JuS 2010, 778 (779).
31 Dafür etwa *Oldiges*, NVwZ 2001, 626 (633); dagegen etwa *Triantafyllou*, NVwZ 1992, 436 (439).

Art. 48 IV 1 BayVwVfG kann deshalb erst ab dem Zeitpunkt beginnen, ab dem die für die Rückabwicklung zuständige Behörde von der abschließenden Entscheidung der Kommission Kenntnis erlangt. Dafür ist hier auf Art. 7, 26 III Verordnung (EG) Nr. 659/1999 abzustellen, wonach die Entscheidung im Amtsblatt veröffentlicht wird (also auf den 28. Juni 2009), da unklar ist, ob das Bayerische Wirtschaftsministerium am Verfahren beteiligt und ihm deshalb nach Art. 20 I 2 Verordnung (EG) Nr. 659/1999 eine Entscheidungskopie übersandt wurde. Selbst, wenn man zu diesem Zeitpunkt noch unter analoger Anwendung des Art. 81 § 1 VerfO EuGH vierzehn Tage hinzurechnet[32], ist die Frist nach Art. 48 IV 1 BayVwVfG am 11. März 2011 verstrichen. Da auch Art. 48 IV 2 i. V. m. II 3 Nr. 1 BayVwVfG hier nicht eingreift, wäre die Rücknahme somit an sich verfristet.

Wäre dies Ergebnis zutreffend, könnte ein von einer Negativentscheidung nach Art. 7 V Verordnung (EG) Nr. 659/1999 betroffener Mitgliedstaat die Rückabwicklung stets schon durch bloßes Zuwarten verhindern. Dies widerspricht dem unionsrechtlichen Effektivitätsgebot. Auch der Sinn und Zweck der Frist des Art. 48 IV BayVwVfG, den durch den Verwaltungsakt Begünstigten nicht auf Dauer im Ungewissen zu lassen, steht dem nicht entgegen, denn der Begünstigte ist nicht mehr im Ungewissen, sobald eine Negativentscheidung der Kommission ergangen ist[33]. Deshalb kann Art. 48 IV 1 BayVwVfG hier keine Anwendung finden.

c) **Ermessen.** Das Wirtschaftsministerium hat hier den Bewilligungsbescheid mit der Begründung aufgehoben, es sei dazu unionsrechtlich verpflichtet. Darin könnte ein Ermessensfehler in Form des Ermessensausfalls liegen, sofern das Rücknahmeermessen hier nicht auf Null reduziert war.

Eine solche Ermessensreduzierung auf Null folgt jedoch aus dem Effektivitätsgrundsatz des Unionsrechts. Das Beihilfenverbot nach Art. 107, 108 AEUV liefe teilweise leer, läge die Rückforderung unionsrechtswidriger Beihilfen im Ermessen des betroffenen Mitgliedstaats. Ein Ermessensfehler liegt hier deshalb nicht vor. Dies gilt auch insoweit als die Rücknahme mit Wirkung für die Vergangenheit erfolgt, denn dies ist in Fällen des Art. 48 II 3 Nr. 3 BayVwVfG gemäß Art. 48 II 4 BayVwVfG die Regel.

d) **Zwischenergebnis.** Die Rücknahme des Bewilligungsbescheids war rechtmäßig

3. Rechtmäßigkeit der Rückforderung des Darlehens

Rechtsgrundlage für die Rückforderung des Darlehens ist Art. 49a I BayVwVfG. Die Rückforderung ist hier auch formell ordnungsgemäß durch schriftlichen Bescheid festgesetzt worden.

Nach Art. 49a I 1 BayVwVfG sind, wenn ein Verwaltungsakt mit Wirkung für die Vergangenheit zurückgenommen wurde, die erbrachten Leistungen zu erstatten. Diese Erstattung richtet sich gemäß Art. 49a II 1 BayVwVfG nach §§ 812 ff. BGB. Der Rückforderungsbescheid wäre also rechtswidrig, wenn M. sich i. S. d. § 818 III BGB auf den Wegfall der Bereicherung berufen könnte. Dafür könnte sprechen, dass M. das Darlehen bereits ausgegeben hat. Dem steht jedoch klar entgegen, dass M. sich hier, weil er die Umstände, die zur Rücknahme des Bewilligungsbescheids geführt haben, infolge

32 Zur Anwendung dieser Regelung bei der Nichtigkeitsklage gegen beihilfenrechtliche Entscheidungen vgl. etwa *Soltész*, in: Heidenhain, Handbuch des Europäischen Beihilfenrechts, 2003, § 41 Rn. 14 ff.

33 So auch EuGH, U.v. 20.3.1997, Rs. C-24/95, Slg. 1997, I-1591 Rn. 36 f. – *Alcan*.

grober Fahrlässigkeit nicht kannte, nach Art. 49a II 2 BayVwVfG nicht auf den Wegfall der Bereicherung berufen kann.

Da auch die Forderung von Zinsen in Art. 49a III 1 BayVwVfG ausdrücklich vorgesehen ist, ist die Rückforderung des Darlehens somit auch materiell rechtmäßig.

IV. Ergebnis

Die Klage des M. gegen den Bescheid vom 11. November 2010 wäre unbegründet und hätte somit keine Aussicht auf Erfolg.

Abwandlung

Die Auskunft des R. ist zutreffend, wenn eine Klage des N. vor EuGH oder EuG unzulässig oder zumindest unbegründet wäre.

A. Zulässigkeit

Gegen die Kommissionsentscheidung – eine Entscheidung zum Abschluss des Vorprüfungsverfahren nach Art. 4 II Verordnung (EG) Nr. 659/1999 – könnte N. möglicherweise eine Nichtigkeitsklage zum EuG nach Art. 256 I, 263 IV AEUV erheben.

I. Klagebefugnis

Fraglich ist insbesondere, ob N. hier klagebefugt bzw. ob er durch die Kommissionsentscheidung unmittelbar und individuell in seinen Rechten betroffen ist.

Unmittelbare Betroffenheit lässt sich mit dem Argument bejahen, dass die Kommission gerade über die von N. eingereichte Beschwerde entschieden hat und diese Entscheidung keiner weiteren Umsetzungsakte mehr bedarf.

Zweifelhafter erscheint die individuelle Betroffenheit, da sich die rechtliche und tatsächliche Position des N. durch die Kommissionsentscheidung grundsätzlich nicht ändert. Außerdem ist zu bedenken, dass N. keine Schulbusfahrten anbietet, M. hingegen nahezu keine Ausflugsfahrten. Deshalb könnte man bezweifeln, ob M. und N. überhaupt auf ein und demselben Markt in Konkurrenz stehen. Dies ist deswegen von Bedeutung, weil die Rechtsprechung für eine Klagebefugnis bei der beihilfenrechtlichen Konkurrentenklage fordert, dass der Antragsteller spürbar in seiner Wettbewerbsposition betroffen ist[34]. Bei einer so engen Marktabgrenzung wäre eine Konkurrentenklage gegen mit gemeinwirtschaftlichen Verpflichtungen exklusiv betraute Unternehmen jedoch nur sehr selten möglich. Das grundsätzliche Bestehen eines Wettbewerbsverhältnisses muss für die Annahme einer individuellen Betroffenheit jedenfalls dann ausreichen, wenn der Kläger Beteiligter im Verfahren nach Art. 108 III AEUV war, er also z. B. einen entsprechenden Antrag gestellt hat. N. ist hier somit klagebefugt

---

34 Vgl. etwa EuGH, U.v. 28.1.1986, Rs. 169/84, Slg. 1986, 391 Rn. 24 ff. – *COFAZ*; ähnlich U.v. 11.9.2008, Rs.C-75/05 und 80/05 P, Slg. 2008, I-6619 Rn. 40 ff.– *Kronofrance*.

II. Sonstige Zulässigkeitsvoraussetzungen

Im Übrigen gelten die gleichen Zulässigkeitsvoraussetzungen wie für die oben behandelte Nichtigkeitsklage des M, so dass auf diese im Wesentlichen verwiesen werden kann. N. könnte insbesondere die Klagefrist nach Art. 263 VI AEUV hier noch einhalten.

III. Zwischenergebnis

Eine Nichtigkeitsklage des M. wäre zulässig.

B. Begründetheit

Die Nichtigkeitsklage des N. wäre begründet, wenn die Kommissionsentscheidung formell oder materiell rechtswidrig wäre.

I. Formelle Rechtmäßigkeit der Kommissionsentscheidung

Für die formelle Rechtmäßigkeit der Entscheidung gelten die obigen Voraussetzungen entsprechend, insbesondere ist die Kommission nach Art. 4 II, 7 II Verordnung (EG) Nr. 659/1999 berechtigt, derartige Entscheidungen zu erlassen.

II. Materielle Rechtmäßigkeit der Kommissionsentscheidung

Die Entscheidung der Kommission ist materiell rechtmäßig, wenn die Ausgleichszahlungen nach § 45a PBefG tatsächlich keine Beihilfen i. S. d. Art. 107 I AEUV sind. Fraglich kann insoweit nur sein, ob die Ausgleichszahlungen Begünstigungen darstellen.

1. Inhalt des § 45a PBefG

Nach § 45a PBefG werden die Ausgleichszahlungen für die Beförderung von Personen mit Zeitfahrausweisen des Ausbildungsverkehrs (also auch für Schulbusfahrten) gewährt. Voraussetzung der Gewährung ist nach § 45a I Nr. 1 PBefG insbesondere, dass der Ertrag aus den für diese Beförderung genehmigten Beförderungsentgelten zur Kostendeckung nicht ausreicht. Der Ausgleich wird hierbei nach einem in § 45a II PBefG eigens näher geregelten Verfahren berechnet. Sinn und Zweck der Regelung ist es, Nachteile auszugleichen, die ein Verkehrsunternehmer dadurch hat, dass ihn das PBefG verpflichtet, die Ausbildungstarife sozial verträglich zu gestalten.

2. Vereinbarkeit der Regelung in § 45a PBefG mit den Altmark-Trans-Kriterien

Für Ausgleichsleistungen im ÖPNV hat der EuGH in der Rechtssache *Altmark-Trans* Kriterien entwickelt, nach denen in bestimmten Fällen das Vorliegen einer Beihilfe i. S. d. Art. 107 I AEUV verneint werden kann[35].

Danach liegt eine Begünstigung (und damit eine Beihilfe) i. S. d. Art. 107 I AEUV nicht vor, wenn ein mit einer klar definierten gemeinwirtschaftlichen Verpflichtung betrautes Unternehmen lediglich Ausgleich für die Mehrkosten erhält, die es aufgrund der gemeinwirtschaftlichen Verpflichtung hat. Die Parameter, anhand derer der Ausgleich

35 EuGH, U.v. 24.7.2003, Rs. C-280/00, Slg. 2003, I-7747 Rn. 83 ff. – *Altmark Trans.*

berechnet wird, müssen dabei zuvor objektiv und transparent aufgestellt worden sein und der Ausgleich darf nicht über das hinausgehen, was erforderlich ist, um die Kosten der gemeinwirtschaftlichen Verpflichtungen unter Berücksichtigung der dabei erzielten Einnahmen und eines angemessenen Gewinns ganz oder teilweise zu decken. Bei der Kostenberechnung ist, soweit die Betrauung mit der gemeinwirtschaftlichen Verpflichtung nicht im Wege eines Vergabeverfahrens erfolgt ist, auf die Kosten eines durchschnittlichen, gut geführten Unternehmens abzustellen[36].

Im vorliegenden Fall ist das Unternehmen des M. unzweifelhaft mit den Schulbusfahrten betraut. Insbesondere § 45a II PBefG stellt außerdem sicher, dass mit den Ausgleichszahlungen eine (zumindest teilweise) Kostendeckung erreicht wird. Auch ein Verstoß gegen die weiteren Kriterien der Altmark-Rechtsprechung ist hier nicht feststellbar, wobei daran zu erinnern ist, dass die Kommission – wie bereits erwähnt – das vom EuGH aufgestellte Ausschreibungserfordernis in der Verordnung, mit der sie das Urteil umsetzt (Verordnung [EG] Nr. 1370/2007), nicht übernommen hat. Die Ausgleichszahlungen nach § 45a PBefG stellen somit keine verbotene Beihilfe i. S. d. Art. 107 I AEUV dar[37].

I. Ergebnis

Da die Ausgleichszahlungen an M. nach § 45a PBefG keine Beihilfen i. S. d. Art. 107 I AEUV darstellen, wäre eine Klage des N. jedenfalls unbegründet. Die Auskunft des R. ist also zutreffend.

Rechtsprechungs- und Literaturhinweise

EuGH, U. v. 24.7.2003, Rs. C-280/00, Slg. 2003, I-7747 – *Altmark Trans*, U. v. 20.3.1997, Rs. C-24/95, Slg. 1997, I-1591 – *Alcan*; U. v. 16.5.2002, Rs. C-482/99, Slg. 2002, I-4397 – *Stardust Marine*

Bauer, Rechtssicherheit bei der Finanzierung gemeinwirtschaftlicher Leistungen? Zum Verhältnis zwischen Art. 87 I EG und Art. 86 II EG nach der Altmark-Entscheidung des EuGH, EuZW 2006, 7; *Jennert/Jordan*, § 11 Beihilfenrecht, in: Pache/Knauff (Hrsg.), Fallhandbuch Europäisches Wirtschaftsrecht, 2. Aufl. 2010; *Mähring*, Grundzüge des EG-Beihilfenrechts, JuS 2003, 448

36 Die Verordnung (EG) Nr. 1370/2007, ABl. 2007 L 315/1, die dieses Urteil umsetzt, nimmt das zuletzt genannte Kriterium nicht auf.

37 So i. E. auch *Targan/Normann*, ZögU 2005, 93 (98 ff.). Im Jahr 2009 hatte die Bundesregierung die Ausgleichszahlungen nach § 45a PBefG der Kommission notifiziert, diese stellte jedoch fest, dass die Ausgleichszahlungen eine allgemeine Regelung i. S. d. Art. 3 II Verordnung 1370/2007/EG („können gemeinwirtschaftliche Verpflichtungen zur Festsetzung von Höchsttarifen für alle Fahrgäste oder bestimmte Gruppen von Fahrgästen auch Gegenstand allgemeiner Vorschriften sein. Die zuständige Behörde gewährt den Betreibern eines öffentlichen Dienstes […] eine Ausgleichsleistung für die – positiven oder negativen – finanziellen Auswirkungen auf die Kosten und Einnahmen, die auf die Erfüllung der in den allgemeinen Vorschriften festgelegten tariflichen Verpflichtungen zurückzuführen sind; dabei vermeidet sie eine übermäßige Ausgleichsleistung.“) seien.

Fall 10: Wassersparendes Duschen

Matthias Knauff

Sachverhalt

Nach dem Verbot herkömmlicher Glühlampen sucht die EU nach weiteren Möglichkeiten zur Energieeinsparung, um den globalen Klimawandel zu bekämpfen und ihre Abhängigkeit von Energieimporten zu reduzieren. Zu den in diesem Kontext in den Blick genommenen Maßnahmen zählt auch die effizientere Energienutzung bei der Körperpflege. Die Kommission legt daher Anfang 2010 dem Rat einen Vorschlag für eine Verordnung vor, wonach ab 1.7.2011 in der EU nur noch wassersparende Duschköpfe vertrieben werden dürfen, da infolge eines geringeren Wasserverbrauchs auch die zur Erwärmung des Wassers erforderliche Energiemenge geringer ist. Zudem sollen Betreiber von Beherbergungsstätten verpflichtet werden, ab 1.1.2012 ausschließlich wassersparende Duschköpfe zu verwenden. Die konkreten Voraussetzungen für die Qualifikation von Duschköpfen als wassersparend sind in einem Anhang festgelegt.

Das Europäische Parlament stimmt der Verordnung in der ersten Lesung mehrheitlich zu. Im Rat herrscht zunächst Uneinigkeit. Dennoch kommt es im Hinblick auf die bevorstehenden Klimakonferenzen, bei denen die EU eine Vorreiterrolle einnehmen will, zu einem schnellen Abschluss der Beratungen. Bei der Schlussabstimmung stimmen Deutschland, Frankreich, Großbritannien, Polen, Italien, Spanien, Österreich, die Benelux-Staaten sowie die Tschechische Republik, Ungarn, Dänemark, Schweden und Finnland für die Verordnung, die übrigen Staaten dagegen. Die erforderlichen Anhörungen wurden durchgeführt. Die Verordnung wird daraufhin am 30.6.2010 im Amtsblatt der EU bekannt gemacht.

Hotelier H betreibt in der Bayerischen Rhön ein „Wanderhotel" mit 700 Zimmern, die jeweils mit einem Bad mit Dusche und Badewanne ausgestattet sind, das zudem über einen ausgedehnten Saunabereich sowie mehrere Schwimmbäder nebst den zugehörigen Nebenanlagen verfügt. Im Zuge der im Frühjahr 2010 erfolgten Modernisierung des Hotels wurden – wie auch sonst entsprechend den hygienischen Empfehlungen alle zwei Jahre – sämtliche Duschköpfe ausgetauscht. Diese erfüllen, wie H feststellen muss, die neuen europarechtlichen Anforderungen an wassersparende Duschköpfe nicht. Er sieht in den Neuregelungen einen unzulässigen Eingriff in seine Rechte. Die EU habe nach seiner Auffassung in den Badezimmern der Bürger ihrer Mitgliedstaaten nichts zu schaffen. Zudem sei kaum zu erwarten, dass die dadurch erreichten Energieeinsparungen einen nennenswerten Effekt haben. H erhebt daher beim Europäischen Gerichtshof am 20.9.2010 Klage gegen die Verordnung.

Hat die Klage Aussicht auf Erfolg?

Wesentliche Probleme

Individualnichtigkeitsklage, Rechtsetzungskompetenzen, Verfahren der Sekundärrechtsetzung, Wirtschaftsgrundrechte

Gliederung

Lösung

Die Klage des H hat Aussicht auf Erfolg, wenn sie zulässig und begründet ist.

A. Zulässigkeit

Die Nichtigkeitsklage müsste zulässig sein.

I. Statthafte Klageart

H wendet sich gegen die am 30.6.2010 bekannt gemachte Verordnung. Klagen gegen Rechtsakte der EU vor der Unionsgerichtsbarkeit sind nur mittels Nichtigkeitsklage nach Art. 263 AEUV möglich.

II. Zuständigkeit

Zu klären ist die Zuständigkeit innerhalb des Europäischen Gerichtshofes. Dieser umfasst nach Art. 19 I 1 AEUV den Gerichtshof (EuGH), das Gericht (EuG) und die Fachgerichte. Gemäß Art. 256 I AEUV ist das EuG für die Entscheidung von Klagen nach Art. 263 AEUV zuständig, sofern die Entscheidung nicht dem EuGH in dessen Satzung vorbehalten wird. Dies ist nach Art. 51 EuGH-Satzung für Individualnichtigkeitsklagen nicht der Fall, so dass die Zuständigkeit des EuG eröffnet ist.

III. Parteifähigkeit

Nach Art. 263 IV AEUV können natürliche Person eine Nichtigkeitsklage erheben. H ist somit aktiv parteifähig, kann also am Verfahren vor dem EuG als Beteiligter teilnehmen. Aufgrund der Ausgestaltung der Nichtigkeitsklage als kontradiktorisches Verfahren bedarf es zudem der Parteifähigkeit des Klagegegners.[1] Dabei handelt es sich um denjenigen Akteur, der die in Streit stehende Regelung erlassen hat. Gemäß Art. 263 I AEUV können unter anderem „Gesetzgebungsakte" im Wege der Nichtigkeitsklage angegriffen werden. Folglich ist die Klage gegen die an deren Erlass beteiligten Organe der EU zu richten. Vorliegend sind dies der Rat und das Europäische Parlament bezüglich der Verordnung, Art. 289 I AEUV, die somit gemäß Art. 263 I AEUV passiv parteifähig sind.[2]

IV. Klagegegenstand

Art. 263 AEUV differenziert bezüglich des Klagegegenstands zwischen verschiedenen Klägern. Die H ist kein privilegierter oder teilprivilegierter[3] Kläger nach Art. 263 II, III AEUV. Als natürliche Personen kann er gemäß Art. 263 IV AEUV Nichtigkeitsklage (nur) „gegen die an [ihn] gerichteten oder [ihn] unmittelbar und individuell betreffenden Handlungen sowie gegen Rechtsakte mit Verordnungscharakter, die [ihn] unmittelbar betreffen und keine Durchführungsmaßnahmen nach sich ziehen, Klage erheben."[4] Die vorliegend angegriffene Verordnung ist eine solche im Sinne des Art. 288 II AEUV. Sie ist daher ungeachtet der auf die Entstehungsgeschichte der Norm zurückgehende unklare Formulierung als grundsätzlich tauglicher Gegenstand einer Individualnichtigkeitsklage nach Art. 263 IV AEUV zu qualifizieren.[5]

V. Klagebefugnis

Ebenso wie bezüglich der zulässigen Klagegegenstände differenziert Art. 263 AEUV auch hinsichtlich der Voraussetzungen der Klagebefugnis zwischen nicht-, teil- und privilegierten[6] Klägern. Im Hinblick auf „Rechtsakte mit Verordnungscharakter" sind

1 *Burgi*, in: Rengeling/Middeke/Gellermann, Handbuch des Rechtsschutzes in der Europäischen Union, § 7 Rn. 23ff.
2 Siehe *Pechstein*, EU-/EG-Prozessrecht, Rn. 383.
3 Zusammenfassend zur Terminologie *Gaitanides*, in: v.d. Groeben/Schwarze, EUV/EGV IV, Art. 230 EG Rn. 8.
4 Zur Neufassung *Everling*, EuR Beiheft 1/2009, 71 (73ff.).
5 Näher *Frenz*, Handbuch Europarecht V, Rn. 2932; *Kottmann*, ZaöRV 70 (2010), S. 547 (559ff.).
6 Mitgliedstaaten sind als privilegierte Kläger nach Art. 263 II AEUV stets klagebefugt. Dies gilt selbst im Falle ihrer Zustimmung zu dem angegriffenen Rechtsakt, EuGH, U.v. 12.7.1979, 166/78, Slg. 1979, 2575 Rn. 6 – *Italien/Rat*; *Burgi*, in: Rengeling/Middeke/Gellermann, Handbuch des Rechtsschutzes in der Europäischen Union, § 7 Rn. 52.

nichtprivilegierte Kläger im Sinne des Art. 263 IV AEUV nur klagebefugt, wenn diese den jeweiligen Kläger unmittelbar betreffen und keine Durchführungsmaßnahmen erforderlich sind. Es ist zu prüfen, ob H diese Voraussetzungen erfüllt.

1. Unmittelbare Betroffenheit

Eine Betroffenheit im Sinne des Art. 263 IV AEUV setzt die Beeinträchtigung eines Interesses durch den angegriffenen Rechtsakt voraus. Eine Rechtsverletzung ist nicht erforderlich. Es genügt das Vorliegen einer materiellen Beschwer.[7] H macht geltend, durch die angegriffenen Regelungen in seinen wirtschaftlichen Interessen berührt zu sein. Eine Betroffenheit ist daher gegeben.

Fraglich ist aber, ob das Kriterium der Unmittelbarkeit der Betroffenheit erfüllt ist. Dies setzt voraus, dass sich die angegriffene Maßnahme gleichsam automatisch und unvermeidlich auf die Interessen oder Rechte des Klägers auswirkt.[8] Bei Verordnungen, die anknüpfend an einen klar definierten Tatbestand bestimmte Rechtsfolgen nach sich ziehen, ist diese Voraussetzung gemäß der normativen Ausgestaltung des Rechtsetzungsinstruments in Art. 288 II AEUV gegeben. Vorliegend verbietet die im ordentlichen Gesetzgebungsverfahren beschlossene Verordnung Betreibern von Beherbergungsstätten die Verwendung nicht wassersparender Duschköpfe. Der Anhang nimmt die erforderliche Eingrenzung der Begrifflichkeit vor und macht die Verbotsvoraussetzungen damit anwendungsfähig. Die Verordnung hat zur Folge, dass H, der als Hotelbetreiber zum Adressatenkreis der Verordnung zählt, bis zum Ablauf der Übergangsfrist sämtliche Duschköpfe in seinem Hotel austauschen muss. Eines weiteren „Vollzugs“ durch gesonderte Verwaltungsanordnungen bedarf es insoweit nicht. Vielmehr ist H ohne Weiteres zur ausschließlichen Verwendung wassersparender und damit zugleich zum Austausch der nicht als wassersparend zu qualifizierenden Duschköpfe verpflichtet, so dass er durch die Regelung unmittelbar betroffen ist. Dass der Zeitpunkt seines notwendigen Tätigwerdens bei Klageerhebung noch in der Zukunft liegt, ändert daran nichts. Eine bloße zeitliche Streckung stellt die Unmittelbarkeit der Betroffenheit nicht in Frage.[9]

2. Keine Durchführungsmaßnahmen

Nach Art. 263 IV AEUV setzt die Klagebefugnis gegen Rechtsakte mit Verordnungscharakter des Weiteren voraus, dass diese „keine Durchführungsmaßnahmen nach sich ziehen“. Die Bedeutung dieser durch den Vertrag von Lissabon eingeführten Formulierung und ihre Abgrenzung vom Erfordernis der unmittelbaren Betroffenheit ist bislang nicht abschließend geklärt.[10] Nach den Ausführungen des Arbeitskreises (des Europäischen Konvents) betreffend den Gerichtshof „soll erreicht werden, dass die Ausdehnung des Klagerechts von Einzelpersonen nur für die (problematischen) Fälle möglich ist, in denen eine Einzelperson erst das Recht verletzen muss, um danach vor Gericht gehen zu können. Nach dieser Formel können Einzelpersonen gegen einen Rechtsakt, der ein Verbot bedeuten könnte und keine Durchführungsbestimmungen enthält, vor dem Gerichtshof (dem Gericht) klagen; die Einzelperson kann die Nich-

7 *Pechstein*, EU-/EG-Prozessrecht, Rn. 394; *Burgi*, in: Rengeling/Middeke/Gellermann, Handbuch des Rechtsschutzes in der Europäischen Union, § 7 Rn. 57.
8 EuGH, U.v. 13.5.1971, verb. Rs. 41/70 bis 44/70, Slg. 1971, 411 Rn. 23/29 – *International Fruit Company*.
9 EuGH, U.v. 29.3.1979, C-113/77, Slg. 1979, 1185 Rn. 11 – *NTN Toyo Bearing Company*; U.v. 5.5.1998, C-386/96 P, Slg. 1998, I-2309 Rn. 43 – *Dreyfus*.
10 Vgl. dazu *Everling*, EuR Beiheft 1/2009, 71 (74); *Kottmann*, ZaöRV 70 (2010), S. 547 (563 f.).

tigerklärung des Rechtsakts verlangen, wenn sie nachweisen kann, dass sie unmittelbar von ihm betroffen ist."[11] Im Hinblick auf Verordnungen, die unmittelbar und mit uneingeschränktem Sachregelungsanspruch ein bestimmtes Verhalten verbieten, ist danach die Klagebefugnis gegeben.[12] Dies ist mangels weiterer Vollzugsnotwendigkeit vorliegend der Fall. H ist nicht zuzumuten, zunächst gegen die Verordnung zu verstoßen, um sich im Anschluss gegen Zwangsmaßnahmen oder Sanktionen zur Wehr zu setzen. Er ist somit klagebefugt.

VI. Geltendmachung eines Nichtigkeitsgrundes

H müsste des Weiteren einen Nichtigkeitsgrund geltend machen. Mögliche Nichtigkeitsgründe sind gemäß Art. 263 IV i. V. m. I, II AEUV Unzuständigkeit, die Verletzung wesentlicher Formvorschriften, das Vorliegen einer Vertragsverletzung oder ein Ermessensmissbrauch durch das bzw. die handelnde(n) Organ(e) durch den angegriffenen Akt. Das Vorliegen zumindest eines dieser Gründe ist vom Kläger schlüssig darzulegen, woran allerdings keine überspannten Anforderungen anzulegen sind.[13] Vorliegend behauptet H das Fehlen einer Rechtsetzungskompetenz der EU und Grundrechtsverstöße. Er macht mithin die Nichtigkeitsgründe der Unzuständigkeit und der Vertragsverletzung geltend. Es ist davon auszugehen, dass diese Gründe in der Klageschrift schlüssig dargelegt wurden.

VII. Form

Die mangels anderer Angaben beachtete Form der Klage richtet sich nach Art. 21 I 2 EuGH-Satzung i. V. m. Art. 38 VerfOEuGH.

VIII. Klagefrist

Fraglich ist, ob die Nichtigkeitsklage fristgemäß erhoben wurde. Gemäß Art. 263 VI AEUV sind Nichtigkeitsklagen innerhalb von zwei Monaten zu erheben, wobei die Norm hinsichtlich des Fristbeginns zwischen verschiedenen Konstellationen differenziert.

Bei Legislativakten wie der vorliegend streitigen Verordnung ist die Bekanntmachung für den Fristbeginn maßgeblich.[14] Die Bekanntgabe entspricht insoweit der Veröffentlichung im Amtsblatt der EU gemäß Art. 297 I UAbs. 2, II UAbs. 3 AEUV.[15] Diese erfolgte bei der vorliegend angegriffenen Verordnung am 30.6.2010. Nach Art. 101 § 1 lit. a VerfOEuG wird der Tag der Veröffentlichung bei der Bestimmung des Fristbeginns nicht eingerechnet. Gemäß Art. 102 § 1 VerfOEuG sind Klagefristen, die an die Veröffentlichung der streitgegenständlichen Maßnahme von EU-Organen anknüpfen, „im Sinne von Artikel 101 § 1 Buchstabe a) vom Ablauf des vierzehnten Tages nach der Veröffentlichung der Maßnahme im Amtsblatt der Europäischen Union an zu berechnen."

11 CONV 636/03 Rn. 21.
12 Siehe auch *Frenz*, Handbuch Europarecht V, Rn. 2937.
13 *Pechstein*, EU-/EG-Prozessrecht, Rn. 432; *Burgi*, in: Rengeling/Middeke/Gellermann, Handbuch des Rechtsschutzes in der Europäischen Union, § 7 Rn. 80; *Hamer*, JA 2004, 728 (729).
14 *Borchardt*, in: Lenz/Borchardt, EU-Verträge, Art. 267 AEUV Rn. 63.
15 *Cremer*, in: Calliess/Ruffert, EUV/EGV, Art. 230 EG Rn. 67; *Krajewski/Rösslein*, in: Grabitz/Hilf, Das Recht der Europäischen Union, Art. 254 Rn. 9 ff.

Der 14. Tag nach der Bekanntmachung war vorliegend der 14.7.2010, mit dessen Ablauf somit zugleich die Frist für die Erhebung der Nichtigkeitsklage begann.[16]

Das Ende einer nach Monaten bestimmten Frist tritt nach Art. 101 § 1 lit. b VerfOEuG an dem Tag ein, der „dieselbe Bezeichnung oder dieselbe Zahl wie der Tag trägt, an dem das Ereignis eingetreten oder die Handlung vorgenommen worden ist, von denen an die Frist zu berechnen ist." Im Hinblick auf die Zweimonatsfrist des Art. 263 VI AEUV war dies der 14.9.2010. Da es sich dabei um eine Verfahrensfrist handelt, ist gemäß Art. 102 § 2 VerfOEuG eine zehntägige pauschale Entfernungsfrist hinzuzurechnen. Die Frist zur Erhebung der Nichtigkeitsklage endete vorliegend mithin am 24.9.2010.[17] Die Erhebung der Nichtigkeitsklage durch H am 20.9.2010 war daher fristgemäß.

IX. Rechtsschutzbedürfnis

Die Zulässigkeit der Individualnichtigkeitsklage[18] setzt schließlich ein Rechtsschutzbedürfnis des Klägers, mithin ein rechtlich schutzwürdiges Interesse an der Nichtigerklärung der angegriffenen Handlung voraus. Ein solches ist gegeben, wenn die vom Kläger angestrebte Nichtigerklärung Rechtswirkungen zu seinen Gunsten entfalten kann.[19] Hat die Klage des H Erfolg entfiele seine Verpflichtung, ab 1.1.2012 ausschließlich wassersparende Duschköpfe in seinem Hotel zu verwenden und damit die Notwendigkeit des Austausches der vorhandenen Duschköpfe. Er verfügt somit über ein Rechtsschutzbedürfnis.

X. Ergebnis zur Zulässigkeit

Die Nichtigkeitsklage des H ist vor dem EuG zulässig.

B. Begründetheit

Die Nichtigkeitsklage ist begründet, wenn die angegriffene Verordnung einen der Nichtigkeitsgründe nach Art. 263 II AEUV aufweist. Das Gericht nimmt insoweit aufgrund des Charakters der Nichtigkeitsklage als objektives Beanstandungsverfahren ungeachtet des Vortrags des Klägers eine umfassende Prüfung vor.[20] Einer Rechtsverletzung des Klägers bedarf es nicht.[21]

I. Unzuständigkeit

Zu prüfen ist zunächst der Nichtigkeitsgrund der Unzuständigkeit. Dieser kann sowohl durch das Fehlen der Verbands- als auch der Organkompetenz erfüllt werden.[22]

16 Siehe auch zur Bestimmung des Fristbeginns EuGH, U.v. 17.5.2002, C-406/01, Slg. 2002, I-4561 Rn. 13 ff. – *Deutschland/EP und Rat.*
17 Hinweis: Da das Fristende somit auf einen Mittwoch fiel, war Art. 80 § 2 VerfO-EuGH nicht zu thematisieren.
18 Infolge der „Wächterfunktion", die den privilegierten Klägern nach Art. 230 I EG zukommt, genügt insoweit ein allgemeines Aufhebungsinteresse
19 *Frenz*, Handbuch Europarecht V, Rn. 2821.
20 *Burgi*, in: Rengeling/Middeke/Gellermann, Handbuch des Rechtsschutzes in der Europäischen Union, § 7 Rn. 91 f.
21 *Pechstein*, EU-/EG-Prozessrecht, Rn. 541.
22 *Borchardt*, in: Lenz/Borchardt, EU-Verträge, Art. 267 AEUV Rn. 74 ff.

1. Verbandskompetenz

Gemäß Art. 5 I 1 EUV gilt „[f]ür die Abgrenzung der Zuständigkeiten der Union (...) der Grundsatz der begrenzten Einzelermächtigung." Dementsprechend wird nach Art. 5 II 1 EUV „die Union nur innerhalb der Grenzen der Zuständigkeiten tätig, die die Mitgliedstaaten ihr in den Verträgen zur Verwirklichung der darin niedergelegten Ziele übertragen haben." Erforderlich ist mithin das Vorliegen einer primärrechtlichen Kompetenzgrundlage, die die EU in spezifischer Weise ermächtigt. Es ist somit zu untersuchen, ob für die EU über eine Kompetenz zum Erlass der vorliegend angegriffenen Verordnung verfügt.

a) **Art. 4 II lit. i AEUV.** Art. 4 II lit. i AEUV bezeichnet die Energiepolitik als „Hauptbereich" der von Union und Mitgliedstaaten geteilten Zuständigkeit. Im Bereich der geteilten Zuständigkeit können gemäß Art. 2 II AEUV „die Union und die Mitgliedstaaten in diesem Bereich gesetzgeberisch tätig werden und verbindliche Rechtsakte erlassen. Die Mitgliedstaaten nehmen ihre Zuständigkeit wahr, sofern und soweit die Union ihre Zuständigkeit nicht ausgeübt hat. Die Mitgliedstaaten nehmen ihre Zuständigkeit erneut wahr, sofern und soweit die Union entschieden hat, ihre Zuständigkeit nicht mehr auszuüben." Folglich ist die EU stets zur Rechtsetzung ermächtigt. Ein Zurücktreten der „geteilten" Rechtsetzungskompetenz ist allein im Hinblick auf die Mitgliedstaaten vorgesehen.[23] Vorliegend dient die Verordnung über wassersparende Duschköpfe der sparsamen und effizienten Energienutzung, so dass ein Bezug zu Art. 4 II lit. i AEUV gegeben ist. Allerdings lässt die Vorschrift nicht erkennen, in welchem Umfang und auf welche Art und Weise die EU zur Rechtsetzung berechtigt sein soll. Ungeachtet der Qualifikation als „Hauptbereich" der geteilten Zuständigkeit bedarf es daher entsprechend der Grundregelung in Art. 4 I AEUV einer detailgenauen Zuständigkeitsübertragung. Art. 4 II lit. i AEUV kommt vornehmlich eine illustrierende Funktion bezüglich des anderweitig konkretisierten Kompetenzspektrums zu. Als (ausschließliche) Ermächtigungsgrundlage kommt die Vorschrift daher nicht in Betracht.

b) **Art. 194 II AEUV.** Der durch den Vertrag von Lissabon eingefügte Art. 194 II 1 AEUV ermächtigt die EU zum Erlass von Sekundärrecht mit energiepolitischem Regelungsgehalt.[24] Voraussetzung ist die Verfolgung der in Art. 194 I AEUV genannten Ziele. Vorliegend dient die Verordnung der Verringerung des Energieverbrauchs beim Duschen durch eine Reduzierung des unter dem Einsatz von Energie zu erwärmenden Wassers. Dies korrespondiert unmittelbar mit den in Art. 194 I lit. c AEUV genannten Zielsetzungen der „Förderung der Energieeffizienz und von Energieeinsparungen". Infolge dessen verleiht Art. 194 I lit. c, II AEUV der EU die Kompetenz zum Erlass der angegriffenen Verordnung.

c) **Alternative Kompetenzgrundlagen?** Eine Reduzierung des Wasserverbrauchs und der zur Wassererwärmung notwendigen Energiemenge dient – unter der in allen Mitgliedstaaten der EU weithin gegebenen Voraussetzung der Energieerzeugung aus nicht erneuerbaren Energien – zugleich dem Umweltschutz. Zudem entfaltet die Verordnung Auswirkungen auf dem Markt für Duschköpfe. Es stellt sich daher die Frage, ob die Verordnung auch auf alternative Ermächtigungsgrundlagen gestützt werden kann.

Aufgrund der Marktbezogenheit der Regelung erscheint eine Abstützung der Verordnung auf die Binnenmarktkompetenz des Art. 114 AEUV nicht ausgeschlossen. Allerdings berechtigt Art. 114 I i.V.m. Art. 26 I AEUV allein zur Rechtsetzung mit dem Ziel

23 Vgl. *Kotzur*, in: Geiger/Khan/Kotzur, EUV/AEUV, Art. 2 AEUV Rn. 4.
24 Siehe dazu *Hobe*, EuR Beiheft 1/2009, 219ff.; *Nettesheim*, JZ 2010, 19 ff; *Knauff*, ThürVBl. 2010, 217 (219ff.).

der Verwirklichung des Binnenmarktes. Der von Art. 26 II AEUV geforderte „freie Verkehr“ von Waren wird durch das Verbot von nicht wassersparenden Duschköpfen nicht gefördert, sondern vielmehr behindert. Für derartige Maßnahmen kann Art. 114 I AEUV nicht als Kompetenzgrundlage dienen.[25] Nichts anderes folgt aus Art. 114 III AEUV, wonach bei der Binnenmarktsekundärrechtsetzung ein hohes Umweltschutzniveau zu gewährleisten ist. Dabei handelt es sich weder um eine eigenständige Ermächtigungsgrundlage[26] noch vermag die Vorgabe die Stoßrichtung des Art. 114 I AEUV zu modifizieren.

Aufgrund des zumindest mittelbaren Umweltbezugs könnte die Verordnung ihre Grundlage auch in Art. 192 I AEUV finden. Voraussetzung hierfür wäre die Verfolgung eines der in Art. 191 I AEUV genannten Ziele.[27] Diesbezüglich kommen sowohl der erste Spiegelstrich (Umweltschutz) als auch der dritte (Ressourcenschonung)[28] in Betracht.[29] In Anbetracht der neu geschaffenen energiepolitischen Kompetenzgrundlage tritt die Ermächtigung der EU zur Umweltsekundärrechtsetzung im Hinblick auf Maßnahmen, die primär der Förderung der Energieeffizienz und der Energieeinsparung dienen, aufgrund des Spezialitätsgrundsatzes hinter Art. 194 II, I 1 lit. c AEUV zurück.[30]

d) Subsidiarität. Aufgrund der Zuordnung der Energiepolitik zur geteilten Zuständigkeit, Art. 4 II lit. i AEUV, bildet das Subsidiaritätsprinzip, Art. 5 I 2, III EUV, einen weiteren Prüfungsmaßstab bei der Kontrolle der Verbandskompetenz der EU.[31] Es ist daher zu untersuchen, ob die angegriffene Verordnung dessen Anforderungen Rechnung trägt.

Das Subsidiaritätsprinzip setzt gemäß Art. 5 III EUV für die Inanspruchnahme einer Rechtsetzungskompetenz der EU im Rahmen der geteilten Zuständigkeit voraus, dass keine ausreichende Erreichung des mit einer Regelung verfolgten Zwecks auf nationaler Ebene erfolgt und eine bessere Zielerreichung auf europäischer Ebene (Mehrwert) gegeben ist.[32] Beide Voraussetzungen müssen kumulativ vorliegen.

Fraglich ist, ob dies vorliegend der Fall ist. Das Ziel der streitgegenständlichen Verordnung, Energieeinsparungen im Kontext von Körperpflege und Wassernutzung zu erzielen, könnte grundsätzlich auch auf mitgliedstaatlicher Ebene erreicht werden. Allerdings ist überaus wahrscheinlich, dass die Mitgliedstaaten zumindest sehr unterschiedliche Regelungsansätze verfolgen würden. Wie die Abstimmung im Rat nahe legt, ist sogar nicht auszuschließen, dass einige Mitgliedstaaten keinerlei entsprechende Maßnahmen zu ergreifen bereit wären. Infolge dessen wäre die Erreichung des Ziels der Verordnung auf mitgliedstaatlicher Ebene nicht sichergestellt, so dass die erste Voraussetzung des Art. 5 III AEUV gegeben ist. Überdies wären Störungen des Binnenmarktes aufgrund unterschiedlicher Vorgaben wohl kaum zu vermeiden.

---

25 EuGH, U.v. 5.10.2000, Rs. C-376/98, Slg. 2000, I-8419 Rn. 83 f. – *Tabakwerbeverbot I*; U.v. 10. 12. 2002, Rs. C-491/01, Slg. 2002, I-11453 Rn. 60 – *Tabakwerbeverbot II*; *Irmscher*, in: Pache/Knauff, Fallhandbuch Europäisches Wirtschaftsrecht, § 2 Rn. 24, 48 f.
26 Vgl. *Herrnfeld*, in: Schwarze, EU-Kommentar, Art. 95 Rn. 32.
27 EuGH, U.v. 14.7.1994, Rs. C-379/92, Slg. 1994, I-3453 Rn. 57 – *Peralta.*
28 Vgl. *Nettesheim*, in: Grabitz/Hilf, Recht der EU, Art. 174 EGV Rn. 28.
29 Vgl. parallel zum Glühlampenverbot vor Schaffung der EU-Energiekompetenz *Knauff*, JuS 2009, 440 (445).
30 *Knauff*, ThürVBl. 2010, 217 (223).
31 Die Möglichkeit einer Nichtigkeitsklage der nationalen Parlamente entfaltet insoweit keine Sperrwirkung.
32 *Calliess*, in: ders./Ruffert, EUV/EGV, Art. 5 EG Rn. 47; *Oppermann/Classen/Nettesheim*, Europarecht, § 12 Rn. 25.

Des Weiteren müsste ein Handeln der EU einen Mehrwert mit sich bringen. Durch die Verordnung wird die Zielerreichung in der gesamten EU sichergestellt. Dies gilt umso mehr, als sich die Regelung in ein energie- und klimaschutzpolitisches „Gesamtpaket" einfügt, so dass sie Teil einer mitgliedstaatsübergreifenden politischen Strategie bildet, deren Verwirklichung insgesamt sicherzustellen ist. Im Ergebnis erfüllt die Verordnung somit die Anforderungen des Subsidiaritätsprinzips, Art. 5 III EUV.

2. Organkompetenz

Der Nichtigkeitsgrund der Unzuständigkeit nach Art. 263 II AEUV kann auch bei einer mangelnden Organkompetenz gegeben sein.[33] Vorliegend folgt die Rechtskompetenz des Rates und des Europäischen Parlaments aus Art. 194 II i.V.m. Art. 289 I AEUV.

II. Verletzung wesentlicher Formvorschriften

In Betracht kommt des Weiteren eine Verletzung wesentlicher Formvorschriften. Dabei handelt es sich um solche Vorgaben, die das Verfahren betreffen.[34] Ihre Wesentlichkeit ist nicht abstrakt, sondern anhand der konkreten Umstände des Einzelfalls zu bestimmen.[35]

1. Beteiligung des Europäischen Parlaments

Fraglich ist zunächst, ob die Beteiligung des Europäischen Parlaments ordnungsgemäß erfolgte. Im ordentlichen Gesetzgebungsverfahren muss das Europäische Parlament dem Rechtsetzungsvorschlag zustimmen, damit dieser in Kraft treten kann, Art. 289 I i.V.m. Art. 294 AEUV. Diese Zustimmung wurde vorliegend erteilt. Dass nur eine Lesung durchgeführt wurde, stellt die Ordnungsgemäßheit des Verfahrens nicht in Frage. Nach Art. 294 IV AEUV bedarf es keiner weiteren Lesung, wenn der Rat den Standpunkt des Europäischen Parlaments billigt. Vorliegend hat der Rat keine Änderungen an dem Rechtsetzungsvorschlag vorgenommen, so dass die Beteiligung des Europäischen Parlaments den normativen Vorgaben entsprach.

2. Abstimmung im Rat

Des Weiteren ist zu prüfen, ob die Verordnung im Rat mit der erforderlichen Mehrheit angenommen wurde. Mangels anderweitiger Vorgaben ist die Verordnung mit qualifizierter Mehrheit zu beschließen, Art. 16 III EUV. Für Beschlussfassungen bis zum 31.10.2014 bestimmt sich die qualifizierte Mehrheit gemäß Art. 16 V EUV nach dem Protokoll (Nr. 36) über die Übergangbestimmungen. Dessen Art. 3 III legt die Gewichtung der Stimmen der Mitgliedstaaten in Rat und das Mindestquorum fest. Danach bedarf es für einen Beschluss 255 Stimmen. Ergeht der Beschluss auf Vorschlag der Kommission, müssen diese die Mehrheit der Mitglieder des Rates repräsentieren; andernfalls bedarf es der Zustimmung von zwei Dritteln der Mitglieder.

Die streitgegenständliche Verordnung wurde gemäß Art. 194 II AEUV im ordentlichen Gesetzgebungsverfahren erlassen, das nach Art. 294 II AEUV einen Vorschlag der Kommission voraussetzt. Die zustimmenden Staaten verfügen über insgesamt 257

---

33 EuGH, U.v. 14.11.1989, C-6/88, Slg. 1989, 3639 Rn. 24f. – *Spanien und Frankreich/Kommission.*

34 *Borchardt*, in: Lenz/Borchardt, EU-Verträge, Art. 267 AEUV Rn. 77.

35 *Frenz*, Handbuch Europarecht V, Rn. 2839.

Stimmen, so dass die erforderliche Stimmenzahl gegeben ist. Die Zahl der zustimmenden Mitgliedstaaten beträgt 15, so dass die Mehrheit von 27 Ratsmitgliedern, vgl. Art. 16 II EUV, ebenfalls erfüllt ist. Die Abstimmung im Rat war somit ordnungsgemäß.

III. Vertragsverletzung

Als weiteren Nichtigkeitsgrund benennt Art. 263 II AEUV das Vorliegen einer Vertragsverletzung. Eine solche liegt vor, wenn die angegriffene Handlung gegen geschriebenes oder ungeschriebenes, primäres oder sekundäres Europarecht verstößt.[36]

Die streitgegenständliche Verordnung verpflichtet H, ab 1.1.2012 in seinem Hotel ausschließlich wassersparende Duschköpfe zu verwenden. Dies beinhaltet de facto eine Verpflichtung zum Austausch aller darin vorhandenen Duschköpfe, um seine Hotel wie bisher nutzen zu können. Hierin könnte eine Verletzung europäischer Grundrechte, insbesondere der Eigentums- und der Unternehmerfreiheit, liegen, die in Art. 16f. EuGRC sowie als allgemeine Rechtsgrundsätze des Unionsrechts[37] gewährleistet werden. Dabei handelt es sich um primärrechtliche Gewährleistungen, Art. 6 I, III EUV, die im Rahmen ihrer Parallelgewährleistung übereinstimmende Regelungsgehalt aufweisen. Als Primärrecht sind sie ungeachtet der zu engen Formulierung des Art. 263 II EG („Verletzung der Verträge") zugleich Prüfungsmaßstab einer Nichtigkeitsklage.[38]

1. Art. 17 I EuGRC

Art. 17 I EuGRC schützt das rechtmäßig erworbene Eigentum und seine Nutzung. Fraglich ist, ob die Verordnung unzulässig in die Eigentumsfreiheit des H eingreift.

a) **Schutzbereich.** Der persönliche Schutzbereich des Eigentumsgrundrechts umfasst alle natürlichen und juristischen Personen (zumindest) des Privatrechts.[39] Als Unionsbürger unterfällt H dem Kreis der Berechtigten.

Fraglich ist jedoch die Eröffnung des sachlichen Schutzbereichs. Der Eigentumsbegriff wird durch Art. 17 I EuGRC nicht näher konkretisiert und ist bislang – ungeachtet der Anlehnung der Vorschrift an Art. 1 des 1. Zusatzprotokolls zur EMRK und der bereits vor Inkrafttreten der EuGRC erfolgten Anerkennung der Eigentumsfreiheit als europäisches Grundrecht durch die Rechtsprechung des EuGH[40] – nicht abschließend geklärt. Wie die explizite Einbeziehung des geistigen Eigentums durch Art. 17 II EuGRC verdeutlicht, ist der sachliche Schutzbereich der Eigentumsfreiheit grundsätzlich weit zu fassen.[41] Das Sacheigentum, das in historischer und rechtsvergleichender Perspektive gleichsam den Kern der Grundrechtsgewährleistung bildet, unterfällt dem europarechtlichen Eigentumsbegriff unproblematisch.[42] Das Hotel des H einschließlich seiner Einrichtung ist daher als dessen grundrechtlich geschützte Eigentumsposition zu qualifizieren, da auch keine Zweifel im Hinblick auf den rechtmäßigen Erwerb bestehen. Art. 17 I EuGRC beschränkt sich jedoch nicht auf eine generelle Gewährleistung des Eigentums, sondern berechtigt zu dessen Besitz, zu seiner Nutzung und zur Ver-

36 *Burgi*, in: Rengeling/Middeke/Gellermann, Handbuch des Rechtsschutzes in der Europäischen Union, § 7 Rn. 100; *Hamer,* JA 2004, 728 (731).
37 *Jarass*, Charta der Grundrechte der Europäischen Union, Art. 16 Rn. 1f., Art. 17 Rn. 1f.
38 *Cremer*, in: Calliess/Ruffert, EUV/EGV, Art. 230 EG Rn. 81.
39 Näher *Frenz*, Handbuch Europarecht IV, Rn. 2806ff.
40 Grundlegend EuGH, U.v. 14.5.1974, C-4/73, Slg. 1974, 491 Rn. 14 – *Nold*; U.v. 13.12.1979, 44/79, Slg. 1979, 3727 Rn. 17ff. – *Hauer.*
41 *Jarass*, Charta der Grundrechte der Europäischen Union, Art. 17 Rn. 6.
42 *Frenz*, Handbuch Europarecht IV, Rn. 2825.

fügung (unter Lebenden und von Todes wegen) darüber. Vorliegend steht der Aspekt der Nutzung in Frage. Die Verwendung einer Immobilie zum Zwecke der Gewinnerzielung als Hotel mit einer spezifischen, vom Grundrechtsträger gewählten Ausstattung, wird vom sachlichen Schutzbereich des Art. 17 I EuGRC erfasst.[43]

Allerdings betreibt H das Hotel, um damit eine Lebensgrundlage zu erwirtschaften. Es liegt daher auch ein Bezug zur in Art. 16 EuGRC grundrechtlich geschützten unternehmerischen Freiheit nahe, so dass sich die Frage nach dem Verhältnis der Schutzbereiche beider Grundrechte stellt. Der EuGH verzichtet in derartigen Konstellationen (bislang) häufig auf eine genaue Abgrenzung.[44] Sofern eine eindeutige Zuordnung nicht erkennbar ist, sind daher beide Grundrechte kumulativ als Prüfungsmaßstab heranzuziehen.[45] Vorliegend betrifft die streitgegenständliche Verordnung zwar auch die Entscheidungsfreiräume des H als Unternehmer; da sie aber zugleich die Möglichkeiten der Nutzung der vorhandenen Ausstattung des Hotels und damit den „Bestands-" und nicht nur den „Erwerbsschutz"[46] betrifft, tritt die Eigentumsfreiheit dahinter nicht zurück, so dass deren Schutzbereich eröffnet ist (a. A. vertretbar).

b) **Eingriff.** Ein Eingriff in die Eigentumsfreiheit ist jede Maßnahme der EU oder ihrer Mitgliedstaaten (nur) bei der Durchführung des Unionsrechts, vgl. Art. 51 I 1 EuGRC,[47] die den Schutzbereich des Art. 17 I EuGRC nicht nur konkretisiert, sondern verkürzt.[48] Die vorliegende Verpflichtung zur Verwendung ausschließlich wassersparender Duschköpfe ab 1.1.2012 enthält zugleich die Verpflichtung zur Ersetzung der im Hotel des H vorhandenen, will er die Immobilie weiterhin als Hotel betreiben. Ein Eingriff in Form einer Nutzungsregelung[49] ist daher gegeben.

c) **Rechtfertigung.** Eine Rechtfertigung von Eingriffen in Grundrechte der EuGRC ist nach Art. 52 I EuGRC zulässig, wenn sie gesetzlich aufgrund eines schutzwürdigen Interesses vorgesehen sind, der Wesensgehalt des betroffenen Grundrechts gewahrt und der Grundsatz der Verhältnismäßigkeit beachtet wird.[50]

Die Möglichkeit der gesetzlichen Regelung der Nutzung des Eigentums ist in Art. 17 I 3 EuGRC explizit vorgesehen. Dabei handelt es sich nicht nur um eine Ausgestaltungs-, sondern um eine Schrankenregelung.[51] Die streitgegenständliche Verordnung füllt diese aus. Die damit verfolgten Ziele von Energieeinsparung und -effizienz werden in Art. 194 I lit. c AEUV explizit als Ziele der europäischen Energiepolitik benannt und sind daher als dem Gemeinwohl dienende Ziele im Sinne des Art. 52 I EuGRC zu qualifizieren. Für eine Beeinträchtigung des – eng auszulegenden[52] – Wesensgehalts der Eigentumsfreiheit bestehen aufgrund der Begrenztheit des Regelungsgegenstands der Verordnung keine Anhaltspunkte.

43 Vgl. *Jarass*, Charta der Grundrechte der Europäischen Union, Art. 17 Rn. 13.
44 Vgl. EuGH, U.v 17.7.1997, verb. Rs. C-248/95 und 249/95, Slg. 1997, I-4475 Rn. 72ff. – *SAM*; U.v. 28.4.1998; Rs. C-200/96, Slg. I-1953 Rn. 21ff. – *Metronome Musik*.
45 *Jarass*, Charta der Grundrechte der Europäischen Union, Art. 17 Rn. 4; *Frenz*, Handbuch Europarecht IV, Rn. 2889.
46 *Haratsch/Koenig/Pechstein*, Europarecht, 6. Aufl. 2009, Rn. 594.
47 Allgemein *Ehlers*, Jura 2002, 468 (475); instruktive graphische Übersicht über die Grundrechtsverpflichteten bei *Kerth/Schmelz*, JA 2004, 340 (341).
48 Vgl. *Calliess*, in: Ehlers, Europäische Grundrechte und Grundfreiheiten, § 16.4 Rn. 24f.
49 *Jarass*, Charta der Grundrechte der Europäischen Union, Art. 17 Rn. 26.
50 Vgl. auch EuGH, U.v. 11.7.1989, C-265/87, Slg. 1989, 2237 Rn. 15 – *Schräder*; U.v. 21.2.1991, C-143/88, Slg. 1991, I-415 Rn. 73 – *Zuckerfabrik Süderdithmarschen*.
51 *Calliess*, in: ders./Ruffert, EUV/EGV, Art. 17 GRCh Rn. 21.
52 Vgl. *Ehlers*, Jura 2002, 468 (476).

Fraglich ist jedoch die Verhältnismäßigkeit der Verordnung.[53] Die Verpflichtung zur Verwendung ausschließlich wassersparender Duschköpfe ist geeignet, das Ziel einer sparsameren Energieverwendung im Zusammenhang mit der Körperpflege zu erreichen. Im Hinblick auf die Bestimmung seiner Erforderlichkeit ist dem Unionsgesetzgeber ein Einschätzungsspielraum zuzubilligen.[54] Ein milderes, gleich effektives Mittel zur Zielerreichung ist vorliegend nicht ersichtlich.

Fraglich ist aber, ob die Verordnung auch angemessen ist, also das Interesse der EU an einem sparsamen Energieverbrauch und das Interesse der Betroffenen, vorliegend des H, an der Nutzung ihres betroffenen Eigentums zutreffend berücksichtigt. Vorzunehmen ist somit eine Güterabwägung. Der Unionsgesetzgeber hat dem Eigentumsinteresse der Beherbergungsunternehmer vorliegend durch die Einräumung einer Übergangsfrist von 18 Monaten Rechnung getragen. Bei Gegenständen, die wie Duschköpfe im der Hotellerie aus hygienischen Gründen grundsätzlich über eine (relativ) kurze Nutzungsdauer verfügen, ist eine derartige Übergangsfrist im Regelfall geeignet, die Notwendigkeit eines zusätzlichen oder zumindest vorgezogenen Austauschs entfallen zu lassen. Dass dies im Fall des H anders ist, stellt die grundsätzliche Berücksichtigung der Eigentümerinteressen bei der Regelschaffung nicht in Frage. Die Angemessenheit einer derartigen Regelung setzt nicht voraus, dass es im Einzelfall nicht zu Härtefällen kommen kann. Die Belastung des H beschränkt sich jedoch sogar darauf, den Austausch der Duschköpfe in seinem Hotel einige Monate vorziehen zu müssen. Darin liegt kein unangemessener Eingriff in sein Eigentumsgrundrecht. Dies gilt umso mehr, als die Zielerreichung infolge des hohen Wasserverbrauchs im Beherbergungsgewerbe bei einem Verzicht auf das vorgesehene Verwendungsverbot für nicht wassersparende Duschköpfe nur mit erheblichen Einschränkungen zu erreichen wäre, zumal nicht stets von einem freiwilligen Austausch aus Hygienegründen ausgegangen werden kann, der infolge der Beschränkung des Angebots auf wassersparende Duschköpfe ab 1.7.2011 zwangsläufig eine Realisierung des Regelungsziels auch im Beherbergungsgewerbe zur Folge hätte. Folglich ist auch die Angemessenheit der Verordnung zu bejahen, so dass der damit verbundene Eingriff in das Eigentumsrecht des A insgesamt gerechtfertigt ist.

2. Art. 16 EuGRC

Schließlich könnte die Verordnung die unternehmerische Freiheit, Art. 16 EuGRC, des A unzulässig verkürzen. Bei diesem Grundrecht handelt es sich um eine unternehmerspezifische Ausprägung der europarechtlich seit langem anerkannten[55] Berufsfreiheit.[56]

Deren persönlicher Schutzbereich umfasst Unionsbürger und juristische Personen des Privatrechts, die in der EU ansässig sind, sowie Drittstaatsangehörige bei legaler wirtschaftlicher Betätigung im Gebiet der EU.[57] In sachlicher Hinsicht umfasst die unternehmerische Freiheit jede selbständige wirtschaftliche Betätigung mit Erwerbsabsicht,

53 Zur Verhältnismäßigkeitsprüfung bei Eingriffen in EU-Grundrechte *Frenz*, Handbuch Europarecht IV, Rn. 601 ff., spezifisch mit Bezug zur Eigentumsfreiheit Rn. 2978 ff.; *Jarass*, Charta der Grundrechte der Europäischen Union, Art. 17 Rn. 33 ff.

54 Dazu *Calliess*, in: Ehlers, Europäische Grundrechte und Grundfreiheiten, § 16.4 Rn. 46 f.

55 EuGH, U.v. 19.9.1985, C-63/84, Slg. 1985, 2857 Rn. 23 – *Finsider*; U.v. 8.10.1986, C-234/85, Slg. 1986, 2897 Rn. 8 – *Keller*; vgl. auch bereits U.v. 14.5.1974, C-4/73, Slg. 1974, 491 Rn. 14 – *Nold*.

56 *Frenz*, Handbuch Europarecht IV, Rn. 2652 f.

57 Ausführlich zum Schutzbereich *Ruffert*, in: Ehlers, Europäischer Grundrechte und Grundfreiheiten, § 16.3 Rn. 1 ff.

die nicht nur ganz vorübergehend erfolgt.[58] Der Betrieb eines Hotels durch H nach eigenen Vorstellungen wird hiervon erfasst. Eine Verdrängung durch das ebenfalls betroffene Eigentumsgrundrecht erfolgt nicht.[59]

Die streitgegenständliche Verordnung entzieht dem H im Hinblick auf die Auswahl der in seinem Hotel zu verwendenden Duschköpfe eine unternehmerische Entscheidung. Sie ist daher als Eingriff in Art. 16 EuGRC zu werten. Dieser Eingriff ist aus denselben Gründen wie derjenige in Art. 17 EuGRC gerechtfertigt, so dass die Verordnung Art. 16 EuGRC ebenfalls nicht verletzt.

C. Ergebnis

Die Nichtigkeitsklage des H gegen die Verordnung ist zulässig aber mangels Vorliegen eines Nichtigkeitsgrundes unbegründet. Sie hat daher keine Aussicht auf Erfolg.

Rechtsprechungs- und Literaturhinweise

Calliess, § 16.4 Eigentumsgrundrecht, in: Ehlers, Europäische Grundrechte und Grundfreiheiten, 3. Aufl. 2009; *Frenz*, Handbuch Europarecht IV: Europäische Grundrechte, 2009, Kap. 9; *ders.*, Handbuch Europarecht V: Wirkungen und Rechtsschutz, 2010, Kap. 16; *Pechstein*, EU-/EG-Prozessrecht, 3. Aufl. 2007, 6. Kap.; *Ruffert*, § 16.3 Grundrecht der Berufsfreiheit, in: Ehlers, Europäische Grundrechte und Grundfreiheiten, 3. Aufl. 2009

58 *Jarass*, Charta der Grundrechte der Europäischen Union, Art. 16 Rn. 7; *Frenz*, Handbuch Europarecht IV, Rn. 2683 ff.

59 Siehe oben B.III.1.c).

Fall 11: Führerscheinprobleme

Matthias Knauff

Sachverhalt

Der in Wunsiedel (Fichtelgebirge) in Bayern wohnhafte Frührentner Martin Meier (M.) besucht regelmäßig Volksfeste, zu deren allgemeiner Beliebtheit die zahlreichen Brauereien seiner Heimatregion einen maßgeblichen Beitrag leisten. Wegen der großen Entfernungen und des schlecht ausgebauten Öffentlichen Personennahverkehrs begibt er sich stets mit dem Auto zu diesen. Wenngleich sich die Rückfahrten alkoholbedingt mitunter als echte Herausforderungen erweisen, fühlt er sich auf den ihm gut bekannten und zumeist menschenleeren Straßen doch stets sicher. Nicht zuletzt wegen seiner überaus vorsichtigen Fahrweise kam es nie zu Unfällen. Eines unglücklichen Tages jedoch wurde er, wie bereits des Öfteren zuvor, von einer Polizeistreife angehalten, die durch sein ausgeprägtes Langsamfahren auf ihn aufmerksam geworden war. Die Kontrolle ergab einen Blutalkoholgehalt von 1,0 Promille. Nachfolgend wurde ihm die Fahrerlaubnis entsprechend den gesetzlichen Anforderungen behördlich entzogen.

Nach einigen Wochen des Fußgängerdaseins begann M., seine Volksfestbesuche in den nahe gelegenen Ortschaften zu vermissen. Durch Zufall entdeckte er eines Tages bei intensiver Lektüre des örtlichen Anzeigenblatts eine Kleinanzeige, die auf die Möglichkeit des kostengünstigen Erwerbs einer auch in Deutschland gültigen tschechischen Fahrerlaubnis bei einer Fahrschule im nahe gelegenen Cheb hinwies. M. beschloss, dass sein autofreies Leben auf diese Weise ein baldiges Ende zu nehmen hätte. Als erfahrener Autofahrer meisterte er die Fahrprüfung im Sommer 2010 in Cheb mit Bravour. Daraufhin wurde ihm von den tschechischen Behörden ein Führerschein ausgestellt, der u. a. die Eintragung seines Wohnsitzes enthielt.

Wenig später geriet M. auf dem Weg zum Einkaufen mit seinem Auto in eine Routineverkehrskontrolle. Im Wissen, nichts getrunken zu haben, zeigte er dem kontrollierenden Beamten guten Gewissens seinen neuen tschechischen Führerschein. Der Polizeibeamte vermerkte dessen Nummer und ließ M. daraufhin weiterfahren. Bereits am übernächsten Tag fand er jedoch in seinem Briefkasten ein Schreiben des zuständigen Landratsamtes, in dem er aufgefordert wurde, innerhalb von zwei Monaten ein Sachverständigengutachten über die Eignung zur Führung von Kraftfahrzeugen vorzulegen; andernfalls werde seine Fahrerlaubnis als ungültig betrachtet, da er die gesetzlichen Anforderungen an die Wiedererteilung der Fahrerlaubnis nicht erfülle. M. hielt dies für einen Irrtum und unternahm nichts. Drei Monate später erhielt er einen Bescheid mit dem Inhalt, dass seine tschechische Fahrerlaubnis ungültig sei und er daher nicht von ihr Gebrauch machen dürfe. Damit verbunden war die mit der Androhung eines Zwangsgelds verbundene Anordnung zur Vorlage des tschechischen Führerscheins, um dieses Verbot einzutragen. Nunmehr anwaltlich beraten, erhob M. wenige Tage später Klage gegen den Bescheid. Im verwaltungsgerichtlichen Verfahren trug der Rechtsanwalt des M. sehr überzeugend unter Hinweis auf verschiedene Entscheidungen des EuGH vor, dass aufgrund europäischen Rechts die Gültigkeit der tschechischen Fahrerlaubnis nicht von deutschen Behörden in Frage gestellt werden könnte. Das VG Bayreuth ist von der Richtigkeit der Argu-

mentation nicht überzeugt, möchte jedoch nicht die Verantwortung für ein seitens des Anwalts in Aussicht gestelltes Vertragsverletzungsverfahren gegen die Bundesrepublik Deutschland übernehmen.
1.) Was kann das Verwaltungsgericht tun?
2.) Trifft die vom Rechtsanwalt des M. vorgetragene Auffassung zu?

Richtlinie 2006/126/EG

Erwägungsgrund 15

Die Mitgliedstaaten sollten aus Gründen der Verkehrssicherheit die Möglichkeit haben, ihre innerstaatlichen Bestimmungen über den Entzug, die Aussetzung, die Erneuerung und die Aufhebung einer Fahrerlaubnis auf jeden Führerscheininhaber anzuwenden, der seinen ordentlichen Wohnsitz in ihrem Hoheitsgebiet begründet hat.

Art. 2

1. Die von den Mitgliedstaaten ausgestellten Führerscheine werden gegenseitig anerkannt.

Art. 7

1. Ein Führerschein darf nur an Bewerber ausgestellt werden, die (…)
   e) im Hoheitsgebiet des den Führerschein ausstellenden Mitgliedstaats ihren ordentlichen Wohnsitz haben oder nachweisen können, dass sie während eines Mindestzeitraums von sechs Monaten dort studiert haben.

5. a) Jede Person kann nur Inhaber eines einzigen Führerscheins sein.

Art. 11

2. Vorbehaltlich der Einhaltung des straf- und polizeirechtlichen Territorialitätsgrundsatzes kann der Mitgliedstaat des ordentlichen Wohnsitzes auf den Inhaber eines von einem anderen Mitgliedstaat ausgestellten Führerscheins seine innerstaatlichen Vorschriften über Einschränkung, Aussetzung, Entzug oder Aufhebung der Fahrerlaubnis anwenden und zu diesem Zweck den betreffenden Führerschein erforderlichenfalls umtauschen.
4. Ein Mitgliedstaat lehnt es ab, einem Bewerber, dessen Führerschein in einem anderen Mitgliedstaat eingeschränkt, ausgesetzt oder entzogen wurde, einen Führerschein auszustellen.

Ein Mitgliedstaat lehnt die Anerkennung der Gültigkeit eines Führerscheins ab, der von einem anderen Mitgliedstaat einer Person ausgestellt wurde, deren Führerschein im Hoheitsgebiet des erstgenannten Mitgliedstaats eingeschränkt, ausgesetzt oder entzogen worden ist.

Ein Mitgliedstaat kann es ferner ablehnen, einem Bewerber, dessen Führerschein in einem anderen Mitgliedstaat aufgehoben wurde, einen Führerschein auszustellen.

Art. 12

Im Sinne dieser Richtlinie gilt als ordentlicher Wohnsitz der Ort, an dem ein Führerscheininhaber wegen persönlicher und beruflicher Bindungen oder – im Falle eines Führerscheininhabers ohne berufliche Bindungen – wegen persönlicher Bindungen, die enge Beziehungen zwischen dem Führerscheininhaber und dem Wohnort erkennen lassen, gewöhnlich, d. h. während mindestens 185 Tagen im Kalenderjahr, wohnt.

Als ordentlicher Wohnsitz eines Führerscheininhabers, dessen berufliche Bindungen an einem anderen Ort als dem seiner persönlichen Bindungen liegen und der sich daher abwechselnd an verschiedenen Orten in zwei oder mehr Mitgliedstaaten aufhalten muss, gilt jedoch der Ort seiner persönlichen Bindungen, sofern er regelmäßig dorthin zurückkehrt. Diese letztgenannte Voraussetzung muss nicht erfüllt sein, wenn sich der Führerscheininhaber in einem Mitgliedstaat zur Ausführung eines Auftrags von bestimmter Dauer aufhält. Der Besuch einer Universität oder einer Schule hat keine Verlegung des ordentlichen Wohnsitzes zur Folge.

Fahrerlaubnisverordnung (FeV)

§ 4

(1) Wer auf öffentlichen Straßen ein Kraftfahrzeug führt, bedarf der Fahrerlaubnis. (...)

(2) Die Fahrerlaubnis ist durch eine amtliche Bescheinigung (Führerschein) nachzuweisen. (...)

§ 13

Zur Vorbereitung von Entscheidungen über die Erteilung oder Verlängerung der Fahrerlaubnis oder über die Anordnung von Beschränkungen oder Auflagen ordnet die Fahrerlaubnisbehörde an, dass (...)

2. ein medizinisch-psychologisches Gutachten beizubringen ist, wenn (...)
   b) wiederholt Zuwiderhandlungen im Straßenverkehr unter Alkoholeinfluß begangen wurden,
   c) ein Fahrzeug im Straßenverkehr bei einer Blutalkoholkonzentration von 1,6 Promille oder mehr oder einer Atemalkoholkonzentration von 0,8 mg/l oder mehr geführt wurde,
   d) die Fahrerlaubnis aus einem der unter Buchstabe a bis c genannten Gründe entzogen war (...)

§ 28

(1) Inhaber einer gültigen EU- oder EWR-Fahrerlaubnis, die ihren ordentlichen Wohnsitz im Sinne des § 7 Abs. 1 oder 2 in der Bundesrepublik Deutschland haben, dürfen – vorbehaltlich der Einschränkungen nach den Absätzen 2 bis 4 – im Umfang ihrer Berechtigung Kraftfahrzeuge im Inland führen. (...)

(4) Die Berechtigung nach Absatz 1 gilt nicht für Inhaber einer EU- oder EWR-Fahrerlaubnis, (...)

2. die ausweislich des Führerscheins oder vom Ausstellungsmitgliedstaat herrührender unbestreitbarer Informationen zum Zeitpunkt der Erteilung ihren ordentlichen Wohnsitz im Inland hatten, es sei denn, dass sie als Studierende oder Schüler im Sinne des § 7 Abs. 2 die Fahrerlaubnis während eines mindestens sechsmonatigen Aufenthalts erworben haben,
3. denen die Fahrerlaubnis im Inland vorläufig oder rechtskräftig von einem Gericht oder sofort vollziehbar oder bestandskräftig von einer Verwaltungsbehörde entzogen worden ist, denen die Fahrerlaubnis bestandskräftig versagt worden ist oder denen die Fahrerlaubnis nur deshalb nicht entzogen worden ist, weil sie zwischenzeitlich auf die Fahrerlaubnis verzichtet haben, (...)

In den Fällen des Satzes 1 Nr. 2 und 3 kann die Behörde einen feststellenden Verwaltungsakt über die fehlende Berechtigung erlassen. Satz 1 Nr. 3 (...) ist nur anzuwenden, wenn die dort genannten Maßnahmen im Verkehrszentralregister eingetragen und nicht nach § 29 des Straßenverkehrsgesetzes getilgt sind.

(5) Das Recht, von einer EU- oder EWR-Fahrerlaubnis nach einer der in Absatz 4 Nr. 3 und 4 genannten Entscheidungen im Inland Gebrauch zu machen, wird auf Antrag erteilt, wenn die Gründe für die Entziehung oder die Sperre nicht mehr bestehen. Absatz 4 Satz 3 sowie § 20 Abs. 1 und 5 gelten entsprechend.

§ 47

(1) Nach der Entziehung sind von einer deutschen Behörde ausgestellte nationale und internationale Führerscheine unverzüglich der entscheidenden Behörde abzuliefern oder bei Beschränkungen oder Auflagen zur Eintragung vorzulegen. (...)

(2) Absatz 1 gilt auch für Führerscheine aus Mitgliedstaaten der Europäischen Union oder einem anderen Vertragsstaat des Abkommens über den Europäischen Wirtschaftsraum. (...)

Wesentliche Probleme

Vorabentscheidungsverfahren, Grundsatz der gegenseitigen Anerkennung, richtlinienkonforme Auslegung

Gliederung

Frage 1
A. Vorüberlegungen
B. Zulässigkeit eines Vorabentscheidungsverfahrens
I. Vorlageberechtigung
II. Gegenstand der Vorabentscheidung
III. Erforderlichkeit der Vorlage
1. Zweifel an der Auslegung der Richtlinie 2006/126/EG
2. Entscheidungsrelevanz der Auslegung der Richtlinie 2006/126/EG
a) Sachurteilsvoraussetzungen
b) Begründetheit
c) Mögliche Auswirkungen der Richtlinie 2006/126/EG
IV. Vorlagefrage
V. Formale Aspekte
VI. Sonstiges
1. Zuständigkeit des EuGH
2. Vorlagepflicht
C. Ergebnis
Frage 2
A. Grundsatz der gegenseitigen Anerkennung
B. Grenze der gegenseitigen Anerkennung
I. Früherer Führerscheinentzug als genereller Nichtanerkennungsgrund?
II. Nichtanerkennung wegen Verstoßes gegen Erteilungsvoraussetzungen
C. Ergebnis

Lösung

Frage 1

A. Vorüberlegungen

Eine Beseitigung der Unklarheiten über die Auswirkungen des europäischen Rechts ist durch eine Entscheidung der europäischen Gerichtsbarkeit möglich. Das VG Bayreuth kann eine solche Entscheidung durch ein Vorabentscheidungsverfahren nach Art. 267 AEUV herbeiführen, sofern dessen Zulässigkeitsvoraussetzungen vorliegen.

Das Vorabentscheidungsverfahren ist ein Zwischenverfahren während des Prozesses vor dem vorlegenden VG. Dieser wird bis zur Entscheidung des zuständigen EU-Gerichts ausgesetzt.[1] Auf Grundlage der ergangenen Vorabentscheidung trifft das VG die verfahrensabschließende Entscheidung. Es ist dabei (ebenso wie im konkreten Verfahren ggf. nachfolgende Instanzen) an die Beantwortung der Vorlagefrage durch die europäische Gerichtsbarkeit gebunden und hat diese somit seiner Entscheidung zugrunde zu legen.[2]

B. Zulässigkeit eines Vorabentscheidungsverfahrens

I. Vorlageberechtigung

Das VG Bayreuth müsste zunächst vorlageberechtigt sein. Art. 267 II AEUV eröffnet jedem „Gericht eines Mitgliedstaats" die Möglichkeit, den Gerichtshof der Europäischen Union mit Vorabentscheidungsfragen zu befassen. Als Gericht gilt dabei jede durch oder aufgrund eines mitgliedstaatlichen Gesetzes eingerichtete, unabhängige, mit obligatorischer Zuständigkeit unter Anwendung von Rechtsnormen zur Streitschlichtung mit Rechtskraftwirkung berufene Instanz mit Rechtsprechungscharakter.[3] Für das VG Bayreuth trifft dies zu, vgl. §§ 1 f. VwGO, Art. 1 II Nr. 3 BayAGVwGO. Es ist daher gemäß Art. 267 II AEUV vorlageberechtigt.

II. Gegenstand der Vorabentscheidung

Zu prüfen ist, was das VG Bayreuth zum Gegenstand seines Vorabentscheidungsbegehrens machen kann. Nicht jede Frage mit europarechtlichem Bezug ist im Rahmen eines Vorabentscheidungsverfahrens zulässig. Dessen zulässige Gegenstände regelt Art. 267 I AEUV abschließend.[4] Danach können Vorlagefragen die Auslegung der Verträge (lit. a) sowie die Gültigkeit und die Auslegung der Handlungen der Organe, Einrichtungen oder sonstigen Stellen der Union (lit. b) betreffen. Letzterem unterfällt insbesondere das Sekundärrecht.[5] Auslegungsfragen sind notwendig abstrakt.[6] Ziel eines

---

1 *Frenz*, Handbuch Europarecht V, Rn. 3362.

2 *Borchardt*, in: Lenz/Borchardt, EU-Verträge, Art. 267 AEUV Rn. 55 f.; *Pechstein*, EU-/EG-Prozessrecht, Rn. 858; *Wernsmann/Behrmann*, Jura 2006, 181 (186).

3 *Frenz*, Handbuch Europarecht V, Rn. 3278; *Kischel*, in: Hailbronner/Wilms, Recht der EU, Art. 234 EGV Rn. 5; *Thiele*, Europäisches Prozessrecht, § 9 Rn. 7; EuGH, U.v. 27.4.2006, Rs. C-96/04, Slg. 2006, I-3561 Rn. 12 f. – *Standesamt Stadt Niebüll*. Ob diese Streitentscheidungsinstanz auf mitgliedstaatlicher Ebene als Gericht qualifiziert wird und insbesondere in die mitgliedstaatliche Gerichtsorganisation eingeordnet ist, ist unerheblich, vgl. EuGH, U.v. 17.9.1997, Rs. C-54/96, Slg. 1997, I-4961 Rn. 25 ff. – *Dorsch Consult*.

4 *Frenz*, Handbuch Europarecht V, Rn. 3242; *Wegener*, in: Calliess/Ruffert, EUV/EGV, Art. 234 EGV Rn. 3.

5 *Borchardt*, in: Lenz/Borchardt, EU-Verträge, Art. 267 AEUV Rn. 7.

Vorabentscheidungverfahrens ist insoweit die Ermittlung des generell zutreffenden Verständnisses von europarechtlichen Normen und sonstigen rechtlich relevanten Handlungen, welche der EU zuzurechnen sind. Nicht Gegenstand der Vorabentscheidung können jedoch Fragen nach der Gültigkeit und der Auslegung des nationalen Rechts am Maßstab des Europarechts oder der Anwendung des Europarechts in einer konkreten tatächlichen Konstellation sein.[7]

Auf Grundlage dessen und des Erkenntnisinteresses des VG Bayreuth ist die Auslegung der Richtlinie 2006/126/EG, insb. deren Art. 2 Nr. 1 und 11 Nr. 2, zum Gegenstand der Vorlagefrage und somit des Vorabentscheidungsverfahrens zu machen. Deren Umsetzung durch das deutsche Fahrerlaubnisrecht und dessen Anwendung müssen demgegenüber außer Betracht bleiben, da sie von Art. 267 I AEUV nicht erfasst werden und daher nicht vorlagefähig sind. Die Formulierung der Vorlagefrage[8] muss dies (möglichst) deutlich zum Ausdruck bringen.

III. Erforderlichkeit der Vorlage

Art. 267 II AEUV setzt des Weiteren voraus, dass das vorlegende mitgliedstaatliche Gericht die Entscheidung über die europarechtliche Rechtsfrage „zum Erlass seines Urteils für erforderlich" hält. Dies ist der Fall, wenn die Frage entscheidungserheblich ist. Diesbezüglich besteht ein weiter Beurteilungsspielraum der mitgliedstaatlichen Gerichte.[9] Allein eine rein hypothetische Bedeutung der aufgeworfenen Rechtsfrage für die Entscheidung des Ausgangsrechtsstreits schließt eine Erforderlichkeit der Vorlage aus.[10] Es ist daher – aus der Perspektive des vorlegenden Gerichts, hier also des VG Bayreuth, in der konkreten Prozesssituation – zu prüfen, ob die Beantwortung der Vorlagefrage von Bedeutung für die Entscheidung des anhängigen Verfahrens sein kann.

1. Zweifel an der Auslegung der Richtlinie 2006/126/EG

Dies setzt zunächst voraus, dass das VG Bayreuth Zweifel hinsichtlich der zutreffenden Auslegung der Richtlinienbestimmungen hat. Worin diese Zweifel begründet sind, ist unerheblich. Erforderlich ist allein eine tatsächliche Unsicherheit des vorlegenden Gerichts über den zutreffenden Bedeutungsgehalt einer Norm des Europarechts. Vorliegend ist das VG Bayreuth sich nicht im Klaren darüber, ob die Art. 2 Nr. 1, 11 Nr. 2 Richtlinie 2006/126/EG dahingehend zu verstehen sind, dass sie einer Nichtanerkennung der Gültigkeit der tschechischen Fahrerlaubnis entgegenstehen.

2. Entscheidungsrelevanz der Auslegung der Richtlinie 2006/126/EG

Bloße Zweifel eines Gerichts an der zutreffenden Auslegung des Europarechts führen allerdings nicht zur Zulässigkeit einer Vorlage. Deren Erforderlichkeit nach Art. 267 II AEUV setzt die Entscheidungsrelevanz für den von dem vorlegenden Gericht konkret

---

6 *Kischel*, in: Hailbronner/Wilms, Recht der EU, Art. 234 EGV Rn. 7; *Pechstein*, EU-/EG-Prozessrecht, Rn. 844.

7 *Frenz*, Handbuch Europarecht V, Rn. 3273; *Thiele*, Europäisches Prozessrecht, § 9 Rn. 25.

8 Dazu unten IV.; vgl. auch *Borchardt*, in: Lenz/Borchardt, EU-Verträge, Art. 267 AEUV Rn. 19f.

9 *Borchardt*, in: Lenz/Borchardt, EU-Verträge, Art. 267 AEUV Rn. 24; *Wegener*, in: Calliess/Ruffert, EUV/EGV, Art. 234 EGV Rn. 19ff.; *Wernsmann/Behrmann*, Jura 2006, 181 (184).

10 *Thiele*, Europäisches Prozessrecht, § 9 Rn. 40f.; EuGH, U.v. 15.12.1995, Rs. C-415/93, Slg. 1995, I-4921 Rn. 61 – *Bosman*; siehe aber einschränkend EuGH, U.v. 22.11.2005, Rs. C-144/04, Slg. 2005, I-9981 Rn. 32ff. – *Mangold*.

zu entscheidenden Rechtsstreit voraus.[11] Wenngleich der EuGH die Entscheidungsrelevanz nur sehr zurückhaltend überprüft,[12] ist sie aus der Perspektive des vorlegenden Gerichts positiv festzustellen. Voraussetzung für die Entscheidungserheblichkeit ist, dass die Entscheidung über die Klage in Abhängigkeit von der Auslegung des Europarechts unterschiedlich erfolgen müsste. Vorliegend stellt sich die Frage nach dem Verständnis der Richtlinie 2006/126/EG nur, wenn die Sachurteilsvoraussetzungen der Klage gegeben sind und das nationale Recht bei einer isolierten Betrachtung der bedingungslosen Anerkennung ausländischer Führerscheine in Fällen wie dem zu beurteilenden entgegensteht.

a) **Sachurteilsvoraussetzungen.** Das VG Bayreuth muss über die Klage des M. entscheiden, wenn deren Sachurteilsvoraussetzungen vorliegen. Zum Zeitpunkt der Vorlage muss diesbezüglich keine abschließende Bewertung vorgenommen werden. Grundsätzlich genügt es, wenn die Sachurteilsvoraussetzungen zum Zeitpunkt der abschließenden Entscheidung des Rechtsstreits vorliegen können. Infolge dessen stehen einer Vorlage nur Mängel solcher Sachurteilsvoraussetzungen entgegen, welche nicht mehr zu beheben sind.

Es bedarf zunächst der Eröffnung des Verwaltungsrechswegs. Mangels aufdrängender Sonderzuweisung richtet sich dies nach § 40 I VwGO. Danach müsste es sich um eine öffentlich-rechtliche Streitigkeit nichtverfassungsrechtlicher Art handeln. Das Fahrerlaubnisrecht der FeV regelt, unter welchen Voraussetzungen staatliche Behörden Privaten die Berechtigung zum Führen von Kraftfahrzeugen erteilen, entziehen oder eine solche anerkennen. Es handelt sich daher nach allen vertretenen Theorien[13] um öffentliches Recht. Mangels doppelter Verfassungsunmittelbarkeit ist die Streitigkeit auch nichtverfassungsrechtlicher Art. Anders als für Bußgeldstreitigkeiten, vgl. § 68 I OWiG, besteht für die Frage der Anerkennung von ausländischen Führerscheinen keine abdrängende Rechtswegzuweisung, so dass der Verwaltungsrechtsweg gegeben ist.

Fraglich ist des Weiteren die statthafte Klageart. Das maßgebliche Begehren des Klägers M., § 88 VwGO, ist vornehmlich darauf gerichtet, von seinem tschechischen Führerschein in Deutschland Gebrauch machen zu können. Dem steht der Bescheid des Landratsamts entgegen, wonach seine tschechische Fahrerlaubnis ungültig sei und er sie daher in Deutschland nicht nutzen dürfe.[14] Gegen diesen Bescheid kommt eine Anfechtungsklage nach § 42 I Var. 1 VwGO in Betracht, sofern es sich dabei um einen Verwaltungsakt i. S. v. Art. 35 S. 1 BayVwVfG handelt. Problematisch ist diesbezüglich die (eigenständige) Regelungswirkung des Bescheids, da die Rechtsfolge unmittelbar aus § 28 IV 1 FeV folgt und somit unabhängig von einer behördlichen Anordnung eintritt. § 28 IV 2 FeV gibt jedoch zu erkennen, dass die behördliche Feststellung des Vorliegens von Tatbestand und Rechtsfolge des § 28 IV 1 FeV als feststellender Verwaltungsakt zu qualifizieren ist. Gegen einen solchen ist die Anfechtungsklage nach § 42 I Var. 1 VwGO statthaft.

Die übrigen Sachurteilsvoraussetzungen werfen vorliegend keine spezifischen Probleme auf. Die beteiligten- und prozessbezogenen Voraussetzungen liegen bei M. und dem

11 *Pechstein*, EU-/EG-Prozessrecht, Rn. 823.

12 Vgl. *Frenz*, Handbuch Europarecht V, Rn. 3293 ff.; siehe auch *Karpenstein*, in: Grabitz/Hilf, Recht der EU, Art. 234 EGV Rn. 25 ff.

13 Siehe im Überblick *Hufen*, Verwaltungsprozessrecht, § 11 Rn. 14 ff.; *Unruh*, in: Fehling/Kastner, Verwaltungsrecht, § 40 VwGO Rn. 102 ff.

14 Die Frage nach den Anordnungen zur Vorlage der MPU sowie des Führerscheins spielen vor dem Hintergrund der Vorlageproblematik keine Rolle, da es sich um Entscheidungsvorbereitungs- bzw. Durchsetzungsfragen handelt.

Freistaat Bayern als Rechtsträger des Landratsamtes gemäß §§ 61 Nr. 1, 62 I Nr. 1 bzw. III VwGO vor. Ein Widerspruchsverfahren, §§ 68 ff. VwGO, war nach Art. 15 II Bay-AGVwGO nicht vor Klageerhebung durchzuführen. Frist- und Formerfordernisse, §§ 74 I 2, 81 f. VwGO, wurden beachtet. Mangels alternativer Handlungsmöglichkeiten zur Zielerreichung verfügt M. über ein allgemeines Rechtsschutzbedürfnis. Die Zuständigkeit des VG Bayreuth folgt aus §§ 45, 52 Nr. 3 VwGO, Art. 1 II Nr. 3 Bay-AGVwGO. Die Sachurteilsvoraussetzungen der Anfechtungsklage des M. liegen somit vor.

b) Begründetheit. Die Klage wäre – ausschließlich auf Grundlage des nationalen Rechts – begründet, wenn sie gegen den richtigen Beklagten gerichtet wäre und die angefochtene behördliche Feststellung der Ungültigkeit des tschechischen Führerscheins des M. in Deutschland rechtswidrig wäre. Die Passivlegitimation des Freistaats Bayern als Rechtsträger des Landratsamts folgt aus § 78 I Nr. 1 VwGO.[15] Als Rechtsgrundlage des angefochtenen Bescheids kommt § 28 IV 2 FeV in Betracht.

Zu prüfen ist zunächst die formelle Rechtmäßigkeit des Bescheids. Die Zuständigkeit des Landratsamtes ist gegeben.[16] Die ordnungsgemäße Durchführung der nach Art. 28 I BayVwVfG erforderlichen Anhörung des M. ist fraglich. Zwar offenbarte das erste Schreiben des Landratsamtes zutreffend dessen Absicht, die Gültigkeit des tschechischen Führscheins des M. nicht anzuerkennen. Neben der Aufforderung zur Vorlage des MPU-Gutachtens enthielt das Schreiben jedoch keinen Hinweis auf Möglichkeiten zur Stellungnahme. Ein derartiger Anhörungsfehler kann jedoch gemäß Art. 45 I Nr. 3, II BayVwVfG bis zum Abschluss der letzten Tatsacheninstanz es verwaltungsgerichtlichen Verfahrens nachgeholt und somit geheilt werden.

Fraglich ist des Weiteren die materielle Rechtmäßigkeit des Bescheids. § 28 IV 2 FeV ermächtigt die Fahrerlaubnisbehörden, feststellende Verwaltungsakte in den Fällen des § 28 IV 1 Nr. 2 und 3 FeV zu erlassen. Diese Vorschriften statuieren Ausnahmen von der Anerkennung von EU-Führerscheinen gemäß § 28 I 1 FeV als Erfüllung der Führerscheinpflicht nach § 4 I 1, II 1 FeV. Vorliegend kommt eine Einschränkung nach § 28 IV Nr. 2 FeV in Betracht. Zum Zeitpunkt der Erteilung des tschechischen Führerscheins hatte M. seinen Wohnsitz in Deutschland. Dies geht unmittelbar aus dem Führerschein hervor. Infolge dessen berechtigt der Führerschein nach § 28 I 1, IV Nr. 2 FeV M. nicht zum Führen zum Kraftfahrzeugen in Deutschland. Gleiches folgt schließlich auch aus § 28 IV Nr. 3 FeV, da M. der deutsche Führerschein zuvor entzogen worden war.[17] Die tatbestandlichen Voraussetzungen des § 28 IV 2 FeV liegen somit vor. Für Ermessensfehler („kann") bestehen keine Anhaltspunkte. Auf ausschließlicher Grundlage des nationalen Rechts wäre das Handeln der Behörde daher rechtmäßig und die Klage des M. somit abzuweisen.

c) Mögliche Auswirkungen der Richtlinie 2006/126/EG. Wegen des Vorrangs des Europarechts hätte die vorstehende Auslegung des nationalen Rechts keinen Bestand, wenn sich Gegenteiliges aus dem Verständnis der Richtlinie 2006/126/EG ergeben könnte. Zwar berechtigt Art. 11 Nr. 2 Richtlinie 2006/126/EG jeden Mitgliedstaat, „seine innerstaatlichen Vorschriften über Einschränkung, Aussetzung, Entzug oder Aufhebung der Fahrerlaubnis anwenden". Der Richtlinie liegt gleichwohl der Grundsatz der gegenseitigen Anerkennung zugrunde, Art. 2 Nr. 1 Richtlinie 2006/126/EG. Sofern sich dieser einer weiten Auslegung des Art. 11 Nr. 2 Richtlinie 2006/126/EG entgegensteht, wäre das unter b) erzielte Ergebnis europarechtswidrig und daher zu modi-

15 Zur umstrittenen Einordnung der Vorschrift vgl. *Rozek*, JuS 2007, 601 (602 f.).
16 Vgl. Art. 2 S. 1 Nr. 2, Art. 4 Gesetz über Zuständigkeiten im Verkehrswesen (ZustGVerk).
17 Folge ist eine Vorlagepflicht zur Eintragung der Beschränkung gemäß § 47 I, II FeV.

fizieren. Aus der (maßgeblichen) Sicht des VG Bayreuth ist die Erforderlichkeit der Vorlage daher gegeben.[18]

IV. Vorlagefrage

Die Zweifel des VG Bayreuth an der zutreffenden Auslegung der Richtlinie 2006/126/EG müssen in einer (möglichst) eindeutigen Frage formuliert werden. Zwar legt der EuGH das Begehren des vorlegenden Gerichts aus und interpretiert Vorlagefragen so, dass er „dem nationalen Gericht eine für die Entscheidung des bei diesem anhängigen Verfahrens sachdienliche Antwort" geben kann.[19] Es muss jedoch erkennbar sein, worauf sich das Erkenntnisinteresse des vorlegenden Gerichts bezieht.

Im vorliegenden Fall könnte die Vorlagefrage wie folgt gefasst werden: „Sind die Art. 2 Nr. 1, 11 Nr. 2 Richtlinie 2006/126/EG dahin auszulegen, dass sie es einem Mitgliedstaat (Aufnahmemitgliedstaat) verwehren, die Anerkennung eines Führerscheins abzulehnen, der zu einem späteren Zeitpunkt von einem anderen Mitgliedstaat (Ausstellermitgliedstaat) einer Person ausgestellt wurde, der zuvor im Aufnahmemitgliedstaat ihre frühere Fahrerlaubnis wegen Fahrens unter Alkoholeinfluss entzogen worden war, wenn dieser Person dieser Führerschein außerhalb einer Sperrzeit, aber unter Missachtung des Wohnsitzerfordernisses oder der Eignungsvoraussetzungen, die der Aufnahmemitgliedstaat insoweit zur Gewährleistung der Sicherheit des Straßenverkehrs vorsieht, ausgestellt wurde."[20]

V. Formale Aspekte

Spezifische formale Anforderungen an die Vorlage bestehen nicht. Die Vorlageentscheidung ist gemäß Art. 23 I 1 SGEU an den Gerichtshof der Europäischen Union zu übermitteln. Die Vorlage muss alle relevanten tatsächlichen und rechtlichen Angaben sowie eine Begründung für die Vorlage enthalten, um dem EuGH die Prüfung ihrer Zulässigkeit und sachangemessene Ausführungen zu ermöglichen.[21]

VI. Sonstiges

Auf Grundlage der vorstehenden Prüfung ist ein Vorabentscheidungsverfahren zulässig. Zu klären verbleibt die Zuständigkeit innerhalb der europäischen Gerichtsbarkeit. Für den Fall, dass das VG Bayreuth von der Vorlage entgegen seiner Absicht absehen will, muss es schließlich prüfen, ob es einer Vorlagpflicht unterfällt.

1. Zuständigkeit des EuGH

Gemäß Art. 19 III lit. b EUV, Art. 267 S. 1 AEUV entscheidet der Gerichtshof der Europäischen Union über Vorabentscheidungsbegehren mitgliedstaatlicher Gerichte. Kon-

---

18 Vgl. EuGH, U.v. 29.04.2004, Rs. C-476/01, Slg. 2004, I-5205 Rn. 24 – *Kapper.*

19 EuGH, U.v. 26.6.2008, verb. Rs. C-329/06 und C-343/06, Slg. 2008, I-4635 Rn. 45 – *Wiedemann und Funk*; siehe auch *Gaitanides*, in: von der Groeben/Schwarze, EU- und EG-Vertrag IV, Art. 234 EG Rn. 28.

20 Vgl. EuGH, U.v. 26.6.2008, verb. Rs. C-329/06 und C-343/06, Slg. 2008, I-4635 Rn. 47 – *Wiedemann und Funk*

21 *Kischel*, in: Hailbronner/Wilms, Recht der EU, Art. 234 EGV Rn. 24; siehe auch die Hinweise des EuGH zur Vorlage von Vorabentscheidungsersuchen durch die nationalen Gerichte, ABl. 2009 C 297/1, abrufbar auch unter http://eur-lex.europa.eu/LexUriServ/LexUriServ.do?uri=OJ:C:2009:297:0001:0006:DE:PDF.

kret ist mangels Zuweisung an das Gericht (EuG) durch Art. 256 I, III AEUV i. V. m. der Satzung des Gerichtshofs der Europäischen Union oder an ein auf Grundlage von Art. 257 AEUV gebildetes Fachgericht[22] die Zuständigkeit des Gerichtshofs (EuGH) gegeben, vgl. auch Art. 23 I SGEU.[23]

2. Vorlagepflicht

In Anbetracht der Erforderlichkeit der Vorlage stellt sich die Frage, ob sich die Verlageberechtigung des VG Bayreuth[24] zu einer Vorlagepflicht verdichtet, so dass die Durchführung eines Vorabentscheidungsverfahrens nicht nur möglich, sondern zwingend wäre. Art. 267 III AEUV statuiert für jedes mitgliedstaatliche Gericht, „dessen Entscheidungen selbst nicht mehr mit Rechtsmitteln des innerstaatlichen Rechts angefochten werden können", die Pflicht zur Vorlage. Anderes gilt nur, wenn die zutreffende Auslegung des Europarechts offensichtlich ist (acte claire-Doktrin) oder in Verfahren des vorläufigen Rechtsschutzes. Nach h. M. betrifft die Vorlagepflicht des Art. 267 III AEUV nur Gerichte, die im konkreten Rechtsstreit die letzte gerichtliche Instanz bilden.[25] Vorliegend ist das Rechtsmittel der Berufung gegen die hauptsacheverfahrensabschließende Entscheidung des VG Bayreuth gemäß §§ 124 ff. VwGO grundsätzlich gegeben, so dass Art. 267 III AEUV nicht eingreift. Darüber hinaus ist das Bestehen einer Vorlagepflicht für den Fall anerkannt, dass ein mitgliedstaatliches Gericht einen europarechtlichen Rechtsakt für ungültig hält und daher nicht anzuwenden beabsichtigt.[26] Dies ist vorliegend nicht der Fall. Das Vorlageermessen verdichtet sich daher nicht zu einer Vorlagepflicht. Eine Nichtvorlage wäre daher kein Europarechtsverstoß.

C. Ergebnis

Das VG Bayreuth kann ein Vorabentscheidungsverfahren nach Art. 267 AEUV durchführen und dem EuGH die unter B.IV. formulierte Frage vorlegen. Eine Verpflichtung hierzu besteht jedoch nicht. Im Falle einer Vorlage ist das VG Bayreuth bei der abschließenden Entscheidung an die Antwort des EuGH gebunden.

Frage 2

Die Auffassung des Rechtsanwalts des M. trifft zu, wenn das EU-Recht eine Anerkennung der in anderen Mitgliedstaaten ausgestellten Führerscheine in Deutschland fordert und keine Ausnahmen bestehen, welche im konkreten Fall einschlägig sind.

---

22 Derzeit existiert allein das Gericht für den Öffentlichen Dienst, vgl. Anhang I zur EuGH-Satzung.

23 *Borchardt*, in: Lenz/Borchardt, EU-Verträge, Art. 267 AEUV Rn. 64; *Frenz*, Handbuch Europarecht V, Rn. 3355 f.

24 Oben I.

25 Vgl. EuGH, U.v. 4.6.2002, Rs. C-99/00, Slg. 2002, I-4839 Rn. 15 ff. – *Kenny Roland Lyckeskog*; kritisch *Kischel*, in: Hailbronner/Wilms, Recht der EU, Art. 234 EGV Rn. 28.

26 EuGH, U.v. 22.10.1987, Rs. 314/85, Slg. 1987, 4199 Rn. 13 ff. – *Foto Frost*.

A. Grundsatz der gegenseitigen Anerkennung

Die Nutzbarkeit von Führerscheinen aus verschiedenen Mitgliedstaaten in der gesamten EU wirkt sich positiv auf die Realisierung der Grundfreiheiten, insbesondere der Freizügigkeit der Arbeitnehmer, der Niederlassungsfreiheit und der Dienstleistungsfreiheit aus.[27] Allerdings sind die Grundfreiheiten zu unspezifisch, um unmittelbar einen Grundsatz der gegenseitigen Anerkennung von Führerscheinen in allen EU-Mitgliedstaaten zu begründen. Die EU hat daher eine sekundärrechtliche Regelung geschaffen. Art. 2 Nr. 1 Richtlinie 2006/126/EG verpflichtet die EU-Mitgliedstaaten zur gegenseitigen Anerkennung von Führerscheinen.

Die Mitgliedstaaten verfügen nach dem Wortlaut von Art. 2 Nr. 1 Richtlinie 2006/126/EG über keinen Ermessensspielraum bezüglich der Anerkennung von Führerscheinen, die in anderen EU-Mitgliedstaaten ausgestellt wurden.[28] Selbst die Forderung nach der Erfüllung von Formalitäten wie eine Vorlage bei den zuständigen Fahrerlaubnisbehörden als Anerkennungsvoraussetzung ist europarechtlich unzulässig. Der Besitz des Führerscheins ist vielmehr ein abschließender Nachweis über das Vorliegen der im anderen Mitgliedstaat für dessen Erteilung geforderten Voraussetzungen in diesem Zeitpunkt.[29] Deren Gleichwertigkeit ist – nicht zuletzt aufgrund der europarechtlichen Harmonisierung – nicht in Frage zu stellen.[30] Der ausstellende Mitgliedstaat verfügt über die ausschließliche Zuständigkeit für die Prüfung aller Erteilungsvoraussetzungen einschließlich der europarechtlichen Mindestanforderungen.[31]

Infolge dessen kann die Ablehnung der Anerkennung eines in einem anderen EU-Mitgliedstaat erworbenen Führerscheins (auch nach dem früheren Entzug einer durch den Mitgliedstaat selbst ausgestellten Fahrerlaubnis) nicht damit begründet werden, dass die Erteilungsvoraussetzungen nach nationalem Recht nicht vorliegen bzw. zum Erteilungszeitpunkt durch den anderen Mitgliedstaat nicht vorlagen. Auch etwaige Zweifel an der Ordnungsmäßigkeit des Erteilungsverfahrens bezüglich der europarechtlichen Anforderungen können nicht im Wege der Nichtanerkennung, sondern müssen bilateral oder ggf. im Wege eines Vertragsverletzungsverfahrens nach Art. 259 AEUV geklärt werden.[32]

B. Grenze der gegenseitigen Anerkennung

Die grundsätzliche Verpflichtung zur gegenseitigen Anerkennung von Führerscheinen in den EU-Mitgliedstaaten nach der Richtlinie 2006/126/EG besteht allerdings nicht uneingeschränkt, sondern knüpft an die Beachtung normativer Mindestvoraussetzungen an. Im Falle eines Verstoßes gegen diese Voraussetzungen bei der Erteilung des Füh-

27 EuGH, U.v. 29.04.2004, Rs. C-476/01, Slg. 2004, I-5205 Rn. 71 – *Kapper*. Das insoweit erforderliche grenzüberschreitende Element ist auch im Falle einer Grenzüberschreitung allein zum Zwecke des Erwerbs der ausländischen Fahrerlaubnis gegeben.

28 EuGH, U.v. 26.6.2008, verb. Rs. C-329/06 und C-343/06, Slg. 2008, I-4635 Rn. 50 – *Wiedemann und Funk*.

29 EuGH, U.v. 26.6.2008, verb. Rs. C-329/06 und C-343/06, Slg. 2008, I-4635 Rn. 53 – *Wiedemann und Funk*.

30 Siehe EuGH, U.v. 29.4.2004, Rs. C-476/01, Slg. 2004, I-5205 Rn. 25 ff. – *Kapper*.

31 BVerwG, U.v. 25.2.2010, 3 C 15/09, NZV 2010, 321 (321 f.); *Leitmeier*, NZV 2010, 377 (379).

32 EuGH, U.v. 29.4.2004, Rs. C-476/01, Slg. 2004, I-5205 Rn. 28 – *Kapper*; *Pießkalla/Leitgeb*, NZV 2010, 329 (332).

rerscheins des M. in Tschechien ist nach den Konsequenzen für dessen Anerkennungsfähigkeit in Deutschland zu fragen.

I. Früherer Führerscheinentzug als genereller Nichtanerkennungsgrund?

Nach Art. 11 Nr. 4 II Richtlinie 2006/126/EG erkennen die Mitgliedstaaten einen Führerschein, der von einem anderen Mitgliedstaat ausgestellt wurde, nicht als gültig an, wenn eine Person zum Führen eines Kfz berechtigt wird, „deren Führerschein im Hoheitsgebiet des erstgenannten Mitgliedstaats eingeschränkt, ausgesetzt oder entzogen worden ist." Nach ihrem Wortlaut betrifft die Vorschrift die Fälle des „Führerscheintourismus". Dieser ist dadurch gekennzeichnet, dass Personen, deren Führerschein in einem Mitgliedstaaten entzogen wurde, in einem anderen Mitgliedstaat einen neuen Führerschein erwerben, um die spezifischen Wiedererteilungsvoraussetzungen in ihrem Heimatmitgliedstaat zu umgehen.[33] Die Novellierung des EU-Führerscheinrechts durch die Richtlinie 2006/126/EG zielte nicht zuletzt im Interesse der Verkehrssicherheit auf die Bekämpfung derartiger Praktiken ab.[34]

Vorliegend wurde M. der deutsche Führerschein nach gemäß § 46 FeV entzogen. Die (mögliche) Wiedererteilung hängt gemäß § 13 S. 1 Nr. 2 FeV von der Vorlage eines medizinisch-psychologischen Gutachtens zur Fahrtauglichkeit ab. Ein derartiges Gutachten hat M. nicht beigebracht. Die erneute Ausstellung eines deutschen Führerscheins ist daher (derzeit) ausgeschlossen. Vor diesem Hintergrund hat M. einen tschechischen Führerschein gemäß den dortigen Anforderungen erworben und somit die nach deutschem Recht vorgesehenen (Wieder-)Erteilungsvoraussetzungen umgangen. Bei einem wörtlichen Verständnis des Art. 11 Nr. 4 II Richtlinie 2006/126/EG genügt allein die frühere Führerscheinentziehung, um eine Anerkennung des tschechischen Führerscheins in Deutschland auszuschließen. Dabei verfügen die Führerscheinbehörden in Anbetracht der zwingenden Formulierung der Norm nicht über ein Ermessen. Der tschechische Führerschein des M. wäre somit in Deutschland ungültig.

Fraglich ist jedoch, ob ein solches Verständnis dem Sinn und Zweck der Regelung gerecht wird. Dagegen könnte die Grundentscheidung der Richtline 2006/126/EG für die gegenseitige Anerkennung der Führerscheine in den EU-Mitgliedstaaten sprechen, welche durch das vorstehend dargelegte Verständnis des Art. 11 Nr. 4 II Richtline 2006/126/EG in erheblichem Umfang beeinträchtigt würde. Für die Vorgängervorschrift des Art. 8 IV 1 RL 91/439/EWG[35] hat der EuGH mehrfach entschieden, dass die Nichtanerkennung eines von einem anderen Mitgliedstaat ausgestellten Führerscheins allein wegen des vorherigen Führerscheinentzugs ausgeschlossen ist. Als Ausnahme zum Grundsatz der gegenseitigen Anerkennung sei die Vorschrift eng auszulegen.[36] Mit-

33 *Geiger*, DAR 2010, 212; zu den einzelnen Konstellationen im Überblick *Morgenstern*, NZV 2008, 425 (426ff.).

34 *VGH München*, B.v. 10.11.2009, 11 CS 09.2082, NZV 2010, 48 (50); *Hailbronner*, NZV 2009, 361.

35 ABl. 1991 L 237/1. Die Vorschrift lautete: „Ein Mitgliedstaat kann es ablehnen, die Gültigkeit eines Führerscheins anzuerkennen, der von einem anderen Mitgliedstaat einer Person ausgestellt wurde, auf die in seinem Hoheitsgebiet eine der in Absatz 2 genannten Maßnahmen angewendet wurde." Abs. 2: „Vorbehaltlich der Einhaltung des straf- und polizeirechtlichen Territorialitätsprinzips kann der Mitgliedstaat des ordentlichen Wohnsitzes auf den Inhaber eines von einem anderen Mitgliedstaat ausgestellten Führerscheins seine innerstaatlichen Vorschriften über Einschränkung, Aussetzung, Entzug oder Aufhebung der Fahrerlaubnis anwenden und zu diesem Zweck den betreffenden Führerschein erforderlichenfalls umtauschen."

36 EuGH, U.v. 29.04.2004, Rs. C-476/01, Slg. 2004, I-5205 Rn. 76 – *Kapper*; B.v. 6.4.2006, Rs. C-227/05, Slg. 2006, I-49 Rn. 26, 35 – *Halbritter.*

gliedstaatliche Befugnisse durften danach grundsätzlich „nur aufgrund eines Verhaltens des Betroffenen nach Erwerb des von einem anderen Mitgliedstaat ausgestellten Führerscheins ausgeübt werden"[37]. Sofern diese Rechtsprechung fortgilt, scheidet eine Nichtanerkennung des tschechischen Führerscheins des M. in Deutschland wegen des zuvor erfolgten Führerscheinentzugs aus.

Die Übertragbarkeit der Interpretation des Art. 8 IV 1 RL 91/439/EWG auf Art. 11 Nr. 4 II Richtline 2006/126/EG ist umstritten.[38] Art. 8 IV 1 RL 91/439/EWG war im Unterschied zu Art. 11 Nr. 4 II Richtline 2006/126/EG nicht als zwingende Regelung ausgestaltet. Die Neuformulierung der Vorschrift in Kenntnis sowohl der Problematik des Führerscheintourismus als auch der zu einer Betonung des Grundsatzes der gegenseitigen Anerkennung neigenden EuGH-Rechtsprechung[39] spricht für eine strikt wortlautorientierte Interpretation des Art. 11 Nr. 4 II Richtline 2006/126/EG mit der Folge, dass der tschechische Führerschein des M. in Deutschland nicht anzuerkennen wäre.[40] Dagegen spricht jedoch, dass die Richtlinie 2006/126/EG ausweislich ihres Art. 2 Nr. 1 (in Fortführung der früheren Rechtslage) gerade die gegenseitige Anerkennung der Führerscheine bezweckt und zugleich – auf Grundlage des Prinzips ein Führerschein je Person, Art. 7 Nr. 5 lit. a Richtlinie 2006/126/EG – das Konzept einer ausschließlichen Prüfung der Voraussetzungen für die Erteilung des Führerscheins einschließlich der europarechtlich vorgegebenen durch den Ausstellungsmitgliedstaat vorgibt, vgl. Art. 11 Nr. 4 I, III Richtlinie 2006/126/EG. Zudem lässt der thematisch einschlägige 15. Erwägungsgrund zur Richtlinie 2006/126/EG nicht erkennen, dass der europäische Gesetzgeber eine pauschale Nichtanerkennung von Führerscheinen beabsichtigte. Vielmehr sollen die Mitgliedstaaten in die Lage versetzt werden, im Interesse der Verkehrssicherheit adäquate führerscheinbezogene Maßnahmen treffen zu können, ohne dass es auf die Herkunft des Führerscheins ankäme. Durch ein solches Verständnis der Richtlinie wird zudem sichergestellt, dass die Realisierung der Grundfreiheiten, welche die Richtlinie bezweckt und die auch „Führerscheintouristen" sowie die beteiligten Leistungsanbieter von Fahrausbildungen berechtigen, nur insoweit eingeschränkt wird, als dies im Einzelfall aus Gründen der Verkehrssicherheit tatsächlich notwendig ist.[41]

Letztlich erscheint die Auffassung, welche sich für eine Fortgeltung der vom EuGH entwickelten Grundsätze ausspricht, vor dem Hintergrund der Zielrichtung der Richtlinie 2006/126/EG vorzugswürdig. Somit genügt es für die Nichtanerkennung des tschechischen Führerscheins des M. in Deutschland nicht, dass diesem zuvor in Deutschland der Führerschein entzogen worden war. Spätere Verkehrsverstöße des M., welche eine Nichtanerkennung rechtfertigen könnten, sind jedoch nicht ersichtlich. Allein wegen der Umgehung der spezifischen Eignungsvoraussetzungen der FeV für die Führerscheinerteilung nach dem früheren Entzug der deutschen kommt auf Grundlage der

37 EuGH, U.v. 26.6.2008, verb. Rs. C-329/06 und C-343/06, Slg. 2008, I-4635 Rn. 59 – *Wiedemann und Funk*; EuGH, U.v. 19.2.2009, Rs. C-321/07, Rn. 80 – *Schwarz*; entsprechend B.v. 6.4.2006, Rs. C-227/05, Slg. 2006, I-49 Rn. 38 – *Halbritter*; B.v. 28.9.2006, Rs. C-340/05, Slg. 2006, I-98 Rn. 35 – *Kremer*; zu derartigen späteren Vorgängen BVerwG, U.v. 28.4.2010, 3 C 2/10, Rn. 24f. (juris).

38 Zum Streitstand im Überblick *Pießkalla/Leitgeb*, NZV 2010, 329 (331).

39 Siehe die Nachweise in Fn. 34. Hinzuweisen ist in diesem Kontext jedoch darauf, dass der EuGH eine Anerkennung nicht für zwingend hielt, wenn die ausländische Fahrerlaubnis vor der inländischen erteilt wurde, die später ihre Gültigkeit wieder verlor, EuGH, U.v. 19.2.2009, Rs. C-321/07, Rn. 88ff. – *Schwarz*.

40 *VGH München*, B.v. 10.11.2009, 11 CS 09.2082, NZV 2010, 48 (49f.); *Mosbacher/Gräfe*, NJW 2009, 801 (802f.); *Geiger*, DAR 2010, 212 (123).

41 Vgl. *Hailbronner*, NZV 2009, 361 (366f.); *Pießkalla/Leitgeb*, NZV 2010, 329 (331f.); tendenziell auch *Morgenstern*, NZV 2008, 425 (429f.).

hier vertretenen Auffassung eine Nichtanerkennung des tschechischen Führerscheins in Deutschland nicht in Betracht.

Exkurs: Art. 11 Nr. 4 II Richtlinie 2006/126/EG kann nicht die Zulässigkeit eines (an innerstaatliche Erteilungsvoraussetzungen geknüpften) Genehmigungserfordernisses bezüglich der Nutzung des ausländischen Führerscheins begründen. Dies gilt auch für den Fall, dass zuvor ein inländischer Führerschein entzogen wurde.[42] Dann ist insbesondere auch die zeitlich unbegrenzte Verweigerung der Führerscheinanerkennung ausgeschlossen.

Bei einer Sperrfristanordnung nach § 69a StGB, die ebenso wie der Führerscheinentzug als Maßnahme i. S. v. Art. 11 Nr. 2 Richtlinie 2006/126/EG zu qualifizieren ist, steht bei der Erteilung einer ausländischen Fahrerlaubnis während der Sperrfrist nicht die grundsätzliche Anerkennungsverweigerung in Frage und damit die Gleichwertigkeit der Führerscheine, sondern (nur) die Durchsetzung der nach nationalem Recht ergangenen Sanktionierung individuellen Fehlverhaltens, die Art. 11 Nr. 4 Richtlinie 2006/126/EG gerade ermöglichen will.[43]

II. Nichtanerkennung wegen Verstoßes gegen Erteilungsvoraussetzungen

Eine Nichtanerkennung des tschechischen Führerscheins des M. könnte jedoch auf bei der Ausstellung erfolgte Verstöße gegen Vorschriften der Richtlinie 2006/126/EG gestützt werden. Vorliegend kommt ein Verstoß gegen das in Art. 7 Nr. 1 lit. e Richtlinie 2006/126/EG Erfordernis eines Wohnsitzes des Bewerbers im Ausstellungsmitgliedstaat als Voraussetzung für die Erteilung des Führerscheins in Betracht. Es sichert die Einmaligkeit der Führerscheinerteilung nach Art. 7 Nr. 5 lit. a Richtlinie 2006/126/EG ab[44] und trägt damit zur Sicherheit im Straßenverkehr bei.[45] Vorliegend hatte M. zu keinem Zeitpunkt einen ordentlichen Wohnsitz i. S. v. Art. 12 Richtlinie 2006/126/EG in der Tschechischen Republik begründet. Die Erteilung des Führerscheins durch die tschechischen Behörden war daher europarechtswidrig.

Fraglich ist aber, ob dieser Verstoß die Nichtanerkennung des tschechischen Führerscheins des M. in Deutschland zur Folge haben kann. Diesbezüglich ist zu berücksichtigen, dass dem Ausstellungsmitgliedstaat die Prüfung der Erteilungsvoraussetzungen ausschließlich obliegt und andere Mitgliedstaaten aufgrund des Grundsatzes der gegenseitigen Anerkennung an die Entscheidung gebunden sind. Dass dabei Fehler auftreten können, nimmt die Richtlinie hin. Dementsprechend können Richtlinienverstöße bei der Ausstellung eine Nichtanerkennung grundsätzlich nicht begründen.

Allerdings verfolgt die Richtlinie 2006/126/EG auch das Ziel der Verkehrssicherheit, das partiell mit dem Anerkennungsgrundsatz konkurriert.[46] (Bedeutsame) Verstöße gegen europäisches Recht, die entweder „auf der Grundlage von Angaben im Führerschein selbst oder anderen vom Ausstellermitgliedstaat herrührenden unbestreitbaren

42 EuGH, U.v. 26.6.2008, verb. Rs. C-329/06 und C-343/06, Slg. 2008, I-4635 Rn. 61 ff. – *Wiedemann und Funk*
43 Vgl. EuGH, B.v. 3.7.2008, Rs. C-225/07, NJW 2009, 207 Rn. 41 – *Möginger*; U.v. 20.11.2008, Rs. C-1/07, EuZW 2009, 16 Rn. 30 ff. – *Weber.*
44 Zur Übergangsproblematik im Hinblick auf EU-Erweiterungen EuGH, U.v. 19.2.2009, Rs. C-321/07, Rn. 55 ff. – *Schwarz.*
45 *Leitmeier*, NZV 2010, 377 (379).
46 Dazu *Leitmeier*, NZV 2010, 377 (378 f.).

Informationen"[47] ersichtlich sind, berechtigen daher nach der Rechtsprechung des EuGH zur Nichtanerkennung der Gültigkeit von Führerscheinen, die in einem anderen Mitgliedstaat ausgestellt wurden, da Mitgliedstaaten andernfalls „sehenden Auges" zur Hinnahme von euoparechtswidrigen Entscheidungen, die zudem mit potentziellen Gefahren für die Verkehrssicherheit einher gehen, gezwungen würden.

Vorliegend war (sachlich zutreffend) Wunsiedel als Wohnsitz im tschechischen Führerschein des M. eingetragen. Der Verstoß gegen Art. 7 Nr. 1 lit. e Richtlinie 2006/126/EG ist in diesem Falle unmittelbar aus dem Führerschein erkennbar und somit offensichtlich.[48] Das Wohnsitzerfordernis bildet auch einen zentralen Bestandteil des EU-Fahrerlaubnisrechts, wie die darauf bezogenen Vorschriften der Richtlinie 2006/126/EG zu erkennen geben. Infolge dessen ist die Nichtanerkennung des tschechischen Führerscheins des M. durch die deutschen Behörden möglich.[49]

C. Ergebnis

Die Richtlinie 2006/126/EG steht im konkreten Fall der Nichtanerkennung des tschechischen Führerscheins in Deutschland nicht entgegen. Die Auffassung des Rechtsanwalts des M. ist daher unzutreffend.

Rechtsprechungs- und Literaturhinweise

EuGH, U.v. 29.04.2004, Rs. C-476/01, Slg. 2004, I-5205 – *Kapper*; U.v. 26.6.2008, verb. Rs. C-329/06 und C-343/06, Slg. 2008, I-4635 – *Wiedemann und Funk*; BVerwG, U.v. 25.2.2010, 3 C 15/09, NZV 2010, 321

Frenz, Handbuch Europarecht V: Wirkungen und Rechtsschutz, 2010, Kap. 20; *Hailbronner*, Anerkennung der in anderen EU-Mitgliedstaaten erworbenen Fahrerlaubnisse, NZV 2009, 361; *Middeke,* § 10 B. Das Vorabentscheidungsverfahren nach Art. 234 EGV, in: Rengeling/Middeke/Gellermann, Handbuch des Rechtsschutzes in der Europäischen Union, 2. Aufl. 2003; *Morgenstern*, Der Abgesang des Führerscheintourismus, NZV 2008, 425; *Pechstein*, EU-/EG-Prozessrecht, 3. Aufl. 2007, 9. Kap.; *Thiele*, Europäisches Prozessrecht, 2007, § 9; *Wernsmann/Behrmann*, Das Vorabentscheidungsverfahren nach Art. 234 EG, Jura 2006, 181

47 EuGH, U.v. 26.6.2008, verb. Rs. C-329/06 und C-343/06, Slg. 2008, I-4635 Rn. 72 – *Wiedemann und Funk*; zur Ausschießlichkeit dieser Erkenntnismittel EuGH, B.v. 9.7.2009, Rs. C-445/08, EuZW 2009, 735 Rn. 53 – *Wierer.*

48 Daran fehlt es, wenn der Verstoß gegen das Wohnsitzerfordernis erst durch ein Eingeständnis des Führerscheininhabers zu Tage tritt, EuGH, B.v. 9.7.2009, Rs. C-445/08, EuZW 2009, 735 Rn. 54 – *Wierer*; BVerwG, U.v. 25.2.2010, 3 C 15/09, NZV 2010, 321 (321).

49 EuGH, U.v. 26.6.2008, verb. Rs. C-329/06 und C-343/06, Slg. 2008, I-4635 Rn. 72 – *Wiedemann und Funk*; BVerwG, U.v. 11.12.2008, 3 C 26.07, BVerwGE 132, 315 (322 f.).

Fall 12: Zweifelhafte Richtlinien

Urs Kramer

Sachverhalt

Der Rat der EG hat auf der Grundlage des Art. 55 i. V. mit Art. 47 II EGV im April 2006 eine Richtlinie erlassen, in der die Tätigkeit von Finanzdienstleistern umfassend geregelt wird. In einem Rechtsstreit vor dem Verwaltungsgericht (VG) Würzburg wird die Richtlinie im Oktober 2010 relevant.

Das VG bezweifelt jedoch die Rechtmäßigkeit der Richtlinie, weil das Europäische Parlament am Rechtsetzungsverfahren nicht beteiligt wurde. Das Gericht hält die Richtlinie daher für nichtig und will sie für die Entscheidung des bei ihm anhängigen Rechtsstreites nicht berücksichtigen.

Beurteilen Sie die Rechtsauffassung des VG Würzburg auf der Grundlage des heute geltenden (Unions-)Rechts.

Wesentliche Probleme

Europäisches Parlament, (ordentliches und besonderes) Gesetzgebungsverfahren, Verwerfungskompetenz nationaler Gerichte, Vorabentscheidungsverfahren, Vorlagepflicht

Gliederung

A. Nichtigkeit der EG-Richtlinie
- I. Ordnungsgemäße Durchführung des ordentlichen Gesetzgebungsverfahrens
- II. Folge des Verstoßes
- III. Zwischenergebnis

B. Verwerfungskompetenz des nationalen Gerichts / Vorlagepflicht nach Art. 267 II AEUV
- I. Fakultative Vorlage nicht letztinstanzlicher nationaler Gerichte
- II. Ungeschriebene Vorlagepflicht bei der Entscheidung über die Nichtigkeit von Sekundärrecht
- III. Zwischenergebnis

C. Gesamtergebnis

Lösung

Das VG Würzburg dürfte die EG-Richtlinie unberücksichtigt lassen, wenn sie wegen einer fehlenden Beteiligung des Europäischen Parlamentes nichtig wäre und das Gericht sie aus diesem Grund nicht zur Entscheidungsfindung heranziehen müsste.

A. Nichtigkeit der EG-Richtlinie

Die Richtlinie könnte angesichts der Gewichtigkeit dieses Fehlers nichtig sein, wenn sie nicht in einem ordnungsgemäßen Gesetzgebungsverfahren zustande gekommen wäre.

I. Ordnungsgemäße Durchführung des ordentlichen Gesetzgebungsverfahrens

Fraglich ist mithin zunächst, ob den EU-Organen beim Erlass der Richtlinie ein solcher Fehler unterlaufen ist. Problematisch ist das hier lediglich im Hinblick auf die Alleinentscheidung des Rates. Gemäß Art. 62 i. V. mit Art. 53 I AEUV hätte der Rat die Richtlinie nur unter Beteiligung des Europäischen Parlamentes erlassen dürfen. Art. 53 I AEUV schreibt eine Durchführung des ordentlichen Gesetzgebungsverfahrens gemäß Art. 289 AEUV (im Unterschied zu den früheren Mitentscheidungs- und Zusammenarbeitsverfahren nach Art. 251, 252 EGV) vor und statuiert dadurch Mitwirkungsrechte des Europäischen Parlamentes im Rahmen der Rechtsetzung.

Exkurs: Rat und Parlament als Hauptgesetzgeber der EU. Art. 289 I AEUV sieht als Regelfall das ordentliche Gesetzgebungsverfahren mit gleicher Beteiligung von Rat und Parlament vor. Ausnahmsweise (und nur bei expliziter Benennung im AEU-Vertrag) kommt es zu einem besonderen Gesetzgebungsverfahren nach Art. 289 II AEUV mit unterschiedlich starken Beteiligungsrechten von Rat und Parlament. Das heutige ordentliche Gesetzgebungsverfahren ist in Art. 294 AEUV ähnlich, aber noch „parlamentsfreundlicher" als das frühere Mitentscheidungsverfahren in Art. 251 EGV ausgestaltet. Das frühere Zusammenarbeitsverfahren ist hingegen ganz entfallen.[1] Der Lissabon-Vertrag hat damit insoweit zu einer Stärkung der Rechte des Parlamentes geführt.

Da hier beim Erlass der EU-Richtlinie (gemäß heutigem Recht) die Vorgaben der Art. 289, 294 AEUV missachtet wurden, liegt eine Verletzung des Art. 62 i. V. mit Art. 53 I AEUV vor.

II. Folge des Verstoßes

Dieser Verstoß gegen Art. 62 i. V. mit Art. 53 I AEUV durch Nichtbeachtung der Art. 289, 294 AEUV führt zur Nichtigkeit der Richtlinie, da auf eine im AEU-Vertrag vorgesehene Beteiligung des Europäischen Parlamentes am Rechtsetzungsverfahren nicht verzichtet werden kann.[2] Schon für den Fall einer unterlassenen Anhörung des Europäischen Parlamentes im früheren Zusammenarbeitsverfahren nach Art. 252 EGV hatte der EuGH die Nichtigkeit des Rechtsaktes mit einer Beeinträchtigung des institutionellen Gleichgewichtes auf der Unionsebene („Gewaltenteilung") begründet, da gerade durch eine Beteiligung des Europäischen Parlamentes an der Rechtsetzung das demokratische Prinzip verwirklicht werde.[3] Die intensivere Beteiligung des Parlamentes im Rahmen des alten Mitentscheidungsverfahrens und noch viel stärker beim heutigen ordentlichen Gesetzgebungsverfahren ist daher erst recht eine solche wesentliche Formvorschrift, deren Missachtung unbedingt die Nichtigkeit des betroffenen Rechtsaktes zur Folge hat.

---

1 *Haratsch/Koenig/Pechstein*, Europarecht, Rn. 326; *Kotzur*, in: Geiger/Khan/Kotzur, EUV/AEUV, Art. 289 AEUV Rn. 1.
2 *Oppermann/Classen/Nettesheim*, Europarecht, § 7 Rn. 47.
3 EuGH, U.v. 29.10.1980, Rs. 138/79, Slg. 1980, 3333 – *Isoglucose*.

III. Zwischenergebnis

Das VG Würzburg ist somit zu Recht davon ausgegangen, dass die fragliche EU-Richtlinie nichtig ist.

B. Verwerfungskompetenz des nationalen Gerichts / Vorlagepflicht nach Art. 267 II AEUV

Die Frage ist nunmehr, ob das VG Würzburg auch berechtigt ist, sich über einen Rechtsakt der Gemeinschaft wie hier die betreffende Richtlinie hinwegzusetzen, wenn es diese(n) für ungültig hält. Ausgangspunkt für die Beantwortung dieser Frage ist die Auslegung der insoweit einschlägigen Vorschrift des Art. 267 I lit. b AEUV, nach welcher der EuGH über die Gültigkeit von Handlungen der Unionsorgane entscheidet.

I. Fakultative Vorlage nicht letztinstanzlicher nationaler Gerichte

Gemäß Art. 267 II AEUV ist ein nationales Gericht, dessen Entscheidung nicht (absolut) bindend i. S. von unabänderlich, sondern noch mit Rechtsmitteln angreifbar ist, nicht zur Vorlage einer Rechtsfrage nach Abs. 1 an den EuGH verpflichtet (fakultative Vorlage).[4]

II. Ungeschriebene Vorlagepflicht bei der Entscheidung über die Nichtigkeit von Sekundärrecht

Fraglich ist aber, ob diese Erkenntnis auch für Fragen hinsichtlich der Gültigkeit von Unionsrechtsakten zutrifft. Dem könnte die Bedeutung von Richtlinien entgegenstehen.

> **Exkurs: Die Bedeutung von Richtlinien für das nationale Recht.** Eine Richtlinie muss, damit sie Rechtswirkungen „nach außen“ entfaltet, gemäß Art. 288 III AEUV im Unterschied zur Verordnung nach Art. 288 II AEUV fristgerecht in nationales Recht umgesetzt werden; sie gilt nur ausnahmsweise bei nicht fristgerechter Umsetzung, begünstigendem Inhalt und hinreichender Bestimmtheit unmittelbar gegenüber dem Bürger. Sie kann dessen ungeachtet aber auch noch bei erfolgter Umsetzung zur richtlinienkonformen Auslegung des nationalen Rechts oder bei der Prüfung von ihrer richtigen Umsetzung bedeutsam sein.[5]

Nach dem Wortlaut des Vertrages *kann* das unterinstanzliche Gericht (hier das VG) – muss es aber eben nicht – grundsätzlich die Streitfrage nach der Vereinbarkeit mit Unionsrecht dem EuGH vorlegen (s. oben I. zu Art. 267 II AEUV). Trotz der Textaussage des Art. 267 I lit. b AEUV und der Bedeutung von Richtlinien als Vorgaben für das entsprechend auszugestaltende nationale Recht überlässt damit Art. 267 II AEUV die Entscheidung, ob der EuGH angerufen wird, dem nationalen Gericht selbst (dazu nochmals: „kann [...] vorlegen“). Der Wortlaut des Art. 267 II AEUV spricht somit an sich klar dafür, dem VG das Recht einzuräumen, sich über das von ihm für ungültig gehaltene EU-Sekundärrecht hinwegzusetzen. Gestützt wird dieses Ergebnis auch durch einen Umkehrschluss aus Art. 267 III AEUV, der Gerichten bei der Erfüllung bestimm-

---

4 Vgl. dazu auch *Schweitzer/Hummer/Obwexer*, Europarecht, Rn. 852; *Schwarze*, EU-Kommentar, Art. 234 EGV Rn. 47.

5 *Haratsch/Koenig/Pechstein*, Europarecht, Rn. 389, 398 ff.; *Wolf*, in: Grabitz/Hilf, Das Recht der Europäischen Union, A 1. Grundzüge Rn. 29 f.

ter Voraussetzungen sogar eine Vorlagepflicht auferlegt. Auf Grund dieser Erwägungen ging die bis 1987 herrschende Lehre in der Tat davon aus, dass Gerichte i. S. des Art. 267 II AEUV ein Verwerfungsrecht für sekundäres Unionsrecht für sich in Anspruch nehmen könnten, ohne insoweit (vorab) den EuGH beteiligen zu müssen.

Dieser Sichtweise ist der EuGH in seinem *Foto-Frost*-Urteil[6] jedoch nicht gefolgt. Ausgangspunkt seiner Argumentation ist der Normzweck des Art. 267 AEUV: Die Vorschrift erstrebe die Gewährleistung einer einheitlichen Anwendung des Unionsrechts durch die nationalen Gerichte.[7] Diese Funktion würde aber in ihr Gegenteil verkehrt werden, wollte man nationalen Gerichten ein Verwerfungsrecht zugestehen. Seine teleologische Betrachtung sichert der EuGH noch durch einen systematischen Verweis auf das durch den AEU-Vertrag geschaffene Rechtsschutzsystem ab: Mit Art. 263 II AEUV (Nichtigkeitsklage) auf der einen Seite und Art. 267 AEUV (Vorabentscheidungsverfahren) auf der anderen Seite enthalte der AEU-Vertrag ein abschließendes Rechtsschutzsystem zur Überprüfung der Rechtmäßigkeit der Handlungen der Unionsorgane durch den EuGH selbst.

III. Zwischenergebnis

Folgt man diesem Auslegungsergebnis und damit der Sichtweise des EuGH (was nicht zwingend ist), müsste das VG Würzburg i. S. der ungeschriebenen Vorlagepflicht dem EuGH die Frage vorlegen, ob die betreffende Richtlinie gegen primäres Unionsrecht verstößt.

C. Gesamtergebnis

Damit kann im vorliegenden Fall festgestellt werden, dass – obwohl die Richtlinie nicht ordnungsgemäß erlassen wurde – das VG Würzburg nicht berechtigt ist, von der Ungültigkeit des Rechtsaktes auszugehen, d. h.: ihn unbeachtet zu lassen. Um seine Ungültigkeit feststellen zu lassen, muss das deutsche Gericht vielmehr ein Vorabentscheidungsverfahren nach Art. 267 I lit. b, II AEUV einleiten (und den nationalen Rechtsstreit solange nach § 94 VwGO aussetzen).[8]

Rechtsprechungs- und Literaturhinweise

EuGH, U.v. 29.10.1980, Rs. 138/79, Slg. 1980, 3333 – *Isoglucose*; U.v. 22.10.1987, Rs. 314/85, Slg. 1987, 4199 – *Foto Frost*; U.v. 6.12.2005, Rs. C-461/03, Slg. 2005, I-10513 – *Gaston Schul Douane-Expediteur*; U.v. 10.1.2006, Rs. C-344/04, Slg. 2006, I-403 – *International Air Transport Association und European Low Fares Airline Association*; *Herrmann*, Die Reichweite der gemeinschaftsrechtlichen Vorlagepflicht in der neueren Rechtsprechung des EuGH, EuZW 2006, 231

---

6 EuGH, U.v. 22.10.1987, Rs. 314/85, Slg. 1987, 4199 – *Foto Frost*.

7 Vgl. auch *Herrmann*, EuZW 2006, 231 (232).

8 Anders stellt sich die Rechtslage weiterhin bei einem rein innerstaatlichen Rechtsakt (etwa einem deutschen Gesetz; im obigen Fall geht es dagegen um europäisches Sekundärrecht!) und bei der Frage nach dessen Vereinbarkeit mit dem Unionsrecht dar: Hier bleibt es beim bloßen Vorlage*recht* und damit der Verwerfungskompetenz (außer im Fall des Art. 100 I GG) des nicht als letzte Instanz entscheidenden nationalen (Fach-)Gerichts.

Fall 13: Verbraucherschutz durch Staatshaftung?

Sebastian Unger

Sachverhalt

A betreibt ein Versandhandelsunternehmen. Im Sommer 2005 bestellt B für ihren privaten Gebrauch bei A einen Herd zum Preis von 500 €. Die Ware wird im August 2005 geliefert. Im Januar 2007 stellt B fest, dass sich an der Innenseite des Backofens die Emaille-Schicht abgelöst hat. Da eine Reparatur des Gerätes nicht möglich ist, tauscht A den Herd vereinbarungsgemäß noch im Januar 2007 aus. Das ursprünglich gelieferte Gerät gibt B an A zurück. Für dessen Nutzung verlangt A unter Hinweis auf § 439 IV BGB i. V. m. § 346 I, II 1 Nr. 1 BGB eine Vergütung in Höhe von 100 €. B zahlt die von A geforderte Nutzungsvergütung zunächst.

Nach einiger Zeit indes verlangt B von A Rückzahlung der Nutzungsvergütung: Wie sie mittlerweile erfahren habe, könne ein Verbraucher gemäß Art. 3 III der bis zum 1.1.2002 ins nationale Recht umzusetzenden Richtlinie 1999/44/EG bei Vertragswidrigkeit eine „unentgeltliche" Ersatzlieferung verlangen. Folglich sei im Falle der Nachlieferung ein Anspruch des Verkäufers auf Nutzungsersatz ausgeschlossen, so dass die Verweisung auf § 346 I BGB in § 439 IV BGB im Lichte der Richtlinie entsprechend auszulegen sei. Da A sich weigert, die Nutzungsvergütung zurückzuzahlen, erhebt B schließlich Klage. Das zuständige Amtsgericht München weist die Klage im Januar 2008 ab. Die Berufung wird nicht zugelassen. Zur Begründung seines Urteils weist das Amtsgericht darauf hin, dass eine einschränkende Auslegung des § 439 IV BGB entsprechend dem Richtlinienverständnis der B zwar möglich sei, Art. 3 III Richtlinie 1999/44/EG eine Nutzungsvergütung durch den Verbraucher aber entgegen der Auffassung der B keineswegs ausschließe. Zwar sei diese Frage im Schrifttum außerordentlich umstritten, nach Auffassung des Gerichts dürfe die Regelung in der Richtlinie 1999/44/EG aber nicht dazu führen, dass der Verbraucher einen neuen Verkaufsgegenstand erhalte, ohne für die Nutzung des zurückzugebenden Verkaufsgegenstands zahlen zu müssen. Hinweisen der anwaltlich vertretenen B, in einer solchen Situation müsse das Amtsgericht als letztinstanzliches Zivilgericht die Sache dem EuGH vorlegen, folgt das Gericht nicht. B lässt die Sache zunächst enttäuscht auf sich beruhen.

Mitte 2008 erfährt B von einer Entscheidung des EuGH vom 17.4.2008, nach der „Art. 3 der Richtlinie 1999/44/EG ... zu bestimmten Aspekten des Verbrauchsgüterkaufs und der Garantien für Verbrauchsgüter ... dahin auszulegen [ist], dass er einer nationalen Regelung entgegensteht, die dem Verkäufer, wenn er ein vertragswidriges Verbrauchsgut geliefert hat, gestattet, vom Verbraucher Wertersatz für die Nutzung des vertragswidrigen Verbrauchsguts bis zu dessen Austausch durch ein neues Verbrauchsgut zu verlangen". Sie ist empört und möchte die Sache nun nicht mehr auf sich beruhen lassen. Ihr Rechtsanwalt hält es zutreffend für ausgeschlossen, den Rechtsstreit vor dem Amtsgericht „noch einmal aufzurollen". In Betracht komme aber die Geltendmachung von Schadensersatzansprüchen gegen die öffentliche Hand, hätten doch sowohl der Gesetzgeber des BGB als auch das letztinstanzliche Amtsgericht „praktisch vorsätzlich gegen Unionsrecht verstoßen" und damit letztlich den Schaden der B verursacht. Freilich meine er sich zu erinnern, dass eine Haftung des Staates für Fehler des parlamentarischen Gesetzgebers und eines

Gerichts weitgehend ausgeschlossen sei. Er beauftragt seinen Rechtsreferendar R mit der Erstellung eines Gutachtens über Schadensersatzansprüche der B gegen die öffentliche Hand.

Bearbeitervermerk: Das Gutachten des R ist zu erstellen. Dabei ist davon auszugehen, dass § 439 IV BGB, wie vorliegend vom Amtsgericht angenommen, einschränkend so ausgelegt werden könnte, dass die Regelung nicht in Verbindung mit § 346 I BGB zu einem Anspruch des Verkäufers gegen den Käufer auf Wertersatz für die Nutzung der mangelhaften Sache führt. Die in Reaktion auf die Entscheidung des EuGH vom 17.4.2008 mit Wirkung vom 16.12.2008 eingefügte Regelung in § 474 II 1 BGB bleibt bei der Bearbeitung außer Betracht. Auf nachfolgenden Auszug aus der Richtlinie 1999/44/EG wird hingewiesen.

Richtlinie 1999/44/EG

Art. 3

(1) Der Verkäufer haftet dem Verbraucher für jede Vertragswidrigkeit, die zum Zeitpunkt der Lieferung des Verbrauchsgutes besteht.

(2) Bei Vertragswidrigkeit hat der Verbraucher entweder Anspruch auf die unentgeltliche Herstellung des vertragsgemäßen Zustands des Verbrauchsgutes durch Nachbesserung oder Ersatzlieferung nach Maßgabe des Absatzes 3 oder auf angemessene Minderung des Kaufpreises oder auf Vertragsauflösung in Bezug auf das betreffende Verbrauchsgut nach Maßgabe der Absätze 5 und 6.

(3) Zunächst kann der Verbraucher vom Verkäufer die unentgeltliche Nachbesserung des Verbrauchsgutes oder eine unentgeltliche Ersatzlieferung verlangen, sofern dies nicht unmöglich oder unverhältnismäßig ist (...)

(4) Der Begriff „unentgeltlich" in den Absätzen 2 und 3 umfaßt die für die Herstellung des vertragsgemäßen Zustands des Verbrauchsgutes notwendigen Kosten, insbesondere Versand-, Arbeits- und Materialkosten (...)

Art. 11

(1) Die Mitgliedstaaten setzen die Rechts- und Verwaltungsvorschriften in Kraft, die erforderlich sind, um dieser Richtlinie spätestens ab dem 1. Januar 2002 nachzukommen (...)

Wesentliche Probleme

Außervertragliche Haftung eines Mitgliedstaats für Verstöße gegen Unionsrecht, insbesondere: Haftung für fehlerhafte Richtlinienumsetzung, Haftung für judikatives Unrecht.

Gliederung

A. Richtlinienumsetzung durch den Gesetzgeber
- I. Handeln in Ausübung eines öffentlichen Amtes
- II. Verletzung einer drittschützenden Amtspflicht
  - 1. Grundsätze des nationalen Haftungsrechts
  - 2. Unionsrechtlich gebotene Modifikationen

a) Staatshaftung für Unionsrechtsverstöße als unionsrechtlicher Grundsatz
b) Verstoß gegen Unionsrechtsnorm, die dem Einzelnen Rechte verleiht
III. Verschulden des Amtswalters
IV. Hilfsgutachten
1. Schaden und Kausalität
2. Kein Haftungsausschluss
3. Anspruchsgegner
4. Verjährung
5. Art und Umfang des Schadensersatzes
V. Ergebnis
B. Entscheidung des Amtsgerichts München
I. Handeln in Ausübung eines öffentlichen Amtes
II. Verletzung einer drittschützenden Amtspflicht
III. Verschulden des Amtswalters
1. Gesichtspunkte für einen hinreichend qualifizierten Verstoß
2. Modifikation des Haftungsmaßstabs für judikatives Unrecht
3. Offenkundiger gerichtlicher Verstoß gegen Unionsrecht
IV. Schaden und Kausalität
V. Kein Haftungsausschluss
1. Spruchrichterprivileg (§ 839 II BGB)
2. Vorrang des Primärrechtsschutzes (§ 839 III BGB)
VI. Anspruchsgegner
VII. Verjährung
VIII. Art und Umfang des Schadensersatzes
IX. Ergebnis
C. Gesamtergebnis

Lösung

Mögliche Anknüpfungspunkte für einen Schadensersatzanspruch der B gegen die öffentliche Hand sind erstens die Umsetzung der Richtlinie 1999/44/EG durch den Gesetzgeber in § 439 IV BGB i. V. m. § 346 I BGB (nachfolgend unter A.) sowie zweitens die Entscheidung des Amtsgerichts München über die Klage der B auf Rückzahlung der Nutzungsvergütung (nachfolgend unter B.). Als Anspruchsgrundlage kommt jeweils § 839 BGB i. V. m. Art. 34 GG in Betracht. Ein Schadensersatzanspruch setzt danach voraus, dass jemand in Ausübung eines ihm anvertrauten öffentlichen Amtes eine ihm einem Dritten gegenüber obliegende Amtspflicht schuldhaft verletzt hat und diesem dadurch ein Schaden entstanden ist.[1]

Hinweis: Stehen wie hier Verstöße mitgliedstaatlicher Organe gegen Unionsrecht im Raum, gebietet das Unionsrecht eine mitgliedstaatliche Mindesthaftung. Methodisch umstritten ist, wie die Vorgaben des Unionsrechts in das nationale Recht einzupassen sind. Der BGH geht von einem eigenständigen unionsrechtlichen Anspruch aus, der neben den Haftungsinstituten des nationalen Rechts steht.[2] Folgt man dieser Auffassung, muss zunächst der unionsrechtliche Haftungsanspruch herausgearbeitet

1 Zu den Voraussetzungen eines Amtshaftungsanspruchs aus § 839 BGB i. V. m. Art. 34 GG etwa *Detterbeck*, Allgemeines Verwaltungsrecht, 8. Aufl. 2010, Rn. 1055 ff.
2 BGH, U.v. 24.10.1996, III ZR 127/91, BGHZ 134, 30 (33 ff., 36 ff.); U.v. 14.12.2000, III ZR 151/99, BGHZ 146, 153 (158 ff.); ebenso etwa *Detterbeck*, Allgemeines Verwaltungsrecht, Rn. 1310 ff.

werden. Im Anschluss sind seine Voraussetzungen zu prüfen. Der EuGH hat indes mehrfach klargestellt, „dass ... der Staat die Folgen des entstandenen Schadens im Rahmen des nationalen Haftungsrechts zu beheben hat". Zu beachten sei lediglich, dass „die im nationalen Schadensersatzrecht festgelegten Voraussetzungen nicht weniger günstig sein dürfen als bei ähnlichen Rechtsbehelfen, die nur nationales Recht betreffen (Äquivalenzgrundsatz), und nicht so ausgestaltet sein dürfen, dass sie die Erlangung der Entschädigung praktisch unmöglich machen oder übermäßig erschweren (Effektivitätsgrundsatz)".[3] Daher ist eine unionsrechtskonforme Auslegung der Haftungsinstitute des nationalen Rechts vorzuziehen.[4] Zu prüfen sind dann die Anspruchsgrundlagen des nationalen Staatshaftungsrechts, vorliegend § 839 BGB i. V. m. Art. 34 GG. Das Unionsrecht kommt nur und erst zum Tragen, wenn die Voraussetzungen dieser Anspruchsgrundlagen nicht zu der unionsrechtlich gebotenen Mindesthaftung führen. Dieser hier zugrunde gelegte Prüfungsaufbau wird auch durch den Sachverhalt nahegelegt, in dem der Rechtsanwalt ausdrücklich auf die Grenzen des nationalen Staatshaftungsrechts hinweist.

A. Richtlinienumsetzung durch den Gesetzgeber

I. Handeln in Ausübung eines öffentlichen Amtes

Die Abgeordneten des Deutschen Bundestages haben bei Umsetzung der Richtlinie 1999/44/EG in Ausübung eines ihnen anvertrauten öffentlichen Amtes gehandelt.[5]

II. Verletzung einer drittschützenden Amtspflicht

Fraglich ist, ob die Abgeordneten des Deutschen Bundestages bei Umsetzung der Richtlinie 1999/44/EG eine ihnen gegenüber B obliegende Amtspflicht verletzt haben. In Betracht kommt eine Verletzung der Amtspflicht zu rechtmäßigem Verhalten.[6]

1. Grundsätze des nationalen Haftungsrechts

Die Amtspflicht zu rechtmäßigem Verhalten verpflichtet zwar auch zur Beachtung des Unionsrechts[7] und damit zur Beachtung der aus Art. 288 III AEUV und Art. 4 III EUV i. V. m. der umzusetzenden Richtlinie resultierenden[8] Pflicht des Gesetzgebers zur rechtzeitigen und fehlerfreien Umsetzung von Richtlinien. Indes ist die Amtspflicht zu recht-

3 Zuletzt EuGH, U.v. 26.1.2010, Rs. C-118/08, Rn. 31 – *Transportes Urbanos y Servicios Generales*.

4 So etwa auch *Frenz/Götzkes*, JA 2009, 759 (764 ff.); *Gundel*, DVBl. 2001, 95 (100 ff.); *Schoch*, Jura 2002, 837 (839 f.).

5 Vgl. OLG Hamburg, DÖV 1971, 238 (239); *Ossenbühl*, Staatshaftungsrecht, 5. Aufl. 1998, S. 13, 104 f.

6 Zu dieser umfassend und weiter ausdifferenzierend *Ossenbühl*, Staatshaftungsrecht, S. 43 ff.; *Papier*, in: Rebmann/Rixecker/Säcker (Hrsg.), Münchener Kommentar zum BGB, Bd. 5, 5. Aufl. 2009, § 839 Rn. 193 ff.

7 *Detterbeck*, Allgemeines Verwaltungsrecht, Rn. 1305; *Papier*, in: Rebmann/Rixecker/Säcker, Münchener Kommentar zum BGB, Bd. 5, § 839 Rn. 193.

8 *Kling*, Jura 2005, 298 (301); siehe auch EuGH, U.v. 19.11.1991, verb. Rs. C-6/90 und C-9/90, Slg. 1991, I-5357 Rn. 39 – *Francovich*; nach anderer Ansicht ist Grundlage der Umsetzungspflicht nur Art. 288 III AEUV, siehe *Herrmann*, Richtlinienumsetzung durch die Rechtsprechung, 2003, S. 109 ff.: *lex specialis* zu Art. 4 III EUV.

mäßigem Verhalten, soweit sie den Gesetzgeber trifft, wegen des grundsätzlich[9] abstrakt-generellen Charakters gesetzlicher Regelungen regelmäßig nicht auf einen überschaubaren und individualisierbaren Kreis schutzwürdiger Individualinteressen bezogen. Sie dient daher insoweit dem Schutz der Allgemeinheit und nicht dem Schutz bestimmter Personen oder Personenkreise.[10] Die Abgeordneten des Deutschen Bundestages haben folglich, selbst wenn sie die Richtlinie 1999/44/EG fehlerhaft umgesetzt haben, nicht gegen eine ihnen gegenüber B obliegende Amtspflicht verstoßen, so dass ein Anspruch der B aus § 839 BGB i. V. m. Art. 34 GG auf den ersten Blick mangels Verletzung einer drittschützenden Amtspflicht ausscheidet.

2. Unionsrechtlich gebotene Modifikationen

Nicht unberücksichtigt bleiben darf freilich, dass der Gesetzgeber vorliegend gegen eine unionsrechtliche Pflicht verstoßen hat. Fraglich ist daher, ob die Grundsätze des deutschen Staatshaftungsrechts ohne weiteres auch für Verstöße gegen Unionsrecht gelten.

a) **Staatshaftung für Unionsrechtsverstöße als unionsrechtlicher Grundsatz.** Nach ständiger Rechtsprechung des EuGH wären die Wirksamkeit des Unionsrechts und der Schutz der durch das Unionsrecht begründeten Rechte des Einzelnen beeinträchtigt, wenn der Einzelne nicht die Möglichkeit hätte, für den Fall, dass seine Rechte durch einen mitgliedstaatlichen Verstoß gegen Unionsrecht verletzt werden, eine Entschädigung zu erlangen. Der Grundsatz einer Haftung des Staates für Schäden, die dem Einzelnen durch einen mitgliedstaatlichen Verstoß gegen Unionsrecht entstehen, gehöre daher untrennbar zu der durch die Verträge geschaffenen Rechtsordnung. Bestätigt werde dies durch Art. 4 III EUV, wonach die Mitgliedstaaten „alle geeigneten Maßnahmen ... zur Erfüllung der Verpflichtungen [ergreifen], die sich aus den Verträgen oder den Handlungen der Organe der Union ergeben".[11]

Die danach unionsrechtlich gebotene Haftung der Mitgliedstaaten für Verstöße gegen Unionsrecht setzt nach der Rechtsprechung des EuGH – ebenso wie die Haftung der Europäischen Union selbst für Verstöße gegen Unionsrecht nach Art. 340 II AEUV[12] – voraus, dass

- erstens die verletzte Norm des Unionsrechts dem Einzelnen Rechte zu verleihen bezweckt,
- zweitens der Verstoß gegen diese Norm hinreichend qualifiziert ist und
- drittens zwischen Verstoß und Schaden ein unmittelbarer Kausalzusammenhang besteht.[13]

---

9 Bei Maßnahme- oder Einzelfallgesetzen anerkennt der BGH folgerichtig Ausnahmen, BGH, U.v. 24.10.1996, III ZR 127/91, BGHZ 134, 30 (32); Entsprechendes gilt für Bebauungspläne, BGH, U.v. 6.7.1989, III ZR 251/87, BGHZ 108, 224 (227f.).

10 BGH, U.v. 24.10.1996, III ZR 127/91, BGHZ 134, 30 (32). Zu dieser Haftungsbeschränkung *Ossenbühl*, Staatshaftungsrecht, S. 105ff.; Kritik etwa bei *Maurer*, Allgemeines Verwaltungsrecht, 17. Aufl. 2009, § 26 Rn. 51f.

11 Klassisch EuGH, U.v. 19.11.1991, verb. Rs. C-6/90 und C-9/90, Slg. 1991, I-5357 Rn. 31ff. – *Francovich*; U.v. 5.3.1996, verb. Rs. C-46/93 und C-48/93, Slg. 1996, I-1029 Rn. 17ff. – *Brasserie du Pêcheur*, wo das unionale Haftungsregime ferner auf Art. 19 I 2 EUV und Art. 340 II AEUV gestützt wird; zuletzt EuGH, U.v. 26.1.2010, Rs. C-118/08, Rn. 29 – *Transportes Urbanos y Servicios Generales*.

12 EuGH, U.v. 5.3.1996, verb. Rs. C-46/93 und C-48/93, Slg. 1996, I-1029 Rn. 40ff. – *Brasserie du Pêcheur*.

13 Erstmals EuGH, U.v. 5.3.1996, verb. Rs. C-46/93 und C-48/93, Slg. 1996, I-1029 Rn. 51 – *Brasserie du Pêcheur*, zuletzt EuGH, U.v. 26.1.2010, Rs. C-118/08 Rn. 30 – *Transportes Urbanos y Servicios Generales*.

Ergibt sich das Recht des Geschädigten aus einer Richtlinie, muss der Inhalt des Rechts überdies auf Grundlage der Richtlinie bestimmt werden können.[14]

Soweit das nationale Recht die Haftung des Staates für Verstöße gegen Unionsrecht an engere als diese unionsrechtlichen Voraussetzungen knüpft und dadurch bestimmte Verstöße der Mitgliedstaaten gegen Unionsrecht entgegen dieser unionsrechtlich gebotenen „Mindesthaftung“ ungeahndet bleiben, findet es keine Anwendung.[15] Vorliegend bedarf es mithin entgegen § 839 BGB i. V. m. Art. 34 GG keiner Verletzung einer drittschützenden Amtspflicht, sondern lediglich eines Verstoßes gegen eine Norm des Unionsrechts, die die Verleihung von Rechten an den Geschädigten bezweckt.

b) Verstoß gegen Unionsrechtsnorm, die dem Einzelnen Rechte verleiht. Fraglich ist mithin, ob die Abgeordneten des Deutschen Bundestages bei Umsetzung der Richtlinie gegen eine Norm des Unionsrechts verstoßen haben, die die Verleihung von Rechten an den Geschädigten bezweckt.

Abzustellen ist dabei auf die nicht oder fehlerhaft umgesetzte Richtlinienbestimmung als konkreten Gegenstand der abstrakten Umsetzungspflicht.[16] Art. 3 III abstrakten Richtlinie 1999/44/EG räumt dem Verbraucher ein in der Richtlinie seinem Inhalt nach hinreichend bestimmtes Recht auf unentgeltliche Nachbesserung oder Ersatzlieferung ein und dient damit seinem Schutz.

Fraglich ist allerdings, ob der Gesetzgeber gegen Art. 3 III Richtlinie 1999/44/EG verstoßen hat. In Betracht kommt eine fehlerhafte Umsetzung. Richtlinien müssen so bestimmt und klar umgesetzt werden, dass der Einzelne erkennen kann, welche Rechte er hat.[17] Nach der maßgeblichen Auslegung durch den EuGH kann der Verbraucher gemäß Art. 3 III Richtlinie 1999/44/EG Nachlieferung verlangen, ohne die bisherige Nutzung des vertragswidrigen Gegenstands vergüten zu müssen. Die Verweisung auf § 346 I BGB in § 439 IV BGB lässt diesen Ausschluss der Nutzungsvergütung nicht einmal ansatzweise erkennen.[18] Freilich kann die Verweisung auf § 346 I BGB in § 439 IV BGB nach dem Bearbeitervermerk einschränkend so ausgelegt werden, dass sie nicht zu einem Anspruch des Verkäufers auf Nutzungsvergütung führt. Diese Möglichkeit einer richtlinienkonformen Auslegung des Umsetzungsrechtsakts scheint gegen eine fehlerhafte Richtlinienumsetzung zu sprechen. Dabei bliebe indes unberücksichtigt, dass die bloße Möglichkeit einer richtlinienkonformen Auslegung des Umsetzungsrechtsakts dem Einzelnen wenig hilft, wenn er sie nicht erkennt oder die mitgliedstaatlichen Organe wie hier das Amtsgericht München von einer richtlinienkonformen Auslegung absehen. Es genügt daher schon, wenn die Geltendmachung der eigenen Rechte durch die Fassung des Umsetzungsrechtsakts gefährdet ist.[19] Folgerichtig hat auch der EuGH eine nationale Regelung für unionsrechtswidrig gehalten, die zwar von einem Teil der nationalen Gerichte unionsrechtskonform, von einem anderen Teil aber unionsrechtswidrig ausgelegt wird.[20]

---

14 EuGH, U.v. 19.11.1991, verb. Rs. C-6/90 und C-9/90, Slg. 1991, I-5357 Rn. 40 – *Francovich.*

15 EuGH, U.v. 5.3.1996, verb. Rs. C-46/93 und C-48/93, Slg. 1996, I-1029 Rn. 35 f. – *Brasserie du Pêcheur.*

16 EuGH, U.v. 19.11.1991, verb. Rs. C-6/90 und C-9/90, Slg. 1991, I-5357 Rn. 44 – *Francovich*; *Frenz/Götzkes*, JA 2009, 759 (760).

17 EuGH, U.v. 30.5.1991, Rs. 361/88, Slg. 1991, I-2567 Rn. 15, 24 – *Kommission/Deutschland*; U.v. 8.10.1996, verb. Rs. C-178/94, C-179/94 und C-188/94 bis C-190/94, Slg. 1996, I-4845 Rn. 48 – *Dillenkofer.*

18 So auch BGH, U.v. 26.11.2008, VIII ZR 200/05, NJW 2009, 427 (428).

19 Ähnlich EuGH, U.v. 30.5.1991, Rs. 361/88, Slg. 1991, I-2567 Rn. 15 – *Kommission/Deutschland.*

20 EuGH, U.v. 9.12.2003, Rs. C-129/00, Slg. 2003, I-14637 Rn. 30 ff. – *Kommission/Italien.*

Hinweis: Eine andere Lösung ist hier vertretbar. Letztlich geht es um die Wertungsfrage, ob der Umsetzungsrechtsakt (hier: § 439 IV BGB i.V.m. § 346 I BGB) so bestimmt und klar gefasst ist, dass seine unionsrechtswidrige Auslegung und Anwendung im Einzelfall ein dem Gesetzgeber nicht mehr zurechenbarer „Ausreißer“ darstellt.[21]

III. Verschulden des Amtswalters

Das Unionsrecht gebietet, wie gesehen, eine Haftung der Mitgliedstaaten für jeden hinreichend qualifizierten Verstoß gegen eine Norm des Unionsrechts, die dem Einzelnen Rechte verleiht. Soweit das Verschuldenserfordernis in § 839 I BGB strengere Anforderungen an die mitgliedstaatliche Haftung stellt, kann es folglich keine Anwendung finden.[22]

Was unter einem hinreichend qualifizierten Verstoß zu verstehen ist, lässt sich nicht einheitlich beantworten. Gesichtspunkte sind insbesondere[23] das Maß an Klarheit und Genauigkeit der verletzten Vorschrift, der Umfang des den Mitgliedstaaten eingeräumten Ermessensspielraums, die Vorsätzlichkeit des Verstoßes und der Schadenszufügung, die Entschuldbarkeit eines etwaigen Rechtsirrtums sowie das Mitverschulden eines Unionsorgans.[24] Verschulden ist damit lediglich *ein* Indiz unter anderen für einen hinreichend qualifizierten Verstoß gegen Unionsrecht.[25]

Vorliegend räumt Art. 3 III Richtlinie 1999/44/EG dem Verbraucher ein Recht auf „unentgeltliche Ersatzlieferung“ ein. Unter Entgelt sind dabei gemäß Art. 3 IV der Richtlinie 1999/44/EG „die für die Herstellung des vertragsgemäßen Zustands des Verbrauchsgutes notwendigen Kosten“ zu verstehen. Als Regelbeispiele nennt die Richtlinie „Versand-, Arbeits- und Materialkosten“. Der Entgeltbegriff bezieht sich damit nicht auf die Herausgabe der mangelhaften Sache, sondern alleine auf die Herstellung des vertragsmäßigen Zustands. Ein Ausschluss der Nutzungsvergütung als Modalität der Herausgabe der mangelhaften Sachen durch Art. 3 III Richtlinie 1999/44/EG kann daher mit guten Gründen verneint werden.[26] Jedenfalls ist Art. 3 III Richtlinie 1999/44/EG nicht so klar und genau gefasst, dass ein hinreichend qualifizierter Verstoß des Gesetzgebers gegen die Pflicht zur fehlerfreien Umsetzung zu bejahen wäre (a.A. vertretbar).[27]

---

21 Ähnlich auch EuGH, U.v. 9.12.2003, Rs. C-129/00, Slg. 2003, I-14637 Rn. 32 – *Kommission/Italien*, wonach bei der Beurteilung der Unionsrechtskonformität nationaler Regelungen „isolierte gerichtliche Entscheidungen oder solche, die ... deutlich in der Minderheit sind, ... nicht berücksichtigt werden [können]“.

22 Deutlich EuGH, U.v. 5.3.1996, verb. Rs. C-46/93 und C-48/93, Slg. 1996, I-1029 Rn. 79 – *Brasserie du Pêcheur.*

23 *Frenz/Götzkes*, JA 2009, 759 (760).

24 EuGH, U.v. 5.3.1996, verb. Rs. C-46/93 und C-48/93, Slg. 1996, I-1029 Rn. 56 – *Brasserie du Pêcheur.*

25 *Detterbeck*, Allgemeines Verwaltungsrecht, Rn. 1315; *Frenz/Götzkes*, JA 2009, 759 (761).

26 Nachweise zum Streitstand in BGH, B.v. 16.8.2006, VIII ZR 200/05, NJW 2006, 3200 (3201f.); einen Ausschluss der Nutzungsvergütung bejaht dann schließlich EuGH, U.v. 17.4.2008, Rs. C-404/06, Slg. 2008, I-2685 Rn. 24ff. – *Quelle.*

27 Vgl. EuGH, U.v. 26.3.1993, Rs. C-392/93, Slg. 1996, I-1631 Rn. 43ff. – *British Telecommunications.*

IV. Hilfsgutachten

1. Schaden und Kausalität

Nimmt man entgegen der hier vertretenen Auffassung einen hinreichend qualifizierten Verstoß gegen die Umsetzungspflicht an, stellt sich nachfolgend die Frage, ob der entstandene Schaden durch diesen verursacht worden ist. Das Unionsrecht verlangt, wie gesehen, einen unmittelbaren Kausalzusammenhang. Dies entspricht der Adäquanztheorie des deutschen Haftungsrechts,[28] nach der lediglich außerhalb jeder Wahrscheinlichkeit liegende Folgen nicht zugerechnet werden können.

Vorliegend könnte unter diesem Gesichtspunkt ein unmittelbarer Kausalzusammenhang zwischen der fehlerhaften Richtlinienumsetzung und dem Schaden der B durch das nachfolgende Verhalten des Amtsrichters ausgeschlossen sein: Erst und nur weil das Amtsgericht München weder § 439 IV BGB i.V.m. § 346 I BGB richtlinienkonform ausgelegt noch die Frage nach der zutreffenden Auslegung des Art. 3 III Richtlinie 1999/44/EG dem EuGH vorgelegt hat, so ließe sich argumentieren,[29] ist B ein Schaden entstanden. Die Verweisung auf § 346 I BGB in § 439 IV BGB liefert indes „keine Anhaltspunkte" für einen Ausschluss der Nutzungsvergütung.[30] Das (Fehl-)Verhalten des Amtsrichters ist daher jedenfalls auch dem Gesetzgeber zuzurechnen: Er hat durch die unklare und ungenaue Fassung des Umsetzungsrechtsakts eine Gefahrenlage geschaffen, in der gerichtliche Folgefehler nicht außerhalb jeder Wahrscheinlichkeit liegen.[31] Andernfalls könnte sich der Erstverursacher dadurch entlasten, dass sich außer ihm noch ein anderer falsch verhalten hat. Dabei drohte dem Geschädigten eine wechselseitige Abwälzung der Verantwortlichkeit durch Erst- und Zweitverursacher (a.A. vertretbar).

2. Kein Haftungsausschluss

Ein Haftungsausschluss nach § 839 I 2, II oder III BGB ist nicht ersichtlich.

Hinweis: Es entspricht einem den Rechtsordnungen der Mitgliedstaaten gemeinsamen Grundsatz, dass sich der Geschädigte in den Grenzen der Zumutbarkeit in angemessener Form um die Begrenzung des Schadensumfangs bemühen muss, will er nicht Gefahr laufen, den Schaden selbst zu tragen.[32] Das Unionsrecht steht daher einer Anwendung des § 839 III BGB nicht entgegen, wenn das jeweils statthafte

---

28 *Frenz/Götzkes*, JA 2009, 759 (763); *Kling*, Jura 2005, 298 (303).

29 In diese Richtung etwa *Deckert*, EuR 1997, 203 (228).

30 So BGH, U.v. 26.11.2008, VIII ZR 200/05, NJW 2009, 427 (428).

31 Im Ergebnis ebenso *Frenz/Götzkes*, JA 2009, 759 (764). Diskutiert werden entsprechende Konstellationen auch unter dem Schlagwort „Unterbrechung des Kausalzusammenhangs". Dieser droht, wenn ein Dritter in ganz ungewöhnlicher Weise in den Geschehensablauf eingreift und eine weitere Ursache setzt, die den Schaden endgültig herbeiführt; keine Unterbrechung liegt hingegen vor, wenn durch die erste Ursache eine Gefahrenlage geschaffen worden ist, bei der Fehlleistungen Dritter erfahrungsgemäß vorkommen. Siehe dazu *Papier*, in: Rebmann/Rixecker/Säcker, Münchener Kommentar zum BGB, Bd. 5, § 839 Rn. 281; *Schiemann*, in: von Staudingers Kommentar zum Bürgerlichen Gesetzbuch, 2005, § 249 BGB Rn. 71; mit Blick auf die außervertragliche Haftung der Union EuGH, U.v. 7.7.1987, verb. Rs. 89/86 und 91/86, Slg. 1987, 3005 Rn. 18ff. – *Étoile Commerciale*; für die außervertragliche Haftung der Mitgliedstaaten gelten die dortigen Grundsätze entsprechend, *Gellermann*, in: Streinz, EUV/EGV, Art. 288 EGV Rn. 49.

32 EuGH, U.v. 5.3.1996, verb. Rs. C-46/93 und C-48/93, Slg. 1996, I-1029 Rn. 85 – *Brasserie du Pêcheur*.

Rechtsmittel zumutbar ist. Ob dies der Fall ist, prüft das Gericht unter Berücksichtigung aller Umstände des Einzelfalls.[33] Umstritten ist, ob § 839 I 2 BGB in unionsrechtlichen Kontexten Anwendung findet.[34] Gegen eine Anwendung spricht, dass das Unionsrecht eine Staatshaftung gebietet, sofern nur ein hinreichend qualifizierter Verstoß gegen Unionsrecht im Raum steht. Diese kann, zumal vor dem Hintergrund des Effektivitätsgrundsatzes, nicht durch einen Verweis auf die Haftung Dritter ausgeschlossen werden.[35]

3. Anspruchsgegner

Die Bestimmung des Anspruchsgegners richtet sich nach nationalem Recht und also gemäß Art. 34 S. 1 GG im Ausgangspunkt[36] danach, in wessen Dienst der handelnde Amtswalter steht. Vorliegend ist Anspruchsgegner folglich die Bundesrepublik Deutschland.

4. Verjährung

Der Staat behebt die Folgen eines Schadens im Rahmen des nationalen Haftungsrechts. Ansprüche verjähren demnach entgegen einer mitunter vertretenen Ansicht[37] nicht analog Art. 46 EuGH-Satzung in fünf, sondern gemäß § 195 BGB in drei Jahren. Die Verjährungsfrist beginnt dabei gemäß § 199 I BGB mit dem Schluss des Jahres, in dem der Anspruch entstanden ist und der Gläubiger von den den Anspruch begründenden Umständen und der Person des Schuldners Kenntnis erlangt oder ohne grobe Fahrlässigkeit erlangen müsste. Bei der unterlassenen oder fehlerhaften Umsetzung einer Richtlinie beginnt die Verjährung folglich nicht schon mit dem Ablauf der Umsetzungsfrist, sondern erst mit Entstehung des Schadensersatzanspruchs durch den Eintritt von Schadensfolgen.[38] Vorliegend ist der Anspruch demnach noch nicht verjährt.

Hinweis: Der Effektivitätsgrundsatz steht einer Anwendung der §§ 195 ff. BGB nicht entgegen.[39] Es begegnet auch keinen unionsrechtlichen Bedenken, wenn die Verjährungsfrist für einen Staatshaftungsanspruch wegen fehlerhafter Umsetzung einer Richtlinie zu dem Zeitpunkt in Lauf gesetzt wird, in dem die ersten Schadensfolgen der fehlerhaften Umsetzung eingetreten und weitere Schadensfolgen absehbar sind, selbst wenn dieser Zeitpunkt vor der ordnungsgemäßen Umsetzung dieser Richtlinie liegt.[40] Auch gebietet das Unionsrecht keine Unterbrechung oder Hemmung der Verjährung eines Staatshaftungsanspruchs wegen Verstoßes gegen Unionsrecht während eines anhängig gemachten Vertragsverletzungsverfahrens nach Art. 258 AEUV.[41]

---

33 EuGH, U.v. 24.3.2009, Rs. C-445/06, Slg. 2009, I-2119 Rn. 64 – *Danske Slagterier.*
34 *Detterbeck*, AöR 125 (2000), S. 202 (244 f.), lehnt eine Anwendung ab, weil es bei der außervertraglichen Haftung der Mitgliedstaaten an einer Anspruchsüberleitung auf den Staat fehle; anders etwa *Lecheler/Gundel*, Übungen im Europarecht, 1999, S. 47.
35 Zum Ganzen instruktiv *Frenz/Götzkes*, JA 2009, 759 (766).
36 Modifiziert wird dieses Kriterium in Sonderfällen (insbesondere: Haftung für Verwaltungshelfer) durch das Kriterium des „Anvertrautseins"; dazu *Detterbeck*, Allgemeines Verwaltungsrecht, Rn. 1096 f.
37 Siehe etwa *Detterbeck*, AöR 125 (2000), S. 202 (249).
38 BGH, U.v. 4.6.2009, III ZR 144/05, EuZW 2009, 865 (872).
39 EuGH, U.v. 24.3.2009, Rs. C-445/06, Slg. 2009, I-2119 Rn. 32 – *Danske Slagterier.*
40 EuGH, U.v. 24.3.2009, Rs. C-445/06, Slg. 2009, I-2119 Rn. 47 ff. – *Danske Slagterier.*
41 EuGH, U.v. 24.3.2009, Rs. C-445/06, Slg. 2009, I-2119 Rn. 27 ff. – *Danske Slagterier.*

5. Art und Umfang des Schadensersatzes

Art und Umfang des Schadensersatzes richten sich nach nationalem Recht, mithin nach den §§ 249 ff. BGB. B könnte folglich in Höhe des ihr entstandenen Schadens Geldersatz verlangen.[42]

Hinweis: Das nationale Recht muss dem Effektivitätsgrundsatz genügen, so dass sowohl eine Beschränkung des Schadensersatzes auf an bestimmten Rechtsgütern entstandene Schäden als auch ein Ausschluss entgangenen Gewinns vom ersatzfähigen Schaden unzulässig sind.[43]

V. Ergebnis

B hat nach hier vertretener Ansicht mangels hinreichend qualifizierten Verstoßes gegen Unionsrecht keinen Schadensersatzanspruch aus § 839 BGB i. V. m. Art. 34 GG gegen die Bundesrepublik Deutschland wegen fehlerhafter Umsetzung des Art. 3 III Richtlinie 1999/44/EG.

B. Entscheidung des Amtsgerichts München

I. Handeln in Ausübung eines öffentlichen Amtes

Der Amtsrichter hat bei Entscheidung über die Klage der B auf Rückzahlung der Nutzungsvergütung in Ausübung eines ihm anvertrauten öffentlichen Amtes gehandelt.[44]

II. Verletzung einer drittschützenden Amtspflicht

Fraglich ist, ob der Amtsrichter bei Entscheidung über die Klage der B eine drittschützende Amtspflicht verletzt hat. In Betracht kommt eine Verletzung der Amtspflicht zu rechtmäßigem Verhalten durch Verstoß gegen Art. 3 III Richtlinie 1999/44/EG, in dessen Lichte der Klage der B unter richtlinienkonformer Auslegung von § 439 IV BGB i. V. m. § 346 I BGB stattzugeben gewesen wäre. Steht insoweit ein Verstoß gegen Unionsrecht im Raum, bedarf es auch hier entgegen § 839 BGB i. V. m. Art. 34 GG keiner Verletzung einer drittschützenden Amtspflicht, sondern lediglich eines Verstoßes gegen eine Norm des Unionsrechts, die die Verleihung von Rechten an den Geschädigten bezweckt. Art. 3 III Richtlinie 1999/44/EG verleiht dem Einzelnen, wie gesehen, Rechte. Der Amtsrichter hat gegen diese Norm auch verstoßen, indem er § 439 IV BGB i. V. m. § 346 I BGB nicht richtlinienkonform ausgelegt hat.

---

42 Naturalrestitution ist hingegen als Rechtsfolge der Amtshaftung als übergeleiteter persönlicher Beamtenhaftung entgegen § 249 I BGB grundsätzlich ausgeschlossen, *Ossenbühl*, Staathaftungsrecht, S. 110 f. Unionsrechtlich begegnet dies keinen Bedenken, *Frenz/Götzkes*, JA 2009, 759 (767).

43 EuGH, U.v. 17.4.2007, Rs. C-470/03, Slg. 2007, I-2749 Rn. 94 f. – *AGM-COS.MET.*

44 Vgl. *Ossenbühl*, Staathaftungsrecht, S. 13, 101.

Hinweis: Anknüpfungspunkt für die Staatshaftung ist nicht ein Verstoß gegen die Vorlagepflicht aus Art. 267 III AEUV. Art. 267 III AEUV gewährt den Parteien eines Rechtsstreits keine Möglichkeit, eine Vorlage zu erzwingen, und verleiht daher dem Einzelnen keine Rechte.[45] Ein Verstoß gegen die Vorlagepflicht alleine begründet folglich keine Staatshaftung.[46] Anknüpfungspunkt für die Staatshaftung ist vielmehr der Verstoß gegen die dem Einzelnen Rechte verleihende Norm des Unionsrechts, die nach Art. 267 III AEUV vorzulegen gewesen wäre.[47]

III. Verschulden des Amtswalters

Wie gesehen, gebietet das Unionsrecht eine Staatshaftung für jeden hinreichend qualifizierten Verstoß gegen eine Norm des Unionsrechts, die dem Einzelnen Rechte verleiht; das Verschuldenserfordernis des § 839 I BGB ist daher, soweit es strengere Anforderungen an eine Staatshaftung aufstellt, nicht anwendbar. Fraglich ist vorliegend mithin, ob der Amtsrichter in hinreichend qualifizierter Weise gegen Art. 3 III Richtlinie 1999/44/EG verstoßen hat.

1. Gesichtspunkte für einen hinreichend qualifizierten Verstoß

Im Ausgangspunkt sind dabei die gleichen Gesichtspunkte wie bei einem Verstoß der Legislative gegen Unionsrecht zu berücksichtigen: das Maß an Klarheit und Präzision der verletzten Vorschrift, die Vorsätzlichkeit des Verstoßes, die Entschuldbarkeit eines etwaigen Rechtsirrtums und die Stellungnahme eines Unionsorgans. Darüber hinaus ist bei einem gerichtlichen Verstoß gegen Unionsrecht mit Blick auf Stellung und Funktion der Judikative im System des Unionsrechts aber auch eine Verletzung der Vorlagepflicht nach Art. 267 III AEUV zu berücksichtigen.[48] Sie begründet zwar für sich keine Staatshaftung, kann aber den Verstoß gegen eine vorlagebedürftige Unionsrechtsnorm, die dem Einzelnen Rechte verleiht, hinreichend qualifizieren.

2. Modifikation des Haftungsmaßstabs für judikatives Unrecht

Fraglich ist allerdings, ob der allgemeine Haftungsmaßstab auch für gerichtliche Verstöße gegen Unionsrecht gilt. Zu berücksichtigen sind hier Stellung und Funktion der Judikative: Eine Staatshaftung für judikatives Unrecht gefährdet die Unabhängigkeit der Gerichte und den Grundsatz der Rechtskraft. Ferner führt sie dazu, dass unterinstanzliche Gerichte Pflichtverletzungen letztinstanzlicher Gerichte prüfen.[49] Das deutsche Staatshaftungsrecht greift diese Einwände in § 839 II 1 BGB auf und lässt eine Haftung nur zu, „wenn die Pflichtverletzung in einer Straftat besteht".[50] Der EuGH erstreckt die unionsrechtlich gebotene Haftung der Mitgliedstaaten für Verstöße gegen

---

45 *Gundel*, EWS 2004, 8 (9); *Krieger*, JuS 2004, 855 (856); *Wegener/Held*, Jura 2004, 479 (484).

46 Anders *Haratsch*, JZ 2006, 1176 (1177): Verstoß gegen Art. 267 III AEUV als Verstoß gegen das Recht des Geschädigten auf den gesetzlichen Richter nach Art. 47 II EuGRC.

47 So auch EuGH, U.v. 30.9.2003, Rs. C-224/01, Slg. 2003, I-10239 Rn. 101 ff. – *Köbler*, wo der Verstoß gegen die Vorlagepflicht im Zusammenhang mit der Frage erörtert wird, ob der Mitgliedstaat in hinreichend qualifizierter Weise gegen die dem Einzelnen Rechte verleihende Arbeitnehmerfreizügigkeit nach Art. 45 AEUV verstoßen hat.

48 EuGH, U.v. 30.9.2003, Rs. C-224/01, Slg. 2003, I-10239 Rn. 55 – *Köbler*; U.v. 13.6.2006, Rs. C-173/03, Slg. 2006, I-5177 Rn. 32 – *Traghetti del Mediterraneo*

49 Zu Einwänden gegen eine Haftung für Judiaktivunrecht *Grzeszick*, in: Erichsen/Ehlers, Allgemeines Verwaltungsrecht, § 47 Rn. 23; *Gundel*, EWS 2004, 8 (12 ff.); *Wegener/Held*, Jura 2004, 479 (481 f.).

50 *Schöndorf-Haubold*, JuS 2006, 112 (114); *Wegener/Held*, Jura 2004, 479 (483).

Unionsrecht zwar auch auf die Judikative, weil andernfalls die Wirksamkeit des Unionsrechts beeinträchtigt wäre: Mit Blick auf die Vorlagepflicht komme gerade den letztinstanzlichen Gerichten eine besondere Bedeutung für den Schutz der Rechte des Einzelnen zu.[51] Die besondere Stellung der Judikative schlägt sich aber in einer Modifikation des Haftungsmaßstabs nieder, nach der nur für offenkundige gerichtliche Verstöße gegen Unionsrecht gehaftet wird.[52]

3. Offenkundiger gerichtlicher Verstoß gegen Unionsrecht

Fraglich ist mithin, ob der Amtsrichter vorliegend offenkundig gegen Unionsrecht verstoßen hat. Die fehlerhafte Auslegung des keineswegs eindeutig formulierten Art. 3 III Richtlinie 1999/44/EG ist dem Amtsrichter an sich ebenso wenig vorzuwerfen wie dem Gesetzgeber die fehlerhafte Umsetzung der Bestimmung. Haftungsverschärfend zu berücksichtigen wäre aber ein Verstoß des Amtsrichters gegen die aus Art. 267 III AEUV resultierende Vorlagepflicht.[53] Art. 267 III AEUV verpflichtet ein Gericht, dessen Entscheidung selbst mit Rechtsmitteln nicht mehr angefochten werden kann, zur Anrufung des EuGH, wenn in einem schwebenden Verfahren die Auslegung der Verträge oder die Gültigkeit und Auslegung der Handlungen der Organe, Einrichtungen oder sonstigen Stellen der Union in Frage steht und entscheidungserheblich ist. Vorliegend steht die zutreffende Auslegung des Art. 3 III Richtlinie 1999/44/EG auf dem Prüfstand. Sie ist auch entscheidungserheblich: Schließt diese Regelung nämlich über das Merkmal der Unentgeltlichkeit einen Nutzungsvergütungsanspruch des Verkäufers im Falle der Nachlieferung aus, ist § 439 IV BGB i. V. m. § 346 I BGB entsprechend richtlinienkonform auszulegen. Die Berufung ist nicht zugelassen worden, so dass das Amtsgericht hier angesichts der von der herrschenden Auffassung bejahten Maßgeblichkeit einer konkreten, einzelfallbezogenen Betrachtung[54] auch letztinstanzliches Gericht im Sinne des Art. 267 III AEUV ist. Da eine Ausnahme von der Vorlagepflicht[55] nicht in Sicht ist, hätte der Amtsrichter die Sache dem EuGH vorlegen müssen. Indem er dies unterlassen hat, hat er gegen die Vorlagepflicht aus Art. 267 III AEUV verstoßen. Anhaltspunkte für eine Entschuldbarkeit sind nicht ersichtlich;[56] vielmehr hat der Amtsrichter hier vorsätzlich gegen die Vorlagepflicht verstoßen. Im Lichte dessen ist der Verstoß gegen Art. 3 III Richtlinie 1999/44/EG offenkundig und hinreichend qualifiziert (a. A. vertretbar).

---

51 EuGH, U.v. 30.9.2003, Rs. C-224/01, Slg. 2003, I-10239 Rn. 33 ff. – *Köbler*; U.v. 13.6.2006, Rs. C-173/03, Slg. 2006, I-5177 Rn. 31 – *Traghetti del Mediterraneo*; *Wegener/Held*, Jura 2004, 479 (482).

52 EuGH, U.v. 30.9.2003, Rs. C-224/01, Slg. 2003, I-10239 Rn. 53 – *Köbler*; U.v. 13.6.2006, Rs. C-173/03, Slg. 2006, I-5177 Rn. 32 – *Traghetti del Mediterraneo*: „nicht unbegrenzt[e]“ Haftung im „Ausnahmefall“; instruktiv *Gundel*, EWS 2004, 8 (13); *Haratsch*, JZ 2006, 1176 (1177); *Schöndorf-Haubold*, JuS 2006, 112 (113); *Wegener/Held*, Jura 2004, 479 (482 ff.); skeptisch *von Danwitz*, JZ 2004, 301 (302): praktisch gleicher Haftungsmaßstab.

53 Zu dieser zweistufigen Prüfung EuGH, U.v. 30.9.2003, Rs. C-224/01, Slg. 2003, I-10239 Rn. 120 ff. – *Köbler*; siehe etwa auch OLG Frankfurt, U.v. 13.3.2008, 1 U 244/07, juris, Rn. 21 ff.

54 Dazu *Ehricke*, in: Streinz, EUV/EGV, Art. 234 EGV Rn. 39; mit Blick auf den Grundsatz der mitgliedstaatlichen Haftung für gerichtliche Verstöße gegen Unionsrecht *Kremer*, NJW 2004, 480 (481).

55 Dazu *Ehricke*, in: Streinz, EUV/EGV, Art. 234 EGV Rn. 44.

56 Vgl. EuGH, U.v. 30.9.2003, Rs. C-224/01, Slg. 2003, I-10239 Rn. 123 – *Köbler*.

IV. Schaden und Kausalität

Der B ist ein Schaden in Höhe von 100 € entstanden. Dieser ist durch den Verstoß des Amtsrichters gegen Art. 3 III Richtlinie 1999/44/EG, wie die Entscheidung des EuGH vom 17.4.2008, in deren Lichte B im amtsgerichtlichen Verfahren obsiegt hätte, illustriert, unmittelbar (mit-)verursacht worden.

V. Kein Haftungsausschluss

1. Spruchrichterprivileg (§ 839 II BGB)

Dass die Pflichtverletzung den Tatbestand einer Straftat erfüllt, ist zwar nicht ersichtlich, so dass eine Haftung für das Fehlverhalten des Amtsrichters vorliegend an sich ausscheidet. § 839 II BGB findet aber wegen des Anwendungsvorrangs des Unionsrechts keine Anwendung, soweit die Regelung einer unionsrechtlich gebotenen Haftung des Staates für offenkundige Verstöße der Judikative gegen Unionsrecht entgegensteht.[57]

2. Vorrang des Primärrechtsschutzes (§ 839 III BGB)[58]

Die Berufung ist weder nach § 511 II Nr. 1 ZPO noch nach § 511 II Nr. 2 ZPO statthaft. Eine Wiederaufnahme nach §§ 578 ff. ZPO scheidet nach dem Sachverhalt ebenfalls aus.[59] In Betracht käme allenfalls eine Verfassungsbeschwerde wegen willkürlicher Nichtvorlage als Verletzung des Rechts auf den gesetzlichen Richter in Art. 101 I 2 GG.[60] Die Verfassungsbeschwerde ist wegen ihres „Ausnahmecharakters" aber kein regelmäßiges Instrument des Primärrechtsschutzes und daher auch kein Rechtsmittel im Sinne des § 839 III BGB.[61]

VI. Anspruchsgegner

Anspruchsgegner ist gemäß Art. 34 S. 1 GG der Freistaat Bayern als Rechtsträger des Amtsgerichts München. Dabei begegnet die Haftung eines Gliedstaates an Stelle des Zentralstaates keinen unionsrechtlichen Einwänden, sofern sichergestellt ist, dass die Erlangung der Entschädigung nicht praktisch unmöglich gemacht oder übermäßig erschwert wird.[62]

---

57 Vgl. EuGH, U.v. 13.6.2006, Rs. C-173/03, Slg. 2006, I-5177 Rn. 42, 46 – *Traghetti del Mediterraneo*; *Gundel*, EWS 2004, 8 (16); *Haratsch*, JZ 2006, 1176 (1177); *Schöndorf-Haubold*, JuS 2006, 112 (114).

58 Auch EuGH, U.v. 30.9.2003, Rs. C-224/01, Slg. 2003, I-10239 Rn. 39, 52 – *Köbler*, spricht vom „Grundsatz der Staatshaftung für Entscheidungen letztinstanzlicher Gerichte" und anerkennt eine Haftung für judikatives Unrecht damit (ganz unabhängig vom nationalen Recht) nur, wenn der Kläger alle (zumutbaren) Rechtsmittel ausgeschöpft hat; siehe dazu *Kremer*, NJW 2004, 480 (481); *Wegener/Held*, Jura 2004, 479 (482).

59 Siehe dazu *Ehricke*, in: Streinz, EUV/EGV, Art. 234 EGV Rn. 48.

60 Siehe dazu *Ehricke*, in: Streinz, EUV/EGV, Art. 234 EGV Rn. 47.

61 BGH, U.v. 23.3.1959, III ZR 207/57, BGHZ 30, 19 (28); *Ossenbühl*, Staathaftungsrecht, 5. Aufl. 1998, S. 94; *Schöndorf-Haubold*, JuS 2006, 112 (115); anders etwa *Gundel*, EWS 2004, 8 (15).

62 EuGH, U.v. 1.6.1999, Rs. C-302/97, Slg. 1999, I-3099 Rn. 61 ff. – *Konle*: Haftung eines Teilstaates. Entsprechendes gilt für die Haftung eines mit eigenen Rechten ausgestatteten selbständigen Rechtsträgers, EuGH, U.v. 4.7.2000, Rs. C- 424/97, Slg. 2000, I-5123 Rn. 25 ff. – *Haim*: Haftung einer öffentlich-rechtlichen Körperschaft.

VII. Verjährung

Der Anspruch verjährt gemäß § 195 BGB i. V. m. § 199 I BGB erst am 31.12.2011.

VIII. Art und Umfang des Schadensersatzes

B kann gemäß §§ 249 ff. BGB in Höhe des ihr entstandenen Schadens Geldersatz verlangen.

IX. Ergebnis

B hat einen Schadensersatzanspruch aus § 839 BGB i. V. m. Art. 34 GG gegen den Freistaat Bayern wegen Verstoßes des Amtsgerichts München gegen Art. 3 III Richtlinie 1999/44/EG. Gemäß Art. 34 S. 3 GG und § 40 II 1 Hs. 1 Var. 3 VwGO ist der ordentliche Rechtsweg gegeben. Sachlich ausschließlich zuständig ist nach § 71 II Nr. 2 GVG das Landgericht.

F. Gesamtergebnis

Nach der hier vertretenen Ansicht hat B einen Schadensersatzanspruch aus § 839 BGB i. V. m. Art. 34 GG gegen den Freistaat Bayern wegen eines Verstoßes des Amtsgerichts München gegen Art. 3 III Richtlinie 1999/44/EG. Ein entsprechender Schadensersatzanspruch gegen die Bundesrepublik Deutschland wegen fehlerhafter Umsetzung des Art. 3 III Richtlinie 1999/44/EG scheidet hingegen mangels eines hinreichend qualifizierten Verstoßes aus.

Hinweis: Wer (entgegen der hier vertretenen Auffassung) eine Haftung der Bundesrepublik Deutschland *und* (entsprechend der hier vertretenen Auffassung) eine Haftung des Freistaates Bayern bejaht, muss abschließend noch zum Verhältnis beider Ansprüche zueinander Stellung nehmen. Nach allgemeinen und unionsrechtlich unbedenklichen Grundsätzen[63] haften beide Anspruchsgegner gemäß § 840 I BGB als Gesamtschuldner im Sinne des § 421 BGB.[64] Die Gewichtung der Verantwortungs- und Verursachungsbeiträge bleibt damit dem internen Ausgleich nach § 426 BGB vorbehalten und belastet im Einklang mit dem unionsrechtlichen Effektivitätsgrundsatz nicht die Entschädigung des Einzelnen.

Rechtsprechungs- und Literaturhinweise

1. Der Fall beleuchtet staatshaftungsrechtliche Aspekte der Entscheidungen des BGH (B.v. 16.8.2006, VIII ZR 200/05, NJW 2006, 3200; U.v. 26.11.2008, VIII ZR 200/05, NJW 2009, 427) und des EuGH (U.v. 17.4.2008, Rs. C-404/06, Slg. 2008, I-2685) in der Rechtssache *Quelle*; siehe dazu auch *Frenz/Götzkes*, Staatshaftung für Gerichtsentscheidungen bei auslegungsbedürftigem Recht, EuR 2009, 622
2. Allgemein zur Haftung der Mitgliedstaaten für Verstöße gegen Unionsrecht aus der Rechtsprechung insbesondere EuGH, U.v. 19.11.1991, verb. Rs. C-6/90 und C-9/90, Slg. 1991, I-5357 – *Francovich*; U.v. 5.3.1996, verb. Rs. C-46/93 und C-48/93,

63 Dazu BGH, U.v. 21.5.1992, III ZR 158/90, BGHZ 118, 253 (262); U.v. 21.5.1992, III ZR 14/91, BGHZ 118, 263 (267).

64 *Frenz/Götzkes*, JA 2009, 759 (768).

Slg. 1996, I-1029 – *Brasserie du Pêcheur*; U.v. 30.9.2003, Rs. C-224/01, Slg. 2003, I-10239 – *Köbler*; U.v. 13.6.2006, Rs. C-173/03, Slg. 2006, I-5177 – *Traghetti del Mediterraneo*; U.v. 24.3.2009, Rs. C-445/06, Slg. 2009, I-2119 – *Danske Slagterier*; aus der jüngeren didaktisch ausgerichteten Literatur insbesondere *Frenz/Götzkes*, Die gemeinschaftsrechtliche Staatshaftung, JA 2009, 759; *Schöndorf-Haubold*, Die Haftung der Mitgliedstaaten für die Verletzung von EG-Recht durch nationale Gerichte, JuS 2006, 112; *Schoch*, Staatshaftung wegen Verstoßes gegen Europäisches Gemeinschaftsrecht, Jura 2002, 837; *Wegener/Held*, Die Haftung der Mitgliedstaaten für die Verletzung von EG-Recht durch nationale Gerichte, Jura 2004, 479

Fall 14: Beständige Kommunikation

Urs Kramer

Sachverhalt

Die A-AG ist eine im Telekommunikationssektor tätige Firma. Mit Bescheid vom 14.6.2000 wird sie von der zuständigen Bundesbehörde nach ordnungsgemäßer Anhörung zu Gebühren in Höhe von (umgerechnet) 1 Million Euro für die Einzelgenehmigung von Telekommunikationsdiensten herangezogen. Die Behörde stützt sich dabei auf innerstaatliche Vorschriften zur Umsetzung der Richtlinie 97/13/EG, die auf eine vollständige Liberalisierung des Telekommunikationsmarktes sowie die Erleichterung des Markteintrittes neuer Wettbewerber abzielt. Art. 11 I der Richtlinie erlaubt die Erhebung von Gebühren für die Deckung der „für die Ausstellung, Verwaltung, Kontrolle und Durchsetzung der jeweiligen Einzelgenehmigungen anfallenden Verwaltungskosten" unter der Voraussetzung, dass diese Gebühren „in Relation zu dem damit verbundenen Aufwand" stehen. Bei der Berechnung der Gebühren geht die Behörde von einer Vorauserhebung der Kosten des „allgemeinen Verwaltungsaufwandes" für einen Zeitraum von 30 Jahren aus.

Nach erfolglos durchgeführtem Widerspruchsverfahren erhebt A vor dem zuständigen Verwaltungsgericht Klage gegen den Bescheid, die jedoch abgewiesen wird. Auch die hiergegen eingelegten Rechtsmittel bringen keinen Erfolg. Vielmehr entscheidet das Bundesverwaltungsgericht (BVerwG) im Jahr 2003 letztinstanzlich, dass kein Verstoß gegen höherrangiges deutsches Recht vorliege.

Sieben Jahre später, am 17.9.2010, stellt jedoch der Gerichtshof der Europäischen Gemeinschaften (EuGH) anlässlich eines Vorabentscheidungsverfahrens in einem anderen Ausgangsprozess unter anderem fest, dass Art. 11 I der betreffenden Richtlinie einem weit in die Zukunft erstreckten Zeitrahmen als Kalkulationsgrundlage für die Gebührenberechnung entgegenstehe. Nach diesem Urteil schöpft A neue Hoffnung und verlangt mit Schreiben vom 29.10.2010 von der zuständigen Behörde, den Bescheid vom 14.6.2000 aufzuheben. Die Berechnung der Gebühren beruhe auf einer offensichtlich unionsrechtswidrigen Regelung und könne daher nicht aufrechterhalten werden.

Der Antrag wird jedoch mit Bescheid vom 5.11.2010 abgelehnt; auch der dagegen eingelegte Widerspruch der A bleibt erfolglos. Die Behörde verweist in ihrem Widerspruchsbescheid vom 3.12.2010 darauf, dass der streitige Gebührenbescheid bestandskräftig geworden sei. Das von A angeführte Urteil des EuGH sei erst viele Jahre nach dem letztinstanzlichen Urteil des BVerwG ergangen. Nach dem anwendbaren deutschen Verwaltungsverfahrensrecht komme ein Wiederaufgreifen des Verfahrens nur in Betracht, wenn ein gesetzlich ausdrücklich vorgesehener Grund vorliege. Ein solcher sei hier nicht einschlägig, weshalb die Behörde auch nicht in eine erneute Prüfung einsteigen, geschweige denn den Gebührenbescheid im Ergebnis aufheben müsse. Außerdem habe sich A – was zutrifft – während des zurückliegenden verwaltungsgerichtlichen Verfahrens nie auf die Verletzung von Unionsrecht berufen und auch niemals eine Vorlage zum EuGH angeregt.

A möchte daraufhin beim örtlich zuständigen Verwaltungsgericht Klage erheben. Sie meint, die im Gesetz aufgeführten Gründe für ein Wiederaufgreifen des Verfahrens seien keinesfalls abschließend. Das deutsche Verwaltungsverfahrensrecht kenne weitere Möglichkeiten der Aufhebung von bestandskräftigen Verwaltungsakten. Zudem folge hier aus dem in Art. 4 III EUV verankerten Grundsatz der loyalen Zusammenarbeit eine Rechtspflicht der nationalen Behörde, den unionsrechtswidrigen Gebührenbescheid zurückzunehmen. Weiterhin könne man es dem betroffenen Bürger nicht anlasten, wenn nationale Gerichte die Bedeutung einer unionsrechtlichen Frage schlicht übersehen hätten. Das BVerwG habe im damaligen Rechtsstreit als letztinstanzliches Gericht die entscheidenden Rechtsfragen „von Amts wegen" dem EuGH vorlegen müssen.

Der von A beauftragte Prozessvertreter stellt einen auf § 51 VwVfG gerichteten Hauptantrag. Hilfsweise beantragt er die Aufhebung des Gebührenbescheides nach den §§ 48, 49 VwVfG.

In einem umfassenden Rechtsgutachten sind die Erfolgsaussichten der von A erhobenen Klage zu prüfen.

Wesentliche Probleme

Äquivalenzprinzip, Effektivitätsprinzip, effet utile (praktische Wirksamkeit), EuGH-Urteil als Grund für die Rücknahme von Verwaltungsakten, Staatshaftung (wegen Verstoßes gegen EU-Recht), Vorabentscheidungsverfahren, Wiederaufgreifensgrund nach § 51 I Nr. 1 Alt. 2 VwVfG

Gliederung

Hauptantrag

A. Sachentscheidungsvoraussetzungen
- I. Eröffnung des Verwaltungsrechtsweges
- II. Statthaftigkeit
  - 1. Anfechtungsklage
  - 2. Verpflichtungsklage
    - a) Vorliegen eines Verwaltungsaktes
    - b) Gegenstand der Verpflichtungsklage
- III. Klagebefugnis
- IV. Vorverfahren
- V. Klagefrist
- VI. Beteiligten- und Prozessfähigkeit
- VII. Zwischenergebnis

B. Begründetheit
- I. Richtiger Klagegegner
- II. Anspruchsgrundlage
- III. Anspruchsvoraussetzungen
  - 1. Zulässiger Antrag
    - a) Stellung des erforderlichen Antrages
    - b) Inhalt des Antrages
    - c) Kein grobes Verschulden
    - d) Frist

2. Vorliegen eines Wiederaufgreifensgrundes
a) Änderung der Rechtslage
b) Äquivalenzprinzip
c) Modifikation auf Grund des Effektivitätsprinzips?
IV. Ergebnis

Hilfsantrag
A. Sachentscheidungsvoraussetzungen
B. Objektive Klagehäufung
C. Begründetheit der Klage
I. Richtiger Klagegegner
II. Anspruchsgrundlage
III. Anspruchsvoraussetzungen
1. Formelle Voraussetzungen
2. Materielle Voraussetzungen
a) Rechtswidriger, belastender Verwaltungsakt
b) Rechtsfolge: Ermessen
IV. Verletzung in eigenen Rechten
V. Spruchreife
VI. Zwischenergebnis
D. Gesamtergebnis

Lösung

Hauptantrag

A. Sachentscheidungsvoraussetzungen

Die Klage der A-AG hat Erfolg, wenn ihre Sachentscheidungsvoraussetzungen[1] vorliegen und sie außerdem begründet ist.

I. Eröffnung des Verwaltungsrechtsweges

Zunächst muss der Verwaltungsrechtsweg eröffnet sein. Eine spezialgesetzliche Zuweisung an die Verwaltungsgerichte ist nicht ersichtlich. Der Verwaltungsrechtsweg ist nach der Generalklausel des § 40 I 1 VwGO in allen öffentlich-rechtlichen Streitigkeiten nichtverfassungsrechtlicher Art gegeben, für die es keine abdrängende Sonderzuweisung gibt. Die hier beim Handeln einer Bundesbehörde streitentscheidenden Regelungen der §§ 48 ff. VwVfG berechtigen und verpflichten ausschließlich Hoheitsträger in deren spezifischer Eigenschaft als Träger öffentlicher Gewalt und sind daher dem öffentlichen Recht zuzuordnen (außerdem beziehen sie sich als Streitgegenstand auf die Rückabwicklung [actus contrarius] einer auf öffentlich-rechtlicher Grundlage erfolgten Verwaltungshandlung – hier des Gebührenbescheides nach dem Telekommunikationsrecht – und teilen damit deren Rechtscharakter). Überdies wurzelt das der vorliegenden Streitigkeit zu Grunde liegende Recht weder unmittelbar in den Regelungen des GG, noch sind die Parteien zwei am Verfassungsleben unmittelbar beteiligte Organe, so dass es an der doppelten Verfassungsunmittelbarkeit (sowie an der „prinzipalen Rechtssatzkontrolle des formellen Gesetzgebers"; das sind die abstrakte und die

1 Zu der gegenüber einem Verfahren vor dem EuGH (oder einem Verfassungsgericht) anderen Begrifflichkeit („Sachentscheidungsvoraussetzungen" statt „Zulässigkeit") im Verwaltungsprozess, in dem über § 173 S. 1 VwGO auch der § 17a GVG gilt, bereits oben eingangs zu Fall 1.

konkrete Normenkontrolle) und damit am verfassungsrechtlichen Charakter der Streitigkeit fehlt.[2] Eine abdrängende Rechtswegzuweisung an ein anderes Gericht ist schließlich ebenfalls nicht gegeben. Der Verwaltungsrechtsweg ist somit in diesem Fall nach § 40 I 1 VwGO eröffnet.

II. Statthaftigkeit

Die Statthaftigkeit der Klage richtet sich nach dem Begehren der Klägerin; vgl. §§ 88, 86 III VwGO. A möchte die Aufhebung des sie belastenden Gebührenbescheides erreichen.

1. Anfechtungsklage

Einer Anfechtungsklage gegen den Gebührenbescheid nach § 42 I Hs. 1 VwGO steht die durch das letztinstanzliche Urteil 2003 herbeigeführte formelle Bestandskraft des Bescheides entgegen. Auch ein anfechtbarer Zweitbescheid liegt nicht vor, da die Behörde – unter Hinweis auf die Bestandskraft des Gebührenbescheides – nun nicht in eine erneute Sachprüfung eingestiegen ist.

2. Verpflichtungsklage

Das Aufhebungsersuchen der A lässt sich demgegenüber auch als Antrag auf Erlass einer behördlichen Maßnahme auslegen. In Betracht kommt insoweit eine Verpflichtungsklage in Form der Versagungsgegenklage nach § 42 I Hs. 2 Alt. 1 VwGO.

a) **Vorliegen eines Verwaltungsaktes.** Dazu muss die von A begehrte behördliche Maßnahme einen Verwaltungsakt i.S. des § 35 VwVfG darstellen. Der ursprüngliche Gebührenbescheid ist eine seitens der zuständigen Bundesbehörde hoheitlich getroffene Einzelfallmaßnahme, deren Regelungscharakter in der Festsetzung der betreffenden Gebühr liegt und die auf unmittelbare Außenwirkung gegenüber A gerichtet ist. Als Verwaltungsakt kann der Gebührenbescheid wiederum nur durch einen Gegenakt (actus contrarius) aufgehoben werden, der selbst Verwaltungsaktsqualität besitzt. A begehrt somit den Erlass eines Verwaltungsaktes.

b) **Gegenstand der Verpflichtungsklage.** Das Ersuchen der A umfasst zwei Teilaspekte: Erstens zielt sie auf das verfahrensrechtliche Wiederaufgreifen des Verfahrens ab.[3] Zweitens möchte sie in sachlicher Hinsicht die Aufhebung des Gebührenbescheides erreichen. Die behördliche Ablehnung des Antrages beinhaltet also neben dem Hinweis auf die Bestandskraft des Gebührenbescheides auch die Zurückweisung des Antrages auf ein Wiederaufgreifen des Verfahrens und damit eine verfahrensrechtliche Regelung. Die Unterscheidung zwischen verfahrens- und materiell-rechtlichem Begehren der Klägerin könnte jedoch zu einer prozessualen Trennung führen. Demnach müsste A also zuerst Klage auf das Wiederaufgreifen des Verfahrens und im Fall einer ablehnenden Entscheidung der Behörde in der Sache eine zweite Verpflichtungsklage auf Aufhebung des Gebührenbescheides erheben (mithin eine Art „Stufenklage"). Für diese Vorgehensweise spricht zunächst, dass nach der gesetzlich ausgestalteten Gewaltenteilung zwischen Verwaltung und Verwaltungsgerichtsbarkeit die Kontrolltätigkeit der Gerichte erst dann einsetzt, wenn die behördliche Entscheidung zum Nachteil des Betroffenen getroffen oder nicht in angemessener Frist erfolgt ist. Zudem kann bei

2 Vgl. *Kramer*, Allgemeines Verwaltungsrecht und Verwaltungsprozessrecht, 2010, Rn. 29.
3 Insgesamt dazu *Kramer*, Allgemeines Verwaltungsrecht und Verwaltungsprozessrecht, Rn. 342 ff.

Ermessensverwaltungsakten die Spruchreife für eine sofortige Entscheidung des Gerichts in der Sache fehlen. Allerdings ist die Spruchreife nach § 113 V VwGO eine Frage des Entscheidungsinhaltes und nicht des Klagegegenstandes. Zudem spricht die Prozessökonomie jedenfalls in den Fällen gebundener Verwaltungsakte dafür, eine unmittelbar auf die erstrebte Sachentscheidung gerichtete Klage zuzulassen.[4] Vor allem aber zielt die Klägerin mit ihrem Begehren auf eine neue Entscheidung in der Sache ab. Die Voraussetzungen des § 51 VwVfG stellen sich insoweit lediglich als besondere verfahrensrechtliche Anforderungen für eine neue materiell-rechtliche Entscheidung dar.[5] Damit dient die Annahme einer einheitlichen Verpflichtungsklage am effizientesten der Durchsetzung der subjektiven Rechte der Klägerin und entspricht somit am meisten ihrem in Art. 19 IV GG gewährleisteten Recht auf effektiven Rechtsschutz.

Statthafte Klageart für das gesamte Rechtsschutzbegehren der Klägerin ist folglich eine einheitliche Verpflichtungsklage in Form der Versagungsgegenklage nach § 42 I Hs. 2 Alt. 1 VwGO.

III. Klagebefugnis

Die Klagebefugnis der A nach § 42 II VwGO ergibt sich daraus, dass jedenfalls nicht von vornherein ausgeschlossen werden kann, dass sie einen Anspruch auf das Wiederaufgreifen des Verfahrens (und eine Rücknahme des Kostenbescheides) nach § 51 VwVfG hat und darum durch die behördliche Ablehnung in ihrem entsprechenden subjektiven Recht verletzt ist.

IV. Vorverfahren

Das nach § 68 II, I 1 VwGO bei einer handelnden Bundesbehörde wie hier in jedem Fall notwendige und auch nicht nach § 68 I 2 Alt. 2 Nr. 1 VwGO entbehrliche Vorverfahren wurde vorliegend erfolglos durchlaufen.

V. Klagefrist

Anhaltspunkte für die Nichteinhaltung der Klagefrist nach § 74 II, I 1 VwGO liegen nicht vor.

VI. Beteiligten- und Prozessfähigkeit

Die Beteiligtenfähigkeit der A als juristischer Person ergibt sich aus §§ 61 Nr. 1 Alt. 2 VwGO, 1 I 1 AktG; ihre Prozessfähigkeit folgt aus § 62 III VwGO i. V. mit § 78 I AktG bei Vertretung durch ihren Vorstand. Für den Bund als Beklagten ergibt sich das aus den gleichen Normen der VwGO, wobei er durch den Bundespräsidenten (vgl. etwa Art. 59 I GG – insoweit allerdings nur für das Völkerrecht[6]), faktisch – und gewohnheitsrechtlich anerkannt – aber durch die vorliegend aktive Behörde vertreten wird.

VII. Zwischenergebnis

Die Sachentscheidungsvoraussetzungen der Klage der A sind mithin erfüllt.

---

4 Vgl. auch *Gerhardt*, in: Schoch/Schmidt-Aßmann/Pietzner, VwGO, § 113 Rn. 66ff.

5 Vgl. *Sachs*, in: Stelkens/Bonk/Sachs, VwVfG, 7. Aufl. 2008, § 51 Rn. 8f.

6 Genauer zu den auswärtigen Handlungskompetenzen des Bundespräsidenten *Nettesheim*, in: Maunz/Dürig (Begr.), GG, Losebl. Stand 4/2010, Art. 59 Rn. 56ff.

B. Begründetheit

Die Klage der A im Hauptantrag ist begründet, wenn sie sich gegen den richtigen Klagegegner richtet, die Versagung des Wiederaufgreifens des Verfahrens und der Aufhebung des Gebührenbescheides rechtswidrig war, A dadurch in ihren Rechten verletzt und die Sache spruchreif ist, vgl. § 113 V 1 VwGO. Das ist dann der Fall, wenn A einen Anspruch auf das Wiederaufgreifen des Verfahrens und auf die Aufhebung des Gebührenbescheides hat.

I. Richtiger Klagegegner

Richtiger Klagegegner[7] ist gemäß § 78 I Nr. 1 VwGO der Bund als Rechtsträger seiner handelnden Behörde.

II. Anspruchsgrundlage

Als Anspruchsgrundlage kommt § 51 VwVfG in Betracht. In dem zu entscheidenden Fall geht es um den Vollzug unionsrechtlicher Vorschriften durch mitgliedstaatliche Organe (indirekter Vollzug). Diesen zu gewährleisten ist dabei auf Grund mangelnder unionsrechtlicher Verfahrensvorschriften grundsätzlich Sache der Mitgliedstaaten (Grundsatz der Verfahrensautonomie). Grenzen dieser Verfahrensautonomie ergeben sich jedoch aus dem in Art. 4 III EUV verankerten Grundsatz der loyalen Zusammenarbeit der Europäischen Union und ihrer Mitgliedstaaten. Die innerstaatlichen Behörden haben insbesondere für die volle Wirksamkeit unionsrechtlicher Regelungen zu sorgen (Effektivitätsprinzip). Daneben besteht die Pflicht, dass das innerstaatliche Verfahrensrecht für unionsrechtliche Sachverhalte nicht ungünstiger als für gleichartige Sachverhalte innerstaatlicher Art angewendet werden darf (Äquivalenzprinzip).[8] § 51 VwVfG kommt damit in den Grenzen des Effizienz- und Äquivalenzgebotes[9] zur Anwendung.

III. Anspruchsvoraussetzungen

Ein Anspruch der A auf ein Wiederaufgreifen des Verfahrens besteht nach § 51 VwVfG dann, wenn sie (formell) einen zulässigen Wiederaufgreifensantrag gestellt hat und (materiell) ein Wiederaufgreifensgrund vorliegt.

1. Zulässiger Antrag

a) **Stellung des erforderlichen Antrages.** Der nach § 51 I VwVfG erforderliche Antrag wurde von A bei der zuständigen Behörde gestellt, die ihn am 5.11.2010 ablehnte.

b) **Inhalt des Antrages.** Der Antrag bezieht sich auf die Aufhebung des bestandskräftigen Gebührenbescheides vom 14.6.2000 in Gestalt des Widerspruchsbescheides und damit auf einen unanfechtbaren Verwaltungsakt i. S. des § 51 I VwVfG.

---

7 Die Darstellung folgt hier dem so genannten bayerischen Aufbau. Sonst wird der richtige Beklagte (die „Passivlegitimation") bereits im Rahmen der Sachentscheidungsvoraussetzung der Beteiligten- und Prozessfähigkeit geprüft.

8 Näher *Streinz*, Europarecht, Rn. 553 ff.

9 Zu diesen Verfahrengrundsätzen auch *Geiger*, in: Geiger/Khan/Kotzur, EUV/AEUV, Art. 4 EUV Rn. 39, mit zahlreichen Nachweisen aus der Rechtsprechung des EuGH.

c) **Kein grobes Verschulden.** Zudem ist der Antrag nur dann zulässig, wenn der Betroffene ohne grobes Verschulden außer Stande war, den Grund für das Wiederaufgreifen in dem früheren Verfahren, insbesondere durch einen Rechtsbehelf, geltend zu machen (§ 51 II VwVfG). Ein derartiges Verschulden liegt vor, wenn dem Betroffenen das Bestehen des Wiederaufnahmegrundes bekannt war oder sich den ihm bekannten Umständen nach aufdrängen musste und er sich trotzdem unter Verletzung jeglicher einem ordentlichen Verfahrensbeteiligten zumutbaren Sorgfaltspflicht nicht weiter darum gekümmert hat.[10] Ein solcher Umstand ist hier nicht ersichtlich, denn A wusste nichts von der Unionsrechtswidrigkeit der Richtlinie 97/13/EG (und musste diese auch nicht kennen).

d) **Frist.** Auch die Dreimonatsfrist ab der Kenntniserlangung gemäß § 51 III VwVfG wurde eingehalten. Ein zulässiger Antrag auf ein Wiederaufgreifen des Verfahrens ist damit insgesamt gegeben.

2. Vorliegen eines Wiederaufgreifensgrundes

Weiterhin muss ein Wiederaufgreifensgrund („Begründetheit" des Antrages) nach § 51 I VwVfG vorliegen. In Betracht kommt eine Änderung der Rechtslage i.S. des § 51 I Nr. 1 Alt. 2 VwVfG durch das EuGH-Urteil vom 17.9.2010.

a) **Änderung der Rechtslage.** Unter einer „Änderung der Rechtslage" ist eine entscheidungserhebliche Veränderung der rechtlichen Voraussetzungen zu verstehen, die dem Verwaltungsakt bei seinem Erlass zu Grunde gelegen haben.[11] Das setzt voraus, dass sich das maßgebliche materielle Recht nach Erlass des betreffenden Verwaltungsaktes geändert hat. Die Änderung der höchstrichterlichen Rechtsprechung bedeutet in der Regel allerdings nur, dass das Recht bislang nicht „richtig" erkannt wurde. Darum ist sie grundsätzlich nicht unter § 51 I Nr. 1 Alt. 2 VwVfG zu fassen. Zweifelhaft ist allerdings, ob das auch für Urteile des EuGH gilt.

b) **Äquivalenzprinzip.** Nach dem unionsrechtlichen Äquivalenzprinzip würde eine Rechtsprechungsänderung durch den EuGH allenfalls ebenso behandelt werden wie diejenige durch ein deutsches höchstes Gericht und somit auch nicht unter den Tatbestand des § 51 I Nr. 1 Alt. 2 VwVfG fallen.

c) **Modifikation auf Grund des Effektivitätsprinzips? aa) Unionsrechtskonforme Auslegung des § 51 VwVfG?** Zunächst könnte das Effektivitätsprinzip eine über die bloße Gleichbehandlung hinausgehende unionsrechtskonforme Auslegung[12] des § 51 VwVfG verlangen.[13] Im Hinblick auf die besondere Bedeutung der EuGH-Rechtsprechung für die dynamisch-evolutive Entwicklung des Unionsrechts und die stark präjudiziell geprägte Entscheidungskultur nach anglo-amerikanischem Vorbild („case-law") liegt es zunächst nahe, das Ergehen einer neuen bzw. die Änderung der bestehenden EuGH-Rechtsprechung im Unterschied zur nationalen Sichtweise einer Änderung des materiellen Rechts i.S. des § 51 I Nr. 1 Alt. 2 VwVfG gleichzustellen. Andernfalls würde das Unionsrecht in seiner zeitlichen Anwendung verzerrt, was seine einheitliche Geltung und praktische Wirksamkeit (den so genannten effet utile) beeinträchtigen würde.

10 VGH München, U.v. 24.10.1977, 52 III 76, DVBl. 1978, 114.
11 Näher *Kramer*, Allgemeines Verwaltungsrecht und Verwaltungsprozessrecht, Rn. 345 f.
12 Ausführlich *Herrmann*, Examens-Repetitorium Europarecht/Staatsrecht III, Rn. 71 f.
13 Vgl. dazu (ablehnend) BVerwG, U.v. 22.10.2009, 1 C 26.08, BVerwGE 135, 137.

bb) Grundsatz der Rechtssicherheit. Allerdings erkennt auch das Unionsrecht den Grundsatz der Rechtssicherheit als allgemeinen Rechtsgrundsatz an, der von den mitgliedstaatlichen Behörden beim Vollzug und bei der Durchsetzung unionsrechtlicher Regelungen zu beachten ist.[14] Da die Bestandskraft einer Verwaltungsentscheidung zur Rechtssicherheit beiträgt, verlangt das Unionsrecht keine generelle Aufhebungspflicht für sie bei einem Verstoß gegen Europäisches Recht.[15] Die Natur des Verfahrens nach § 51 VwVfG besteht allerdings darin, dem Bürger bei Vorliegen der entsprechenden Voraussetzungen einen Rechtsanspruch auf ein Wiederaufgreifen des Verfahrens zu gewähren. Zudem ist nach h. M. der Verwaltungsakt in der Sache sogar dann aufzuheben, wenn er sich in Ansehung des Wiederaufgreifensgrundes nach Maßgabe des derzeit geltenden materiellen Rechts als rechtswidrig erweist. Die Anwendung von § 51 VwVfG auf Fälle des Neuerlasses bzw. der Änderung der Rechtsprechung des EuGH würde also dazu führen, dass die nationale Behörde das betreffende Verfahren wiederaufgreifen und den als rechtswidrig erkannten Verwaltungsakt regelmäßig selbst dann zurücknehmen müsste, wenn diese Bestandskraftdurchbrechung unionsrechtlich im Einzelfall gar nicht induziert wäre. Die Anwendung des § 51 VwVfG führt daher hier zu weit und ist zu unflexibel.[16]

cc) Wiederaufgreifen außerhalb von § 51 VwVfG? Gegen die Anwendung der starren, wenn auch rechtsschutzintensiveren Regelung des § 51 VwVfG spräche es zudem, wenn die §§ 48 f. VwVfG als flexiblere Lösung anwendbar wären. Das scheint zwar zunächst dem Wortlaut von § 51 VwVfG zu widersprechen, der eine abschließende Regelungslage bezüglich der Wiederaufgreifensgründe suggeriert. Allerdings sollte nach dem Sinn und Zweck der Regelung durch § 51 VwVfG bei Einführung des VwVfG im Jahre 1976 keine Einschränkung der damals bereits anerkannten Wiederaufgreifensgründe bewirkt werden. Die Vorschrift hat vielmehr den Zweck, besondere Umstände tatbestandlich zu fixieren, bei deren Vorliegen ein Anspruch auf ein Wiederaufgreifen besteht.[17] Daneben besitzt die Behörde nach §§ 48 f. VwVfG noch immer die Möglichkeit (und der Bürger Anspruch auf eine diesbezüglich ermessensfehlerfreie Entscheidung), auch bestandskräftige Verwaltungsakte im Rahmen einer Ermessensentscheidung aufzuheben. § 51 VwVfG normiert damit lediglich den Spezialfall eines zwingend vorgeschriebenen Wiederaufgreifens des Verfahrens. Diese Auslegung stützt als systematisches Argument auch § 51 V VwVfG, nach dem die Vorschriften des § 48 I 1 VwVfG und des § 49 I VwVfG unberührt bleiben. Die Fälle des Wiederaufgreifens des Verfahrens nach § 51 VwVfG und nach §§ 48 f. VwVfG stehen also nebeneinander. Eine Rechtsprechungsänderung durch den EuGH ist somit kein Fall des § 51 I Nr. 1 Alt. 2 VwVfG.

Demnach ist die vorliegende Konstellation nicht unter den Tatbestand des § 51 I VwVfG zu subsumieren.

IV. Ergebnis

Der Hauptantrag der A ist damit mangels Anspruches unbegründet und folglich die innerprozessuale Bedingung für die Prüfung ihres Hilfsantrages eingetreten.

14 Grundlegend dazu EuGH, U.v. 5.3.1980, Rs. C-265/78, Slg. 1980, 617 – *Ferwerda.*
15 EuGH, U.v. 16.3.2006, Rs. C-234/04, Slg. 2006, I-2585 – *Kapferer/Schlank & Schick GmbH.*
16 So i. E. auch *Britz/Richter*, JuS 2005, 198 (200 f.).
17 Vgl. *Sachs*, in: Stelkens/Bonk/Sachs, VwVfG, § 51 Rn. 1 m. w. N.

Hilfsantrag

A. Sachentscheidungsvoraussetzungen

Die Sachentscheidungsvoraussetzungen einer Verpflichtungsklage in Form der Versagungsgegenklage liegen vor; insbesondere ist A klagebefugt, denn die Vorschrift des § 48 I 1 VwVfG dient zumindest auch dem Schutz des rechtswidrig herangezogenen Adressaten,[18] und A hat jedenfalls möglicherweise nach dieser Norm Anspruch auf eine fehlerfreie Ermessensausübung durch die Behörde.

B. Objektive Klagehäufung

Da sich die Klage gegen denselben Klagegegner richtet und demselben Lebenssachverhalt entstammt sowie beim selben Gericht anhängig gemacht werden muss, können Haupt- und Hilfsantrag eventualiter in einem einheitlichen Verfahren als objektive Klagehäufung nach § 44 VwGO geltend gemacht werden.

C. Begründetheit

Die Verpflichtungsklage der A im Hilfsantrag ist begründet, soweit sie sich gegen den richtigen Klagegegner richtet, die Versagung der Aufhebung des Gebührenbescheides rechtswidrig war, die A dadurch in ihren Rechten verletzt und die Sache spruchreif ist, vgl. § 113 V 1 VwGO. Das ist letztlich dann der Fall, wenn die A einen Anspruch auf die begehrte Aufhebung hat.

I. Richtiger Klagegegner

Richtiger Klagegegner ist wieder gemäß § 78 I Nr. 1 VwGO der Bund.

II. Anspruchsgrundlage

Als Anspruchsgrundlage kommt nunmehr § 48 I 1 VwVfG in Betracht.

III. Anspruchsvoraussetzungen

1. Formelle Voraussetzungen

Die Behörde, die den Bescheid zurücknehmen soll, ist hier dafür auch sachlich und örtlich zuständig (vgl. § 48 V VwVfG: grundsätzlich die Erlassbehörde). Eines Antrages bedarf es insoweit nicht zwingend; die Behörde könnte selbst von Amts wegen tätig werden. Der Antrag wurde von A jedoch sogar gestellt.

2. Materielle Voraussetzungen

Auch die materiellen Voraussetzungen des § 48 I 1 VwVfG müssen vorliegen.

a) **Rechtswidriger, belastender Verwaltungsakt.** Bei dem Bescheid vom 14.6.2000 könnte es sich um einen rechtswidrigen, weil gegen Unionsrecht verstoßenden und belastenden Verwaltungsakt i. S. des § 48 I 1 VwVfG handeln. Die Rechtswidrigkeit des

18 Ausführlich *Kramer*, Allgemeines Verwaltungsrecht und Verwaltungsprozessrecht, Rn. 329.

Bescheides folgt daraus, dass nach dem EuGH-Urteil die deutsche Umsetzungsnorm zur Richtlinie 97/13/EG wegen deren Anwendungsvorranges[19] in diesem Fall „weggefallen“ ist und damit der A belastende Gebührenbescheid keine Rechtsgrundlage mehr hat; außerdem widerspricht er auch noch der unmittelbar anwendbaren (da begünstigenden, insoweit hinreichend bestimmten und nicht richtig umgesetzten) Richtlinie 97/13/EG.[20]

b) Rechtsfolge: Ermessen. Grundsätzlich steht als Rechtsfolge die Rücknahme eines rechtswidrigen Verwaltungsaktes nach § 48 I 1 VwVfG im Ermessen der Behörde („kann“), das sie gemäß § 40 VwVfG entsprechend dem Zweck der Ermächtigung und innerhalb der gesetzlichen Grenzen fehlerfrei auszuüben hat. A hat damit grundsätzlich nur einen Anspruch auf eine fehlerfreie Ermessensausübung, der sich jedoch aus dem Zusammenhang mit anderen Rechtsvorschriften oder den Umständen des Einzelfalles zum Anspruch auf Erlass einer bestimmten Maßnahme verdichten kann, wenn nur diese allein rechtmäßig ist (Ermessensreduzierung auf Null).[21] Dabei ist zwischen dem Überprüfungsermessen im Hinblick auf das verfahrensrechtliche Wiederaufgreifen einerseits und dem Aufhebungsermessen im Hinblick auf die Sachentscheidung andererseits zu differenzieren.

aa) Überprüfungsermessen. Auf Grund von Art. 4 III EUV könnte das Ermessen der Behörde in Bezug auf das Wiederaufgreifen des Verfahrens auf Null reduziert sein. Ob der aus Art. 4 III EUV abgeleitete Effektivitätsgrundsatz überhaupt verlangt, dass die nationalen Rechtsordnungen eine Wiederaufgreifens- bzw. Aufhebungsmöglichkeit vorsehen oder ob nicht bereits eine Anfechtungsmöglichkeit an sich genügt, kann offen bleiben, da das deutsche Verfahrensrecht in den §§ 48 ff. VwVfG gerade das Wiederaufgreifen und die Aufhebung auch von bestandskräftigen Verwaltungsakten regelt. A hat zudem den Gebührenbescheid bis zur letzten Instanz erfolglos angefochten. Dieser sowie das ihn bestätigende letztinstanzliche fachgerichtliche Urteil beruhen, wie das Urteil des EuGH vom 17.9.2010 nachträglich zeigt, allerdings auf einer unrichtigen Auslegung des Unionsrechts. Bis zur letztinstanzlichen Entscheidung wurde dabei dem EuGH keine entsprechende Frage mittels eines Vorabentscheidungsverfahrens vorgelegt, obwohl Art. 267 III AEUV eine Vorlagepflicht für letztinstanzliche nationale Gerichte statuiert, wenn sich eine Frage nach der Auslegung von Unionsrecht stellt (vgl. dazu schon Fall 12 zur Reichweite dieser Norm).[22] Hätte A keinen Anspruch auf ein Wiederaufgreifen des Verfahrens nach § 48 I 1 VwVfG, so wäre ihr jedwede Möglichkeit genommen, den Verstoß gegen Unionsrecht überhaupt geltend zu machen. Die praktische Wirksamkeit des Unionsrechts wäre somit gefährdet. Zwar könnte man A entgegenhalten, dass sie sich vor den nationalen Gerichten nie selbst auf Unionsrecht berufen und insoweit ihr Recht auf Wiederaufgreifen des Verfahrens verwirkt habe. Gegen dieses Vorbringen spricht allerdings, dass schon der Wortlaut von Art. 267 III AEUV die Pflicht des letztinstanzlichen Gerichts zur Vorlage nicht davon abhängig macht, dass die Parteien einen entsprechen Antrag stellen. Anderenfalls drohte zudem eine Umgehung bzw. Erweiterung der eng gefassten Ausnahmen von der Vorlagepflicht. Das nationale Gericht muss darum derartige Fragen von Amts wegen dem EuGH vorlegen und ist nicht an entsprechende Anträge einer Partei gebunden.[23] Auf Grund des Prinzips der Rechtssicherheit wird man jedoch von dem Betroffenen verlangen dürfen,

19 Näher *Streinz*, Europarecht, Rn. 201 ff.

20 Zur Wirkung von EU-Richtlinien *Herrmann/Michl*, JuS 2009, 1065 ff.

21 Zur Ermessensreduzierung *Kramer*, Allgemeines Verwaltungsrecht und Verwaltungsprozessrecht, Rn. 320 ff.

22 Vgl. in diesem Zusammenhang auch den Wortlaut des Art. 19 I 2 EUV zur Aufgabe des EuGH.

23 EuGH, U.v. 12.2.2008, C-2/06, EuZW 2008, 148 – *Kempter*. Dazu auch *Herdegen*, Europarecht, § 10 Rn. 42.

dass er sich nach Kenntniserlangung der Unionsrechtswidrigkeit in einer angemessenen Frist an die Behörde wendet. A hat sich bereits sechs Wochen nach Ergehen des EuGH-Urteiles an die zuständige Behörde gewandt und sich damit im Rahmen einer angemessenen Frist gehalten. Somit ist festzustellen, dass in einer Konstellation wie der vorliegenden, in der den Belangen der Rechtssicherheit insbesondere durch das Ausschöpfen des Rechtsweges und der Einhaltung angemessener Fristen ausreichend Rechnung getragen ist, das Prinzip der Effektivität des Unionsrechts vor dem Hintergrund der unterbliebenen Vorlage seitens des letztinstanzlichen Gerichts so stark überwiegt, dass das Wiederaufgreifensermessen der Behörde hier auf Null reduziert ist. Die Behörde hat folglich eine Pflicht zur erneuten Prüfung der materiellen Rechtslage.

bb) Aufhebungsermessen. Außerdem müsste für ein Obsiegen der A aber auch noch das Aufhebungsermessen der Behörde auf Null reduziert sein. Hier kommen zunächst dieselben Erwägungen zum Tragen wie im Rahmen des Überprüfungsermessens. Zusätzlich spricht für die Rücknahmepflicht die Schwere des Verstoßes. Zweifel könnten insoweit allenfalls dann bestehen, wenn Rechte Dritter durch eine Rücknahme negativ betroffen wären. Das ist hier jedoch nicht ersichtlich. Folglich ist auch das Aufhebungsermessen der Behörde auf Null reduziert.

Exkurs: Die Abgrenzung von „Schadenersatz- und Rücknahmeansprüchen" nach Unionsrecht. Bei der Rücknahme unionsrechtswidriger Belastungen nach den obigen Kriterien („*Kühne & Heitz*") stellt sich auch noch die Frage nach einer Abgrenzung zu dem unionsrechtlich begründeten Staatshaftungsanspruch („*Francovich*"; dazu schon oben Fall 4 Frage 2), weil die Belastung nicht nur durch die Rücknahme des Verwaltungsaktes und die anschließende Rückerstattung rückabgewickelt werden kann, sondern auch die grundsätzliche Möglichkeit besteht, den Mitgliedstaat für die Unionsrechtswidrigkeit in die Haftung zu nehmen. Die Staatshaftung wegen Unionsrechtswidrigkeit gilt aber nicht für jede Rechtsverletzung, sondern fordert eine hinreichend qualifizierte Verletzung des Unionsrechts. Für einen qualifizierten Rechtsverstoß ist nicht die vorherige Feststellung des EuGH, dass ein Unionsrechtsverstoß vorliegt, erforderlich. Auch zeitlich liegt nicht erst dann ein solcher Verstoß vor. Kriterien für die Bewertung als qualifizierter und damit als offenkundiger und erheblicher Verstoß sind die Klarheit und Genauigkeit der verletzten Vorschrift, der Umfang des Ermessens bei der Umsetzung in nationales Recht oder bei der Rechtsanwendung, ein vorsätzlicher oder nicht vorsätzlicher Rechtsverstoß, eine vorsätzliche oder nicht vorsätzliche Schadenszufügung, die Entschuldbarkeit oder Nichtentschuldbarkeit eines Rechtsirrtumes sowie der Beitrag eines Unionsorgans zur Rechtsverletzung. Darüber hinaus ist aber ein Verschulden keine Haftungsvoraussetzung. Ob ein solcher qualifizierter Verstoß vorliegt, hat das zuständige nationale Gericht zu prüfen.

Demgegenüber gelten die oben skizzierten so genannten *Kühne & Heitz*-Kriterien für eine Rücknahme von Verwaltungsakten bei jeder Unionsrechtsverletzung, nicht nur bei qualifizierten Verstößen – allerdings andererseits wohl beschränkt auf Verwaltungsentscheidungen (dazu noch unten). Sie setzen aber das Bestehen einer nationalen Rücknahmebefugnis voraus.

Im Vergleich dazu ist der Staatshaftungsanspruch wiederum ein originär unionsrechtlicher und besteht unabhängig von der Existenz entsprechender Anspruchsgrundlagen im nationalen Recht. Der EuGH hat im Rahmen der Rechtsfortbildung diesen eigenständigen, unmittelbar aus dem Unionsrecht hergeleiteten europäischen Haftungsanspruch entwickelt. Das geschah zunächst durch das schon oben in Fall 4 bei Frage 2 erwähnte *Francovich*-Urteil,[24] wurde in der Folgezeit aber weiter präzisiert. Während es zunächst um Verstöße gegen Unionsrecht durch Mitgliedstaaten wegen der Nichtumsetzung von Richtlinien ging, setzte der EuGH diese Rechtsprechung fort und baute sie weiter aus. Sie findet nunmehr auch allgemein Anwendung bei Verstößen gegen unmittelbar geltendes sekundäres und primäres Unionsrecht. Wichtig wurde hier vor allem die Entscheidung „*Brasserie du Pêcheur*",[25] die als Vorabentscheidung vom BGH nach Art. 267 III AEUV veranlasst worden war und auf Grund derer der BGH[26] den vom EuGH entwickelten unionsrechtlichen Haftungsanspruch auf das nationale deutsche Amtshaftungsrecht nach § 839 BGB i. V. mit Art. 34 GG bezogen hat. Auch der BGH geht hier von einem unmittelbar im Unionsrecht selbst begründeten Haftungsanspruch aus, der neben dem Anspruch aus § 839 BGB i. V. mit Art. 34 GG geltend gemacht werden kann. Es gibt aber auch die Ansicht, dass die deutsche Haftungsgrundlage allein § 839 BGB i. V. mit Art. 34 GG bleibe, diese nationalen Bestimmungen aber nach den unionsrechtlichen Haftungsgrundsätzen ausgelegt und modifiziert werden müssten.[27]

Die Rücknahme rechtswidriger Belastungen samt Erstattung und die Erhebung eines Staatshaftungsanspruches stellen damit unterschiedliche, konkurrierende Wege dar, um die unionsrechtswidrigen Belastungen wiedergutzumachen. Sie schließen sich weder aus, noch sind sie deckungsgleich, da die Staatshaftung gegenüber der Rücknahme samt Erstattung eine umfassendere Schadensbereinigung ermöglicht. Im Wege der Staatshaftungsklage lassen sich etwa Finanzierungskosten infolge des Fehlens des zu Unrecht eingeforderten Betrages geltend machen. Während die Rücknahme gemäß *Kühne & Heitz* auf die den engen Kriterien entsprechenden Fälle beschränkt ist, grundsätzlich aber bei jeder Art von Unionsrechtswidrigkeit zur Verfügung steht, besteht ein Staatshaftungsanspruch unabhängig vom Vorliegen der *Kühne & Heitz*-Kriterien, greift aber nur bei einer qualifizierten Rechtsverletzung ein. Die Anforderungen an Rücknahme und Erstattung einerseits und Staatshaftung andererseits sind daher verschieden. Außerdem bestehen Unterschiede im Anwendungsbereich: Während die *Kühne & Heitz*-Grundsätze für die Durchbrechung der Bestandskraft von Verwaltungsentscheidungen gelten, wohl aber nicht für die Rechtskraft von Gerichtsentscheidungen,[28] sind die Staatshaftungsgrundsätze explizit auch auf die Haftung für richterliches Unrecht erstreckt worden.[29] Es lässt sich indes insoweit eine Verbindung zwischen der Entwicklung beider Institute in der Judikatur des EuGH feststellen, als der EuGH teilweise in der jeweiligen Rechtsprechung aus dem einen Bereich auf seine Urteile zu dem anderen Bereich verweist. Das bedeutet indes nicht, dass der Staatshaftungsanspruch künftig auf die Fälle beschränkt wäre, in denen die engen Voraussetzungen des Urteils *Kühne & Heitz* vorliegen. Vielmehr geht es bei den Wechselwirkungen um die Bestimmung des Anspruchsinhaltes, etwa im Bereich der Verzinsung, und um die Einschränkung von Ansprüchen durch Fristen, nicht aber um die jeweils unterschiedlichen grundsätzlichen Voraussetzungen.

24 EuGH, U.v. 19.11.1991, Rs. C-6/90, Slg. 1991, I-5357 – *Francovich*.
25 EuGH, U.v. 5.3.1996, verb. Rs. C-46/93 und 48/93, Slg. 1996, I-1029 – *Brasserie du Pêcheur*.
26 BGH, U.v. 24.10.1996, III ZR 127/91, BGHZ 134, 30.
27 Vgl. *Papier*, in: Maunz/Dürig, GG, Art. 34 Rn. 81; *Jarass*, Grundfragen der innerstaatlichen Bedeutung des EG-Rechts, 1994, S. 114.
28 Vgl. EuGH, U.v. 16.3.2006, Rs. C-234/04, Slg. 2006, I-2585 – *Kapferer/Schlank & Schick GmbH*.
29 EuGH, U.v. 30.9.2003, Rs. C-224/01, Slg. 2003, I-10239 – *Köbler*. Dazu *Krieger*, JuS 2004, 855 ff.

Das selbstständige Bestehen eines Staatshaftungsanspruches kann mithin relevant werden, wenn die im Urteil *Kühne & Heitz* formulierte Voraussetzung einer nationalen Rücknahmebefugnis fehlt oder die dort formulierte Ausnahme von der Bestandskraftdurchbrechung, nämlich die Verletzung von Rechten Dritter, eingreift. Dann mag immer noch ein Staatshaftungsanspruch weiterhelfen. Die Rechtswegerschöpfung spielt demgegenüber in beiden Bereichen eine wichtige Rolle: Ihr Vorliegen ist Voraussetzung einer Rücknahme nach den Kriterien *Kühne & Heitz*; ihr Fehlen kann im Rahmen des Staatshaftungsanspruchs bei der Frage des Mitverschuldens bedeutsam werden.

IV. Verletzung in eigenen Rechten

Die Vorschrift des § 48 I 1 VwVfG schützt zumindest auch den rechtswidrig herangezogenen Adressaten. Da die Behörde zur Aufhebung des betreffenden belastenden Verwaltungsaktes verpflichtet ist, verletzt die ablehnende Entscheidung die A in ihren Rechten i.S. des § 113 V VwGO.

V. Spruchreife

Die Sache ist auch spruchreif. Das Gericht kann mithin ein Vornahme- bzw. Verpflichtungsurteil gemäß § 113 V 1 VwGO erlassen.

VI. Zwischenergebnis

Damit ist der Hilfsantrag der A begründet.

D. Gesamtergebnis

Für den Hauptantrag liegen zwar die Sachentscheidungsvoraussetzungen vor; er ist aber unbegründet. Für den Hilfsantrag sind demgegenüber nicht nur die Sachentscheidungsvoraussetzungen gegeben, sondern er ist auch begründet. Die Klage der A hat damit insofern Erfolg.

Rechtsprechungs- und Literaturhinweise

EuGH, U.v. 13.1.2004, Rs. C-453/00, Slg. 2004, I-837 – *Kühne & Heitz*; U.v. 19.9.2006, verb. Rs. C-392/04 und C-422/04, Slg. 2006, I-8559 – *Germany und Arcor*; U.v. 12.2.2008 – Rs. C-2/06, Slg. 2008, I-411 – *Kempter*; *Streinz*, Auswirkungen des Vorrangs des EG-Rechts auf Bestandskraft, JuS 2004, 516; *Britz/Richter*, Die Aufhebung eines gemeinschaftsrechtswidrigen nicht begünstigenden Verwaltungsakts, JuS 2005, 198; *Kanitz/Wendel*, Gemeinschaftsrechtlich gebotene Grenzen der Bestandkraftdurchberchung im europäisierten Verwaltungsverfahren? Zur Frage prozessualer Vorbedingungen und zeitlicher Schranken der Überprüfungspflicht bestandskräftiger Verwaltungsakte, EuZW 2008, 231; *dies.*, Europarechtlich induzierte Durchbrechung der Bestandskraft?, JuS 2008, 58; *Weiß*, Bestandskraft nationaler belastender Verwaltungsakte und EG-Recht, DÖV 2008, 477; zur ähnlichen Problematik der Rückabwicklung begünstigender Verwaltungsakte („Alcan"-Fälle) *Frotscher/Kramer*, Wirtschaftsverfassungs- und Wirtschaftsverwaltungsrecht, 2008, Rn. 579 ff. m.w.N.

Fall 15: Die neue Europäische Agentur für Sicherheit und Leichtigkeit des elektronischen Geschäftsverkehrs

Johannes Saurer und Florian Gonsior

Sachverhalt

In den letzten Jahren sind Internet- und Online-Aktivitäten im europäischen Binnenmarkt immer wichtiger geworden. Der Geschäftsverkehr zwischen den Unternehmen, aber auch der Handel mit den Verbrauchern wird zunehmend online abgewickelt. Nach Ansicht der Kommission sind jedoch die Wachstumschancen, die der E-Commerce bietet, in der EU längst noch nicht ausgereizt. Europa drohe hinter den Volkswirtschaften Nordamerikas und Asiens zurückzufallen. Ein besonderes Problem sei das anhaltende Misstrauen vieler Verbraucher in die Sicherheit des Online-Handels, insbesondere hinsichtlich der Zahlungsvorgänge. Außerdem würden viele Verbraucher durch die Unübersichtlichkeit und komplizierte Bedienbarkeit der Homepages der europäischen Unternehmen von Erwerbsvorgängen über das Internet abgehalten. Die Kommission entwickelt daher im Rahmen einer „Digitalen Agenda 21“ verschiedene Vorschläge zur Vereinfachung des Online-Handels und Verbesserung der Datensicherheit. Zu deren Umsetzung legt sie in einem ersten Schritt den Entwurf eines Richtlinienpakets vor, das von den zuständigen Institutionen unverändert verabschiedet wird. Es treten eine Rahmenrichtlinie zur Regulierung elektronischer Kommunikationsdienste und verschiedene Einzelrichtlinien in Kraft, die unter anderem den Datenschutz bei Online-Geschäften, die Anforderungen an elektronische Signaturen und weitere Einzelaspekte des elektronischen Geschäftsverkehrs regeln.

In einem zweiten Schritt will die Kommission die Effektivität der bisher ergriffenen Maßnahmen weiter verbessern. Zu diesem Zweck schlägt sie die Gründung der Europäischen Agentur für Sicherheit und Leichtigkeit des elektronischen Geschäftsverkehrs (SECA) vor. Die Hauptaufgabe der SECA soll in der Koordinierung der Aktivitäten der fachlich korrespondierenden mitgliedstaatlichen Behörden, der Beratung europäischer Unternehmen bei der Verbesserung ihrer Online-Aktivitäten sowie in der Bündelung und Verbesserung der vielfältigen Informationsaktivitäten liegen, mit denen die Mitgliedstaaten die Öffentlichkeit über Chancen und Risiken des Online-Handels aufklären. Dabei soll die SECA auch auf die Einführung eines unionsweiten Zertifizierungssystems für seriöse Online-Händler sowie auf die Vereinheitlichung der Online-Bestellformulare der europäischen Unternehmen hinwirken. Eine geeignete Rechtsgrundlage für die Errichtung der SECA auf Grundlage einer EU-Verordnung sieht die Kommission in der Binnenmarktharmonisierungskompetenz des Art. 114 AEUV.

Die Kommission unterbreitet ihren Vorschlag für die Verordnung zur Errichtung der SECA (SECA-Gründungsverordnung) dem Europäischen Parlament und dem Rat. Das Europäische Parlament legt seinen zustimmenden Standpunkt, der den Vorschlag der Kommission unverändert übernimmt, mit Mehrheit fest und übermittelt ihn dem Rat. Im Rat findet eine kritische Debatte statt. Letztlich stimmt jedoch nur der belgische Fachminister gegen den Standpunkt, der von allen anderen Mitgliedstaaten gebilligt wird. Die SECA-Gründungsverordnung wird im Amtsblatt der EU veröffentlicht.

Die Regierung von Belgien legt drei Wochen nach der Veröffentlichung eine Klage beim Europäischen Gerichtshof gegen die SECA-Gründungsverordnung ein. Sie meint, Art. 114 AEUV scheide bereits auf Grund seines Wortlauts als Rechtsgrundlage aus. Die Vorschrift erlaube lediglich eine materielle Harmonisierung, nicht aber Maßnahmen der Verwaltungsorganisation. Offensichtlich habe die Kommission eine Umgehung der strengen Voraussetzung der Kompetenzabrundungsklausel des Art. 352 AEUV beabsichtigt. Zudem verstoße die Neuerrichtung gegen die Grundsätze der Subsidiarität, der Verhältnismäßigkeit und des institutionellen Gleichgewichts. Die Kommission entgegnet dem, dass Art. 114 AEUV schon deshalb die richtige Rechtsgrundlage für die Errichtung der SECA sei, weil durch die Tätigkeit einer informierenden und koordinierenden Agentur viel schonender eine Harmonisierung herbeigeführt werden könne als durch den Erlass einer Verordnung oder Richtlinie zur materiellen Angleichung der nationalen Regelungen.

1.) Hat die Klage der Regierung von Belgien Aussicht auf Erfolg?

Fortsetzung

Das Mandat für die neu gegründete Agentur soll erweitert werden. Die Kommission schlägt vor, auch Rechtsetzungsaufgaben auf die SECA zu übertragen. Damit soll der zwischenzeitlich bei der Agentur angesiedelte Sachverstand noch besser genutzt werden. Auf Grundlage einer Ergänzung der SECA-Gründungsverordnung soll die Agentur zukünftig in Form von Verordnungen bzw. Richtlinien Vorgaben für die Sicherheitsstandards beim Online-Handel sowie die dabei zu beachtenden Datenschutz-Vorschriften machen. Nach Auffassung mehrerer Mitgliedstaaten stellt der Vorschlag eine Umgehung der Artikel 290, 291 AEUV dar. Außerdem liege ein Verstoß gegen den Grundsatz des institutionellen Gleichgewichts vor. Sie verweisen auf die unumgänglichen komplexen Wertungen im Hinblick auf die Vielfalt der berührten Interessen und die Nachteile im globalen Wettbewerb, die für die europäischen Unternehmen durch neue Auflagen entstünden. Es handele sich um eine Angelegenheit für den europäischen Gesetzgeber, die nicht auf eine Agentur ausgelagert werden könne.

2.) Sind die Einwände der Mitgliedstaaten berechtigt?

Wesentliche Probleme

Nichtigkeitsklage, Europäischer Verwaltungsverbund, europäische Agenturen, Binnenmarktharmonisierungskompetenz, institutionelles Gleichgewicht, Subsidiaritätsprinzip

Gliederung

Frage 1

A. Zulässigkeit der Nichtigkeitsklage gemäß Art. 263 AEUV

I. Sachliche Zuständigkeit
II. Parteifähigkeit
III. Klagegegenstand
IV. Klagebefugnis
V. Klagegrund
VI. Form, Klagefrist
VII. Allgemeines Rechtsschutzbedürfnis

B. Begründetheit
I. Zuständigkeit
1. „Organisationsgewalt der europäischen Institutionen"?
2. Anforderungen an die Rechtsgrundlage für die Agenturgründung
a) Erforderlichkeit einer ausdrücklichen Kompetenz zum administrativen Vollzug?
b) Keine Trennung zwischen Legislativ- und Vollzugskompetenzen
3. Sachbereichsspezifische Kompetenz, Art. 114 AEUV?
a) „Maßnahmen zur Angleichung der Rechts- und Verwaltungsvorschriften der Mitgliedstaaten"
b) Zweckbezug auf „die Errichtung und das Funktionieren des Binnenmarkts"
c) Verdrängung des Art. 352 AEUV
II. Verletzung wesentlicher Formvorschriften
III. Verletzung der Verträge oder bei ihrer Durchführung anzuwendender Rechtsvorschriften
1. Subsidiarität, Art. 5 I, III EUV
a) Anwendbarkeit von Art. 5 I, III EUV bei Maßnahmen nach Art. 114 I AEUV?
b) Anforderungen des Subsidiaritätsprinzips
2. Verhältnismäßigkeit, Art. 5 I, IV EUV
3. Grundsatz des institutionellen Gleichgewichts

Frage 2
A. Umgehung der Art. 290, 291 AEUV?
B. Verstoß gegen den Grundsatz des institutionellen Gleichgewichts?

Lösung

Frage 1

Die Erfolgsaussichten des Vorgehens Belgiens sind nach Zulässigkeit und Begründetheit zu beurteilen.

A. Zulässigkeit der Nichtigkeitsklage gemäß Art. 263 AEUV

I. Sachliche Zuständigkeit

In Betracht kommt eine Nichtigkeitsklage gemäß Art. 263 I AEUV, denn dem klagenden Mitgliedstaat geht es vorliegend um die Überprüfung der Rechtmäßigkeit eines Gesetzgebungsakts. Die sachliche Zuständigkeit hierfür liegt beim Gerichtshof. Zwar ist gemäß Art. 256 I UAbs. 1 AEUV grundsätzlich das EuG das zuständige Gericht für die Entscheidung über Nichtigkeitsklagen im ersten Rechtszug. Allerdings behält Art. 51 der Satzung des Gerichtshofs die Nichtigkeitsklagen der Mitgliedstaaten dem Gerichtshof vor. In dieser von der Individualnichtigkeitsklage abweichenden Zuständigkeitsordnung kommt die quasi-verfassungsrechtliche Natur der Nichtigkeitsklage eines Mitgliedstaats zum Ausdruck.

II. Parteifähigkeit

Nach Art. 263 II AEUV ist Belgien als Mitgliedstaat aktiv parteifähig. Die passive Parteifähigkeit des Europäischen Parlaments und des Rates folgt aus Art. 263 I AEUV.

III. Klagegegenstand

Die Nichtigkeitsklage ist unter anderem statthaft gegen Gesetzgebungsakte (Art. 263 I 1. Alt. AEUV), demzufolge ist auch die hier fragliche Verordnung zur Gründung der SECA ein tauglicher Klagegenstand.

IV. Klagebefugnis

Als Mitgliedstaat zählt Belgien gemäß Art. 263 II AEUV zu den privilegierten Klägern im Verfahren der Nichtigkeitsklage, sodass es nicht auf die Frage einer unmittelbaren und individuellen Betroffenheit nach Art. 263 IV AEUV ankommt.

V. Klagegrund

Die Zulässigkeit der Nichtigkeitsklage hängt des Weiteren von der Geltendmachung eines oder mehrerer Nichtigkeitsgründe ab.[1] Art. 263 II AEUV nennt insoweit die Unzuständigkeit der EU, die Verletzung wesentlicher Formvorschriften, die Verletzung der Verträge oder einer bei ihrer Durchführung anzuwendenden Rechtsnorm und den Ermessensmissbrauch. Hier hat die Regierung von Belgien zunächst einen Verstoß gegen Kompetenzvorschriften und damit den Nichtigkeitsgrund der Unzuständigkeit geltend gemacht. Die Behauptung von Verstößen gegen Subsidiarität und Verhältnismäßigkeit bezieht sich auf das Vorliegen einer Vertragsverletzung. Dem Rügeerfordernis ist damit genügt.

VI. Form, Klagefrist

Die zu beachtende Form der Klage ergibt sich aus Art. 21 I 2 der EuGH-Satzung und Art. 38 der Verfahrensordnung des EuGH. Die zu beachtende Klagefrist beträgt nach Art. 263 VI AEUV zwei Monate. Die Berechnung der Frist richtet sich im Einzelnen nach Art. 80 der Verfahrensordnung des EuGH. Hier wurde die Klage bereits nach drei Wochen eingelegt, sodass die Frist unproblematisch eingehalten ist.

VII. Allgemeines Rechtsschutzbedürfnis

Der Nachweis eines besonderen Rechtsschutzbedürfnisses ist nicht erforderlich, da bei einem Mitgliedstaat als privilegiertem Kläger aufgrund seines Interesses an der Wahrnehmung seiner institutionellen Verantwortung ein solches grundsätzlich unterstellt wird.[2]

---

1 *Burgi*, in: Rengeling/Middeke/Gellermann, Handbuch des Rechtsschutzes in der EU, § 7 Rn. 80; *Classen*, in: Schulze/Zuleeg/Kadelbach, Europarecht, § 4 Rn. 21.

2 *Ehricke*, in: Streinz, EUV/EGV, Art. 230 EGV Rn. 25; *Cremer*, in: Calliess/Ruffert, EUV/EGV, Art. 230 EGV Rn. 64.

B. Begründetheit

Die Klage gegen den Rechtsakt zur Gründung der SECA ist begründet, wenn wenigstens einer der vier in Art. 263 II AEUV genannten Nichtigkeitsgründe vorliegt. Dies sind die fehlende Zuständigkeit, die Verletzung wesentlicher Formvorschriften, die Verletzung der Verträge oder einer bei ihrer Durchführung anzuwendenden Rechtsnorm und schließlich der Ermessensmissbrauch.

I. Zuständigkeit

Fraglich ist zunächst die Zuständigkeit bzw. Kompetenz der EU zur Errichtung der Agentur. Nach dem Prinzip der begrenzten Einzelermächtigung, Art. 5 I 1 EUV, bedarf jede Maßnahme der EU einer Rechtsgrundlage in den Europäischen Verträgen.

1. „Organisationsgewalt der europäischen Institutionen"?

Das Erfordernis einer gesonderten Rechtsgrundlage könnte allerdings dann entfallen, wenn die Errichtung einer europäischen Agentur von der Organisationsgewalt der europäischen Institutionen erfasst wird. Zwar ist in der Rechtsprechung seit langem anerkannt, dass die EU ähnlich wie staatliche Organisationen über organisatorische Befugnisse verfügt, um für ihre Aufgabenerfüllung funktionsfähig zu sein.[3] Fraglich ist aber, ob eine Erstreckung dieser Befugnisse auf die EU-Agenturen möglich ist. Bei diesen handelt es sich um institutionell verselbständigte europäische Verwaltungsstellen mit eigener Rechtspersönlichkeit. Ihr Aufgabenprofil ist sehr unterschiedlich und reicht von Agenturen mit Koordinations- und Informationsaufgaben bis zu Agenturen mit unmittelbarer Entscheidungsbefugnis gegenüber den Bürgern und Unternehmen der EU.[4] Die Organisationsgewalt der Europäischen Institutionen kann allerdings für die Agenturgründung nicht herangezogen werden, da sie nur den inneren Bereich einer der in Art. 13 EUV genannten Institutionen (etwa Europäisches Parlament, Rat, Kommission) erfassen, nicht jedoch die Gründung von externen Institutionen mit eigener Rechtspersönlichkeit wie im Fall der EU-Agenturen tragen kann.[5] Es bleibt demnach bei dem Grundsatz, dass eine gesonderte vertragliche Rechtsgrundlage erforderlich ist.

2. Anforderungen an die Rechtsgrundlage für die Agenturgründung

Eine ausdrückliche Grundlage für die Gründung einer europäischen Agentur im Bereich des Online-Handels findet sich in den Europäischen Verträgen nicht. Auch gibt es keine allgemeine Vorschrift über die Errichtung von Europäischen Agenturen. Ebensowenig stellt Art. 298 I AEUV („Zur Ausübung ihrer Aufgaben stützen sich die Organe, Einrichtungen und sonstigen Stellen der Union auf eine offene, effiziente und unabhängige europäische Verwaltung") eine solche übergreifenden Rechtsgrundlage

---

3 Vgl. nur EuGH, U.v. 13.6.1958, Rs. 9/56, Slg. 1958, 9 (44) – *Meroni I*; näher *Oppermann/Classen/Nettesheim*, Europarecht, § 7 Rn. 185.

4 Einige besonders wichtige Agenturen sind die Europäische Arzneimittel-Agentur (EMEA), die Europäische Agentur für Flugsicherheit (EASA), die Europäische Chemikalienagentur (EChA), die Europäische Agentur für Lebensmittelsicherheit (EFSA) und das Harmonisierungsamt für den Binnenmarkt (HABM); abzugrenzen sind diese sog. Regulierungsagenturen von den sog. EU-Exekutivagenturen, die auf Grundlage der Verordnung (EG) Nr. 58/2003 errichtet wurden und institutionell-organisatorisch der Kommission nachgeordnet sind; vgl. für einen Gesamtüberblick http://europa.eu/agencies/index_de.htm.

5 *Sydow*, VerwArch 97 (2006), S. 1 (10 ff.); *Ohler*, EuZW 2006, 372 (373); *Brenner*, in: FS Rengeling, S. 193 (197).

dar.[6] Vielmehr setzt diese Vorschrift das Bestehen von unabhängigen europäischen Verwaltungsstellen ihrerseits voraus.[7] Demnach ist die Gründung von europäischen Agenturen also grundsätzlich zulässig.[8] Fraglich ist jedoch, ob jeweils eine Rechtsgrundlage erforderlich ist, die der EU eine dezidierte Ermächtigung zum administrativen Vollzug eröffnet oder ob es ausreicht, wenn die Union sich für den sachlichen Bereich, in dem die Agentur errichtet werden soll, auf eine allgemeine Kompetenzvorschrift stützen kann.

a) **Erforderlichkeit einer ausdrücklichen Kompetenz zum administrativen Vollzug?** Nach einer verschiedentlich in der Literatur geäußerten Auffassung bedarf die EU für den Vollzug von Unionsrecht neben der legislativen Sachkompetenz zum Erlass der anzuwendenden Vorschriften zusätzlich noch einer eigenen Ermächtigung zum administrativen Vollzug.[9] Dies wird mit Hinweis darauf begründet, dass die Organe der Union für die Setzung des Unionsrechts, die Mitgliedstaaten hingegen für dessen Vollzug zuständig seien. Die Zuständigkeit der Mitgliedstaaten gerate in Gefahr, wenn für die Union die Möglichkeit bestehe, aufgrund jeder Ermächtigungsnorm auch vollziehend tätig zu werden.[10] Da die SECA hier mit Verwaltungsaufgaben in Form von Beratungs-, Informations- und Koordinierungstätigkeiten betraut wurde, stellt sie ungeachtet der fehlenden Entscheidungsbefugnisse eine Verwaltungseinrichtung dar, sodass es einer ausdrücklichen Kompetenz bedürfte. Eine solche enthält der AEUV aber gerade nicht.

b) **Keine Trennung zwischen Legislativ- und Vollzugskompetenzen.** Es ist jedoch richtigerweise davon auszugehen, dass die Europäischen Verträge – anders als etwa das Grundgesetz[11] – keine eindeutige Trennung zwischen Legislativ- und Vollzugskompetenzen vornehmen.[12] Vielmehr können materielle Kompetenztitel der Europäischen Verträge bei Vorliegen der weiteren Voraussetzungen auch genutzt werden, um Regelungen über Verwaltungsverfahren und Verwaltungsorganisation zu treffen.[13] Kompetenzen zum Erlass von „Vorschriften" (vgl. etwa Art. 100 II, 352 AEUV)[14] und zum Erlass von „Maßnahmen" (vgl. etwa Art. 180, 189 II, 194 II AEUV) können gleichermaßen eine organisationsrechtliche Dimension entfalten.[15] Auch der Rechtsprechung des EuGH liegt ein solches Verständnis der Europäischen Kompetenzordnung zugrunde.[16] Schranken für die sachkompetenziell abgestützten Regelungen über Ver-

---

6 *Kotzur*, in: Geiger/Khan/Kotzur, EUV/AEUV, Art. 298 AEUV Rn. 1.
7 Vgl. auch Art. 263 I 2, V AEUV, wo ebenfalls von „Einrichtungen und/oder sonstigen Stellen der Union" die Rede ist.
8 Siehe nur *Ehlers*, in: Erichsen/Ehlers, Allgemeines Verwaltungsrecht, § 5 Rn. 36; *Vetter*, DÖV 2005, 721; *Calliess*, in: Calliess/Ruffert, EUV/EGV, Art. 7 EGV Rn. 33ff. mit Nachweis der Gegenauffassung sowie Rn. 38f.
9 Vgl. *Caspar*, DVBl. 2002, 1437 (1443ff.); *Wahl/Groß*, DVBl. 1998, 2 (10ff.).
10 *Caspar*, DVBl. 2002, 1437 (1445).
11 Näher zur Trennung von Legislativ- und Vollzugskompetenzen, die im Grundgesetz in der Abfolge von VII. Abschnitt (Art. 70ff. GG) und VIII. Abschnitt (Art. 83ff. GG) zum Ausdruck kommt, *Ipsen*, Staatsrecht I, 21. Aufl. 2010, Rn. 609ff.; *Degenhart*, Staatsrecht I, 25. Aufl. 2009, Rn. 265ff.
12 *Brenner*, in: FS Rengeling, S. 193 (199); *Sydow*, VerwArch 97 (2006), S. 1 (13).
13 Dazu *Gundel*, in: Schulze/Zuleeg/Kadelbach, Europarecht, § 3 Rn. 2; *Vetter*, DÖV 2005, 721 (723f.).
14 Zur Vorgängernorm des Art. 100 II AEUV (ex-Art. 80 II EGV) als Grundlage der Europäischen Agentur für Flugsicherheit (EASA) *Riedel*, Die Gemeinschaftszulassung für Luftfahrtgerät, 2006, S. 250ff.
15 *Görisch*, Demokratische Verwaltung durch Unionsagenturen, 2009, S. 238f.
16 EuGH, U.v. 26.5.2006, Rs. C-217/04, Slg. 2006, I-3771 – *ENISA*; U.v. 13.7.1995, Rs. C-359/92, Slg. 1994, I-3681 – *Deutschland/Rat*; vgl. näher Frage 1, B. I.3.

waltungsverfahren und Verwaltungsorganisation sind vor allem das Subsidiaritäts- und das Verhältnismäßigkeitsprinzip, Art. 5 I 2 EUV, sowie der Grundsatz des institutionellen Gleichgewichts.[17] Innerhalb dieser Grenzen kann die EU auch ohne spezifische Ermächtigung zum Vollzug des Unionsrechts administrativ tätig werden.

3. Sachbereichsspezifische Kompetenz, Art. 114 AEUV?

Fraglich ist somit, ob eine sachbereichsspezifische Kompetenznorm der Europäischen Verträge eine taugliche Rechtsgrundlage für die SECA-Gründungsverordnung abgibt. Insbesondere kommt insoweit Art. 114 AEUV in Betracht, auf den die Europäischen Institutionen im vorliegenden Fall ihr Handeln gestützt haben.[18]

a) „Maßnahmen zur Angleichung der Rechts- und Verwaltungsvorschriften der Mitgliedstaaten“. Dann müsste es sich bei der Errichtung der EU-Agentur um eine „Maßnahme zur Angleichung der Rechts- und Verwaltungsvorschriften der Mitgliedstaaten“ gemäß Art. 114 I AEUV handeln. Als „Maßnahme“ in diesem Sinne kommen grundsätzlich alle in Art. 288 AEUV genannten Rechtsakte in Betracht, also auch die hier gewählte Verordnung.[19]

aa) Fehlender Bezug zu den Rechts- und Verwaltungsvorschriften der Mitgliedstaaten? Es erscheint jedoch zweifelhaft, ob die SECA-Gründungsverordnung „zur Angleichung der Rechts- und Verwaltungsvorschriften der Mitgliedstaaten“ gemäß Art. 114 I AEUV geeignet ist. Dabei sind unter Rechtsvorschriften im Sinne dieser Vorschrift sämtliche mitgliedstaatlichen Gesetze im formellen wie materiellen Sinne zu verstehen, unter Verwaltungsvorschriften hingegen abstrakt-generelle Anweisungen, die eine vorgesetzte nationale Behörde gegenüber einer nachgeordneten Behörde erlässt.[20] Maßnahmen nach Art. 114 I AEUV müssen nach dem Wortlaut stets auf diese „Rechts- und Verwaltungsvorschriften der Mitgliedsstaaten“ bezogen sein, d. h. sie müssen in den nationalen Rechts- oder Verwaltungsvorschriften eine Änderung bewirken.[21] Hieran könnte es im vorliegenden Fall fehlen, da die SECA-Gründungsverordnung lediglich die Errichtung der Agentur regelt und dabei keine Anpassung des mitgliedstaatlichen Normbestands vorsieht. Vielmehr handelt es sich bei der Gründungsverordnung im Wesentlichen um einen reinen Organisationsakt. Nach dem Wortlaut des Art. 114 I AEUV scheint die Vorschrift als Rechtsgrundlage daher auszuscheiden.[22] Dass die Gründung einer Agentur, die lediglich nicht-bindende Ratschläge abgibt, für die Mitgliedstaaten schonender ist als der Erlass einer zwingend umzusetzenden Richtlinie oder sogar einer unmittelbar geltenden Verordnung, würde an diesem Befund nichts ändern. Denn dabei

---

17 *Sydow*, VerwArch 97 (2006), S. 1 (13); zu Einzelheiten Frage 1, B.III.3.

18 Die Wahl dieser Rechtsgrundlage hat mit Blick auf die politische Durchsetzbarkeit des verfolgten Regelungsanliegens entscheidende Vorteile gegenüber anderen denkbaren Rechtsgrundlagen, insbesondere gegenüber Art. 352 AEUV (ex-Art. 308 EGV), der lange Zeit überwiegend als Rechtsgrundlage für Gründungsrechtsakte von Europäischen Agenturen herangezogen wurde. Unter Art. 114 AEUV ist ein Regelungsvorhaben im Wege des ordentlichen Gesetzgebungsverfahrens (Art. 294 AEUV) auf Grund der hier möglichen Mehrheitsentscheidungen leichter umzusetzen als unter der Rechtsgrundlage des Art. 352 AEUV (ex-Art. 308 EGV), der Einstimmigkeit im Rat voraussetzt.

19 *Khan*, in: Geiger/Khan/Kotzur, AEUV/EUV, Art. 114 AEUV Rn. 17; *Kahl*, in: Calliess/Ruffert, EUV/EGV, Art. 95 EGV Rn. 9.

20 *Kahl*, in: Calliess/Ruffert, EUV/EGV, Art. 94 EGV Rn. 8; *Leible*, in: Streinz, EUV/EGV, Art. 94 EGV Rn. 8 f.

21 GA *Kokott*, Schlussanträge v. 22.9.2005, Rs. C-217/04, Slg. 2006, I-3771 Rn. 22 – *ENISA*; *Vetter*, DÖV 2005, 721 (729).

22 Vgl. GA *Kokott*, Schlussanträge v. 22.9.2005, Rs. C-217/04, Slg. 2006, I-3771 Rn. 21 ff. – *ENISA*; *Ohler*, EuZW 2006, 372 (373).

würde es sich um eine Frage der Verhältnismäßigkeit der Gründungsverordnung handeln, nicht jedoch der Reichweite des Art. 114 I AEUV.[23]

bb) EuGH-Rechtsprechung im Fall ENISA. Allerdings hat der EuGH im Fall ENISA klargestellt, dass der Art. 114 I AEUV nicht nur bei solchen Maßnahmen einschlägig ist, die an die Mitgliedstaaten gerichtet sind. Vielmehr verleihe die Vorschrift dem Unionsgesetzgeber auch die Befugnis, Unionseinrichtungen zu gründen, die zur Erleichterung der einheitlichen Durchführung und Anwendung von auf Art. 114 I AEUV gestützten Rechtsakten beitragen sollen.[24] Hier liegen solche Rechtsakte in Gestalt des erlassenen Richtlinienpakets vor. Voraussetzung für die Anwendung des Art. 114 I AEUV ist nach der Rechtsprechung des EuGH allerdings, dass die der SECA übertragenen Aufgaben in einem engen Zusammenhang mit den Bereichen stehen, auf die sich die hier verabschiedeten Richtlinien beziehen.[25] Da diese sich im Hinblick auf ihre Regelungsinhalte weitgehend mit dem Tätigkeitsprofil der neu gegründeten Agentur SECA decken, ist der geforderte enge Zusammenhang vorliegend gegeben. Dadurch gewinnt nach der Rechtsprechung des EuGH letztlich auch die Errichtung der Agentur den Charakter einer „Maßnahme zur Angleichung der Rechts- und Verwaltungsvorschriften der Mitgliedstaaten".[26]

b) Zweckbezug auf „die Errichtung und das Funktionieren des Binnenmarkts". Nach dem bei Art. 114 AEUV zusätzlich erforderlichen Zweckbezug auf „die Errichtung und das Funktionieren des Binnenmarkts" muss der fragliche Rechtsakt zur Beseitigung von Hemmnissen für die Ausübung der Grundfreiheiten oder von Wettbewerbsverzerrungen beitragen.[27] Vorliegend dürfte jedenfalls der Zweckbezug zur verbesserten Ausübung der Grundfreiheiten unschwer zu bejahen sein. Denn gerade der grenzüberschreitende Handel soll durch eine europaweite Vereinfachung und Vereinheitlichung der Online-Bestellsysteme gefördert werden.

c) Verdrängung des Art. 352 AEUV. Da wie vorstehend dargelegt die sachspezifische Kompetenznorm des Art. 114 AEUV eine hinreichende Grundlage für die Errichtung der SECA darstellt, wird die seitens des klagenden Mitgliedstaats Belgien angeführte Ermächtigungsgrundlage des Art. 352 AEUV mit ihrer deutlich höheren Zustimmungshürde der Einstimmigkeit[28] verdrängt. Die Kompetenzergänzungsklausel des Art. 352 AEUV tritt als subsidiär zurück, sobald eine sachbereichsspezifische Kompetenz vorliegt.[29]

II. Verletzung wesentlicher Formvorschriften

Nachdem Art. 114 AEUV also eine taugliche Rechtsgrundlage für die Errichtung der SECA abgibt, richtet sich das Verfahren für den Erlass des Gründungsrechtsakts gemäß Art. 114 I 2 AEUV nach dem ordentlichen Gesetzgebungsverfahren des Art. 294 AEUV.

23 Vgl. GA *Kokott*, Schlussanträge v. 22.9.2005, Rs. C-217/04, Slg. 2006, I-3771 Rn. 38 f. – *ENISA*.
24 EuGH, U.v. 2.5.2006, Rs. C-217/04, Slg. 2006, I-3771 Rn. 44 – *ENISA*.
25 Vgl. EuGH, U.v. 2.5.2006, Rs. C-217/04, Slg. 2006, I-3771 Rn. 44 – *ENISA*.
26 Vgl. EuGH, U.v. 2.5.2006, Rs. C-217/04, Slg. 2006, I-3771 Rn. 60 – *ENISA*. In diesem Zusammenhang sprechen manche Autoren auch von einer „Annexkompetenz" der Union für die Gründung von Agenturen zur Verwirklichung von Harmonisierungsmaßnahmen, vgl. *Ehlers*, in: Erichsen/Ehlers, Allgemeines Verwaltungsrecht, § 5 Rn. 35; *Ohler*, EuZW 2006, 372.
27 Näher *Herrnfeld*, in: Schwarze, EU-Kommentar, Art. 95 EGV Rn. 7.
28 Vgl. oben Fn. 18.
29 EuGH, U.v. 7.7.1992, Rs. C-295/90, Slg. 1992, I-4193 Rn. 11 – *Studentenrichtlinie*.

Der gemäß Art. 231 AEUV für die Festlegung eines Standpunkts nach Art. 294 III AEUV erforderliche Mehrheitsbeschluss des Europäischen Parlaments ist hier gegeben. Darüber hinaus erfordert das ordentliche Gesetzgebungsverfahren nach Art. 294 IV AEUV eine „Billigung" durch den Rat. Aus Art. 16 III EUV ergibt sich, dass hierfür eine qualifizierte Mehrheit erforderlich ist. Durch den Vertrag von Lissabon wurden die Anforderungen an eine qualifizierte Mehrheit im Rat grundlegend reformiert. Ab dem 1. November 2014 kommt insoweit nun gemäß Art. 16 IV EUV das Prinzip der „doppelten Mehrheit" zum Tragen.[30] Bis dahin gilt allerdings die vor dem Inkrafttreten des Vertrags von Lissabon bestehende Rechtslage fort. Dies ergibt sich aus Art. 3 III des Protokolls über die Übergangsbestimmungen (Nr. 36) vom 13. Dezember 2007.[31] Die Stimmen der Mitgliedstaaten im Rat werden entsprechend des Art. 3 III UAbs. 2 des Protokolls Nr. 36 gewichtet. Der Mitgliedstaat Belgien hat gemäß Art. 3 III UAbs. 2 des Protokolls Nr. 36 lediglich 12 Stimmen, so dass trotz der Ablehnung durch Belgien die nach Art. 3 III UAbs. 3 S. 1 erforderlichen 255 Stimmen erreicht werden. Die bei Art. 294 AEUV geforderte qualifizierte Mehrheit kommt daher zustande. Die Verkündung der neuen Verordnung im Amtsblatt ist erfolgt, Art. 297 I UAbs. 3 AEUV. Eine Verletzung wesentlicher Formvorschriften liegt daher nicht vor.

III. Verletzung der Verträge oder bei ihrer Durchführung anzuwendender Rechtsvorschriften

1. Subsidiarität, Art. 5 I, III EUV

Die Errichtung von Unionsagenturen auf Grundlage des Sekundärrechts unterliegt der Kompetenzausübungsschranke des Subsidiaritätsprinzips nach Art. 5 I, III EUV.[32] Denn die Gründung von EU-Agenturen führt zu einem Zuständigkeitsverlust der Mitgliedstaaten, denen regelmäßig der Vollzug des Unionsrechts obliegt (vgl. Art. 197 I, 291 I AEUV).

a) **Anwendbarkeit von Art. 5 I, III EUV bei Maßnahmen nach Art. 114 I AEUV?** Etwas anderes würde nur gelten, wenn es sich bei Art. 114 AEUV um eine ausschließliche Zuständigkeit der EU handeln würde.[33] Denn dann wäre das Subsidiaritätsprinzip nicht anwendbar, da dieses nur bei konkurrierenden Kompetenzen Geltung beansprucht. Dies ergibt sich im Umkehrschluss aus Art. 5 III EUV.[34] Für die Annahme einer ausschließlichen Kompetenz zugunsten der EU ließe sich ins Feld führen, dass den Mitgliedstaaten im Bereich der Harmonisierungskompetenz möglicherweise überhaupt kein Spielraum für eigene Maßnahmen bleibt, so dass es sich zwingend um eine ausschließliche Befugnis handeln muss.[35] Jedoch ist Art. 114 AEUV nicht als allgemeine Kompetenz der EU für die Regelung wirtschaftlicher Tätigkeiten im Binnenmarkt zu verstehen. Vielmehr handelt es sich um die Zuständigkeit für die Verbesserung der Bedingungen für die Errichtung und das Funktionieren des Binnenmarktes durch die Beseitigung von Hemmnissen für den freien Waren- und Dienstleistungsverkehr oder

---

30 Für einen Überblick zum ordentlichen Gesetzgebungsverfahren siehe *Kotzur*, in: Geiger/Khan/Kotzur, EUV/AEUV, Art. 294 AEUV Rn. 1 ff.

31 ABl. 2007 C 306/159.

32 *Ehlers*, in: Erichsen/Ehlers, Allgemeines Verwaltungsrecht, § 5 Rn. 36; *Winter*, EuR 2005, 255, 260 f.; *Brenner*, in: FS Rengeling, S. 193, 201 f.

33 So z. B. GA *Fennelly*, Schlussanträge v. 15.6.2000, Rs. C-376/98, Slg. 2000, I-8419 Rn. 131 ff., 142, 145 – *Deutschland/Parlament und Rat*; *Tietje*, in: Grabitz/Hilf, Das Recht der Europäischen Union, Vor Art. 94–97 EGV Rn. 58.

34 *Kahl*, in: Calliess/Ruffert, EUV/EGV, Art. 95 EGV Rn. 8.

35 *Tietje*, in: Grabitz/Hilf, Das Recht der Europäischen Union, Vorb. Art. 94 – 97 EGV Rn. 58.

von Wettbewerbsverzerrungen.[36] Daneben bleiben weitere Handlungsmöglichkeiten für die Mitgliedstaaten bestehen. Deshalb handelt es sich bei Art. 114 AEUV um eine konkurrierende Kompetenz, für die gemäß Art. 5 I, III EUV das Subsidiaritätsprinzip gilt.[37]

b) Anforderungen des Subsidiaritätsprinzips. Grundsätzlich erfordert Art. 5 III EUV, dass zum einen die Ziele der Union durch Maßnahmen auf Ebene der Mitgliedstaaten nicht ausreichend erreicht werden können (negatives Kriterium) und dass zum anderen die Ziele wegen des Umfangs oder der Wirkungen der Maßnahmen besser auf Unionsebene erreicht werden (positives Kriterium).[38] Dabei ist zu beachten, dass der EuGH im Rahmen der Binnenmarktharmonisierungskompetenz die Anforderungen aus dem Subsidiaritätsprinzip generell recht weit gefasst hat. Maßgeblich ist dabei der Gesichtspunkt, dass den europäischen Gesetzgebungsorganen bei dem Rückgriff auf Art. 114 AEUV eine weite Einschätzungsprärogative zukommt.[39] Das Subsidiaritätsprinzip ist demnach aufgrund seiner zurückhaltenden Handhabung durch den EuGH keine ernsthafte Hürde zur Verhinderung von Agenturneugründungen. Hier sind keine Anhaltspunkte dafür ersichtlich, dass die Aufgaben der SECA auch genauso gut von den einzelnen Mitgliedstaaten erfüllt werden könnten. Somit ist das Subsidiaritätsprinzip des Art. 5 I, III EUV gewahrt.

2. Verhältnismäßigkeit, Art. 5 I, IV EUV

Weiterhin hat die vorliegende Verordnung auch dem Verhältnismäßigkeitsprinzip des Art. 5 I, IV EUV zu genügen. Sie darf als Maßnahme der Union gemäß Art. 5 IV EUV „inhaltlich wie formal nicht über das zur Erreichung der Ziele der Verträge erforderliche Maß" hinausgehen. Zur Abgrenzung wird in der Literatur vorgeschlagen, das Kriterium „formal" auf die Bindungswirkung der ergriffenen Maßnahme zu beziehen, so dass bei einer Verordnung stets zu fragen ist, ob an ihrer Stelle auch eine weniger bindende Maßnahme, insbesondere eine Richtlinie hätte ergehen können.[40] Die SECA-Gründungsverordnung führt jedoch zu keiner Bindung der Mitgliedstaaten, da sie einen reinen Organisationsakt darstellt, sodass sich die Frage nach einer möglicherweise weniger bindenden Regelung im Wege einer Richtlinie hier nicht stellt. Demgegenüber soll das Kriterium „inhaltlich" die Regelungsdichte der jeweiligen Maßnahme betreffen.[41] Dies bedeutet auch, dass der europäische Gesetzgeber unter mehreren in Betracht kommenden Mitteln dasjenige wählen muss, das die Sachkompetenzen der Mitgliedstaaten am wenigsten beschneidet. Im vorliegenden Fall handelt es sich bei der Gründung der Agentur aufgrund der Ausgestaltung der SECA als lediglich koordinierende und beratende Stelle jedenfalls um ein milderes Mittel im Vergleich zu einer möglichen Vollharmonisierung durch eine direkt an die Mitgliedstaaten gerichtete Richt-

36 GA *Kokott*, Schlussanträge v. 22.9.2005, Rs. C-217/04, Slg. 2006, I-3771 Rn. 18 – *ENISA*.
37 *Herrnfeld*, in: Schwarze, EU-Kommentar, Art. 95 EGV Rn. 26.
38 Näher *Vetter*, DÖV 2005, 721 (726ff.).
39 EuGH, U.v. 10.12.2002, Rs. C-491/01, Slg. 2002, I-11453 Rn. 177ff. – *BAT und Imperial Tobacco*; kritisch zum weiten Prüfungsmaßstab *Ehlers*, in: Erichsen/Ehlers, Allgemeines Verwaltungsrecht, § 5 Rn. 36; *Brenner*, in: FS Rengeling, S. 193 (201f.); *Wittinger*, EuR 2008, 609 (617).
40 *Geiger*, in: ders./Khan/Kotzur, EUV/AEUV, Art. 5 EUV Rn. 18.
41 *Geiger*, in: ders./Khan/Kotzur, EUV/AEUV, Art. 5 EUV Rn. 18.

linie oder Verordnung zur zwangsweisen Einführung einheitlicher Regelungen.[42] Somit ist die Errichtung der SECA auch inhaltlich verhältnismäßig.

3. Grundsatz des institutionellen Gleichgewichts

Ein weiterer wesentlicher Maßstab für die Bewertung der Rechtmäßigkeit der Gründung einer europäischen Agentur ist der Grundsatz des institutionellen Gleichgewichts. Dieser Grundsatz stellt auf europäischer Ebene das Pendant zur Gewaltenteilung bzw. Gewaltengliederung auf nationaler Ebene dar.[43] Im Hinblick auf die Verwaltungskompetenzen wird das institutionelle Gefüge der EU geprägt von der herausragenden Stellung der Kommission. Diese ist das mit Abstand wichtigste Exekutivorgan[44] und gemäß Art. 17 EUV „für die Anwendung der Verträge sowie der von den Organen kraft der Verträge erlassenen Maßnahmen" zuständig. Bereits die frühe Rechtsprechung des Gerichtshofs hat den Grundsatz des institutionellen Gleichgewichts mit Blick auf die Befugnisse verselbständigter Verwaltungseinheiten konkretisiert. Nach der Rechtsprechung in den *Meroni*-Entscheidungen[45] ist eine Zuständigkeitsübertragung auf verselbständigte Rechtssubjekte deshalb auch nur für genau umgrenzte Durchführungs- und Ausführungsbefugnisse zulässig, deren Ausübung keine Ermessensentscheidung zum Gegenstand haben darf.[46] Zwar ist die aus dem Jahr 1958 stammende *Meroni*-Doktrin aufgrund der grundlegend veränderten institutionellen Ordnung der Europäischen Union nicht unmittelbar auf die heutige Zeit übertragbar, jedoch ist nicht zu verkennen, dass die Rechtsprechung auch in jüngerer Zeit noch bestätigend vom EuGH zitiert wird.[47] Jedenfalls entspricht die im vorliegenden Fall gegründete Agentur den Anforderungen, da sie sich auf Aufgaben im Bereich der Kommunikation und Information beschränkt. Eigene Entscheidungsbefugnisse im Verhältnis zu den Bürgern und Unternehmen der EU kommen der SECA nicht zu, weshalb die Stellung der Kommission nicht zu Lasten der Agentur geschwächt wird. Das institutionelle Gleichgewicht der EU bleibt mithin gewahrt.

Damit ist auch insoweit kein Nichtigkeitsgrund gemäß Artikel 263 I AEUV gegeben. Die Nichtigkeitsklage der belgischen Regierung ist folglich zwar zulässig, aber unbegründet und hat mithin keine Aussicht auf Erfolg.

Frage 2

Der Vorschlag zur Erweiterung des Mandats der SECA könnte aus mindestens zwei Gründen unionsrechtswidrig sein.

---

42 Vgl. EuGH, U.v. 2.5.2006, Rs. C-217/04, Slg. 2006, I-3771 Rn. 25 – *ENISA* (Vortrag des Europäischen Parlaments): Errichtung von ENISA als „Angleichung geringerer Intensität" gegenüber einer Vollharmonisierung.

43 Vgl. EuGH, U.v. 17.12.1970, Rs. 25/70, Slg. 1970, 1161 Rn. 9 – *Köster* (mit Blick auf das Komitologieverfahren); U.v. 30.3.1995, Rs. C-65/93, Slg. 1995, I-643 Rn. 21 – *Parlament/Rat*; m.w.N. *Streinz*, in: ders., EUV/EGV, Art. 7 EGV Rn. 3; *Herdegen*, Europarecht, § 7 Rn. 109.

44 *Gundel*, in: Schulze/Zuleeg/Kadelbach, Europarecht, § 3 Rn. 11; *Ehlers*, in: Erichsen/Ehlers, Allgemeines Verwaltungsrecht, § 5 Rn. 34.

45 Vgl. nur EuGH, U.v. 13.6.1958, Rs. 9/56, Slg. 1958, 9 (36ff.) – *Meroni I*; U.v. 13.6.1958, Rs. 10/56, Slg. 1958, 51 (80ff.) – *Meroni II*.

46 EuGH, U.v. 13.6.1958, Rs. 9/56, Slg. 1958, 9 (11ff., 53ff.) – *Meroni I*; näher *Ehlers*, in: Erichsen/Ehlers, Allgemeines Verwaltungsrecht, § 5 Rn. 36.

47 Vgl. EuGH, U.v. 26.5.2005, Rs. C-301/02 P, Slg. 2005, I-4071 Rn. 41ff. – *Tralli*.

A. Umgehung der Art. 290, 291 AEUV?

Der Vorschlag zur Erweiterung des Mandats der SECA könnte gegen die Vorgaben der Artikel 290, 291 AEUV verstoßen. Dabei ist zu beachten, dass es nunmehr um eine Agentur geht, die Rechtsetzungsbefugnisse mit verbindlicher Wirkung gegenüber den Mitgliedstaaten, Unternehmen und Bürgern der EU ausübt. Die Befugnis zum Erlass von Rechtsnormen verteilen die Verträge auf den Rat und das Europäische Parlament, die Kommission übt ein weitgehendes Initiativmonopol aus.[48] Einen Erlass von Richtlinien und Verordnungen durch Unionsagenturen sieht der AEU-Vertrag hingegen nicht vor. Möglicherweise könnte sich die Übertragbarkeit solcher Befugnisse auf die SECA aber aus den Art. 290, 291 AEUV ergeben. Das hier etablierte Rechtsregime der Rechtsetzung unterhalb des Sekundärrechtsrechts[49] unterscheidet Delegierte Rechtsakte (Art. 290 AEUV)[50] und Durchführungs-Rechtsakte (Art. 291 AEUV). Bei der Betrauung der SECA mit der Befugnis, im Rahmen der bereits bestehenden europäischen Regelungen nähere Vorgaben zum Online-Handel zu treffen, könnte es sich um eine Delegation von Rechtsakten nach Art. 290 I AEUV handeln. Jedoch trifft der AEUV eindeutige institutionelle Zuordnungen für die Rechtsetzung unterhalb der Ebene der Europäischen Gesetzgebung, die auch als „Tertiärrechtsetzung“[51] bezeichnet wird. Art. 290 I AEUV nennt die Kommission als einzige Institution, der „die Befugnis übertragen werden [kann], Rechtsakte ohne Gesetzescharakter mit allgemeiner Geltung zur Ergänzung oder Änderung bestimmter nicht wesentlicher Vorschriften des betreffenden Gesetzgebungsaktes zu erlassen“. Die nach Art. 291 AEUV mögliche Übertragung von Durchführungsbefugnissen kann zugunsten der Kommission und ausnahmsweise zugunsten des Rates erfolgen. Ihrem Sinnzusammenhang nach haben beide Regelungen abschließenden Charakter und nach dem klaren Wortlaut der genannten Vorschriften werden Europäische Agenturen nicht erfasst.[52] Da die Erweiterung des Mandates der SECA aber dazu führen würde, dass der Agentur im Bereich des Online-Handels Rechtsetzungsbefugnisse zukommen, die bei Art. 290, 291 AEUV der Kommission (bzw. in Ausnahmefällen dem Rat) nur unter den dort genannten engen Voraussetzungen übertragen werden können, würde die Ergänzung der SECA-Gründungsverordnung eine Umgehung der Art. 290, 291 EUV bedeuten. Damit liegt eine Verletzung des AEUV vor, die Änderung der SECA-Gründungsverordnung wäre mit dem Unionsrecht nicht vereinbar.

B. Verstoß gegen den Grundsatz des institutionellen Gleichgewichts?

Weiterhin könnte die Erweiterung des Mandats der SECA um Rechtsetzungsbefugnisse auch einen Verstoß gegen den Grundsatz des institutionellen Gleichgewichts darstellen. Vorhergehend wurde bereits verdeutlicht, dass dieser Grundsatz in seiner Konkreti-

48 Näher *Kotzur*, in: Geiger/Khan/Kotzur, EUV/AEUV, Art. 294 AEUV Rn. 5.

49 Zur Auslegung und Anwendung der Art. 290, 291 AEUV vgl. den Vorschlag für eine Verordnung des Europäischen Parlaments und des Rates zur Festlegung der allgemeinen Regeln und Grundsätze, nach denen die Mitgliedstaaten die Wahrnehmung der Durchführungsbefugnisse durch die Kommission kontrollieren, KOM(2010) 83 endgültig.

50 Der Art. 290 AEUV ähnelt der Übertragung von Legislativbefugnissen auf die Exekutive im nationalen Recht im Wege der Ermächtigung zum Verordnungserlass, siehe *Hetmeier*, in: Lenz/Borchardt, EU-Verträge, Art. 290 AEUV Rn. 2; *Kotzur*, in: Geiger/Khan/Kotzur, EUV/AEUV, Art. 290 AEUV Rn. 2.

51 Zum Begriff *Nettesheim*, in: Grabitz/Hilf, Das Recht der Europäischen Union, Art. 249 EGV Rn. 13.

52 Vgl. *Kotzur*, in: Geiger/Khan/Kotzur, EUV/AEUV, Art. 290 AEUV Rn. 7.

sierung durch die sogenannte *Meroni*-Doktrin im Unionsrecht den traditionell wichtigsten Maßstab für die Kontrolle der Übertragung rechtlicher Befugnisse an verselbständigte Verwaltungsstellen darstellt.[53] Problematisch ist danach nicht die Wahrnehmung von informierenden oder koordinierenden Tätigkeiten. Jedoch dürfen die Agenturen nicht mit komplexen Abwägungsentscheidungen betraut werden.[54] Eine Zuständigkeitsübertragung auf verselbständigte Rechtssubjekte ist nur für genau umgrenzte Durchführungs- und Ausführungsbefugnisse zulässig, deren Ausübung keine Ermessensentscheidung zum Inhalt haben darf.[55] Für die vorliegend zu beurteilende Rechtsfrage ist festzuhalten, dass sich die strengen Maßstäbe der *Meroni*-Doktrin auf Konstellationen des einzelfallbezogenen Verwaltungshandelns beziehen. Sind bereits einzelfallbezogene Abwägungsentscheidungen durch europäische Agenturen als Verstoß gegen den Grundsatz des institutionellen Gleichgewichts anzusehen, so muss dies ebenso, wenn nicht sogar noch in verstärktem Maße, für die vorliegend streitige Übertragung von Rechtsetzungsbefugnissen an die SECA gelten.[56] Denn beide hier zur Übertragung vorgesehenen Regelungsbereiche – die Sicherheitsstandards beim Online-Handel sowie die dabei zu beachtenden Datenschutzaspekte – verlangen dem Normgeber komplexe Wertungsentscheidungen ab. Nicht nur die divergierenden Interessen von Verbrauchern und Unternehmern, sondern auch Gemeinwohlbelange sind einzustellen, etwa im Hinblick auf die Position der europäischen Unternehmen und ihrer Beschäftigten im globalen Wettbewerb. Nach der Funktionenordnung der Europäischen Verträge ist ein solcher Vorgang von legislativem Charakter den europäischen Institutionen mit Gesetzgebungsbefugnissen vorbehalten.[57] Dies kommt auch in Art. 289, 294 AEUV zum Ausdruck, die als beteiligte Institutionen des ordentlichen Gesetzgebungsverfahrens das Europäische Parlament, den Rat und die Kommission nennen.[58] Die europäischen Agenturen finden hier ebenso wenig Erwähnung wie in den Vorschriften des AEU-Vertrags über besondere Gesetzgebungsverfahren.[59] Wie vorhergehend gezeigt, können sie auch im Wege der Übertragung nach Art. 290, 291 AEUV nicht mit legislativen Befugnissen ausgestattet werden.[60] Demzufolge verstößt die Erweiterung des Mandats der SECA um Rechtsetzungsbefugnisse gegen den Grundsatz des institutionellen Gleichgewichts. Damit und mit dem Verstoß gegen die Art. 290, 291 AEUV liegt gleichzeitig der Nichtigkeitsgrund einer Verletzung der Verträge vor, der gemäß Artikel 263 II AEUV mit der Nichtigkeitsklage angegriffen werden kann.

53 Vgl. zu den Grundsätzen der *Meroni*-Doktrin soeben bei Frage 1 unter B. III. 3. und mit Blick auf EU-Agenturen *Winter*, EuR 2005, 255 (262 f., 267); *Wittinger*, EuR 2008, 609 (617 ff.).

54 *Ehlers*, in: Erichsen/Ehlers, Allgemeines Verwaltungsrecht, § 5 Rn. 36; *Calliess*, in: ders./Ruffert, EUV/EGV, Art. 7 EGV Rn. 28 ff.

55 *Ehlers*, in: Erichsen/Ehlers, Allgemeines Verwaltungsrecht, § 5 Rn. 36. *Nettesheim*, in: Grabitz/Hilf, Das Recht der Europäischen Union, Art. 7 EGV Rn. 42.

56 Vgl. *Görisch*, Demokratische Verwaltung durch Unionsagenturen, S. 386 ff.; *Riedel*, Die Gemeinschaftszulassung für Luftfahrtgerät, S. 293 ff.

57 *Görisch*, Demokratische Verwaltung durch Unionsagenturen, S. 386 m. w. N.; *Nettesheim*, in: Grabitz/Hilf, Das Recht der Europäischen Union, Art. 7 EGV Rn. 49.

58 Vgl. außerdem die Zuordnung der Rolle des „Gesetzgebers“ zum Europäischen Parlament und zum Rat in Art. 14 I, 16 I EUV.

59 Zu den besonderen Gesetzgebungsverfahren *König*, in: Schulze/Zuleeg/Kadelbach, Europarecht, § 2 Rn. 87 ff.

60 Dazu soeben im Haupttext unter Frage 2, A.

Rechtsprechungs- und Literaturhinweise

EuGH, U.v. 13.6.1958, Rs. 9/56 u. 10/56, Slg. 1958, 9/51 – *Meroni I/II*; U.v. 17.12.1970, Rs. 25/70, Slg. 1970, 1161– *Köster*; EuGH, U.v. 2.5.2006, Rs. C-217/04, Slg. 2006, I-3771 - *ENISA*

Brenner, Die Agenturen im Recht der Europäischen Union – Segen oder Fluch?, in: Ipsen/Stüer, FS Hans-Werner Rengeling, 2008, S. 193; *Ohler*, Anmerkung zu EuGH, U.v. 2.5.2006 – C-217/04, EuZW 2006, 372; *Görisch*, Demokratische Verwaltung durch Unionsagenturen, 2009; *Gundel*, Verwaltung, in: Schulze/Zuleeg/Kadelbach (Hrsg.), Europarecht – Handbuch für die deutsche Rechtspraxis, 2. Aufl. 2010, § 3; *Sydow*, Externalisierung und institutionelle Ausdifferenzierung, VerwArch 97 (2006), S. 1; *Vetter*, Die Kompetenzen der EG zur Gründung von unabhängigen europäischen Agenturen, DÖV 2005, 721; *Wittinger*, „Europäische Satelliten“: Anmerkungen zum Europäischen Agentur(un)wesen und zur Vereinbarkeit Europäischer Agenturen mit dem Gemeinschaftsrecht, EuR 2008, 609

Fall 16: Schwarze Liste

Meinhard Schröder

Sachverhalt

Im Zuge des Kampfes gegen den weltweiten Terrorismus ist vor allem dessen Finanzierung ins Visier des UN-Sicherheitsrats geraten. Um die Geldströme zur Finanzierung von Terroristen auszutrocknen, bittet der Sicherheitsrat die Mitgliedstaaten der Vereinten Nationen, alle Personen zu melden, die Finanztransaktionen mit Ländern durchführen, in denen sich „bekanntermaßen" Terroristen aufhalten. In der Folge erlässt der Sicherheitsrat gestützt auf Art. 39 und 41 SVN eine Resolution, die die Mitgliedstaaten der Vereinten Nationen verpflichtet, die Vermögen aller in einer der Resolution angehängten Liste genannten Personen einzufrieren. Die Resolution gibt „aus Gründen des Informantenschutzes" nicht an, aufgrund welcher Hinweise oder Daten die einzelnen Personen in die Liste aufgenommen wurden.

In der Erwägung, dass die EU für Wirtschaftssanktionen wie Kontensperrungen zuständig sei, erließen Rat und Parlament auf Vorschlag der Kommission Ende 2010 eine Verordnung. Diese übernahm die Liste des Sicherheitsrats 1:1 und ordnet an, die Vermögen der genannten Personen einzufrieren und nur noch Zugriff auf Mittel zur Bestreitung des Lebensunterhalts zu gewähren. Verpflichtete sind insbesondere die Kreditinstitute innerhalb der EU. Ein Verfahren zur Überprüfung der Rechtmäßigkeit der Aufnahme in die Liste für die Betroffenen sieht die Verordnung nicht vor; stattdessen ist ihre Geltungsdauer auf ein Jahr begrenzt; danach muss sie gegebenenfalls verlängert werden. Die Verordnung, der eine allgemeine Begründung beigefügt ist, die sich jedoch nicht konkret mit den einzelnen Personen der Liste befasst, wurde von den Präsidenten von Parlament und Rat unterzeichnet und am Montag, den 17. Januar 2011 im Amtsblatt der EU veröffentlicht.

Kamal ist pakistanischer Staatsangehöriger und lebt seit Jahrzehnten in Deutschland. In seinem Beruf als Teppichhändler, den er vor einigen Jahren aus Altersgründen aufgegeben hat, hat er es zu einem nicht unbeträchtlichen Vermögen gebracht, mit dem er unter anderem regelmäßig Verwandte in Pakistan unterstützt. Aufgrund dieser regelmäßigen Überweisungen nach Pakistan ist Kamal auf die Listen des Sicherheitsrats und der EU geraten. Er wurde zuvor weder angehört und erfuhr von der Maßnahme erst dadurch, dass sein Konto gesperrt worden war. Seine Bitten um „Berichtigung dieses Fehlers" blieben bei seiner Bank und allen nationalen wie europäischen Stellen unerhört – es wurde stets darauf verwiesen, dass man gegen die Verordnung der EU nichts machen könne, weil sie durch den Sicherheitsrat genau so vorgegeben sei, und dessen Resolutionen seien nun einmal verbindlich.

Kamal ist empört und wendet sich Ende März 2011 schließlich an seinen Rechtsanwalt mit der Bitte, sein Vermögen irgendwie wieder freizubekommen. Es sei doch rechtsstaatlich untragbar, dass er ohne Gelegenheit zur Stellungnahme derart in seinem Eigentum beeinträchtigt werde und auch jetzt nicht einmal Gelegenheit bekomme, seine Unschuld zu beweisen. Zudem handele es sich bei der Verordnung doch wohl um ein unzulässiges „Einzelfallgesetz". Schließlich hätten (was zutrifft) weder er noch seine Verwandten in Pakistan jemals etwas mit Terrorismus zu tun gehabt; daher sei, selbst wenn man von einer grundsätzlichen Zulässigkeit des Einfrierens von Geldern ausgehe, jedenfalls *seine* Aufnahme in die Liste rechtswidrig.

Erstellen Sie ein Gutachten des Rechtsanwalts zu den Erfolgsaussichten gerichtlichen Vorgehens! Rechtsmittel gegen die Bank sind nicht in Erwägung zu ziehen.

Wesentliche Probleme

Nichtigkeitsklage, Rechtsschutz gegen Verordnungen der EU, Wirtschaftssanktionen gegen Individuen, Unionsgrundrechte, Verhältnis Unionsrecht-Völkerrecht

Gliederung

A. Vorüberlegung/Ermittlung des Rechtsschutzziels/Einschlägiger Rechtsbehelf
B. Zulässigkeit
- I. Zuständigkeit
- II. Beteiligten- und Prozessfähigkeit
  - 1. Kläger
  - 2. Beklagte
- III. Klagegegenstand
- IV. Klagebefugnis
  - 1. Adressatenbetroffenheit
  - 2. Anderweitige Betroffenheit
    - a) Unmittelbare Betroffenheit
    - b) Individuelle Betroffenheit
- V. Klagegrund
- VI. Rechtsschutzbedürfnis
- VII. Form der Klage
- VIII. Klagefrist
- IX. Zwischenergebnis

C. Begründetheit
- I. Unzuständigkeit
  - 1. (Verbands-)Zuständigkeit der EU
  - 2. Organzuständigkeit
- II. Verletzung wesentlicher Formvorschriften
- III. Ermessensmissbrauch
- IV. Verletzung höherrangigen Unionsrechts
  - 1. Verstoß gegen Art. 288 AEUV
  - 2. Verstoß gegen Grundfreiheiten
  - 3. Verstoß gegen Unionsgrundrechte
    - a) Art. 6 I EUV i. V. m. Art. 17 I EuGRC (Eigentumsgrundrecht)
    - b) Verstoß gegen Art. 6 I EUV i. V. m. Art. 47 I EuGRC (Effektiver Rechtsschutz)
  - 4. Subsidiaritätsprinzip, Art. 5 III EUV
  - 5. Verhältnismäßigkeitsgrundsatz, Art. 5 IV EUV
  - 6. Zwischenergebnis
- V. Ergebnis zur Begründetheit

D. Gesamtergebnis

Lösung

A. Vorüberlegung/Ermittlung des Rechtsschutzziels/Einschlägiger Rechtsbehelf

Kamal möchte wieder über sein Vermögen verfügen können. Erforderlich dafür ist, da Rechtsmittel gegen die Bank nicht zu berücksichtigen sind, die Beseitigung der EU-Verordnung. Rechtsschutz gegen die Resolution des UN-Sicherheitsrats ist angesichts fehlender Klagemöglichkeiten für Individuen vor dem IGH nicht ersichtlich. In Betracht kommt daher nur eine Nichtigkeitsklage nach Art. 263 AEUV. Diese hat Erfolg, wenn sie zulässig und begründet ist.

B. Zulässigkeit

I. Zuständigkeit

Während für Klagen der Mitgliedstaaten sowie der Unionsorgane grundsätzlich[1] der EuGH zuständig ist (Art. 256 I 1 AEUV i. V. m. Art. 51 Satzung EuGH), ist für sonstige Klagen nach Art. 256 I AEUV das EuG zuständig.

II. Beteiligten- und Prozessfähigkeit

1. Kläger

Aktiv beteiligtenfähig als Kläger sind gemäß Art. 263 II AEUV die Mitgliedstaaten und die Unionsorgane Parlament, Rat und Kommission, gemäß Art. 263 III AEUV die Organe Rechnungshof und EZB sowie der Ausschuss der Regionen, und gemäß Art. 263 IV AEUV natürliche und juristische Personen. Kamal ist eine natürliche Person; auf seine Staatsangehörigkeit kommt es angesichts der Formulierung „jede natürliche ... Person" nicht an.[2] Er ist daher beteiligtenfähig. Gemäß Art. 53 I, 19 III der Satzung des Gerichtshofs ist auch vor dem EuG eine anwaltliche Vertretung erforderlich.

2. Beklagte

Die Klage ist gegen das Unionsorgan oder die Unionsorgane zu richten, das/die den streitgegenständlichen Rechtsakt erlassen hat/haben, hier also gegen Rat und Parlament als Unionsgesetzgeber im ordentlichen Gesetzgebungsverfahren (Art. 289 I, 294 AEUV). Diese werden nach Art. 53 I, 19 I der Satzung des Gerichtshofs durch zu bestellende Bevollmächtigte vertreten.

III. Klagegegenstand

Nach Art. 263 IV AEUV kann eine natürliche Person Klage erheben gegen die an sie gerichteten oder sie unmittelbar und individuell betreffenden Handlungen sowie gegen Rechtsakte mit Verordnungscharakter, die sie unmittelbar betreffen und keine Durchführungsmaßnahmen nach sich ziehen.

---

1 Zu Ausnahmen siehe Art. 51 der Satzung des EuGH.

2 Gleiches gilt auch für die Frage des Wohnsitzes. Vgl. zum Ganzen *Thiele*, Europäisches Prozessrecht, § 7 Rn. 13; *Cremer*, in: Calliess/Ruffert, EUV/EGV, Art. 230 EGV Rn. 26; *Kotzur*, in: Geiger/Khan/Kotzur, EUV/AEUV, Art. 263 AEUV Rn. 19.

Der Streit darum, ob jenseits der Handlungen, die unmittelbar an den Kläger adressiert sind, nur „Scheinverordnungen", d. h. der Form nach als Verordnung erlassene Rechtsakte, denen es aber am für Verordnungen konstitutiven Merkmal der allgemeinen Geltung fehlt, oder auch echte Verordnungen und ggf. sogar Richtlinien Klagegenstand sein können,[3] ist durch diese neue Formulierung im Vertrag von Lissabon erledigt. Jede Handlung der Union („mit Ausnahme" rechtlich unverbindlicher Empfehlungen oder Stellungnahmen, vgl. Art. 263 I AEUV) kann Klagegegenstand sein, wobei die Frage der unmittelbaren und ggf. individuellen Betroffenheit im Rahmen der Klagebefugnis zu prüfen ist.

Die angegriffene Verordnung von Parlament und Rat ist als Handlung dieser beiden Organe daher tauglicher Klagegegenstand.

IV. Klagebefugnis

Fraglich ist, ob Kamal auch klagebefugt ist. Anders als bei den nach Art. 263 II AEUV privilegierten Klageberechtigten bedürfen natürliche Personen einer besonderen Klagebefugnis (Art. 263 IV AEUV). Dabei ist danach zu differenzieren, ob die natürliche Person Adressat der Handlung eines Unionsorgans ist (1.) oder ob sie anderweitig betroffen ist (2.). Betroffenheit ist im Sinne von Beschwer zu verstehen.[4]

1. Adressatenbetroffenheit

Adressaten einer Handlung der Union sind stets schon aufgrund dieser Eigenschaft klagebefugt.[5] Fraglich ist, ob Kamal Adressat der Verordnung der EU ist. Vorliegend ist zwar der Kreis der von der Verordnung negativ Betroffenen anhand der „Schwarzen Liste" klar bestimmbar, jedoch lässt sich die Geltung nicht ohne weiteres auf diesen Personenkreis beschränken. „Adressat" im technischen Sinne sind vielmehr auch und vor allem Kreditinstitute und alle, die mit der Ausführung der Verordnung, d. h. mit dem Einfrieren der Konten befasst sind. Eine Klagebefugnis kommt daher nicht schon aufgrund Adressateneigenschaft in Betracht.

2. Anderweitige Betroffenheit

Bei der Klagebefugnis aus anderen Gründen ergibt sich nach Art. 263 IV AEUV eine Notwendigkeit der Differenzierung nach der Art des Rechtsakts. Grundsätzlich ist eine „unmittelbare und individuelle" Betroffenheit erforderlich, bei „Rechtsakten mit Verordnungscharakter" hingegen entfällt das Erfordernis der individuellen Betroffenheit.

Fraglich ist, was unter „Rechtsakten mit Verordnungscharakter" zu verstehen ist, da der Begriff im AEUV nirgends definiert ist. In Betracht kommt einerseits, alle Rechtsakte mit den Rechtswirkungen von Verordnungen darunter zu subsumieren. Hierfür spricht, dass durch den nie in Kraft getretenen EU-Verfassungsvertrag der Individualrechtsschutz gestärkt werden und gegenüber dem bisherigen, mit der sog. „Plaumann-

3 Siehe dazu noch *Thiele*, Europäisches Prozessrecht, § 7 Rn. 27 ff. Zur Rechtslage nach Inkrafttreten des Vertrags von Lissabon vgl. *Kotzur*, in: Geiger/Khan/Kotzur, EUV/AEUV, Art. 263 AEUV Rn. 11.

4 Vgl. *Thiele*, Europäisches Prozessrecht, § 7 Rn. 69.

5 Insoweit besteht eine Parallele zur „Adressatentheorie" bei § 42 II VwGO, die man aber in europarechtlichen Fällen nicht so nennen sollte. Eine zusätzliche Betroffenheit ist nicht erforderlich, vgl. *Cremer*, in: Calliess/Ruffert, EUV/EGV, Art. 230 EGV Rn. 44 mit Fn. 165.

Formel"[6] des EuGH beschriebenen Stand weiterentwickelt werden sollte.[7] Andererseits lässt sich aber auch vertreten, dass der Begriff „Rechtsakte mit Verordnungscharakter" lediglich ein Relikt des EU-Verfassungsvertrags darstellt, in dem der Begriff „Verordnung" ausschließlich Rechtsakten, die nicht in einem Gesetzgebungsverfahren erlassen worden sind, vorbehalten war.[8] Im geltenden Recht differenziert dagegen Art. 297 AEUV zwischen Gesetzgebungsakten (Abs. 1) und Rechtsakten ohne Gesetzescharakter (Abs. 2), wobei auch für Rechtsakte ohne Gesetzescharakter die Formen Verordnung, Richtlinie und Beschluss in Betracht kommen. Infolgedessen könnte man unter „Rechtsakten mit Verordnungscharakter" lediglich solche Verordnungen verstehen, die nicht im Rahmen des ordentlichen oder besonderen Gesetzgebungsverfahrens nach Art. 289 I oder II AEUV erlassen worden sind,[9] also keine „Gesetzgebungsakte" i. S. v. Art. 289 III AEUV darstellen.[10]

Bei der streitgegenständlichen Verordnung handelt es sich um einen „Gesetzgebungsakt", der von Rat und Parlament gemeinsam im Verfahren des Art. 294 AEUV erlassen wurde. Folgt man der Auffassung, nach der die neue Formulierung einen erweiterten Individualrechtsschutz bieten soll, ist nur eine unmittelbare Betroffenheit erforderlich. Folgt man dagegen der Auffassung, nach der Gesetzgebungsakte keine „Rechtsakte mit Verordnungscharakter" sind, ist nicht nur die unmittelbare, sondern auch die individuelle Betroffenheit zur Begründung der Klagebefugnis erforderlich. Auch wenn beide Auffassungen gleichermaßen vertretbar erscheinen, erscheint es, solange es keine Rechtsprechung des EuGH[11] zu der Frage gibt, sicherer, vom Erfordernis einer auch individuellen Betroffenheit auf Basis der bisherigen „Plaumann-Formel" auszugehen.

a) **Unmittelbare Betroffenheit.** Das Kriterium der Unmittelbarkeit dient dazu, bloß potentiell Betroffenen die Klagebefugnis zu versagen.[12] Die angegriffene Maßnahme muss sich daher grundsätzlich ohne weiteren Vollzugsakt auf die Rechtsstellung des Betroffenen auswirken.

Exkurs: Unmittelbarkeit kann ausnahmsweise aber auch vorliegen, wenn Vollzugsakte von Seiten der Mitgliedstaaten erforderlich sind, diese aber keinerlei Ermessensspielräume bzgl. des „Ob" und „Wie" der Umsetzung haben.[13]

Da vorliegend unmittelbar aufgrund der Verordnung die Konten des Kamal eingefroren sind, ohne dass es noch eines mitgliedstaatlichen Vollzugsakts bedürfte, und die Kre-

6 EuGH, U.v. 15.7.1963, Rs. 25/62, Slg. 1963, 199 (238) – *Plaumann.*
7 Vgl. *Kotzur*, in: Geiger/Khan/Kotzur, EUV/AEUV, Art. 263 AEUV Rn. 31.
8 Vgl. *Streinz/Ohler/Herrmann*, Der Vertrag von Lissabon zur Reform der Europäischen Union, S. 114ff.
9 Rechtsakte mit Verordnungscharakter sind demnach vor allem delegierte Verordnungen (Art. 290 AEUV) und Durchführungsverordnungen (Art. 291 II-IV AEUV) der EU-Kommission.
10 Vgl. *Streinz/Ohler/Herrmann*, Der Vertrag von Lissabon zur Reform der Europäischen Union, S. 114ff.
11 Das Gericht erster Instanz sollte nicht als Maßstab herangezogen werden, da es schon in der Vergangenheit erfolglos versuchte, die Kriterien der Plaumann-Formel aufzuweichen, vgl. EuG, U.v.3.5.2002, Rs. T-177/01, Slg. 2002, II-2365 Rn. 51 – *Jégo-Quéré*, sowie EuGH, U.v. 25.7.2002, Rs. C-50/00 P, Slg. 2002, I-6677 Rn. 32ff. – *Unión de Pequeños Agricultores.*
12 Vgl. *Cremer*, in: Calliess/Ruffert, EUV/EGV, Art. 230 EGV Rn. 46.
13 Vgl. *Cremer*, in: Calliess/Ruffert, EUV/EGV, Art. 230 EGV Rn. 46ff.; *Thiele*, Europäisches Prozessrecht, § 7 Rn. 71ff. Siehe zur Konstellation bei Richtlinien aber auch die zumindest im Ergebnis restriktivere Entscheidung des EuG im Fall Salamander, EuG, U.v. 27.6.2000, verb. Rs. T-172 und 175–177/98, Slg. 2000, II-2487 Rn. 65f. – *Salamander u. a.*

ditinstitute verpflichtet sind, die entsprechenden Gelder nicht mehr auszuzahlen, ist die unmittelbare Betroffenheit des Kamal zu bejahen.

b) **Individuelle Betroffenheit.** Kamal müsste zudem individuell betroffen sein. Die individuelle Betroffenheit bemisst sich nach der Rechtsprechung des EuGH vor allem anhand der sog. „Plaumann-Formel". Danach muss die „streitige Vorschrift ... den Kläger wegen bestimmter persönlicher Eigenschaften oder besonderer, ihn aus dem Kreis aller übrigen Personen heraushebenden Umstände [betreffen] und ... ihn daher wie den Adressaten einer Entscheidung [individualisieren]".[14]

Diese Anforderungen sind vorliegend erfüllt. Da Kamal in der Verordnung namentlich als Adressat der zu treffenden Maßnahmen genannt ist, ist er genauso betroffen, wie wenn ihm als direktem Verordnungsadressaten verboten worden wäre, über sein Geld zu verfügen. Die individuelle Betroffenheit ist damit zu bejahen.

Exkurs: Die *Plaumann*-Rechtsprechung ist vielfach als zu streng und nicht den Anforderungen der Garantie effektiven Rechtsschutzes genügend kritisiert worden. Selbst das EuG und der Generalanwalt *Jacobs*[15] haben versucht, eine großzügigere Linie zu etablieren. So hat etwa das EuG ausgeführt, für die Klagebefugnis genüge es, dass die „Rechtsposition [der Person] unzweifelhaft und gegenwärtig beeinträchtigt" sei, indem ihre Rechte eingeschränkt oder ihr Pflichten auferlegt würden. Die Zahl und die Lage anderer Personen, deren Rechtsposition durch die Bestimmung ebenfalls beeinträchtigt wird oder werden kann, seien insoweit keine relevanten Gesichtspunkte.[16]

Der EuGH hat jedoch sowohl in der Rechtsmittelentscheidung im Fall *Jégo-Quéré*[17] als auch in der Rechtssache *Unión de Pequeños Agricultores*[18] an der Plaumann-Formel festgehalten. Als Begründung wird ausgeführt, das angebliche Rechtsschutzdefizit bestehe nicht, weil die individuelle Betroffenheit durch andere Rechtsakte als Entscheidungen die Ausnahme sei und in diesen Fällen die Gerichte der Mitgliedstaaten ausreichenden Schutz böten.[19] Es bleibt abzuwarten, inwieweit die neue Formulierung des Art. 263 IV AEUV eine Änderung herbeiführt[20] (siehe schon oben S. 222 f.).

V. Klagegrund

Der Kläger muss mindestens einen der in Art. 263 II AEUV abschließend aufgezählten Nichtigkeitsgründe (Unzuständigkeit, Verletzung wesentlicher Formvorschriften, Verletzung der Verträge oder von Sekundärrecht, Ermessensmissbrauch) vortragen. Dabei ist keine „Möglichkeit des Vorliegens" des Grundes wie im deutschen Recht erforder-

---

14 EuGH, U.v. 15.7.1963, Rs. 25/62, Slg. 1963, 199 (238) – *Plaumann*, bestätigt in EuGH, U.v. 25.7.2002, Rs. C-50/00 P, Slg. 2002, I-6677 Rn. 32 ff. – *Unión de Pequeños Agricultores.*

15 Schlussanträge v. 21.3.2002, Rs. C-50/00 P, Slg. 2002, I-6677 Rn. 23 ff. – *Unión de Pequeños Agricultores.*

16 EuG, U.v. 3.5.2002, Rs. T-177/01, Slg. 2002, II-2365 Rn. 51 – *Jégo-Quéré.*

17 EuGH, U.v. 1.4.2004, Rs. C-263/02 P, Slg. 2004, I-3425 Rn. 29 ff. – *Jégo-Quéré.*

18 EuGH, U.v. 25.7.2002, Rs. C-50/00 P, Slg. 2002, I-6677 Rn. 32 ff. – *Unión de Pequeños Agricultores.*

19 EuGH, U.v. 25.7.2002, Rs. C-50/00 P, Slg. 2002, I-6677 Rn. 32 ff. – *Unión de Pequeños Agricultores*; U.v. 1.4.2004, Rs. C-263/02 P, Slg. 2004, I-3425 Rn. 29 ff. – *Jégo-Quéré.* Zur Unübersichtlichkeit und Kasuistik der Rechtsprechung zur unmittelbaren Betroffenheit vgl. *Thiele*, Europäisches Prozessrecht, § 7 Rn. 87 ff.

20 Zumindest Modifikationen erwartet etwa *Kotzur*, in: Geiger/Khan/Kotzur, EUV/AEUV, Art. 263 AEUV Rn. 31.

lich, vielmehr genügt es (ist es aber auch erforderlich), dass sich aus der Klageschrift ergibt, inwieweit der jeweilige Grund vorliegen soll (schlüssige Darlegung).[21]

Vorliegend kommt zumindest die Geltendmachung des „Auffanggrunds"[22] einer Verletzung der Verträge in Betracht, und zwar insbesondere des Art. 6 I EUV i. V. m. dem Eigentumsgrundrecht (Art. 17 I EuGRC) und dem Recht auf effektiven Rechtsschutz (Art. 47 I EuGRC).

VI. Rechtsschutzbedürfnis

Grundsätzlich ist das Rechtsschutzbedürfnis bei der Nichtigkeitsklage durch das Vorliegen der Klagebefugnis indiziert. Es sind auch keine Anhaltspunkte dafür ersichtlich, dass die Belastung mittlerweile durch Aufhebung des Rechtsakts oder Behebung seiner Mängel[23] beseitigt wurde.

VII. Form der Klage

Die Klageerhebung hat in der Form der Art. 53 I, 21 Satzung EuGH, sowie Art. 43 f. VerfO-EuGH zu erfolgen. Es muss dabei jedenfalls der Sachverhalt dargestellt werden, aus dem sich der Nichtigkeitsgrund ergibt (s. o. V.).

VIII. Klagefrist

Gemäß Art. 263 VI AEUV ist die Nichtigkeitsklage „binnen zwei Monaten zu erheben; diese Frist läuft je nach Lage des Falles von der Bekanntgabe der betreffenden Handlung, ihrer Mitteilung an den Kläger oder in Ermangelung dessen von dem Zeitpunkt an, zu dem der Kläger von dieser Handlung Kenntnis erlangt hat." Fraglich ist, ob diese Frist vorliegend gewahrt ist.

Die Fristberechnung erfolgt anhand von Art. 101 ff. der Verfahrensordnung des EuG. Nach Art. 101 § 1 lit. a) VerfO-EuG ist bei einer Ereignisfrist der Tag des Ereignisses nicht mitzuzählen. Für Maßnahmen, die im Amtsblatt der EU veröffentlicht werden, modifiziert Art. 102 VerfO-EuG diesen Grundsatz dahingehend, dass die Frist vom Ablauf des 14. Tages nach der Veröffentlichung zu berechnen ist. Bei der Verordnung handelt es sich um eine im Amtsblatt der EU zu veröffentlichte Maßnahme (Art. 297 I UA 3 AEUV). Fristbeginn ist damit am 14. Tag nach ihrer Veröffentlichung.[24] Da diese am Montag, den 17. Januar 2011 erfolgte, war Fristbeginn Montag, der 31. Januar 2011. Die Frist endet gemäß Art. 101 § 1 lit. b VerfO-EuG am Donnerstag, den 31. März 2011. Hinzu kommt jedoch die pauschale „Entfernungsfrist" von 10 Tagen gemäß Art. 102 § 2 VerfO-EuG. Fristende wäre damit am Sonntag, den 10. April 2011. Gemäß Art. 101 § 2 VerfO-EuG verschiebt sich das Fristende jedoch auf Montag, den 11. April 2011.

Eine Klageerhebung ist daher Ende März 2011 noch möglich.

---

21 *Thiele*, Europäisches Prozessrecht, § 6 Rn. 30; *Herrmann*, Examens-Repetitorium Europarecht/Staatsrecht III, Rn. 250.
22 *Thiele*, Europäisches Prozessrecht, § 7 Rn. 117.
23 Siehe dazu etwa *Thiele*, Europäisches Prozessrecht, S. 116.
24 So die Auslegung der VerfO durch das EuG selbst, siehe etwa EuG, B.v. 19.1.2001, Rs. T-126/00, Slg. 2001, II-85 Rn. 14 f. – *Confindustria*. Zur gleichlautenden Vorschrift in der VerfO-EuGH siehe EuGH, B. v. 17.5.2002, Rs. C-406/01, Slg. 2002, I-4561 Rn. 12 ff. – *Deutschland/Parlament und Rat*. Siehe auch *Cremer*, in: Calliess/Ruffert, EUV/EGV, Art. 230 EGV Rn. 67.

IX. Zwischenergebnis

Kamal kann zulässigerweise eine Nichtigkeitsklage beim EuG erheben.

C. Begründetheit

Die Klage ist begründet, wenn der angegriffene Unionsrechtsakt an einem der in Art. 263 II AEUV abschließend aufgezählten Mängel leidet.

Hinweis: EuG und EuGH prüfen nur gerügte bzw. von Amts wegen zu berücksichtigende Mängel.[25] Aus didaktischen Gründen und mangels Vorliegen eines konkreten Schriftsatzes wird vorliegend dagegen auf alle Punkte (kurz) eingegangen.

I. Unzuständigkeit

Die Unzuständigkeit kann sowohl aus der fehlenden Zuständigkeit der EU insgesamt (Verbandszuständigkeit) als auch aus der fehlenden Zuständigkeit des handelnden Organs resultieren.[26]

1. (Verbands-)Zuständigkeit der EU

Nach dem Grundsatz der begrenzten Einzelermächtigung (Art. 5 I EUV) bedarf es für ein Tätigwerden der Union einer konkreten Rechtsgrundlage im Primärrecht.

Vorliegend kommt Art. 75 AEUV als Rechtsgrundlage der Verordnung in Betracht. Die Vorschrift ermöglicht Maßnahmen zur Realisierung der Ziele des Artikels 67 AEUV, also der Schaffung eines Raumes der Freiheit, der Sicherheit und des Rechts, in Bezug auf die Verhütung und Bekämpfung von Terrorismus und damit verbundener Aktivitäten. Europäisches Parlament und Rat werden ermächtigt, gemäß dem ordentlichen Gesetzgebungsverfahren durch Verordnungen einen Rahmen für Verwaltungsmaßnahmen in Bezug auf Kapitalbewegungen und Zahlungen zu schaffen, wozu das Einfrieren von Geldern, finanziellen Vermögenswerten oder wirtschaftlichen Erträgen gehören kann, deren Eigentümer oder Besitzer natürliche oder juristische Personen, Gruppierungen oder nichtstaatliche Einheiten sind.[27]

Vorliegend regelt die Verordnung das Einfrieren der Gelder von Privatpersonen, die im Verdacht stehen, Terroristen zu unterstützen. Art. 75 AEUV erscheint somit als Ermächtigungsgrundlage einschlägig.

---

25 *Cremer*, in: Calliess/Ruffert, EUV/EGV, Art. 230 EGV Rn. 72; *Thiele*, Europäisches Prozessrecht, § 6 Rn. 29.

26 *Kotzur*, in: Geiger/Khan/Kotzur, EUV/AEUV, Art. 263 AEUV Rn. 35; *Cremer*, in: Calliess/Ruffert, EUV/EGV, Art. 230 EGV Rn. 73. Siehe dort auch noch die Gründe der räumlichen und sachlichen Unzuständigkeit.

27 Die Vorschrift unterscheidet sich von ihrem Vorläufer, Art. 60 EGV, insoweit, als sie nunmehr gezielt Maßnahmen gegen Private ermöglicht, während Art. 60 EGV von Sanktionen gegen Drittstaaten sprach. Diese sind nunmehr in Art. 215 AEUV geregelt, zusammen mit den früher in Art. 301 EGV aufgeführten anderen wirtschaftlichen Maßnahmen.

2. Organzuständigkeit

Art. 75 AEUV sieht vor, dass Parlament und Rat beim Erlass der Verordnung im Rahmen des Erlasses von Verordnungen im ordentlichen Gesetzgebungsverfahren zusammenwirken, was vorliegend geschah.

Hinweis: Anders als vor dem Vertrag von Lissabon sind diese Maßnahmen nun nicht mehr von einer vorherigen Maßnahme des Europäischen Rates abhängig; diese Konstruktion findet sich nur noch für gegen Drittstaaten gerichtete Maßnahmen (Art. 215 AEUV).

II. Verletzung wesentlicher Formvorschriften

Fraglich ist, ob beim Erlass der Verordnung Formvorschriften verletzt worden sind. Unter Formvorschriften ist dabei die gesamte „formelle Rechtmäßigkeit" zu verstehen, insbesondere also der korrekte Ablauf des unionalen Gesetzgebungsverfahrens. Wesentlichkeit ist dabei dann anzunehmen, wenn sich der Verstoß auf das Verfahrensergebnis inhaltlich auswirken kann.[28]

Art. 75 AEUV sieht für die zu erlassenden Verordnungen das „ordentliche Gesetzgebungsverfahren" vor und verweist damit auf Art. 294 AEUV. Dieser sieht in Abs. 2 vor, dass das Initiativrecht bei der Kommission liegt. Laut Sachverhalt ist diese Anforderung vorliegend erfüllt. Über das weitere Verfahren, insbesondere die Zahl der erfolgten Lesungen, sagt der Sachverhalt nichts aus. Nach den Abs. 3 ff. des Art. 294 AEUV führt jedoch die Übereinstimmung der Standpunkte von Rat und Parlament an irgendeinem Punkt des Gesetzgebungsverfahrens zum Erlass des Rechtsakts.

Die Verordnung enthält auch, wie Art. 296 II AEUV verlangt, eine Begründung. Fraglich ist zwar, ob diese ausreichend ist, weil sie nicht auf die einzelnen gelisteten Personen eingeht; allerdings spricht einiges dafür, diese inhaltliche Frage eher als Frage des „Verstoßes gegen den Vertrag" zu behandeln (a. A. vertretbar).[29] Die Verordnung wurde auch gemäß Art. 297 I AEUV ordnungsgemäß nach Unterzeichnung durch die Präsidenten des Rates und des Parlaments im Amtsblatt der EU veröffentlicht.

Exkurs: Die fehlende Publikation führt anders als eine bloß fehlerhafte Publikation nicht etwa nur zur Rechtswidrigkeit, sondern zur Inexistenz des Rechtsakts.[30] Entsprechend hat der EuGH kürzlich entschieden, dass von einem Anhang zu einer Verordnung, der nicht im Amtsblatt der Europäischen Union veröffentlicht wurde, keine Bindungswirkung für den Einzelnen ausgeht.[31]

Insgesamt sind bei Erlass der streitgegenständlichen Verordnung keine Fehler im unionalen Gesetzgebungsverfahren ersichtlich.

---

28 *Cremer*, in: Calliess/Ruffert, EUV/EGV, Art. 230 EGV Rn. 74; *Streinz*, Europarecht, Rn. 596. Es gibt also keinen Unterschied zwischen generell wesentlichen und unwesentlichen Formvorschriften!

29 Siehe dazu unten IV. 3. b) bb). Vgl. zur Frage der Begründung von Rechtsakten *Calliess*, in: Calliess/Ruffert, EUV/EGV, Art. 253 EGV Rn. 25.

30 Vgl. dazu *Ruffert*, in: Calliess/Ruffert, EUV/EGV, Art. 254 EGV Rn. 9, 13.

31 EuGH, U.v. 10.3.2009, Rs. C-345/06, EuZW 2009, 251 Rn. 42 ff. – *Gottfried Heinrich*.

Hinweis: Vertretbar erscheint es, die Frage einer notwendigen Anhörung der Betroffenen vor Erlass der Verordnung an dieser Stelle anzusprechen.[32] Da jedoch im Gesetzgebungsverfahren eine Anhörung der von einem Gesetz Betroffenen grundsätzlich nicht vorgesehen ist, wird dieser Punkt vorliegend unter dem Aspekt der Beachtung von Grundrechten unten abgehandelt.

III. Ermessensmissbrauch

Der EuGH differenziert (anders als die deutsche Dogmatik) hinsichtlich dieses Klagegrundes nicht zwischen Spielräumen auf Tatbestandsseite und Ermessen auf der Rechtsfolgenseite, sondern behandelt entsprechend der französischen Tradition jeglichen Spielraum der Verwaltung als Ermessen.[33] Nach der Rechtsprechung ist eine Rechtshandlung nur dann ermessensmissbräuchlich, wenn „aufgrund objektiver, schlüssiger und übereinstimmender Indizien" anzunehmen ist, dass sie zumindest vorwiegend zu anderen als den angegebenen Zwecken oder mit dem Ziel der Umgehung eines im Vertrag speziell vorgesehenen Verfahrens vorgenommen wird; erforderlich ist also die Verfolgung subjektiv rechtswidriger Zwecke.[34] Hierfür sind vorliegend keinerlei Anhaltspunkte gegeben.

IV. Verletzung höherrangigen Unionsrechts

In Betracht kommt jedoch ein Verstoß gegen „die Verträge oder von bei ihrer Durchführung anzuwendenden Rechtsnormen." Darunter ist die Gesamtheit des Unionsrechts zu verstehen,[35] soweit es im konkreten Fall einen höheren Rang besitzt. Vorliegend kommen demnach nur Verstöße gegen Primärrecht in Betracht.

1. Verstoß gegen Art. 288 AEUV

Möglicherweise liegt ein Verstoß gegen das Gebot vor, dass eine Verordnung (anders als ein Beschluss) allgemein gelten muss (Art. 288 II AEUV). Hierfür könnte der Umstand sprechen, dass die Personen, die Gegenstand der mit der streitigen Verordnung verhängten Restriktionen sind, namentlich aufgeführt sind, was gerade zu ihrer unmittelbaren und individuellen Betroffenheit i. S. v. Art. 263 IV AEUV führt.

Allerdings bedeutet dies nicht notwendigerweise, dass dieser Rechtsakt keine allgemeine Geltung im Sinne von Art. 288 II AEUV hat und daher nicht als Verordnung eingestuft werden kann: Mit der streitigen Verordnung werden zwar Restriktionen gegen bestimmte Personen verhängt. Diese sind jedoch nicht die Adressaten dieser Verordnung – vielmehr enthält die Verordnung ein weit gefasstes Verbot, den genannten Personen Gelder und wirtschaftliche Ressourcen zur Verfügung zu stellen, das sich abstrakt und allgemein an jeden richtet, der materiell über die Gelder oder wirtschaftlichen Ressourcen verfügen kann.[36] Damit liegt kein Verstoß gegen Art. 288 AEUV vor.

---

32 Siehe zu der Frage *Cremer*, in: Calliess/Ruffert, EUV/EGV, Art. 230 EGV Rn. 76; die dort zitierte Rechtsprechung betrifft allerdings Nichtigkeitsklagen gegen Einzelentscheidungen.

33 Vgl. *Kotzur*, in: Geiger/Khan/Kotzur, EUV/AEUV, Art. 263 AEUV Rn. 39.

34 Siehe etwa EuGH, U.v. 13.4.1990, Rs. 331/88, Slg. 1990, I-4023 Rn. 24 – *Fedesa*; vgl. auch *Cremer*, in: Calliess/Ruffert, EUV/EGV, Art. 230 EGV Rn. 80.

35 Siehe zu diesem Prüfungsmaßstab *Cremer*, in: Calliess/Ruffert, EUV/EGV, Art. 230 Rn. 81; *Kotzur*, in: Geiger/Khan/Kotzur, EUV/AEUV, Art. 263 AEUV Rn. 38.

36 Vgl. EuGH, U.v. 3.9.2008, verb. Rs. C-402/05 P und C-415/05 P, Slg. 2008, I-6351 Rn. 243 f. – *Kadi*; U.v. 11.10.2007, Rs. C-117/ 06, Slg. 2007, I-8361 Rn. 50–55 – *Möllendorf*.

2. Verstoß gegen Grundfreiheiten

Umstritten ist, ob die Grundfreiheiten nur die Mitgliedstaaten oder auch den Unionsgesetzgeber binden. Die wohl überwiegende Auffassung bejaht letzteres mit der Begründung umfassender Verwirklichung der Ziele des Vertrags.[37]

Folgt man dem, kommt vorliegend eine Beschränkung der Kapitalverkehrsfreiheit (Art. 63 AEUV) in Betracht, da zumindest mittelbar hier Zahlungen in den Drittstaat Pakistan unterbunden werden. Die Beschränkung der Kapitalverkehrsfreiheit könnte allerdings gerechtfertigt sein. Hierfür kommen nicht nur die den Mitgliedstaaten zustehenden Rechtfertigungsgründe in Betracht, vielmehr ist wegen der Einheit des Vertrags davon auszugehen, dass Maßnahmen, die der Vertrag an anderer Stelle erlaubt, zumindest als gerechtfertigt anzusehen sind. Der EuGH räumt den Organen der EU insoweit (anders als den Mitgliedstaaten) einen weiten Ermessensspielraum ein.[38] Da der EU in Art. 75 AEUV explizit das Recht zugestanden wird, Konten einzufrieren, was zumindest mittelbar häufig zu Beschränkungen des Kapitalverkehrs führen wird, kann im Gebrauchmachen von dieser Ermächtigung keine ungerechtfertigte Beschränkung der Kapitalverkehrsfreiheit gesehen werden. Ein Verstoß gegen die Grundfreiheiten scheidet mithin aus.

3. Verstoß gegen Unionsgrundrechte

In Betracht kommt aber ein Verstoß der streitgegenständlichen Verordnung gegen Grundrechte der EU.

a) **Art. 6 I EUV i. V. m. Art. 17 I EuGRC (Eigentumsgrundrecht).** Möglicherweise liegt im Einfrieren der Gelder ein Verstoß gegen das Eigentumsgrundrecht der von der Verordnung betroffenen Personen.

aa) **Anwendbarkeit der Unionsgrundrechte / Prüfungskompetenz des EuG.** Fraglich ist, ob die Unionsgrundrechte auf die Verordnung in vollem Umfang anwendbar sind und das EuG in der Folge die Vereinbarkeit der Verordnung mit Unionsgrundrechten überprüfen kann. Grundsätzlich binden die Unionsgrundrechte die – hier handelnden – Unionsorgane (Art. 51 I 1 EuGRC).

Im konkreten Fall könnte man jedoch vortragen, dass die Verordnung nur das 1:1 umsetzt, was der UN-Sicherheitsrat bereits in seiner Resolution detailliert vorgegeben hat, und dass es nicht angehe, dass unterschiedliche Gerichte diese Resolution gleichsam inzident an unterschiedlichen Prüfungsmaßstäben messen.

Für diese Auffassung spricht, dass nach Art. 25 UN-Charta eine Verpflichtung besteht, Resolutionen des Sicherheitsrats „zu akzeptieren und auszuführen“. Diese Verpflichtung trifft allerdings völkerrechtlich nicht die EU, sondern die Mitgliedstaaten der Vereinten Nationen. Die Union hat indessen die Pflicht, völkerrechtliche Verpflichtungen ihrer Mitgliedstaaten nicht zu konterkarieren,[39] vgl. Art. 351 AEUV. Nach Art. 103 UN-Charta gehen die Verpflichtungen aus der UN-Charta jedoch anderen völkerrechtlichen Verpflichtungen vor. Aus der Zusammenschau dieser Vorschriften könnte man den Schluss ziehen, dass die Union zur Umsetzung von Resolutionen des Sicherheitsrats

37 Dafür die mittlerweile ständige Rechtsprechung des EuGH, vgl. etwa U.v. 12.7.2005, verb. Rs. C-154/04 und C-155/04, Slg. 2005, I-6451 Rn. 47 – *Alliance for Natural Health*, m. w. N. aus der Rechtsprechung; *Streinz*, Europarecht, Rn. 836. Ablehnend dagegen *Kingreen*, in: Calliess/Ruffert, EUV/EGV, Art. 28–30 EGV Rn. 109 f.

38 *Kingreen*, in: Calliess/Ruffert, EUV/EGV, Art. 28–30 EGV Rn. 109.

39 Vgl. dazu ausführlich *Kotzur*, EuGRZ 2006, 19, 24.

verpflichtet sei, um nicht die entsprechende Verpflichtung der Mitgliedstaaten zu vereiteln. Eine etwaige Beschränkung der Umsetzung aufgrund grundrechtlicher Einwände käme demnach nicht in Betracht.[40]

Allerdings ist zu berücksichtigen, dass die Union eine Rechtsgemeinschaft ist, in der ihre Organe nicht der Kontrolle daraufhin, ob ihre Handlungen mit den Verträgen im Einklang stehen, entzogen sind, und dass mit dem AEUV ein umfassendes System von Rechtsbehelfen und Verfahren geschaffen worden ist, das den Unionsgerichten die Überprüfung der Rechtmäßigkeit der Handlungen der Organe zuweist.[41] Daran können auch internationale Verträge nichts ändern,[42] vielmehr ist die Achtung der Menschenrechte eine Voraussetzung für die Rechtmäßigkeit jeder Handlung der Union[43] und Maßnahmen, die mit der Achtung dieser Rechte unvereinbar sind, können in der Union nicht als rechtens anerkannt werden.[44] Dies spricht für eine vollumfängliche Kontrolle der die Resolution umsetzenden Verordnung am Maßstab der Unionsgrundrechte.

Daran ändert sich auch nichts dadurch, dass der Unionsrechtsordnung grundsätzlich eine völkerrechtsfreundliche Grundtendenz immanent ist, wie sich vor allem aus den Art. 216 ff. AEUV ergibt.[45] Die Völkerrechtsfreundlichkeit kann nämlich nicht zu einer Derogation des eigenen Grundrechtsregimes führen. Auch dem europäischen Richter obliegt eine Verantwortlichkeit für die Sicherung des Rahmens der Rechtmäßigkeit hinsichtlich aller in seiner Rechtsordnung Geltung beanspruchenden Rechtsakte.[46] Lediglich angesichts einzelner Kollisionen darf eine völkerrechtsfreundliche Lösung gesucht werden.[47] Eine umfassendere Kontrollreduktion ähnlich der, die sowohl Bundesverfassungsgericht als auch EGMR gegenüber dem unionalen Grundrechtsregime angenommen haben,[48] wäre nur akzeptabel, wenn bereits auf Ebene der UN ein umfassender Grundrechtsschutz inklusive ausreichender Individualrechtsbehelfe sichergestellt wäre, was aber derzeit nicht der Fall ist.

---

40 So aber das EuG im aufgehobenen U.v. 21.9.2005, Rs. T-315/01, Slg. 2005, II-3649 Rn. 215 ff. – *Kadi*. Zustimmend dazu tendenziell etwa *Möllers*, EuR 2006, 236. 428; kritisch zur Zurückhaltung des EuG dagegen *Schmalenbach*, JZ 2006, 349, 352 f.

41 EuGH, U.v. 3.9.2008, verb. Rs. C-402/05 P und C-415/05 P, Slg. 2008, I-6351 Rn. 281 – *Kadi*; siehe auch bereits U.v. 23.4.1986, Rs. 294/83, Slg. 1986, 1339 Rn. 23 – *Les Verts/Parlament*.

42 EuGH, U.v. 3.9.2008, verb. Rs. C-402/05 P und C-415/05 P, Slg. 2008, I-6351 Rn. 282 – *Kadi* m.w.N aus der Rechtsprechung.

43 EuGH, U.v. 3.9.2008, verb. Rs. C-402/05 P und C-415/05 P, Slg. 2008, I-6351 Rn. 284 – *Kadi*.

44 EuGH, U.v. 3.9.2008, verb. Rs. C-402/05 P und C-415/05 P, Slg. 2008, I-6351 Rn. 284 – *Kadi*; U.v. 12.6.2003, Rs. C-112/00, Slg. 2003, I-5659 Rn. 73 – *Schmidberger*. Siehe hierzu auch *Schröder*, Gesetzesbindung des Richters und Rechtsweggarantie im Mehrebenensystem, 2010, S. 215 f. und 285 ff.

45 Vgl. EuGH, U.v. 3.9.2008, verb. Rs. C-402/05 P und C-415/05 P, Slg. 2008, I-6351 Rn. Rn. 291 f. – *Kadi*, m. w. N.

46 So jetzt auch EuGH, U.v. 3.9.2008, verb. Rs. C-402/05 P und C-415/05 P, Slg. 2008, I-6351 Rn. 285 und 307 – *Kadi*.

47 A. A. *Möllers*, EuR 2006, 426, 428, wegen möglicher Nachahmungseffekte mitgliedstaatlicher Gerichte bei der Kontrolle von Unionsrecht. – Der EuGH hat dem Sicherheitsrat immerhin eine Einschätzungsprärogative für den Bereich der Friedenssicherung eingeräumt, vgl. EuGH, U.v. 3.9.2008, verb. Rs. C-402/05 P und C-415/05 P, Slg. 2008, I-6351 Rn. 294 und 310 ff. – *Kadi*. Zustimmend *Schröder*, Gesetzesbindung des Richters und Rechtsweggarantie im Mehrebenensystem, S. 285 ff.

48 Vgl. BVerfG, B.v. 22.10.1986, 2 BvR 197/83, BVerfGE 73, 339 – *Solange II*; EGMR, U.v. 30.6.2005, Rs. 45036/98, NJW 2006, 197 Rn. 167 – *Bosphorus*.

Die Einhaltung der Unionsgrundrechte war also bei Erlass der Verordnung geboten und kann auch vom EuG kontrolliert werden.[49]

bb) Vereinbarkeit der Verordnung mit der Eigentumsgarantie. Das Eigentumsrecht gehörte schon vor seiner Kodifizierung in Art. 17 EuGRC zu den allgemeinen Grundsätzen des Rechts der EU. Es unterliegt aber nach Art. 17 I 2 und 3 EuGRC bestimmten Beschränkungen. Zu berücksichtigen ist in diesem Zusammenhang auch Art. 52 I EuGRC, wonach die Beschränkungen verhältnismäßig sein müssen und den Wesensgehalt des Grundrechts nicht antasten dürfen. Da es sich bei der Eigentumsgarantie um ein auch in der EMRK gewährleistetes Grundrecht handelt, ist zudem Art. 52 III EuGRC zu berücksichtigen, nach dem die Grundrechte die gleiche Bedeutung und Tragweite wie in der EMRK haben.

Zu prüfen ist daher, ob das in der streitgegenständlichen Verordnung vorgesehene Einfrieren von Geldern einen unverhältnismäßigen und nicht tragbaren Eingriff darstellt, der das Grundrecht auf Achtung des Eigentums in seinem Wesensgehalt antastet.[50] Dabei ist zwischen dem Einfrieren von Geldern im Allgemeinen und der Aufnahme des Klägers in die Liste im Besonderen zu differenzieren.

Geldvermögen unterfällt ohne Weiteres der Eigentumsgarantie. Das Einfrieren des Geldes stellt keine Enteignung dar, da der betreffende Vermögensgegenstand nicht entzogen werden soll. Daher handelt es sich beim Einfrieren um eine „Nutzungsregelung" des Eigentums nach Art. 17 I 3 EuGRC. Fraglich ist, ob die mit dieser Nutzungsregelung einhergehende Beschränkung gerechtfertigt werden kann.

Voraussetzung dafür ist, dass sie „für das Wohl der Allgemeinheit erforderlich" (Art. 17 I 3 EuGRC), also verhältnismäßig ist. Sie muss einem legitimen Ziel dienen, und „die eingesetzten Mittel [müssen] in einem angemessenen Verhältnis zu dem angestrebten Ziel stehen. Zu untersuchen ist demnach, ob zwischen den Erfordernissen des Allgemeininteresses und dem Interesse des oder der betroffenen Einzelnen das Gleichgewicht gewahrt worden ist. Dabei ist dem Gesetzgeber sowohl bei der Wahl der Durchführungsmodalitäten als auch hinsichtlich der Entscheidung, ob deren Folgen durch das Bestreben, das Ziel der fraglichen Regelung zu erreichen, im Allgemeininteresse gerechtfertigt sind, ein weiter Beurteilungsspielraum zuzuerkennen".[51]

Ziel der Maßnahme ist vorliegend zum einen die Bekämpfung des Terrorismus und zum anderen die Umsetzung der Resolution des UN-Sicherheitsrats, um so die völkerrechtliche Verpflichtung der Mitgliedstaaten der EU zu erfüllen (s. o.). Beide Ziele sind legitim.[52] Angesichts eines für die Völkergemeinschaft derart grundlegenden Ziels wie des mit allen Mitteln gemäß der UN-Charta geführten Kampfes gegen die Bedrohungen, die durch terroristische Handlungen auf dem Weltfrieden und der internationalen Sicherheit lasten, kann das Einfrieren von Geldern, Finanzvermögen und anderen wirtschaftlichen Ressourcen der Personen, die der Sicherheitsrat als potentiell gefährlich identifiziert hat, für sich genommen nicht als unangemessen oder unverhältnismäßig angesehen werden.[53] Für die Verhältnismäßigkeit spricht auch, dass die streitgegen-

49 EuGH, U.v. 3.9.2008, verb. Rs. C-402/05 P und C-415/05 P, Slg. 2008, I-6351 Rn. 285 – *Kadi*.
50 So die Summenformulierung des EuGH für alle Anforderungen zusammen, vgl. EuGH, U.v. 3.9.2008, verb. Rs. C-402/05 P und C-415/05 P, Slg. 2008, I-6351 Rn 358 – *Kadi*.
51 EuGH, U.v. 3.9.2008, verb. Rs. C-402/05 P und C-415/05 P, Slg. 2008, I-6351 Rn. 360 – *Kadi*.
52 EuGH, U.v. 3.9.2008, verb. Rs. C-402/05 P und C-415/05 P, Slg. 2008, I-6351 Rn. 361 – *Kadi*.
53 EuGH, U.v. 3.9.2008, verb. Rs. C-402/05 P und C-415/05 P, Slg. 2008, I-6351 Rn. 363 – *Kadi*; vgl. in diesem Sinne auch schon U.v. 30.6.1996, Rs. C-84/95, Slg. 1996, I-3953 Rn. 22 ff., insbes. Rn. 26 – *Bosphorus*; dies auch für mit der EMRK vereinbar erachtend EGMR, U.v. 30.6.2005, Rs. 45036/98, NJW 2006, 197 Rn. 167 – *Bosphorus*.

ständliche Verordnung den Zugriff auf Gelder, die der Deckung des Lebensbedarfs dienen, weiterhin ermöglicht.

Fraglich ist jedoch, ob die Aufnahme des Klägers Kamal verhältnismäßig war. Laut Sachverhalt stehen weder er noch seine Verwandten in Pakistan mit Terroristen in Verbindung – seine Aufnahme in die Liste ist insoweit schon nicht geeignet, das mit der Verordnung angestrebte Ziel zu erreichen. Fraglich kann nur sein, ob im Rahmen des Beurteilungsspielraums, den der Unionsgesetzgeber und der UN-Sicherheitsrat bei ihren Maßnahmen zur Erhaltung des Weltfriedens genießen, solche „Kollateralschäden“ hinzunehmen sind. Dies mag im Interesse der Effektivität von Anti-Terror-Maßnahmen vielleicht anfänglich zu bejahen sein, insgesamt ist die Maßnahme aber nur dann verhältnismäßig, wenn dem Einzelnen ein Verfahren zur Verfügung gestellt wird, in dem er die Fehlerhaftigkeit seiner Aufnahme in die Verordnung beweisen und damit die Verfügungsbeschränkungen über sein Eigentum wieder auflösen kann.[54] Die nach einem Jahr notwendige Verlängerung der Verordnung, anlässlich der seine Streichung von der Liste erfolgen könnte, reicht dafür allerdings nicht aus.

b) **Verstoß gegen Art. 6 I EUV i. V. m. Art. 47 I EuGRC (Effektiver Rechtsschutz).** Möglicherweise liegt im Einfrieren der Gelder zudem ein Verstoß gegen das Gebot effektiven Rechtsschutzes. Dieser ist in Art. 47 EuGRC kodifiziert und stellte vor dessen Rechtsverbindlichkeit einen allgemeinen Grundsatz des Rechts der EU dar.[55] Erneut ist im Hinblick auf die gleichzeitige Verankerung in Art. 6 und 13 EMRK die Vorschrift des Art. 52 III EuGRC zu beachten, nach dem die EMRK-Interpretation besondere Bedeutung hat.

Zur Anwendbarkeit und Prüfungskompetenz des EuG gilt das oben Gesagte. Inhaltlich lassen sich mehrere Anhaltspunkte für eine Verletzung des Gebots rechtlichen Gehörs finden.

aa) **Keine Anhörung vor Aufnahme.** Problematisch könnte zunächst sein, dass die Aufnahme in die „Schwarze Liste“ ohne vorherige Anhörung der Betroffenen erfolgt. Dies könnte gegen das allgemeine rechtsstaatliche Prinzip verstoßen, dass im Interesse einer effektiven Rechtsverfolgung vor belastenden Maßnahmen eine Anhörung erfolgen muss. Dieses Prinzip gilt indessen nicht schrankenlos. Wenn die vorherige Anhörung die Maßnahme vereiteln würde, muss sie nicht erfolgen. So liegt der Fall bei Anti-Terror-Maßnahmen: Die vorherige Information, dass die Konten eingefroren werden, würde geradezu dazu einladen, die Gelder noch vorher der Maßnahme zu entziehen, und den Überraschungseffekt verhindern.[56]

> **Exkurs:** Hierbei handelt es sich um eine besondere inhaltliche Anforderung an die Verordnung und nicht nur um eine Verfahrensvorschrift, die bei ihrem Erlass zu beachten ist. Dies ergibt sich insbesondere auch aus Art. 75 III AEUV, der verlangt, dass Rechtsakte nach diesem Artikel die „erforderlichen Bestimmungen über den Rechtsschutz“ enthalten müssen.

bb) **Nichtmitteilung der Begründung für die Aufnahme in die Liste.** Mit Erledigung des Überraschungseffekts hingegen verlangt das Gebot effektiven Rechtsschutzes, dass der betroffenen Person die Begründung für die Maßnahme mitgeteilt wird, um die frist-

54 EuGH, U.v. 3.9.2008, verb. Rs. C-402/05 P und C-415/05 P, Slg. 2008, I-6351 Rn. 368 – *Kadi*, m.w.N. auch aus der Rechtsprechung des EGMR.
55 EuGH, U.v. 3.9.2008, verb. Rs. C-402/05 P und C-415/05 P, Slg. 2008, I-6351 Rn. 335 – *Kadi*.
56 So auch EuGH, U.v. 3.9.2008, verb. Rs. C-402/05 P und C-415/05 P, Slg. 2008, I-6351 Rn. 338–341 – *Kadi*.

gemäße Wahrnehmung ihres Rechts auf gerichtlichen Rechtsschutz zu ermöglichen.[57] Dies dient zum einen der Rechtsverteidigung des Adressaten und zum anderen der Ermöglichung der Kontrolle der Maßnahme durch die Unionsgerichte.[58]

Zu berücksichtigen ist allerdings, dass letztlich nicht die EU, sondern bereits der UN-Sicherheitsrat die „Auswahl" der Personen getroffen hat und diese nur noch von der EU nachvollzogen wurde. Im Interesse einer völkerrechtsfreundlichen Auflösung der Konflikte zwischen zwingenden Gründen der internationalen Sicherheit und den Unionsgrundrechten können punktuelle Einschränkungen der Mitteilungspflicht bestehen.[59] Insoweit besitzt der UN-Sicherheitsrat eine gewisse „Einschätzungsprärogative" in der Frage, welche Maßnahmen zur Wahrung des Weltfriedens erforderlich sind. Dies bedeutet indessen nicht, dass die Umsetzungsakte der EU für diese Maßnahmen wie die streitgegenständliche Verordnung jeder Kontrolle durch den Unionsrichter entzogen wären, sobald erklärt wird, dass der diese Restriktionen anordnende Rechtsakt Fragen der nationalen Sicherheit und des Terrorismus berühre.[60] Der Unionsrichter muss in einem solchen Fall vielmehr die legitimen Sicherheitsinteressen (vor allem in Bezug auf die Art und die Quellen der Informationen, die beim Erlass des betreffenden Rechtsakts berücksichtigt worden sind) auf der einen und das Erfordernis, dem Einzelnen hinreichende Verfahrensgarantien zu gewähren, auf der anderen Seite abwägen.[61]

Vorliegend erfolgte jedoch überhaupt keine Begründung der Aufnahme Kamals in die Liste, und zwar zu keinem Zeitpunkt. Eine so weitgehende Beschneidung der Verteidigungsrechte erlaubt auch nicht das legitime Interesse der Bekämpfung des Terrorismus. Insoweit liegt daher ein Verstoß gegen Art. 6 I EUV i. V. m. Art. 47 I EuGRC vor. Für eine Heilung im Rahmen der vorliegenden Klage sind keine Anhaltspunkte ersichtlich.[62]

cc) **Fehlendes Verfahren zur Löschung von der Liste.** Fraglich ist, ob die Verordnung auch ein Verfahren zur Löschung von der Liste für Fälle wie den des Kamal vorsehen müsste. Der Garantie effektiven Rechtsschutzes genügt es im Hinblick auf das Gewicht der Beeinträchtigung nicht, eine jährliche Überprüfung der Liste im Rahmen ihrer Verlängerung vorzunehmen. Allerdings kann ein Betroffener die Verordnung (wie hier) im Wege der Nichtigkeitsklage nach Art. 263 AEUV angreifen und so Rechtsschutz erlangen; ggf. besteht auch die Möglichkeit von Eilrechtsschutz nach Art. 278 S. 2 AEUV. Es muss daher kein besonderes Verfahren bereitgestellt werden, mit dem die Betroffenen die Löschung aus der Liste beantragen können.

4. Subsidiaritätsprinzip, Art. 5 III EUV

Nach dem in Art. 5 III EUV verankerten Subsidiaritätsprinzip[63] wird die Union in „den Bereichen, die nicht in ihre ausschließliche Zuständigkeit fallen, nur tätig, sofern und soweit die Ziele der in Betracht gezogenen Maßnahmen von den Mitgliedstaaten weder auf zentraler noch auf regionaler oder lokaler Ebene ausreichend erreicht werden kön-

57 EuGH, U.v. 3.9.2008, verb. Rs. C-402/05 P und C-415/05 P, Slg. 2008, I-6351 Rn. 336 – *Kadi*.
58 EuGH, U.v. 3.9.2008, verb. Rs. C-402/05 P und C-415/05 P, Slg. 2008, I-6351 Rn. 337– *Kadi*.
59 EuGH, U.v. 3.9.2008, verb. Rs. C-402/05 P und C-415/05 P, Slg. 2008, I-6351 Rn. 343– *Kadi*.
60 EuGH, U.v. 3.9.2008, verb. Rs. C-402/05 P und C-415/05 P, Slg. 2008, I-6351 Rn. 343 – *Kadi*.
61 EuGH, U.v. 3.9.2008, verb. Rs. C-402/05 P und C-415/05 P, Slg. 2008, I-6351 Rn. 344 – *Kadi*.
62 Der EuGH hat diese Möglichkeit erwogen, sie erwies sich aber im konkreten Fall als nicht einschlägig; siehe EuGH, U.v. 3.9.2008, verb. Rs. C-402/05 P und C-415/05 P, Slg. 2008, I-6351 Rn. 350 – *Kadi*.
63 Siehe zum Subsidiaritätsprinzip und seiner Durchsetzung ausführlich *Shirvani*, JZ 2010, 753 ff.

nen, sondern vielmehr wegen ihres Umfangs oder ihrer Wirkungen besser auf Unionsebene zu verwirklichen sind." Zu prüfen ist also, ob kein Bereich ausschließlicher Unionszuständigkeit vorliegt, also das Subsidiaritätsprinzip anwendbar ist, und sodann, ob es gewahrt ist.

Die Frage einer ausschließlichen oder geteilten, d.h. konkurrierenden Unionszuständigkeit ist durch den Vertrag von Lissabon explizit geregelt worden; die ausschließlichen Zuständigkeiten sind in Art. 3 AEUV aufgeführt, die geteilten in Art. 4 AEUV. Der vorliegend als Rechtsgrundlage herangezogene Art. 75 AEUV steht im Titel „Der Raum der Freiheit, der Sicherheit und des Rechts" des AEUV; für diesen Bereich besteht nach Art. 4 II lit. j AEUV nur eine geteilte Zuständigkeit der EU. Damit ist der Subsidiaritätsgrundsatz anwendbar.

Für die Wahrung des Subsidiaritätsprinzips ist kumulativ zum einen (negativ) erforderlich, dass die wahrzunehmende Aufgabe von den Mitgliedstaaten nicht ausreichend erfüllt werden kann, und zum anderen (positiv), dass sie von der Union besser verwirklicht werden kann. Angesichts der vielfältigen Zahlungsverkehrsströme sind Maßnahmen gegen die Finanzierung des Terrorismus auf mitgliedstaatlicher Ebene nur schwierig, auf Unionsebene dagegen deutlich besser zu verwirklichen („sofern"); die Maßnahme erscheint auch nicht zu intensiv („soweit"). Das Subsidiaritätsprinzip ist damit gewahrt.

5. Verhältnismäßigkeitsgrundsatz, Art. 5 IV EUV

Nach Art. 5 IV EUV dürfen die „Maßnahmen der Union inhaltlich wie formal nicht über das für die Erreichung der Ziele der Verträge erforderliche Maß hinaus" gehen. Umstritten ist, ob es sich dabei um eine separat zu prüfende Anforderung handelt, oder ob der Prüfung der Verhältnismäßigkeit bereits im Rahmen der möglichen Rechtsverstöße Genüge getan wird. Der EuGH tendiert zu ersterer Auffassung; regelmäßig werden sich jedoch keine weiteren Aspekte ergeben, die nicht schon angesprochen sind – so auch im vorliegenden Fall.

6. Zwischenergebnis

Nach alledem ist die streitgegenständliche Verordnung für nichtig zu erklären (Art. 264 I AEUV).

Exkurs: Im vorliegenden Fall kann die Nichtigerklärung allgemein erfolgen, weil die Verordnung insgesamt den Unionsgrundrechten zuwiderläuft. Ggf. wäre sonst – wie im Originalfall[64] – die Nichtigerklärung auf den Kläger zu beschränken (dieser also aus der Liste zu löschen).

V. Ergebnis zur Begründetheit

Eine Klage des Kamal wäre begründet.

64 EuGH, U.v. 3.9.2008, verb. Rs. C-402/05 P und C-415/05 P, Slg. 2008, I-6351 Rn. 372 – *Kadi*.

D. Gesamtergebnis

Kamal kann mit Aussicht auf Erfolg eine Klage zum EuG mit dem Ziel der Nichtigerklärung der Verordnung, durch die seine Konten eingefroren werden, erheben.

Rechtsprechungs- und Literaturhinweise

1. Zur Nichtigkeitsklage: *Thiele*, Europäisches Prozessrecht, 2007, § 7; *Streinz*, Europarecht, 8. Aufl. 2008, Rn. 585 ff.
2. Zum Themenbereich Anti-Terror-Sanktionen: EuGH, U. v. 3.9.2008, verb. Rs. C-402/05 P und C-415/05 P, Slg. 2008, I-6351 – *Kadi*; U. v. 11.10.2007, Rs. C-117/ 06, Slg. 2007, I-8361 – *Möllendorf*; *Kotzur*, Kooperativer Grundrechtsschutz in der Völkerrechtsgemeinschaft, EuGRZ 2008, 673; *Kämmerer*, Das Urteil des Europäischen Gerichtshofs im Fall „Kadi“: Ein Triumph der Rechtsstaatlichkeit?, EuR 2009, 114; *Sauer*, Rechtsschutz gegen völkerrechtsdeterminiertes Gemeinschaftsrecht? Die Terroristenlisten vor dem EuGH, NJW 2008, 3685
3. Zum Themenbereich Unionsgrundrechte: *Ehlers* (Hrsg.), Europäische Grundrechte und Grundfreiheiten, 3. Aufl. 2009, §§ 14 ff.; *Streinz*, Europarecht, 8. Aufl. 2008, Rn. 753 ff.; *Lindner*, Grundrechtsschutz im europäischen Mehrebenensystem – eine systematische Einführung, Jura 2008, 401

Fall 17: Bananenmarktordnung

Thomas Holzner

Sachverhalt

Der Bananenmarkt in der EU ist bislang nicht harmonisiert. So herrscht in Deutschland ein offener Markt vor, während in Frankreich ein geschlossener Markt besteht. Können in ersterem auch Bananen aus Drittländern, sog. „Dollar"-Bananen, unbegrenzt eingeführt werden, werden in letzterem Bananen aus einheimischen Produktionen sowie aus den sog. AKP-Staaten (ehemalige Kolonien aus dem Afrika-, Karibik- und Pazifikraum, zu denen aus historischen Gründen enge Handelsbeziehungen bestehen) gegenüber den „Dollar"-Bananen bevorzugt.

Zur Vereinheitlichung dieser Märkte erlässt der Rat der EU die Bananenmarktordnung. Es handelt sich hierbei um eine auf Art. 43 i. V. m. 40 AEUV gestützte Verordnung i. S. v. Art. 288 II AEUV. Sie verfolgt das Ziel, eine einheitliche Regelung für den Import von Bananen aus Drittländern zu schaffen, wobei der Absatz von Gemeinschaftsproduktionen und AKP-Bananen gegenüber den Drittlands-Bananen, ohne den Absatz letzterer zu behindern, gefördert werden soll.

Die Verordnung enthält detaillierte Regelungen zur Kontingentierung der bislang zollgünstigen Einfuhr von „Dollar"-Bananen, wobei das Gesamtkontingent nur zu einem Teil den bisherigen Vermarktern von „Dollar"-Bananen zukommt und diese daher gewollt dazu zwingt, sich auf Gemeinschafts- oder AKP-Bananen umzustellen. Weiter werden einheitliche Importregelungen für die Mitgliedstaaten der EU normiert. Es ist dabei unstrittig, dass hierdurch eine deutliche Verschlechterung der Marktposition für Vermarkter von „Dollar"-Bananen gegenüber denjenigen von Gemeinschafts- oder AKP-Bananen eintritt. Aus diesem Grunde beinhaltet Art. 30 der Verordnung eine Ermächtigung der Kommission zum Erlass von Übergangsmaßnahmen, um ernsthafte Schwierigkeiten beim Übergang von den alten nationalen Marktordnungen zur neuen europäischen Marktordnung abzufedern.

In den Mitgliedstaaten bedarf im Vollzug der Verordnung jeder Importeur einer Einfuhrlizenz bzgl. einer kontingentierten Warenmenge. Ein Umsetzungsspielraum für die Mitgliedstaaten in Bezug auf die Verteilung der Kontingentierungen besteht nicht.

In Deutschland erhält A, der Importeur von „Dollar"-Bananen ist, von der zuständigen Stelle einen Bescheid, nach dem er nur noch halb so viele Bananen einführen darf wie zuvor.

A ist davon überzeugt, dass die Lizenzierung und die Verordnung gegen europäische und deutsche Grundrechte, insbesondere die Eigentums- und Berufsfreiheit, verstoßen. Außerdem findet er, dass er gegenüber den Vermarktern von einheimischen und AKP-Bananen diskriminiert werde. Er klagt deshalb vor dem zuständigen Verwaltungsgericht gegen die Lizenzierung.

1.) Das Gericht hält die Bananenmarktordnung für unvereinbar mit europäischen und deutschen Grundrechten. Was kann/muss das Gericht tun?
2.) Sollte das Gericht mit seinen Bemühungen keinen Erfolg haben und damit eine für A nachteilige Entscheidung ergehen, was kann A ggf. nach Erschöpfung des Rechtswegs tun?

Bearbeitervermerk: Prüfen Sie in einem Gutachten die Erfolgsaussichten der Rechtbehelfe.

Wesentliche Probleme

Vorabentscheidungsverfahren gemäß Art. 267 AEUV, konkrete Normenkontrolle gemäß Art. 100 GG, Prüfungsumfang des BVerfG, Individualrechtsschutz gegen sekundäres Gemeinschaftsrecht

Gliederung

Frage 1
A. Vorlage nach Art. 267 AEUV
I. Zulässigkeit
1. Zuständigkeit
2. Vorlageberechtigung
3. Vorlagegegenstand
4. Entscheidungserheblichkeit (Vorlagebefugnis)
II. Sachentscheidung des EuGH
1. Diskriminierungsverbot, Art. 40 II 2 AEUV
a) Anwendbarkeit
b) Ungleichbehandlung
c) Rechtfertigung
2. Eigentumsfreiheit
a) Grundrecht der Eigentumsfreiheit auf europäischer Ebene
b) Schutzbereich
3. Berufsfreiheit
a) Grundrecht der Berufsfreiheit auf europäischer Ebene
b) Schutzbereich
c) Eingriff
d) Rechtfertigung
III. Zwischenergebnis
B. Konkreter Normenkontrollantrag nach Art. 100 I GG
I. Zulässigkeit
1. Zuständigkeit
2. Vorlageberechtigung
3. Vorlagegegenstand
a) Formelles Gesetz
b) Deutscher Rechtsakt – Ausübung deutscher Staatsgewalt
c) Verwerfungsmonopol des BVerfG
4. Vorlagebefugnis
a) Entscheidungserheblichkeit
b) Überzeugung von der Verfassungswidrigkeit
II. Zwischenergebnis
C. Ergebnis
Frage 2
A. Nichtigkeitsklage gemäß Art. 263 AEUV
I. Zulässigkeit
1. Zuständigkeit

2. Beteiligtenfähigkeit
3. Klagegegenstand
a) Bananenmarktordnung als Rechtsakt mit Verordnungscharakter i. S. v. Art. 263 IV AEUV
b) Bananenmarktordnung als Handlung i. S. v. Art. 263 IV AEUV
4. Klagebefugnis
a) Unmittelbare Betroffenheit
b) Individuelle Betroffenheit

II. Zwischenergebnis

B. Verfassungsbeschwerde gegen die Lizenzerteilung, Art. 93 I Nr. 4a GG

I. Zulässigkeit
1. Zuständigkeit
2. Beschwerdegegenstand
3. Beschwerdebefugnis, insbes. Möglichkeit der Grundrechtsverletzung

II. Zwischenergebnis

C. Verfassungsbeschwerde gegen die Bananenmarktordnung, Art. 93 I Nr. 4a GG

I. Zulässigkeit
1. Zuständigkeit
2. Beschwerdegegenstand
3. Beschwerdebefugnis

II. Zwischenergebnis

D. Allgemeine Feststellungsklage, § 43 VwGO

I. Sachurteilsvoraussetzungen
1. Eröffnung des Verwaltungsrechtsweges
2. Statthaftigkeit
a) Feststellung der Anwendbarkeit der Bananenmarktordnung auf A
b) Subsidiarität

II. Zwischenergebnis

E. Endergebnis

Lösung

Frage 1

Das Gericht hat zwei Möglichkeiten: Soweit es davon ausgeht, dass die Bananenmarktordnung europäische Grundrechte verletzt, kann es dem EuGH diese Frage im Wege einer Richtervorlage nach Art. 267 AEUV vorlegen (A.). Soweit es einen Verstoß gegen deutsche Grundrechte in Betracht zieht, kann es die Entscheidung des BVerfG einholen, Art. 100 I GG (B.). Dabei ist zu beachten, dass, bevor das BVerfG angerufen wird, sich das VG zuerst an den EuGH wenden muss, da diesem das Auslegungs- und Verwerfungsmonopol hinsichtlich europäischer Rechtsnormen zukommt, um so die einheitliche Rechtsentwicklung in Europa zu gewährleisten.[1] Überdies hat das BVerfG seine Überprüfungskompetenz insoweit zurückgenommen, als es europäische Rechtsakte an deutschen Grundrechten nur dann misst, wenn auf europäischer Ebene ein ausreichender Grundrechtsschutz, der dem vom Grundgesetz als unabdingbar gebotenen nicht gleichzuachten ist, nicht besteht.[2]

1 BVerfG, B.v. 29.5.1974, 2 BvL 52/71, BVerfGE 37, 271 – *Solange I*; *Ehricke*, in: Streinz, EUV/EGV, Art. 234 Rn. 4.
2 BVerfG, B.v. 22.10.1986, 2 BvR 197/83, BVerfGE 73, 339 (340, Leitsatz 2) – *Solange II*; dazu mehr unter den Ausführungen zur konkreten Normenkontrolle.

A. Vorlage nach Art. 267 AEUV

I. Zulässigkeit

1. Zuständigkeit

Zuständig für die Entscheidung über Vorabentscheidungsverfahren nach Art. 267 AEUV ist der EuGH, da dieses Verfahren nicht nach Art. 256 I AEUV dem Gericht 1. Instanz übertragen wird. Insbesondere wurde in der Satzung nicht von der in Art. 256 III AEUV vorgesehenen Möglichkeit, die Zuständigkeit des EuG für bestimmte Sachgebiete zu begründen, Gebrauch gemacht.

2. Vorlageberechtigung

Vorlageberechtigt ist nach Art. 267 II AEUV jedes Gericht eines Mitgliedstaates. Da dieser Begriff jedoch gemeinschaftsrechtlich zu interpretieren ist, kann er zum nationalen Begriff Differenzen aufweisen.[3] Daher hat der EuGH in seiner Rechtsprechung Kriterien entwickelt, um die Eigenschaft als Gericht bestimmen zu können. Danach ist ein Gericht ein ständiger Spruchkörper, der zu Entscheidungen in Rechtsstreitigkeiten berufen ist, der sachlich unabhängig in einem rechtsstaatlich geordneten streitigen Verfahren entscheidet und die Entscheidungen, denen Bindungswirkung zukommt, nach Maßgabe des Rechts, nicht nach Billigkeit trifft.[4] Weiter muss der Spruchkörper in das innerstaatliche Rechtsschutzsystem eingebunden sein.[5]

Das Verwaltungsgericht ist als staatliches Gericht ein solches in diesem Sinn.

Exkurs: Der Vorlageberechtigung entspricht auch eine Vorlagepflicht, nach der das Gericht bei Zweifeln der Vereinbarkeit von Sekundär- mit Primärrecht dem EuGH vorlegen muss. Kommt ein Gericht seiner Vorlagepflicht nicht nach, liegt darin ein Verstoß gegen das Recht auf den gesetzlichen Richter, Art. 101 I 2 GG.[6]

3. Vorlagegegenstand

Die Vorlagefrage ist nur dann zulässig, wenn sie sich auf einen zulässigen Vorlagegegenstand i. S. v. Art. 267 AEUV bezieht. Insoweit können Gegenstand nach lit. a die Verträge sowie nach lit. b die Gültigkeit und Auslegung der Handlungen der Organe, Einrichtungen oder sonstigen Stellen der Union sein.

Vorliegend möchte das VG wissen, ob die Bananenmarktordnung als Verordnung i. S. v. Art. 288 II AEUV mit dem gemeinschafsrechtlichen Diskriminierungsverbot und den Gemeinschaftsgrundrechten vereinbar ist, so dass ein zulässiger Vorlagegegenstand i. S. d. Art. 267 I lit. b AEUV vorliegt.

---

3 EuGH, U.v. 30.6.1966, Rs. 61/65, Slg. 1966, 583, 601 f. – *Vaasen-Göbbels.*

4 EuGH, U.v. 30.6.1966, Rs. 61/65, Slg. 1966, 583, 601 f. – *Vaasen-Göbbels*; U.v. 6.10.1981, Rs. 246/80, Slg. 1981, 2311 Rn. 9 f. – *Broekmeulen*; U.v. 23.3.1982, Rs. 102/81, Slg. 1982, 1095 – *Nordsee.*

5 EuGH, U.v. 23.3.1982, Rs. 102/81, Slg. 1982, 1095 – *Nordsee.* Anders bei EuGH,U.v. 17.9.1997, Rs. C-54/66, Slg. 1997, I-4961 Rn. 22 ff. – *Dorsch Consult*, wonach auch der Vergabeüberwachungsausschuss des Bundes als vorlageberechtigt angesehen wurde. Vgl. zum Gerichtsbegriff auch *Ehricke*, in: Streinz, EUV/EGV, Art. 234 Rn. 26 ff.; *Gaitanides*, in: v.d. Groeben/Schwarze, EU-/EG-Vertrag, Art. 234 Rn. 40 ff.; *Wegener*, in: Callies/Ruffert, EUV/ EGV, Art. 234 Rn. 16 ff.

6 Vgl. auch BVerfG, B.v. 22.10.1986, 2 BvR 197/83, BVerfGE 73, 339 f. (Leitsatz 1a) – *Solange II.*

4. Entscheidungserheblichkeit (Vorlagebefugnis)

Als weitere Einschränkung des Vorlageverfahrens normiert Art. 267 II AEUV, dass das vorlegende Gericht die Beantwortung der Frage „zum Erlass seines Urteils für erforderlich" halten muss. Damit ist die Vorlagefrage nur zulässig, wenn sie auch im konkreten Rechtsstreit entscheidungserheblich ist, mithin sich durch die unterschiedliche Beantwortung der Frage der Urteilstenor ändern würde. Eine Nachprüfung ist dem EuGH dabei grundsätzlich verwehrt. Ausreichend ist daher die bloße Behauptung des vorlegenden Gerichts, dass die Beantwortung der Frage entscheidungserheblich ist.[7]

Zwischenergebnis: Die Vorlage ist zulässig.

II. Sachentscheidung des EuGH

Als Gemeinschaftsrecht ist vorliegend die Bananenmarktordnung auf seine Vereinbarkeit mit dem Diskriminierungsverbot sowie den Gemeinschaftsgrundrechten zu überprüfen.

1. Diskriminierungsverbot, Art. 40 II 2 AEUV

a) **Anwendbarkeit.** Bei Art. 40 II 2 AEUV handelt es sich um einen „spezifischen Ausdruck des allgemeinen Gleichheitssatzes, der zu den Grundprinzipien des Gemeinschaftsrechts gehört".[8] Dieses gilt nicht nur für Erzeuger oder Verbraucher, sondern auch für andere Gruppen von Wirtschaftsteilnehmern, die einer gemeinsamen Marktorganisation unterliegen.[9]

b) **Ungleichbehandlung.** Nach diesem Grundsatz dürfen vergleichbare Sachverhalte nicht unterschiedlich[10] und ungleiche Sachverhalte nicht gleich[11] behandelt werden, sofern keine objektive Rechtfertigung vorliegt.[12] Dabei ist die Vergleichbarkeit der Sachverhalte im Lichte der Ziele der jeweiligen Regelungen zu prüfen.

Vorliegend knüpft die Regelung der Einfuhrkontingentierung von „Dollar"-Bananen zur gemeinsamen Marktorganisation einerseits an die Marktsituation der „Dollar"-Bananen-Vermarkter in offenen Märkten, andererseits an diejenige der AKP-Bananen-Vermarkter in geschlossenen Märkten an. Insofern ist die Situation der Gruppen, auf die das Kontingent verteilt wird, nicht vergleichbar und sie sind durch diese Regelung auch unterschiedlich betroffen.[13] Daher mangelt es vorliegend schon an einer Diskriminierung.

c) **Rechtfertigung.** Überdies wäre eine Ungleichbehandlung (der sowieso ungleichen Gruppen) gerechtfertigt. Die objektive Rechtfertigung bemisst sich danach, ob die Ungleich- bzw. Gleichbehandlung durch die verfolgten Ziele der Marktordnung

7 Zu den Ausnahmen vergleiche schon Fall 3.
8 EuGH, U.v. 19.10.1977, verb. Rs. 117/76 und 16/77, Slg. 1977, 1753 Rn. 7 – *Ruckdeschel*; U.v.15.2.1996, Rs. C-63/93, Slg. 1996, I-569 Rn. 26 – *Duff*.
9 EuGH, U.v. 5.10.1994, Rs. C-280/93, Slg. 1994, I-4973 Rn. 68 – *Bundesrepublik Deutschland*.
10 EuGH, U.v. 19.10.1977, verb. Rs. 117/76 und 16/77, Slg. 1977, 1753 Rn. 7 – *Ruckdeschel*; U.v. 15.7.1982, Rs. 245/81, Slg. 1982, 2745 Rn. 11 – *EDEKA/Deutschland*.
11 EuGH, U.v. 13.12.1984, Rs. 106/83, Slg. 1984, 4209 Rn. 28 – *Sermide*.
12 *Kopp*, in: Streinz, EUV/EGV, Art. 34 EGV Rn. 92; *Thiele*, in: Calliess/Ruffert; EUV/EGV, Art. 34 Rn. 57.
13 EuGH, U.v. 5.10.1994, Rs. C-280/93, Slg. 1994, I-4973 Rn. 72 – *Bundesrepublik Deutschland*.

gerechtfertigt ist, wobei es v.a. auf die Erforderlichkeit der Ungleichbehandlung zur Zielerreichung ankommt.[14] Dabei ist zu beachten, dass aufgrund des weiten Ermessensspielraumes des Gemeinschaftsgesetzgebers in diesem Politikbereich eine politische Entscheidung nur bei offensichtlichem Irrtum in Frage gestellt wird.[15]

Vorliegend ist die unterschiedliche Betroffenheit der Personengruppen eine unweigerliche Konsequenz der angestrebten Marktordnung, die das Ziel der Integration unterschiedlich organisierter und gestalteter Märkte unter einem nunmehr gemeinsamen ordnungspolitischen Leitbild der Förderung einheimischer und AKP-Produktion verfolgt.[16] Insofern ist die Ungleichbehandlung durch das in Art. 40 I 2 lit. c AEUV genannte Ziel der Schaffung einer europäischen Marktordnung gerechtfertigt.

Das Diskriminierungsverbot ist daher nicht verletzt.

2. Eigentumsfreiheit

a) Grundrecht der Eigentumsfreiheit auf europäischer Ebene. Art. 6 I EUV nimmt Bezug auf die Europäische Charta der Grundrechte und normiert deren Gleichrangigkeit mit den Verträgen, bezieht sie also als Primärrecht ein. In dieser ist das Eigentumsrecht in Art. 17 EuGRC geschützt.

Auf der Ebene des Primärrechts werden auch die europäischen Grundrechte als Bestandteil der Gemeinschaftsordnung gem. Art. 6 III EUV anerkannt. Zu den zu achtenden Grundrechten gehört auch das Eigentumsgrundrecht, das vom EuGH als Grundsatz des Gemeinschaftsrechts aus den gemeinsamen Verfassungstraditionen der Mitgliedstaaten und aus Art. 1 des 1. Zusatzprotokolls zur EMRK abgeleitet wird.[17]

Exkurs: Ein Beitritt der EU zur EMRK ist bislang nicht erfolgt, jedoch durch die Vertragsänderung aufgrund des Vertrags von Lissabon in Art. 6 II 1 EUV ausdrücklich vorgesehen. Ein solcher Beitritt würde jedoch wohl keine gravierenden Änderungen mit sich bringen, da zum einen die Entscheidungen, die der EGMR fällt, schon heute weitgehende Orientierungswirkung entfalten und der EuGH die EMRK als Rechtserkenntnisquelle für die Auslegung der nach Art. 6 III EUV zu beachtenden gemeinsamen Verfassungstraditionen heranzieht.[18]

b) Schutzbereich. Problematisch ist jedoch, ob der Schutzbereich betroffen ist. Nach dem EuGH gehören zu den Schutzgütern jedenfalls keine Vermögenspositionen. Die Eigentumsfreiheit gewährt auch keinen Erwerbsschutz.[19] Insofern sind Marktanteile, die der Betroffene zu einem Zeitpunkt vor der Kontingentierung aufgrund einer unbeschränkten Einfuhrmöglichkeit besaß, ebenfalls nicht vom Schutzbereich umfasst. Diese stellen lediglich eine augenblickliche wirtschaftliche Position dar, die den mit

---

14 *Kopp*, in: Streinz, EUV/EGV, Art. 34 EGV Rn. 93.
15 EuGH, U.v. 14.3.1973, Rs. 57/72, Slg. 1973, 321 Rn. 14f. – *Westzucker*; *Thiele*, in: Calliess/Ruffert, EUV/EGV, Art. 34 Rn. 57.
16 EuGH, U.v. 5.10.1994, Rs. C-280/93, Slg. 1994, I-4973 Rn. 74 – *Bundesrepublik Deutschland*.
17 *Beutler*, in: von der Groeben/Schwarze, EU-/EG-Vertrag, Art. 6 Rn. 79; *Oppermann/Classen/Nettesheim*, Europarecht, § 18 Rn. 11.
18 EuGH, U.v. 27.6.2006, Rs. C-540/03, Slg. 2006, I-5769 Rn. 38 – *Europäisches Parlament/Rat*; U.v. 13.3.2007, Rs. C-432/05, Slg. I-2007, 2271 Rn. 37 – *Unibet/Justitiekansler*; *Oppermann/Classen/Nettesheim*, Europarecht, § 18 Rn. 10f.; *Streinz*, Europarecht, Rn. 754, 758.
19 *Beutler*, in: von der Groeben/Schwarze, EU-/EG-Vertrag, Art. 6 Rn. 79.

einer Änderung der Umstände verbundenen Risiken ausgesetzt ist.[20] Es handelt sich auch nicht um ein wohlerworbenes Recht oder ein berechtigtes Vertrauen auf die Beibehaltung einer bestehenden Situation,[21] so dass das Eigentumsrecht nicht betroffen ist.

3. Berufsfreiheit

a) **Grundrecht der Berufsfreiheit auf europäischer Ebene.** Die Berufsfreiheit wird einerseits durch Art. 6 I EUV i. V. m. Art. 15 EuGRC gewährt, andererseits, obwohl nicht in der EMRK normiert, ebenfalls als ein der Verfassungstradition der Mitgliedstaaten entspringender Grundsatz des Gemeinschaftsrechts bekräftigt.[22]

b) **Schutzbereich.** Geschützt ist die gesamte berufliche Betätigung, wobei die Unterscheidung in Berufswahl- und Berufsausübung erst ansatzweise vorhanden ist.[23] Vorliegend ist der Import von „Dollar"-Bananen von der Berufsfreiheit umfasst.

c) **Eingriff.** Da durch die Kontingentierung keine unbegrenzte Einfuhr von „Dollar"-Bananen mehr möglich ist, wird die Wettbewerbsstellung insbesondere der Wirtschaftsteilnehmer auf dem deutschen Markt geändert,[24] mithin auch die Berufsfreiheit des A eingeschränkt.

d) **Rechtfertigung.** Die Berufsfreiheit kann jedoch keine uneingeschränkte Geltung beanspruchen, sondern muss im Hinblick auf ihre gesellschaftliche Funktion gesehen werden. Insofern darf eine gemeinsame Marktorganisation dann die Berufsfreiheit einschränken, wenn diese „tatsächlich dem Gemeinwohl dienenden Zielen der Gemeinschaft [entspricht] und nicht einen im Hinblick auf den verfolgten Zweck unverhältnismäßigen, nicht tragbaren Eingriff [darstellt], der die so gewährleisteten Rechte und ihren Wesensgehalt antastet."[25]

Ziel der Regelung ist es, die Verwirklichung einer gemeinsamen Marktorganisation zu gewähren, Art. 39, 40 und 43 AEUV, und gleichzeitig den Handel mit Gemeinschafts- bzw. AKP-Bananen zu erhalten.[26] Hierzu ist eine Beschränkung der Einfuhr von „Dollar"-Bananen und die Aufteilung des Kontingents auf verschiedene Gruppen nicht nur geeignet, sondern auch erforderlich. Denn dies veranlasst die Vermarkter von Gemeinschafts- und AKP-Bananen dazu, sich mit „Dollar"-Bananen zu versorgen, und bringt die Vermarkter von „Dollar"-Bananen dazu, Gemeinschafts- und AKP-Bananen zu vertreiben.[27]

---

20 EuGH, U.v. 5.10.1994, Rs. C-280/93, Slg. 1994, I-4973 Rn. 79 – *Bundesrepublik Deutschland.*

21 EuGH, U.v. 5.10.1994, Rs. C-280/93, Slg. 1994, I-4973 Rn. 80 – *Bundesrepublik Deutschland.*

22 EuGH, U.v. 14.5.1974, Rs. 4/73, Slg. 1974, 491 Rn. 14 – *Nold*; U.v. 13.12.1979, Rs. 44/79, Slg. 1979, 3727 Rn. 32 – *Hauer.*

23 EuGH, U.v. 13.12.1979, Rs. 44/79, Slg. 1979, 3727 Rn. 32 – *Hauer*; U.v. 13.12.1994, Rs. C-306/93, Slg. 1994, I-5555 ff. – *Winzerersekt.*

24 EuGH, U.v. 5.10.1994, Rs. C-280/93, Slg. 1994, I-4973 Rn. 81 – *Bundesrepublik Deutschland.*

25 EuGH, U.v. 5.10.1994, Rs. C-280/93, Slg. 1994, I-4973 Rn. 81 – *Bundesrepublik Deutschland*, unter Verweis auf U.v. 11.7.1989, Rs. 265/87, Slg. 1989, 2237 Rn. 15 – *Schräder*; U.v. 13.7.1989, Rs. 5/88, Slg. 1989, 2609 Rn. 18 – *Wachauf.*

26 EuGH, U.v. 5.10.1994, Rs. C-280/93, Slg. 1994, I-4973 Rn. 82 – *Bundesrepublik Deutschland.*

27 EuGH, U.v. 5.10.1994, Rs. C-280/93, Slg. 1994, I-4973 Rn. 83 – *Bundesrepublik Deutschland.*

Da vor dem Hintergrund des weiten Ermessensspielraums, den der EuGH der EU in diesem Politikfeld bei der Beurteilung der Angemessenheit zuerkennt, die Prüfdichte auch darauf beschränkt ist, nur einer Maßnahme, die „offensichtlich irrig" ist, die Rechtfertigung zu versagen, dies jedoch vorliegend nicht anzunehmen ist,[28] ist von Angemessenheit auszugehen.

Ebenso ist das Grundrecht auch nicht in seinem Wesensgehalt angetastet, so dass der Eingriff in die Berufsfreiheit gerechtfertigt ist.[29]

III. Zwischenergebnis

Das Vorabentscheidungsverfahren nach Art. 267 AEUV ist zulässig aber unbegründet.

B. Konkreter Normenkontrollantrag nach Art. 100 I GG

Nach der abschlägigen Entscheidung des EuGH besteht als weitere Möglichkeit für das VG, dem BVerfG die Frage der Vereinbarkeit der Bananenmarktordnung mit deutschen Grundrechten im Wege einer konkreten Normenkontrolle vorzulegen.

I. Zulässigkeit

1. Zuständigkeit

Die Zuständigkeit des BVerfG ergibt sich aus Art. 100 I GG, §§ 13 Nr. 11, 80ff. BVerfGG.

2. Vorlageberechtigung

Vorlageberechtigt ist jedes deutsche Gericht. Da das VG ein von der gesetzgebenden und vollziehenden Gewalt verschiedener, unabhängiger Spruchkörper ist, der durch förmliches Gesetz mit den Aufgaben der Rechtsprechung betraut wurde[30] und nach Recht und nicht nach Billigkeit urteilt sowie nur dem Gesetz unterworfen ist, handelt es sich bei dem VG um ein Gericht, das vorlageberechtigt ist.

Exkurs: Die Vorlageberechtigung entspricht einer Vorlagepflicht, so dass bei Nichtvorlage ebenfalls ein Verstoß gegen Art. 101 I 2 GG gegeben ist, vgl. dazu bereits oben.

3. Vorlagegegenstand

Gegenstand der Vorlage können gem. Art. 100 I 1GG grundsätzlich nur formelle, nachkonstitutionelle Bundes- oder Landesgesetze sein. Die Bananenmarktordnung hingegen stellt kein derartiges formelles Gesetz dar, sondern einen sekundären Rechtsakt der EU.

28 EuGH, U.v. 5.10.1994, Rs. C-280/93, Slg. 1994, I-4973 Rn. 90 – *Bundesrepublik Deutschland*, unter Verweis auf U.v. 21.2.1989, Rs. C-267/88 – C-285/88, Slg. 1990, I-435 Rn. 14 – *Wuidart*; U.v. 13.11.1990, Rs. C-331/88, Slg. 1990, I-4023 Rn. 14 – *Fedesa*.

29 EuGH, U.v. 5.10.1994, Rs. C-280/93, Slg. 1994, I-4973 Rn. 95f. – *Bundesrepublik Deutschland*.

30 BVerfG, B.v. 17.1.1957, 1 BvL 4/54, BVerfGE 6, 55 (63).

a) **Formelles Gesetz.** Da es im Normenkontrollverfahren immer um die Überprüfung eines formellen Gesetzes geht, das Gemeinschaftsrecht jedoch die Differenzierung zwischen formellem und materiellem Gesetz nicht kennt, „ist jede Form einer Verordnung der Gemeinschaft im Sinne der Verfahrensvorschriften für das Bundesverfassungsgericht eine gesetzliche Vorschrift."[31]

b) **Deutscher Rechtsakt – Ausübung deutscher Staatsgewalt.** Weiter handelt es sich bei der Verordnung um einen Rechtsakt der EU, nicht hingegen um einen Akt deutscher Staatsgewalt, den das BVerfG überprüfen könnte. Da jedoch mit dem VG ein deutsches Gericht die Verordnung der Gemeinschaft anwendet, liegt hierin die Ausübung deutscher Staatsgewalt.[32] Insofern zeigt der Rechtsakt im deutschen Rechtsraum Wirkung, was für die Eignung als Vorlagegegenstand ausreicht.[33]

c) **Verwerfungsmonopol des BVerfG.** Die Sicherung der Grundrechtsbindung vollzieht sich dabei grundsätzlich im Wege des Normenkontrollverfahrens vor dem BVerfG, dem dabei das Verwerfungsmonopol für Normen zukommt. Sinn und Zweck ist es, „zu verhüten, daß jedes deutsche Gericht sich über den Willen des Gesetzgebers hinwegsetzt, indem es die von ihm beschlossenen Gesetze nicht anwendet, weil sie nach Auffassung des Gerichts gegen das Grundgesetz verstoßen (BVerfGE 1, 184 [197]; 2, 124 [129])."[34] Dabei beansprucht dieser Grundgedanke des Art. 100 I GG – Geltungsschutz von Normen gegenüber Gerichten – auch Geltung für den Schutz des Gemeinschaftsrechts vor Beeinträchtigungen, so dass die Vorlage nach Art. 100 I GG (analog) zulässig und geboten ist.[35]

4. Vorlagebefugnis

a) **Entscheidungserheblichkeit.** Entscheidungserheblichkeit liegt vor, da die (Un-)Wirksamkeit der Verordnung auch Auswirkungen auf den Tenor zeitigt.

b) **Überzeugung von der Verfassungswidrigkeit.** Das VG als Spruchkörper ist nach Sachverhaltsangaben davon überzeugt, dass die Bananenmarktordnung gegen Grundrechte verstößt. Dies ist prinzipiell auch ausreichend, da der Prüfungsmaßstab einer Normenkontrolle grundsätzlich das Verfassungsrecht ist. Dieser Prüfungsmaßstab könnte vorliegend jedoch verschoben sein, da der Vorlagegegenstand sekundäres Gemeinschaftsrecht ist. Hierzu ist das Verhältnis von Europarecht zu nationalem Recht von entscheidender Bedeutung.

aa) **Europarechtliche Sicht.** Der EuGH geht in ständiger Rechtsprechung von einem uneingeschränkten Anwendungsvorrang aus.[36] Gemeinschaftsrecht geht damit nationalem Recht jeglicher Stufe vor, wobei das nationale Recht nicht nichtig ist, sondern lediglich im Kollisionsfall unangewandt bleibt.[37] Diesen Anwendungsvorrang entnimmt er dem Gemeinschaftsrecht selbst, da die Mitgliedstaaten mit ihrer Zustimmung

---

31 BVerfG, B.v. 29.5.1974, 2 BvL 52/71, BVerfGE 37, 271 (283) – *Solange I.*
32 BVerfG, B.v. 29.5.1974, 2 BvL 52/71, BVerfGE 37, 271 (283) – *Solange I.*
33 BVerfG, U.v. 12.10.1993, 2 BvR 2134, 2159/92, BVerfGE 89, 155 (175) – *Maastricht.*
34 BVerfG, B.v. 29.5.1974, 2 BvL 52/71, BVerfGE 37, 271 (284) – *Solange I.*
35 BVerfG, B.v. 29.5.1974, 2 BvL 52/71, BVerfGE 37, 271 (285) – *Solange I.*
36 EuGH, U.v. 15.7.1964, Rs. 6/64, Slg. 1964, 1251, 1269ff. – *Costa/ENEL.* Dieser wurde ursprünglich nur auf das einfache Recht bezogen, in der weiteren Ausgestaltung dann jedoch auch auf die nationalen Verfassungen ausgeweitet, EuGH, U.v. 17.12.1970, Rs. 11/70, Slg. 1970, 1125, 1135, 1171 – *Internationale Handelsgesellschaft mbH*; U.v. 9.3.1978, Rs. 106/77, Slg. 1978, 629 Rn. 1 ff. – *Simmenthal II*; U.v. 10.7.1980, Rs. 826/79, Slg. 1980, 2559 Rn. 6 – *MIRECO.*
37 EuGH, U.v. 9.3.1978, Rs. 106/77, Slg. 1978, 629 Rn. 23 – *Simmenthal II.*

zu den Gründungsverträgen (trotz ihrer völkerrechtlichen Natur) eine höherrangige „eigene Rechtsordnung" bzw. „autonome Rechtsquelle" geschaffen haben, auf deren Grundlage eine eigenständige, supranationale, europäische Gewalt handelt, deren Rechtsakte allein an europäischem Recht zu messen sind.[38] Auch haben die Mitgliedstaaten unter Beschränkung der eigenen Souveränität Hoheitsrechte auf die Gemeinschaften übertragen,[39] wobei der Geltungsanspruch des eigenen Rechts jeder Rechtsordnung immanent ist. Überdies wäre die effektive Umsetzung des Europarechts gemäß Art. 4 III EUV gefährdet und damit auch die Einheitlichkeit der Rechtsanwendung als Voraussetzung für die Funktionsfähigkeit der Gemeinschaft, könnte jeder Mitgliedstaat ungehindert von den europäischen Vorgaben abweichen (effet utile).[40]

Insofern wäre das GG kein Prüfungsmaßstab für eine EU-Verordnung.

bb) Nationale Sicht. Im Rahmen der konkreten Normenkontrolle kommt es jedoch ausschließlich auf die Sicht des BVerfG an. Dieses hat den Anwendungsvorrang – gegenüber **einfachem deutschen Gesetzesrecht** – vorbehaltlos anerkannt.[41] Begründet hat es diesen Vorrang damit, dass einer ungeschriebenen Kollisionsnorm des primären Gemeinschaftsrechts durch das Zustimmungsgesetz bzw. Art. 23 I GG ein innerstaatlicher Rechtsanwendungsbefehl erteilt wurde. Dabei kann der Anwendungsvorrang nur soweit gehen, als der Rechtsanwendungsbefehl reicht. Insoweit sind die in Art. 23 I 3 GG gezogenen Grenzen des Art. 79 II und III GG zu beachten, so dass der Vorrang des Gemeinschaftsrechts dort seine Grenzen findet, wo die in Art. 79 III GG niedergelegten Verfassungsprinzipien betroffen sind. Denn insoweit vermag der „Integrationshebel" des Art. 23 I GG den nationalen Rechtsraum nicht zu öffnen.

Bei Kollisionsfällen mit **Normen des GG** schränkt das BVerfG jedoch den Anwendungsvorrang ein, wobei es zwischen Primär-, unmittelbar geltendem Sekundärrecht und Ausführungsgesetzen unterscheidet. Da die Bananenmarktordnung eine Verordnung i. S. v. Art. 288 II AEUV darstellt, ist vorliegend allein die Fallgruppe des **unmittelbar anwendbaren Sekundärrechts** entscheidend.

Exkurs: Bei der Kollision von Primärrecht mit Verfassungsrecht ist Prüfungsgegenstand das Zustimmungsgesetz zu den Verträgen. Prüfungsmaßstab sind mit dem „Grundgefüge der Verfassung" die in Art. 23 I 3 i. V. m. 79 III GG normierten Grenzen der Integrationsgewalt. Zu diesem unantastbaren Gehalt gehört u. a. auch das Demokratieprinzip, welches das BVerfG jedoch in seinem „Maastricht" – Urteil als nicht verletzt angesehen hat, da die demokratische Legitimation durch die Rückkoppelung an die nationalen Parlamente und überdies durch das gewählte Europäische Parlament erfolgt. Dabei müssen dem Bundestag jedoch Aufgaben und Befugnisse von substantiellem Gewicht verbleiben, was jedoch gewährleistet sei.[42]

38 EuGH, U.v. 5.2.1963, Rs. 26/62, Slg. 1963, 1, 22 ff. – *van Gend & Loos*; U.v. 15.7.1964, Rs. 6/64, Slg. 1964, 1251, 1252 ff. – *Costa/ENEL*.
39 EuGH, U.v. 15.7.1964, Rs. 6/64, Slg. 1964, 1251, 1269 – *Costa/ENEL*.
40 EuGH, U.v. 15.7.1964, Rs. 6/64, Slg. 1964, 1251, 1269 – *Costa/ENEL*.
41 BVerfG, B.v. 9.6.1971, 2 BvR 225/69, BVerfGE 31, 145 (173 f.).
42 BVerfG, U.v. 12.10.1993, 2 BvR 2134, 2159/92, BVerfGE 89, 155 – *Maastricht*.

Bei der Kollision von Ausführungsgesetzen mit Verfassungsrecht ist zu unterscheiden, ob dem Gesetzgeber bei der Umsetzung der Richtlinie ein Gestaltungsspielraum verbleibt. Ist dies der Fall, so kann das Ausführungsgesetz vorbehaltlos am GG gemessen werden. Verbleibt dem nationalen Gesetzgeber hingegen kein Umsetzungsspielraum, so verbleibt es bei der eingeschränkten Grundrechtsbindung nach dem „Solange-II" – Beschluss.[43]

(1)"Solange I" – Beschluss. Im „Solange I"- Beschluss geht das BVerfG davon aus, sekundäres Gemeinschaftsrecht an den Grundrechten messen zu können. Denn „[s]olange der Integrationsprozeß der Gemeinschaft nicht so weit fortgeschritten ist, daß das Gemeinschaftsrecht auch einen von einem Parlament beschlossenen und in Geltung stehenden formulierten Katalog von Grundrechten enthält, der dem Grundrechtskatalog des Grundgesetzes adäquat ist, ist [...] die Vorlage eines Gerichts der Bundesrepublik Deutschland an das Bundesverfassungsgericht im Normenkontrollverfahren zulässig und geboten, wenn das Gericht die für es entscheidungserhebliche Vorschrift des Gemeinschaftsrechts in der vom Europäischen Gerichtshof gegebenen Auslegung für unanwendbar hält, weil und soweit sie mit einem der Grundrechte des Grundgesetzes kollidiert".[44] Hiernach wären die Grundrechte Prüfungsmaßstab, an denen die Bananenmarktordnung gemessen werden könnte.

(2) „Solange II" – Beschluss. Nach heftiger Kritik am „Solange I"- Beschluss kam es 1986 zur Abkehr von dieser Rechtsprechung durch den „Solange II"- Beschluss,[45] in dem das BVerfG die nationalen Grundrechte als Prüfungsmaßstab für Sekundärakte grundsätzlich ausschloss. Es führt hierzu aus: „Solange die Europäischen Gemeinschaften, insbesondere die Rechtsprechung des Gerichtshofs der Gemeinschaften, einen wirksamen Schutz der Grundrechte gegenüber der Hoheitsgewalt der Gemeinschaften generell gewährleisten, der dem vom Grundgesetz als unabdingbar gebotenen Grundrechtsschutz im wesentlichen gleichzuachten ist, zumal den Wesensgehalt der Grundrechte generell verbürgt, wird das Bundesverfassungsgericht seine Gerichtsbarkeit über die Anwendbarkeit von abgeleitetem Gemeinschaftsrecht [...] nicht mehr ausüben und dieses Recht mithin nicht mehr am Maßstab der Grundrechte des Grundgesetzes überprüfen; entsprechende Vorlagen nach Art. 100 I GG sind somit unzulässig".[46] Insoweit geht das BVerfG von einem dem GG nach Konzeption, Inhalt und Wirkungsweise ebenbürtigen Grundrechtsschutz aus, der durch die auf Art. 6 II EUV gestützte Rechtsprechung des EuGH Kontur gewonnen hat und nicht nur vorübergehender Natur ist.[47] Es erkennt damit den Vorrang unmittelbar geltenden sekundären Gemeinschaftsrechts vor den Grundrechten an.

Das Gericht behält sich jedoch vor, bei einem Absinken des Grundrechtsstandards unter die Schwelle des nach nationalem Recht „unabdingbar gebotenen Grundrechtsschutz[es]" seine Prüfungskompetenz wieder aufzunehmen. Dabei ist zu beachten, dass entgegen dem „Solange I"- Beschluss ein vollständiger Gleichlauf des europäischen und des deutschen Grundrechtsschutzes als nicht mehr notwendig erachtet wird.

---

43 BVerfG, B.v. 22.12.1992, 2 BvR 557/88, NVwZ 1993, 883 (884); B.v. 12.5.1989, 2 BvA 3/89, NJW 1990, 974 – *Tabakrichtlinie*, fortgesetzt durch B.v. 9.1.2001, 1 BvR 1036/99, NJW 2001, 1267 (1268).

44 BVerfG, B.v. 29.5.1974, 2 BvL 52/71, BVerfGE 37, 271 (Leitsatz, 285) – *Solange I.*

45 BVerfG, B.v. 22.10.1986, 2 BvR 197/83, BVerfGE 73, 339 ff. – *Solange II.*

46 BVerfG, B.v. 22.10.1986, 2 BvR 197/83, BVerfGE 73, 339 (340, Leitsatz 2; 387) – *Solange II.*

47 BVerfG, B.v. 22.10.1986, 2 BvR 197/83, BVerfGE 73, 339 (378) – *Solange II.*

> **Exkurs:** Selbst gelegentliche Fehlurteile sind nicht geeignet, ein Absinken der Gewährung des Grundrechtsstandards zu begründen. Insoweit sind die Grenzen, in denen das BVerfG seine Jurisdiktion wieder aufnehmen will, so eng gezogen, dass kaum mehr Fälle denkbar sind, die wieder zu einer Prüfung an den Grundrechten führen.

Hiernach wäre im vorliegenden Fall die Überprüfung der Verordnung an den Grundrechten ausgeschlossen.

(3) „Maastricht" – Urteil. Im „Maastricht" – Urteil von 1993[48] führt das BVerfG aus, dass es grundsätzlich für alle europäischen Rechtsakte, welche die Bürger in Deutschland in ihren Grundrechten betreffen können, zuständig ist. Denn „[d]as Bundesverfassungsgericht gewährleistet durch seine Zuständigkeit (vgl. BVerfGE 37, 271 [280ff.]; 73, 339 [376f.] [„Solange I und II" – Beschluss, Anm. d. Verf.]), daß ein wirksamer Schutz der Grundrechte für die Einwohner Deutschlands auch gegenüber der Hoheitsgewalt der Gemeinschaften generell sichergestellt und dieser dem vom Grundgesetz als unabdingbar gebotenen Grundrechtsschutz im wesentlichen gleich zu achten ist, zumal den Wesensgehalt der Grundrechte generell verbürgt. Das Bundesverfassungsgericht sichert so diesen Wesensgehalt auch gegenüber der Hoheitsgewalt der Gemeinschaft (vgl. BVerfGE 73, 339 [386] [„Solange II" – Beschluss, Anm. d. Verf.]). Auch Akte einer besonderen, von der Staatsgewalt der Mitgliedstaaten geschiedenen öffentlichen Gewalt einer supranationalen Organisation betreffen die Grundrechtsberechtigten in Deutschland. Sie berühren damit die Gewährleistungen des Grundgesetzes und die Aufgaben des Bundesverfassungsgerichts, die den Grundrechtsschutz in Deutschland und insoweit nicht nur gegenüber deutschen Staatorganen zum Gegenstand haben [...]."[49] Hiernach können sämtliche Gemeinschaftsrechtsakte Prüfungsgegenstand in Verfahren vor dem BVerfG sein.

Teilweise wird hierin auch eine Abkehr zum „Solange II" – Beschluss gesehen, nach dem das BVerfG auf seine Judikatur verzichtet habe, hingegen es nunmehr sich sogar für alle Gemeinschaftsakte für zuständig erachtet.

Gleichzeitig schränkt es jedoch die eigene Judikatur dahingehend ein, indem es „seine Gerichtsbarkeit über die Anwendbarkeit von abgeleitetem Gemeinschaftsrecht in Deutschland in einem „Kooperationsverhältnis" zum Europäischen Gerichtshof aus[übt], in dem der Europäische Gerichtshof den Grundrechtsschutz in jedem Einzelfall für das gesamte Gebiet der Europäischen Gemeinschaften garantiert, das Bundesverfassungsgericht sich deshalb auf eine generelle Gewährleistung der unabdingbaren Grundrechtsstandards (vgl. BVerfGE 73, 339 [387] [„Solange II" – Beschluss, Anm. d. Verf.]) beschränken kann".[50] Damit ist der EuGH auch für den Grundrechtsschutz von deutschen Bürgern gegenüber deutschen Akten der öffentlichen Gewalt zuständig, während das BVerfG im Rahmen einer Reservekompetenz lediglich im Falle des Verlassens des im „Solange II" – Beschluss festgesetzten Grundrechtsstandards wieder tätig wird.[51] Auch hiernach kann vorliegend die Verordnung nicht überprüft werden.

48 BVerfG, U.v. 12.10.1993, 2 BvR 2134, 2159/92, BVerfGE 89, 155 – *Maastricht.*
49 BVerfG, U.v. 12.10.1993, 2 BvR 2134, 2159/92, BVerfGE 89, 155 (174f.) – *Maastricht.*
50 BVerfG, U.v. 12.10.1993, 2 BvR 2134, 2159/92, BVerfGE 89, 155 (175) – *Maastricht.*
51 BVerfG, B.v. 7.6.2000, 2 BvL 1/97, BVerfGE 102, 147 (163) – *Bananenmarktordnung.*

(4) „Bananenmarkt" – Beschluss. Diese eingeschlagene Linie verfolgt das BVerfG auch in seinem „Bananenmarkt"- Beschluss.[52] Weiter stellt es ein qualifiziertes Begründungserfordernis bzgl. der Grundrechtsverstöße im Rahmen von Verfassungsbeschwerden und Richtervorlagen auf, nach denen „Vorlagen zu Regelungen des sekundären europäischen Gemeinschaftsrechts zur verfassungsrechtlichen Prüfung durch das Bundesverfassungsgericht entsprechend Art. 100 I GG [...] nur dann zulässig [sind], wenn ihre Begründung im Einzelnen darlegt, dass die gegenwärtige Rechtsentwicklung zum Grundrechtsschutz im europäischen Gemeinschaftsrecht, insbesondere die Rechtsprechung des Europäischen Gerichtshofs, den jeweils als unabdingbar gebotenen Grundrechtsschutz generell nicht gewährleistet."[53] Dabei erfordert eine derartige Begründung eine „Gegenüberstellung des Grundrechtsschutzes auf nationaler und auf Gemeinschaftsebene in der Art und Weise, wie das Bundesverfassungsgericht sie in BVerfGE 73, 339 (378 bis 381) [„Solange II" – Beschluss, Anm. d. Verf.] geleistet hat."[54]

Das Gericht müsste, um diesen Erfordernissen gerecht zu werden, ausdrücklich aufführen, weshalb der europäische Grundrechtsstandard hinter den auf nationaler Ebene unabdingbaren zurückfällt, wobei ersterer nicht deckungsgleich mit letzterem sein muss. Dem Sachverhalt sind hierzu keine Angaben zu entnehmen, so dass davon ausgegangen werden muss, dass das Gericht eine derartige Begründung nicht vorgenommen hat. Überdies wäre eine solche auch nicht möglich. Denn der Grundrechtsstandard wurde durch die Rechtsprechung des EuGH in den letzten Jahren „ausgestaltet, gefestigt und zureichend gewährleistet",[55] insbesondere aufgrund der Rechtsprechung des EuGH zu den Grundrechten bzgl. des Wirtschaftslebens wie Eigentum und wirtschaftlicher Betätigungsfreiheit, aber auch zu demjenigen der Vereinigungsfreiheit, der Religionsfreiheit, dem Schutz der Familie, dem allgemeinen Gleichheitsgrundsatz sowie zu den Grundsätzen des Willkürverbots und der Verhältnismäßigkeit.

Hinweis: Nicht abgestellt werden darf hier auf die konkrete Entscheidung des EuGH. Denn es geht allein um den generellen Grundrechtsstandart auf EU-Ebene und nicht um Einzelentscheidungen. Einzelne Fehlentscheidungen sind daher nicht geeignet, den Grundrechtsschutz auf europäischer Ebene zu verneinen.

(5) „Lissabon" – Urteil. Im „Lissabon" – Urteil beschäftigt sich das BVerfG nur am Rande mit der Frage der Vereinbarkeit von Europarechtsakten mit nationalen Grundrechten, greift aber auch hier das qualifizierte Begründungserfordernis unter Bezugnahme auf den „Bananenmarkt" – Beschluss auf,[56] so dass keine Abweichung von den bisherigen Erfordernissen anzunehmen ist.

---

52 BVerfG, B.v. 7.6.2000, 2 BvL 1/97, BVerfGE 102, 147 – *Bananenmarktordnung.*
53 BVerfG, B.v. 7.6.2000, 2 BvL 1/97, BVerfGE 102, 147 (161) – *Bananenmarktordnung.*
54 BVerfG, B.v. 7.6.2000, 2 BvL 1/97, BVerfGE 102, 147 (Leitsatz 2, 164) – *Bananenmarktordnung.*
55 BVerfG, B.v. 7.6.2000, 2 BvL 1/97, BVerfGE 102, 147 (162) – *Bananenmarktordnung.*
56 BVerfG, U.v. 30.6.2009, 2 BvE 2, 5/08, 2 BvR 1010, 1022, 1259/08, 182/09, BVerfGE 123, 267 (334) – *Lissabon.*

Exkurs: Das BVerfG befasst sich im Rahmen des „Lissabon" – Urteils v. a. mit der Frage der Begrenzung europäischer Gewalt. So weist es zum einen den gesetzgebenden Körperschaften Bundestag und Bundesrat in besonderer Weise eine Integrationsverantwortung zu.[57] Zum anderen konstatiert es, dass den Mitgliedstaaten ausreichender Raum für politische Gestaltung der wirtschaftlichen, kulturellen und sozialen Lebensverhältnisse verbleiben muss. Dabei behält es sich vor, im Rahmen einer ultra-vires-Kontrolle zu prüfen, ob Rechtsakte der EU sich in den Grenzen der begrenzten Einzelermächtigung halten und der unantastbare Kerngehalt der Verfassungsidentität, wie sie Art. 23 I 3 i. V. m. Art. 79 III GG beinhalten, gewahrt ist.

Folglich ist es dem vorlegenden Gericht nicht möglich, ein Absinken des europäischen Grundrechtsstandards unter denjenigen, der auf nationaler Ebene unabdingbar ist, darzulegen, weshalb dem qualifizierten Begründungserfordernis im Rahmen der konkreten Normenkontrolle nach Art. 100 I GG (analog) nicht genüge getan ist.

II. Zwischenergebnis

Die konkrete Normenkontrolle nach Art. 100 I GG (analog) ist unzulässig.

C. Ergebnis

Das Vorabentscheidungsverfahren gem. Art. 267 AEUV ist zulässig aber unbegründet, die konkrete Normenkontrolle gem. Art. 100 I GG (analog) ist unzulässig.

Frage 2

A hat nunmehr die Möglichkeit sich entweder gegen die Bananenmarktordnung auf europäischer Ebene mittels der Nichtigkeitsklage gem. Art. 263 AEUV zu wehren (A.), oder auf nationaler Ebene – nach Erschöpfung des Rechtsweges – Verfassungsbeschwerde entweder gegen die Lizenzierung in Gestalt der letzten bestätigenden Gerichtsentscheidung (B.) oder gegen die Bananenmarktordnung zu erheben, Art. 93 I Nr. 4a GG (C.). Denkbar ist auch eine Allgemeine Feststellungsklage auf Feststellung, dass die Bananenmarktordnung nicht auf ihn anzuwenden ist (D.).

A. Nichtigkeitsklage gemäß Art. 263 AEUV

I. Zulässigkeit

1. Zuständigkeit

Gemäß Art. 256 I 1 AEUV ist das Gericht 1. Instanz (EuG) für die Nichtigkeitsklage nach Art. 263 AEUV zuständig. Dies ändert sich im vorliegenden Fall auch nicht durch Art. 51 EuGH-Satzung, nach dem lediglich Nichtigkeitsklagen der Mitgliedstaaten oder der Organe der EU der Zuständigkeit des EuGH zugewiesen sind.

57 BVerfG, U.v. 30.6.2009, 2 BvE 2, 5/08, 2 BvR 1010, 1022, 1259/08, 182/09, BVerfGE 123, 267 (Leitsätze 2a und b, 3 und 4).

2. Beteiligtenfähigkeit

Aktiv beteiligtenfähig ist A als natürliche Person, Art. 263 IV AEUV. Passiv beteiligtenfähig ist der Rat der EU gemäß Art. 263 I AEUV.

3. Klagegegenstand

Mit der Individualnichtigkeitsklage angegriffen werden können seit dem Vertrag von Lissabon gemäß Art. 263 IV AEUV Handlungen sowie Rechtsakte mit Verordnungscharakter, welche die „prominenteste sachliche Neuerung im Anschluss an die Urteile Jégo-Quéré und UPA" darstelle.[58] Dabei ist fraglich, unter welche Alternative die Bananenmarktordnung als Verordnung des Rates gem. Art. 288 I und II AEUV einzuordnen ist.

a) Bananenmarktordnung als Rechtsakt mit Verordnungscharakter i. S. v. Art. 263 IV AEUV. Für die Einordnung der Bananenmarktordnung als Rechtsakt mit Verordnungscharakter könnte sprechen, dass der Reformvertrag die Differenzierung des Verfassungsvertrages zwischen den ursprünglich ausgeschlossenen Europäischen Gesetzen sowie Rahmengesetzen und die vom Begriff der Rechtsakte mit Verordnungscharakter umfassten Rechtsakte ohne Gesetzgebungscharakter nicht übernimmt. Insoweit würde auch der Wortlaut des Art. 263 IV AEUV für die Einbeziehung von Verordnungen als Gesetzgebungsakte unter die Bezeichnung „Rechtsakte mit Verordnungscharakter" sprechen, da der Begriff Verordnung nach Art. 288 II AEUV in der selben Weise definiert wird wie in Art. 249 II EGV, und man damit auch im Rahmen von Art. 263 IV AEUV Verordnungen nicht deren Verordnungscharakter absprechen könne.[59] Hierdurch würde auch die Rechtsschutzlücke bei Klagen Privater gegen umsetzungsfreie Verordnungen geschlossen[60] und dadurch der Rechtsschutz erheblich vereinfacht und verbessert.[61]

b) Bananenmarktordnung als Handlung i. S. v. Art. 263 IV AEUV. Demgegenüber wird jedoch auch vertreten, dass mit dieser Änderung nicht viel gewonnen sei, da sie sich allein auf unmittelbar beeinträchtigende untergesetzliche Normen beziehe.[62]

Hierfür spricht, dass Art. 263 IV AEUV wörtlich aus dem Verfassungsvertrag übernommen wurde, der, wie bereits dargelegt, zwischen Europäischen Gesetzen, Europäischen Rahmengesetzen, Europäischen Verordnungen und sonstigen Maßnahmen unterschied. Gehörten Verordnungen i. S. v. Art. 249 II EGV zu den Gesetzen, waren unter den Europäischen Verordnungen allein solche zu verstehen, die „der Durchführung der Gesetzgebungsakte und einzelner Bestimmungen der Verfassung dienen", mithin also ausschließlich normative Akte ohne die Qualität eines Gesetzes, so dass unter Rechtsakte mit Verordnungscharakter i. S. v. Art. 263 IV AEUV lediglich diese untergesetzlichen, tertiären Rechtsakte[63] zu fassen sind.[64]

---

58 *Schwarze*, in: ders. (Hrsg.), Der Verfassungsentwurf des Europäischen Konvents, 2004, S. 538f. Vgl. EuGH, U.v. 1.4.2004, Rs. C-263/02 P, Slg. 2004, I-3425 – *Jégo-Quéré*; U.v. 25.7.2001, Rs. C-50/00 P, Slg. 2002, I-6677 – *Uniòn de Pequeños Agricultures.*

59 *Everling*, EuR 2009 Beih. 1, 71 (74); *Frenz/Distelrath*, NVwZ 2010, 162 (165).

60 *Frenz/Distelrath*, NVwZ 2010, 162 (165); ebenso *Rabe*, NJW 2007, 3153 (3157). Vgl. zum Problem der Rechtsschutzlücke auch die Ausführungen zur Allgemeinen Feststellungsklage.

61 *Pache/Rösch*, NVwZ 2008, 473 (478).

62 *Streinz/Ohler/Herrmann*, Der Vertrag von Lissabon zur Reform der EU, S. 116.

63 Zum Sprachgebrauch *Möllers*, in: Schmidt-Aßmann/Schöndorf-Haubold, Der Europäische Verwaltungsverbund, 2005, S. 293ff.; *Härtel*, Handbuch Europäische Rechtsetzung, 2006, § 15 Rn. 8f.

Weiter soll durch die Variante „Handlungen, die den Kläger unmittelbar und individuell betreffen", erklärtermaßen der durch die jüngere Rechtsprechung des EuGH auch gegen Verordnungen und Richtlinien eröffneten Nichtigkeitsklage eine klarere Rechtsgrundlage gegeben werden,[65] so dass Verordnungen i. S. v. Art. 288 II AEUV unter diese fallen.

Eine weitergehende Öffnung der Nichtigkeitsklage durch den Verzicht auf die individuelle Betroffenheit auch für Gesetzgebungsakte würde über den „gemeineuropäischen Bestand", der Individualklagen gegen Gesetze grundsätzlich nicht erlaubt, hinausgehen und war daher nach bisheriger Rechtslage nicht gewollt.[66] Hieran ändert sich auch durch den Vertrag von Lissabon nichts, da dieser ebenso zwischen Gesetzgebungsakten in Form von Verordnungen, Richtlinien und Beschlüssen, Art. 289 III AEUV, und Rechtsakten ohne Gesetzescharakter, Art. 290 I AEUV, unterscheidet und sich diese Differenzierung in Art. 263 IV AEUV durch die beiden Varianten fortsetzt.[67]

Nach alledem sprechen die besseren Argumente für die letztgenannte Ansicht, so dass die Bananenmarktordnung als Verordnung gem. Art. 288 II AEUV eine Handlung i. S. v. Art. 263 IV AEUV und damit Klagegegenstand der Nichtigkeitsklage sein kann.[68]

Hinweis: Diese Frage kann nicht offen gelassen werden, da für Handlungen eine unmittelbare und individuelle Betroffenheit gefordert wird, hingegen für Rechtsakte mit Verordnungscharakter, die keine Durchführungsmaßnahmen nach sich ziehen, eine unmittelbare Betroffenheit ausreicht, Art. 263 IV AEUV.

4. Klagebefugnis

A ist als natürliche Person ein sog. nichtprivilegierter Kläger und muss deshalb geltend machen, dass er von der Bananenmarktordnung unmittelbar und individuell betroffen ist.

a) **Unmittelbare Betroffenheit.** Unmittelbar betroffen ist A von der Verordnung, wenn diese selbst in seinen Rechtskreis eingreift, ohne dass es hierzu eines Vollzugsaktes bedarf.

Zwar bedarf es vorliegend einer Lizenzierung, das Vorliegen eines solchen staatlichen Durchführungsaktes schließt jedoch die Unmittelbarkeit nicht zwingend aus.[69] Vielmehr kommt es darauf an, ob dem Mitgliedstaat bei der Durchführung ein eigener

---

64 *Schröder*, DÖV 2009, 61 (63); *Cremer*, EuGRZ 2004, 577; *Pache*, in: Vedder/Heintschel v. Heineg, Europäischer Verfassungsvertrag, Art. I – 29 Rn. 40; *Wegener*, in: Calliess/Ruffert, Verfassung der Europäischen Union, 2006, Art. I-29 Rn. 1; *Everling*, Rechtsschutz im Europäischen Wirtschaftsrecht auf der Grundlage der Konventsregelungen, in: Schwarze (Hrsg.), Der Verfassungsentwurf des Europäischen Konvents, S. 363 (381).

65 *Schröder*, DÖV 2009, 61 (63); *Cremer*, EuGRZ 2004, 577 (578); *Pache*, in: Vedder/Heintschel v. Heinegg, Europäischer Verfassungsvertrag, Art. III – 365 Rn. 34.

66 *Schröder*, DÖV 2009, 61 (63); *Everling*, Rechtsschutz im Europäischen Wirtschaftsrecht auf der Grundlage der Konventsregelungen, in: Schwarze, Der Verfassungsentwurf des Europäischen Konvents, S. 363 (380).

67 *Schröder*, DÖV 2009, 61 (63 f.). Dem zustimmend *Hatje/Kindt*, NJW 2008, 1761 (1767); *Glaser/Klement*, Umweltrecht mit Planungsrecht, 2010, Fall 4 Rn. 55 f.

68 Natürlich kann vorliegend auch der anderen Auffassung gefolgt werden, nach der es sich bei der Verordnung um einen Rechtsakt mit Verordnungscharakter handelt. Insoweit ist einer Klärung durch den EuGH noch entgegenzusehen. Auswirkungen zeitigt diese Einordnung allein für die Anforderungen im Rahmen der Klagebefugnis.

69 EuGH, U.v. 23.11.1971, Rs. 62/70, Slg. 1971, 897 Rn. 5 ff. – *Bock*; U.v. 17.1.1985, Rs. 11/82, Slg. 1985, 207 Rn. 6 ff. – *Piraiki-Patraiki*.

Handlungsspielraum verbleibt[70] oder nicht, also die Durchführung „quasi automatisch" erfolgt.[71] Nur in erstem Fall wäre die Unmittelbarkeit zu verneinen.[72]

Da vorliegend die EU-Verordnung genaue Regelungen über die Kontingentierungen enthält, bleibt für den Mitgliedstaat kein Handlungsspielraum mehr. Mithin kann die nationale Lizenzvergabe nicht als Akt angesehen werden, der den A selbständig in seinem Rechtskreis betrifft. Vielmehr erleidet A durch die Verordnung selbst eine Rechtseinbuße, so dass Unmittelbarkeit gegeben ist.

b) **Individuelle Betroffenheit.** Weiter müsste A auch individuell betroffen sein. Dies wäre nach der „Plaumann-Formel" der Fall, wenn ihn die Verordnung „wegen bestimmter persönlicher Eigenschaften oder besonderer, ihn aus dem Kreis aller übrigen Personen heraushebender Umstände berührt und ihn daher in ähnlicher Weise individualisiert wie den Adressaten".[73] Entscheidend hierfür soll sein, ob die Zahl und die Identität der betroffenen Personen bereits im Zeitpunkt der Entscheidung fest steht und wegen bestimmter persönlicher Eigenschaften nicht mehr erweitert werden kann.[74] Daran fehlte es jedoch regelmäßig bei Verordnungen, da der Betroffene nur durch die Zugehörigkeit zu einer Gruppe gekennzeichnet und daher allein im Hinblick auf die Gruppeneigenschaft betroffen ist.[75] Insbesondere ist die Eigenschaft, als Teilnehmer am Wettbewerb von einer Maßnahme betroffen zu sein, nicht ausreichend, „da eine kaufmännische Tätigkeit jederzeit von jedermann ausgeübt werden kann".[76]

Um Primärrechtsschutz auch gegen normatives Unrecht zu gewähren, lässt das EuG in Anlehnung an die Formel des Generalanwalts Jacobs[77] für die individuelle Betroffenheit ausreichen, dass „die fragliche Bestimmung seine Rechtsposition unzweifelhaft und gegenwärtig beeinträchtigt, indem sie seine Rechte einschränkt oder ihm Pflichten auferlegt. Die Zahl oder Situation anderer Personen, deren Rechtsposition durch die Bestimmung ebenfalls beeinträchtigt wird oder werden kann, sind insoweit keine maßgeblichen Gesichtspunkte."[78]

Dem ist der EuGH jedoch nicht gefolgt, der den Wortlaut insoweit für eindeutig hält und im Wegfall der individuellen Betroffenheit eine Überschreitung der Grenzen rich-

---

70 EuGH, U.v. 13.5.1971, Rs. 41–44/70, Slg. 1971, 411 Rn. 23/29 – *International Fruit Company*; U.v. 29.3.1979, Rs. 113/77, Slg. 1979, 1185 Rn. 11 – *NTN Toyo Bearing Company.*
71 EuGH U.v. 29.3.1979, Rs. 113/77, Slg. 1979, 1185 Rn. 11 – *NTN Toyo Bearing Company*; U.v. 5.5.1998, Rs. C-386/96 P, Slg. 1998, I-2309 Rn. 43 – *Société Louis Dreyfus.*
72 EuGH, U.v. 18.1.1979, Rs. 103–109/78, Slg. 1979, 17 Rn. 20ff. – *Société des Unines de Beauport*; U.v. 17.7.1984, Rs. 222/83, Slg. 1984, 2889 Rn. 9f. – *Differdange.*
73 EuGH, U.v. 15.7.1963, Rs. 25/62, Slg. 1963, 211, 238 – *Plaumann*; U.v. 31.3.1977, Rs. 88/76, Slg. 1977, 709 Rn. 9/12 – *Société pour l'exportation des sucres SA*; B.v. 1.2.1984, Rs. 1/84 R, Slg. 1984, 423, 428 – *Ilford S.p.A.*
74 EuGH U.v. 31.3.1977, Rs. 88/76, Slg. 1977, 709 Rn. 9/12 – *Société pour l'exportation des sucres SA*; U.v. 5.5.1977, Rs. 101/76, Slg. 1977, 797 Rn. 20/22ff. – *Koninklijke scholten Honig NV*; U.v. 16.3.1978, Rs. 123/77, Slg. 1978, 845 Rn. 16/18 – *UNICME.*
75 EuGH, U.v. 2.2.1988, Rs. 67, 68, 70/85, Slg. 1988, 219 Rn. 13ff. – *Kwekerij.*
76 EuGH, U.v.15.7.1963, Rs. 25/62, Slg. 1963, 211, 239 – *Plaumann.*
77 Nach dieser wird gefordert, dass die Handlung „erhebliche Auswirkungen auf seine Interessen hat oder haben kann", Schlussantrag des Generalanwalts Jacobs, Rs. C-50/00 P, Slg. 2002, I-6681, 6715 – *Uniòn de Pequeños Agricultures.*
78 EuG, U.v. 3.5.2002, Rs. T-177/01, Slg. 2002, II-2365, Rn. 51 – *Jégo-Quéré.*

terlicher Rechtsfortbildung sieht.[79] Vielmehr sei es Aufgabe des nationalen Gesetzgebers, gegen derartiges normatives Unrecht Rechtsschutzmöglichkeiten zu schaffen.

Somit ist A von der Bananenmarktordnung nicht individuell betroffen, so dass er auch nicht klagebefugt ist.

II. Zwischenergebnis

Die Nichtigkeitsklage gem. Art. 263 AEUV ist unzulässig.

Hinweis: Hat man sich hingegen im Rahmen des Klagegegenstandes dafür entschieden, die Verordnung als Rechtsakt mit Verordnungscharakter zu qualifizieren, wäre die Klagebefugnis gegeben, da lediglich das Merkmal der unmittelbaren Betroffenheit hätte erfüllt werden müssen. Da die weiteren Voraussetzungen der Nichtigkeitsklage wie Frist und Rechtsschutzbedürfnis ebenfalls gegeben sind, wäre ein Eintritt in die Begründetheitsprüfung erfolgt, wobei auf die Ausführungen zum Vorabentscheidungsverfahren nach Art. 267 AEUV verwiesen werden kann, so dass auch die Nichtigkeitsklage aufgrund der fehlenden Grundrechtsverletzung unbegründet wäre.

B. Verfassungsbeschwerde gegen die Lizenzerteilung, Art. 93 I Nr. 4a GG

I. Zulässigkeit

1. Zuständigkeit

Das BVerfG ist gem. Art. 93 I Nr. 4a GG, §§ 13 Nr. 8a, 90 ff. BVerfGG zuständig.

2. Beschwerdegegenstand

Als Beschwerdegegenstand kommt jeder Akt der öffentlichen Gewalt in Betracht. Dies wäre problematisch, wenn sich A gegen die Bananenmarktordnung wenden würde.[80] Vorliegend wendet er sich jedoch allein gegen den Vollzugsakt in Form der Lizenzvergabe. Diese stellt jedoch einen Exekutivakt dar. Damit liegt mit der Lizenzvergabe in Gestalt der letzten, bestätigenden Gerichtsentscheidung ein tauglicher Beschwerdegegenstand vor.

3. Beschwerdebefugnis, insbes. Möglichkeit der Grundrechtsverletzung

A ist jedoch nur dann beschwerdebefugt, wenn er gelten machen kann, durch einen Akt öffentlicher Gewalt selbst, gegenwärtig und unmittelbar in seinen Grundrechten betroffen zu sein. Dabei darf die Möglichkeit der Grundrechtsverletzung nicht schon von vornherein ausgeschlossen sein.

Da grundsätzlich der EuGH für den Grundrechtsschutz von deutschen Bürgern gegenüber deutschen Akten der öffentlichen Gewalt, welche europäisches Recht vollziehen,

---

79 EuGH, U.v. 25.7.2002, Rs. C-50/00 P, Slg. 2002, I-6677 Rn. 36 ff. – *Uniòn de Pequeños Agricultures*; EuGH, U.v. 1.4.2004, Rs. C-263/02 P, Slg. 2004, I-3425 Rn. 29 ff. – *Jégo-Quéré*. Das EuG ist infolge dieser Entscheidung wieder zur alten Rechtsprechung zurückgekehrt, EuG, Slg. 2002, II – 4677 (4699) Rn. 50 – *Rica Foods u. a.*; Slg. 2003, II – 1949 (1968) Rn. 41 – *VVG International u. a.*

80 Vgl. hierzu sogleich die Fallkonstellation Verfassungsbeschwerde gegen die Bananenmarktordnung.

zuständig ist, das BVerfG hingegen lediglich im Falle des Verlassens des im „Solange II" – Beschluss festgesetzten Grundrechtsstandard seine Jurisdiktion wieder aufnimmt,[81] wäre die Möglichkeit der Grundrechtsverletzung nur dann nicht von vornherein ausgeschlossen, wenn A ein Absinken des europäischen Grundrechtsstandards unter denjenigen, der auf nationaler Ebene unabdingbar ist, darlegen könnte. Da dies jedoch – wie bereits ausgeführt – nicht möglich ist, kann das BVerfG unter Berufung auf die Möglichkeit einer Grundrechtsverletzung nicht angerufen werden.

Die Verfassungsbeschwerde scheitert bereits an der Beschwerdebefugnis.

II. Zwischenergebnis

Die Verfassungsbeschwerde gemäß Art. 93 I Nr. 4a GG gegen die Lizenzierung ist unzulässig.

C. Verfassungsbeschwerde gegen die Bananenmarktordnung, Art. 93 I Nr. 4a GG

I. Zulässigkeit

1. Zuständigkeit

Das BVerfG ist gem. Art. 93 I Nr. 4a GG, §§ 13 Nr. 8a, 90 ff. BVerfGG zuständig.

2. Beschwerdegegenstand

Als Beschwerdegegenstand kommt jeder Akt der öffentlichen Gewalt in Betracht. Problematisch ist dabei, dass A mit der Bananenmarktordnung einen Rechtsakt der EU angreift.

So führte das BVerfG im „Solange I" – Beschluss an, „daß es nur Akte der deutschen Staatsgewalt, also Entscheidungen der Gerichte, Verwaltungsakte der Behörden und Maßnahmen der Verfassungsorgane der Bundesrepublik Deutschland zum Gegenstand seiner Kontrolle machen kann. Deshalb hält das Bundesverfassungsgericht die Verfassungsbeschwerde eines Bürgers gegen eine Verordnung der Gemeinschaft für unzulässig (BVerfGE 22, 293 [297])."[82]

Allerdings hat das BVerfG in der „Maastricht" – Entscheidung deutlich gemacht, dass es durch seine Zuständigkeit auch den Grundrechtsschutz gegenüber der Hoheitsgewalt der Gemeinschaften sicherstellt, da auch Akte einer solchen besonderen, von der Staatsgewalt der Mitgliedstaaten getrennten Gewalt einer supranationalen Organisation die Grundrechtsberechtigten in Deutschland betreffen und so die Aufgabe des BVerfG, den Grundrechtsschutz in Deutschland zu gewährleisten, berühren.[83]

Aus diesen Ausführungen wird in der überwiegenden Literatur gefolgert, dass Rechtsakte der Gemeinschaft als Akte der öffentlichen Gewalt i. S. d. Art. 93 I Nr. 4a GG vom BVerfG angesehen werden und daher tauglicher Beschwerdegegenstand im Rahmen

81 BVerfG, B.v. 7.6.2000, 2 BvL 1/97, BVerfGE 102, 147 (163) – *Bananenmarktordnung.*
82 BVerfG, B.v. 29.5.1974, 2 BvL 52/71, BVerfGE 37, 271 (283) – *Solange I.*
83 BVerfG, U.v. 12.10.1993, 2 BvR 2134, 2159/92, BVerfGE 89, 155 (174 f.) – *Maastricht.*

einer Verfassungsbeschwerde sein können.[84] Diese Ansicht wird durch das BVerfG auch durch seine neueren Entscheidungen bestätigt.[85]

Die Bananenmarktordnung ist daher tauglicher Beschwerdegegenstand.

3. Beschwerdebefugnis

Bezüglich der Beschwerdebefugnis gilt jedoch das zur Verfassungsbeschwerde gegen die Lizenzierung Gesagte: Da ein Absinken des europäischen Grundrechtsstandards unter denjenigen, der auf nationaler Ebene unabdingbar ist, nicht dargelegt werden kann, ermangelt es A erneut an der Beschwerdebefugnis. Die Verfassungsbeschwerde ist daher unzulässig.

II. Zwischenergebnis

Die Verfassungsbeschwerde gemäß Art. 93 I Nr. 4a GG gegen die Bananenmarktordnung ist unzulässig.

D. Allgemeine Feststellungsklage, § 43 VwGO

In Betracht käme noch eine Allgemeine Feststellungsklage mit dem Antrag festzustellen, die Bananenmarktordnung nicht auf den Kläger anzuwenden.

I. Sachurteilsvoraussetzungen

1. Eröffnung des Verwaltungsrechtsweges

Der Verwaltungsrechtsweg ist eröffnet, da sich aus der Anwendung der Bananenmarktordnung auf A Streitigkeiten des öffentlichen Rechts ergeben können.

2. Statthaftigkeit

a) Feststellung der Anwendbarkeit der Bananenmarktordnung auf A. A kann mit der Feststellungsklage begehren, festzustellen, dass sich für ihn aus der Bananenmarktordnung keine Pflichten ergeben, diese also nicht auf ihn angewandt wird.[86]

> **Exkurs:** Unstatthaft wäre hingegen eine sog. atypische Feststellungsklage, mit der die Unwirksamkeit der Bananenmarktordnung gegenüber dem A oder die Rechtswidrigkeit der Norm festgestellt werden sollte, da dies auf eine Umgehung von § 47 VwGO hinausliefe und darüber hinaus die allgemeine Feststellungsklage denselben Rechtsschutz zu bieten im Stande ist, da die Feststellung des Bestehens oder Nichtbestehens eines durch Rechtsnorm begründeten, aufgehobenen oder veränderten Rechtsverhältnisses Gegenstand der Klage sein kann.[87] Überdies wäre für die Verwerfung europarechtlicher Normen nicht das VG zuständig.

---

84 An Stelle vieler *Tomuschat*, EuGRZ 1993, 489 (490); *Gersdorf*, DVBl. 1994, 674 (675); *Wittkowski*, BayVBl. 1994, 359 (362); *Tietje*, JuS 1994, 197 (199 f.).
85 BVerfG, B.v. 27.4.2010, 2 BvR 1848/07, GRUR 2010, 1031 Rn. 12 ff.; B.v. 27.1.2010, 2 BvR 2253/06, NVwZ 2010, 641 Rn. 12 ff.; BVerfG, B.v. 3.7.2006, 2 BvR 1458/03, Rn. 12 ff.
86 *Sodan*, in: ders./Ziekow, VwGO, § 43 Rn. 58; *Ehlers*, Jura 2009, 31 (36).
87 *Kopp/Schenke*, VwGO, § 43 Rn. 8

b) **Subsidiarität.** Da jedoch die Allgemeine Feststellungsklage gemäß § 43 II 1 VwGO gegenüber Leistungs- und Gestaltungsklagen subsidiär ist, vorliegend A aber die Lizenzierung angreifen kann (vgl. Sachverhalt) , scheidet eine Feststellung, dass sich aus der Bananenmarktordnung für A keine Pflichten ergeben, aus.

Exkurs: Wäre die Verordnung „self-executing“, würde sie also ohne weiteren Vollzugsakt Rechtswirksamkeit entfalten, dann wäre die Allgemeine Feststellungsklage zulässig. Im Rahmen der Begründetheit würde dann eine inzidente Normenkontrolle erfolgen, was vorliegend jedoch bedeuten würde, dass das VG, sollte es Zweifel an der Vereinbarkeit der Bananenmarktordnung mit höherrangigem Recht haben, das Verfahren aussetzen und die Frage der Vereinbarkeit mit EU-Recht gem. Art. 267 AEUV dem EuGH, die Frage der Vereinbarung mit den Grundrechten gemäß Art. 100 I GG dem BVerfG vorlegen müsste.

Da vorliegend jedoch – wie gesehen – beide Vorlagen scheitern, wäre auch eine Feststellungsklage nicht erfolgreich. Das VG könnte die Feststellung, dass die Verordnung keine Pflichten für A normiert, nicht treffen.

II. Zwischenergebnis

Die Allgemeine Feststellungsklage gemäß § 43 VwGO ist unzulässig.

E. Endergebnis

Sowohl die Nichtigkeitsklage nach Art. 263 AEUV, wie auch die Verfassungsbeschwerden und die Allgemeine Feststellungsklage sind unzulässig.

Rechtsprechungs- und Literaturhinweise

BVerfG, B.v. 29.5.1974, 2 BvL 52/71, BVerfGE 37, 271 – *Solange I*; B.v. 22.10.1986, 2 BvR 197/83, BVerfGE 73, 339 – *Solange II*; U.v. 12.10.1993, 2 BvR 2134, 2159/92, BVerfGE 89, 155 – *Maastricht*; B.v. 7.6.2000, 2 BvL 1/97, BVerfGE 102, 147 – *Bananenmarktordnung*; U.v. 30.6.2009, 2 BvE 2, 5/08, 2 BvR 1010, 1022, 1259/08, 182/09, BVerfGE 123, 267 – *Lissabon*

Besse, Die Bananenmarktordnung im Lichte deutscher Grundrechte und das Kooperationsverhältnis zwischen BVerfG und EuGH, JuS 1996, 396; *Cremer*, Der Rechtsschutz des Einzelnen gegen Sekundärrechtsakte der Union gem. Art. III-270 IV Konventsentwurf des Vertrags über eine Verfassung für Europa, EuGRZ 2004, 577; *Ehlers*, Die Nichtigkeitsklage des Europäischen Gemeinschaftsrechts (Art. 230 EGV), Jura 2009, 31; *Everling*, Rechtsschutz in der Europäischen Union nach dem Vertrag von Lissabon, EuR 2009 Beih. 1, 71; *Everling*, Rechtsschutz im Europäischen Wirtschaftsrecht auf der Grundlage der Konventsregelungen, in: Schwarze (Hrsg.), Der Verfassungsentwurf des Europäischen Konvents, 2004, S. 363; *Frenz/Distelrath*, Klagegegenstand und Klagebefugnis von Individualnichtigkeitsklagen nach Art. 263 IV AEUV, NVwZ 2010, 162; *Gersdorf*, Das Kooperationsverhältnis zwischen deutscher Gerichtsbarkeit und EuGH, DVBl., 1994, 674; *Glaser/Klement*, Umweltrecht mit Planungsrecht, 2010; *Härtel*, Europäische Rechtsetzung, 2006; *Hatje/Kindt*, Der Vertrag von Lissabon – Europa endlich in guter Verfassung?, NJW 2008, 1761; *Möllers*, Tertiäre exekutive Rechtsetzung im Europarecht, in: Schmidt-Aßmann/Schöndorf-Haubold (Hrsg.), Der

Europäische Verwaltungsverbund, 2005, S. 293; *Pache/Rösch*, Der Vertrag von Lissabon, NVwZ 2008, 473; *Rabe*, Zur Metamorphose des Europäischen Verfassungsvertrags, NJW 2007, 3153; *Scherer*, Solange II: ein grundrechtspolitischer Kompromiß, JA 1987, 483; *Schröder*, Neuerungen im Rechtsschutz der Europäischen Union durch den Vertrag von Lissabon, DÖV 2009, 61; *Schwarze*, Der Verfassungsentwurf des Konvents – Struktur, Kernelemente und Verwirklichungschancen –, in: ders. (Hrsg.), Der Verfassungsentwurf des Europäischen Konvents, 2004, S. 489; *Schweitzer*, Zur neueren Entwicklung des Verhältnisses von EG-Recht und bundesdeutschen Grundrechten, JA 1982, 174; *Streinz*, Das Maastricht-Urteil des Bundesverfassungsgerichts, EuZW 1994, 329; *Tietje*, Europäischer Grundrechtsschutz nach dem Maastricht-Urteil, „Solange III"? – BVerfG, NJW 1993, 3047, JuS 1994, 197; *Weber*, Die Bananenmarktordnung unter Aufsicht des BVerfG?, EuZW 1997, 165